Inhalt

W0230809

Inhalt

Vorwort

Der Gesamtwortschatz des Italienischen sowie der anderen europäischen Kultursprachen bewegt sich im sechsstelligen Bereich. Etwa 16000 Vokabeln finden sich in Shakespeares Dramen, während sich ein Politiker bei seinen Wahlkampfreden mit rund 1000 Wörtern begnügen kann. Ähnliches gilt für umsatzstarke Boulevardzeitungen. Wie viele Wörter braucht der Mensch also?

Für die Erstauflage des vorliegenden *Thematischen Grund- und Aufbauwortschatzes Italienisch (TGAWI)* hatten wir aus einem vorgegebenen Gesamtvolumen von etwa 7000 Stichwörtern zunächst 2500 weniger frequente ausgesondert, etwa 500 besonders aktuelle Vokabeln aufgenommen und etwas mehr als 5000 Stichwörter, aufgeteilt in **Grund-** und **Aufbauwortschatz**, präsentiert. Nun, zehn Jahre später, haben wir einige inzwischen veraltete Lexeme gestrichen und zahlreiche **Neologismen** ergänzt, vor allem aus den Bereichen Politik, Wirtschaft, Computerwesen, Telekommunikation und Jugendszene.

Die **Unterteilung in Grund- und Aufbauwortschatz** wurde beibehalten. Die Beherrschung des Grundwortschatzes erlaubt es, sich in Alltagssituationen einigermaßen zurechtzufinden. „Mi arrangio", könnte es auf Italienisch heißen. Wer auch den Aufbauwortschatz beherrscht, wird womöglich schon erste Komplimente einheimsen: „Ma Lei parla proprio bene l'italiano, dove l'ha imparato?". Beide Teile zusammen decken 90% des Vokabulars der **Alltagssprache** ab und befähigen dazu, allgemeinsprachliche Texte problemlos zu bewältigen.

Es erscheint daher wenig sinnvoll, ein Lehrwerk von weit mehr als 5000 Stichwörtern anzubieten, da der effektive Zugewinn von weiteren 1-2% erfassten Sprachschatzes in keiner sinnvollen Relation mehr zum zusätzlichen Aufwand stünde.

Die früher übliche **alphabetische Struktur** des bei Generationen von Schülerinnen und Schülern bekannten hellblauen Klett-Standardwerks wurde bereits bei der Erstauflage des *TGAWI* aufgegeben und durch eine **assoziative Anordnung der Stichwörter** ersetzt. Dieses Prinzip haben wir für die *Neue Ausgabe* durch die nach semantischen und etymologischen Kriterien zusammengestellten **Wortbündel** optimiert. Das häufig als lästig empfundene Einüben und Wiederholen von Vokabeln wird, so hoffen wir, durch logische Sinnzusammenhänge und die Integration einzelner Wörter in grammatikalisch-syntaktische Strukturen unter Berücksichtigung idiomatischer Besonderheiten erleichtert.

Dies mag vor allem der auf sich allein gestellte Autodidakt als hilfreich empfinden, doch glauben wir, dass unser Buch sowohl im Schulunterricht, wo immer häufiger Italienisch als zusätzliche Fremdsprache angeboten wird, als auch in den Kursen der Erwachsenenbildung, bei der Volkshochschule und der Dante-Alighieri-Gesellschaft sowie für die Studierenden an den Dolmetscherinstituten und in der Italianistik eine sinnvolle Ergänzung zu den übrigen Unterrichtsmaterialien darstellen wird. Das Vokabular ist repräsentativ und kann selbstverständlich in Verbindung mit allen gängigen Lehrbüchern eingesetzt werden.

Zum Aufbau

Bei der Kapitelgliederung haben wir der Tatsache Rechnung getragen, dass viele Benutzerinnen und Benutzer des *TGAWI* auch andere der „klassischen" Schulfremdsprachen lernen oder gelernt haben; daher sind der **Kapitelaufbau** sowie die **Präsentation des Wortschatzes** für die *Thematischen Grund- und Aufbauwortschätze Englisch, Französisch, Spanisch* und *Italienisch* weitestgehend vereinheitlicht worden.

Der **Aufbauwortschatz** hebt sich vom **Grundwortschatz** durch die blaue Unterlegung ab.

Die ca. 5800 **Haupteinträge** (GW: 3300, AW: 2500) erscheinen in blauem Druck und unterscheiden sich so von den etwa 3100 schwarz gedruckten **Untereinträgen**. Wichtige oder typische Wendungen sowie signifikante Unterschiede zwischen Fremd- und Muttersprache sind **halbfett** hervorgehoben.

Über die in diesem Vorwort enthaltenen allgemeinen Hinweise hinaus (siehe Seite 8) haben wir eine Reihe von hilfreichen **Lerntipps** in die Kapitel an Ort und Stelle integriert.

Die **Einteilung der Kapitel und Unterkapitel** sowie die Präsentation des Wortschatzes in **Wortbündeln** verfolgt zwei Ziele gleichzeitig: erstens spiegelt sie die Zuordnung der Stichwörter nach assoziativen Kriterien wider und zweitens begrenzen die **Wortbündel**, durch dreieckige Marken und gepunktete Linien abgesetzt, die Anzahl der Vokabeln pro **Lerneinheit**. Eine solche Begrenzung ist aus didaktischen Gründen geboten. Aus der Erfahrung heraus raten wir, sich auf ein Tagespensum von ein oder höchstens zwei Wortbündeln zu beschränken.

Der Aufmerksamkeit des Lernenden empfehlen wir auch die **Beispielsätze und Kollokationen**. Sie ergänzen die einzelnen Stichwörter überall dort, wo idiomatische oder grammatische Besonderheiten zu integrieren, beziehungsweise spezielle Bedeutungen zu präzisieren sind. Auch die unterschiedliche Präferenz grammatischer Strukturen wird in den Sätzen deutlich, zum Beispiel die italienischen Ersatzmöglichkeiten für das im Deutschen viel beliebtere Passiv.

Der besonderen Aufmerksamkeit der Benutzerinnen und Benutzer empfehlen wir die **Falschen Freunde**, die am Ende des jeweiligen Kapitels vor Verwechslungsgefahren mit ähnlichen Wörtern im Deutschen sowie den in der Regel vorher gelernten Schulfremdsprachen Englisch und Französisch warnen.

Der **grammatische Anhang** konzentriert sich auf die Formenvielfalt des Verbs sowie auf einige formale Aspekte anderer Wortarten, die sich im schematischen Überblick anschaulicher darstellen lassen als durch lexikalische Einzelbeispiele.

Besonders **frequente Verben** mit teils sehr unterschiedlichen Einzelbedeutungen haben wir in einem gesonderten abschließenden Kapitel zusammengefasst.

Das alphabetische **Register** am Ende des Buches enthält alle Haupteinträge aus dem Grund- und Aufbauwortschatz. Alle Stichwörter des Grundwortschatzes erscheinen im Register **halbfett**, die des Aufbauwortschatzes in normaler Schrift.

Praktische Tipps zum Lernen mit dem *TGAWI*

Zu Beginn der Arbeit sollte ein **Zeitplan** aufgestellt werden, der möglichst regelmäßig einzuhalten ist. Eine halbe Stunde pro Tag für eine Lerneinheit von bis zu 15 Vokabeln, ein durchschnittliches Wortbündel also oder zwei kürzere Wortbündel, dürfte(n) genügen, doch sollte jeder sich an die eigenen Erfahrungen halten.

Zunächst sollten beide Spalten, die deutsche und die italienische, mehrmals durchgelesen werden, bevor man die erste Lernerfolgsprobe macht. Das Pensum einer Woche ist unbedingt zu wiederholen, da sich im ersten Anlauf erfahrungsgemäß nicht alle Vokabeln einprägen. Auch später, in längeren Zeitabschnitten, sollten die bereits durchgearbeiteten Kapitel des Öfteren wiederholt werden. Es empfiehlt sich, besonders schwer zu behaltende Vokabeln aufzuschreiben, zum Beispiel auf **Karteikarten**, in ein **Vokabelheft** einzutragen oder in den **Computer** einzugeben und ihnen besondere Aufmerksamkeit zu widmen. Besonders gut prägen sich die Vokabeln ein, wenn man die entsprechenden Beispielsätze gleicht mitlernt.

Wichtig ist auf alle Fälle, sich von Anfang an auf eine längere Dauer einzurichten; das Erlernen einer Sprache ist kein Kurzstreckenrennen, sondern eher ein Marathonlauf. Man hüte sich davor, zu Beginn das Tempo allzusehr zu forcieren! Die Gefahr besteht, dass man durch die anfänglich von Tag zu Tag messbaren Fortschritte dazu verleitet wird! Die Durststrecke aber kommt bestimmt: Man scheint nicht mehr recht weiterzukommen, es wird schwieriger, sich zum täglichen Training zu motivieren. Deshalb: Von Anfang an den Trainingsplan einhalten!

Die Durchnahme der Kapitel ist an keine bestimmte Reihenfolge gebunden. Die Kapitel bauen nicht im didaktischen Sinne aufeinander auf, sondern können je nach Bedarfs- oder Interessenlage ausgewählt und bearbeitet werden.

Wir raten dem Lernenden, in einem ersten Durchgang den **Grundwortschatz** und erst danach den blau unterlegten **Aufbauwortschatz** durchzuarbeiten.

Die Autoren

Ob als zusätzliche Sprache z. B. im Schulunterricht, im Studium oder in der Erwachsenenbildung, Italienisch wird meistens nicht als erste oder zweite, sondern in aller Regel als dritte oder vierte Fremdsprache erlernt, sodass die Benutzerinnen und Benutzer des *TGAWI* bereits einige Routine beim Vokabellernen erworben haben. Daher empfehlen wir grundsätzlich, diejenigen Lernstrategien beizubehalten, die sich bisher als erfolgreich erwiesen haben.

Wie prägen sich Vokabeln langfristig ein?

Da das menschliche Gehirn im Gegensatz zum Computer Lerninformationen nicht sofort langfristig speichert, ist **Wiederholung** der Vokabeln in einem sinnvollen Rhythmus (zum Beispiel des Tagespensums nach einer Woche, des Wochenpensums nach einem Monat) unbedingt erforderlich. Während das Lernpensum pro Tag relativ klein gehalten werden sollte (vgl. dazu weiter oben), kann die Vokabelmenge bei einer Wiederholung ruhig etwas umfangreicher sein, da sich ein Großteil der Wörter bereits eingeprägt haben wird. Diejenigen Lexeme, die nicht mehr präsent waren, sollten markiert und gesondert bearbeitet werden.

Vokabeln sollten nicht isoliert, das heißt ohne einen sinnvollen **Kontext** gelernt werden, sondern in Sinnzusammenhängen, wie sie zum Beispiel die bereits erwähnten **Wortbündel** des vorliegenden Buches darstellen.

Zur anschließenden „**Speicherung**" z. B. im Vokabelheft, auf Karteikarten oder im Computer können auch selbständig Wortfelder/Mind-maps gebildet werden.

Semantische Wortfelder

Die meisten der im *TGAWI* enthaltenen Wortbündel sind nach dem semantischen Prinzip zusammengestellt worden: In einem **Wortbündel** finden sich in der Regel solche Wörter, die bedeutungsmäßig miteinander verwandt sind oder unter einem gemeinsamen Oberbegriff zusammengefasst werden können. Diese Strategie hat den Vorteil, dass man auch von muttersprachlichen Vokabeln ausgehen kann, zum Beispiel wenn man sich auf ein bestimmtes Thema vorbereiten will. Beispiel für ein **Bündel** aus dem Bereich *Kochen und Gerichte* (S. 77):
la patata – Kartoffel
il purè – Püree
le tagliatelle – Bandnudeln
il riso – Reis
Per il risotto ci vuole un riso speciale. – Für den Risotto braucht man eine besondere Reissorte.

Die Bildung semantischer Wortfelder vermeidet vor allem, dass wichtige Begriffe „vergessen" werden, außerdem kann der Rahmen beliebig ausgeweitet werden.

Etymologische Wortfelder

Auch der etymologische Ansatz (die Zugrundelegung des Wortursprungs also) findet sich teilweise in den Wortbündeln des *TGAWI* wieder; außerdem lassen sich nach dem etymologischen Prinzip zusätzliche Wortfelder bilden oder lernen, wobei sowohl die Mutter- als auch die Fremdsprache zugrunde gelegt werden kann; Beispiel:
der Hof – il cortile; der Gerichtshof – la corte di giustizia; höflich – cortese; die Höflichkeit – la cortesia; hofieren – corteggiare.

Neu zu lernende Vokabeln prägen sich auch dann besonders gut ein, wenn sie eine etymologische Entsprechung in einer bereits bekannten Sprache haben; Beispiel:
l'armadio → l'armoire (frz.) → der Schrank.

Gegebenenfalls könnten auch etymologisch verwandte Vokabeln trotz leicht abweichender Bedeutung als Erinnerungsstütze dienen:
la porta → die Pforte → die Tür.

Synonyme und Antonyme

Eine weitere Methode, den eigenen Wortschatz – auch selbständig – zu erweitern, bietet die Bildung von Wortpaaren gleicher (Synonyme) oder gegensätzlicher Bedeutung (Antonyme):
synonym: *parere   – sembrare   → scheinen*
synonym: *certo   – sicuro   → sicher*
antonym: *difficile ≠ facile   → schwierig ≠ leicht*
antonym: *pesante ≠ leggero   → schwer   ≠ leicht an Gewicht* usw.

Lernen im Kontext

Wie bereits ausgeführt, sollten Vokabeln in **Sinnzusammenhängen** und nicht isoliert gelernt werden. Neben der Konzeption der Wortbündel im vorliegenden *TGAWI* tragen auch die Beispielsätze diesem Prinzip Rechnung, die vor allem den Zweck verfolgen, auf **idiomatische** oder **grammatische Besonderheiten** hinzuweisen.

Eine interessante Lernübung, die individuell, in Partnerarbeit oder im Klassenverband durchgeführt werden kann, stellt die Ergänzung fehlender Satzteile zur Schaffung eines sinnvollen Kontextes dar:
Ieri ho visto un … interessante. (film)
Siamo stati in Italia … fa. (due anni)
Fra un'ora … a casa. (torneremo)
Per la pasta ci vuole … di pomodoro. (un sugo)

Hinweise zur Aussprache im Italienischen

Betonung

Bei der Betonung gehen wir davon aus, dass diese in der Regel auf der **vorletzten Silbe** liegt (z. B. *padrone*). Im Falle einer Abweichung haben wir bei den blauen Haupteinträgen die Betonung durch einen Punkt unter dem entsprechenden Vokal gekennzeichnet (z. B. *ạbile*). Diese Hilfe durch den Punkt wird auch dann gegeben, wenn die Betonung zwar auf dem zweitletzten Vokal liegt, dies aber für den Benutzer nicht sofort zu erkennen ist (z. B. *pulizịa, farmacịa*). Bei den Wörtern, die mit zwei Vokalen enden, ohne dass einer davon betont ist, zählen die zwei letzten Vokale als eine Silbe und es erfolgt keine Kennzeichnung (z. B. *doppio*). Ein Wort darf nur auf dem letzten Vokal betont werden, wenn dieser mit einem Akzent versehen ist (z. B. *città*).

Vokale

Die betonten Vokale **e** und **o** werden entweder offen [ɛ], [ɔ] oder geschlossen [e], [o] ausgesprochen. Die offene bzw. geschlossene Aussprache dieser Vokale unterscheidet sich regional und spielt für den Nichtmuttersprachler kaum eine Rolle.

Konsonanten

c	[tʃ]	centro; cinque	*c* vor *e* oder *i*; vor allen anderen Buchstaben lautet die Aussprache [k].
ch	[k]	chiamarsi	
g	[dʒ]	Germania; girare	*g* vor *e* oder *i*
gl	[ʎ]	moglie	*gl* vor *i* im Wortinnern; am Wortanfang wird *gli...* [gli...] gesprochen, z. B. *la glicerina* [glitʃe'ri:na]; Ausnahme ist der Artikel *gli* [ʎi].
gn	[ɲ]	signora	
In allen anderen Lautverbindungen wird **g** [g] ausgesprochen.			
qu	[ku]	questo; tranquillo	
sc	[ʃ]	conoscere; sciocco	*sc* vor *e* oder *i*; vor anderen Buchstaben lautet die Aussprache [sk].
z	[ts]; [dz]	terzo; zero	

Im vorliegenden Buch wird die phonetische Umschrift nur bei Fremdwörtern angegeben, die von obigen Ausspracheregeln abweichen.

Lautschrift

[a]	mamma	[m]	ramo
[a:]	pagare	[n]	no
[ã]	collant	[ɲ]	cognome
[b]	bambino	[o]	ponte
[d]	dove	[o:]	afoso
[dʒ]	giro, gioco	[ɔ]	rosa
[e]	stella	[ɔ:]	gioco
[e:]	cadere	[p]	padre
[ɛ]	bene	[r]	rete
[ɛ:]	beige	[s]	sano
[f]	afa	[ʃ]	scena
[g]	gola, unghia	[t]	tutto
[i]	vino	[u]	utile, uomo, guai
[i:]	finire	[u:]	chiusura
[j]	buio, piacere	[v]	bravo
[k]	cane, che	[z]	esame, svizzero
[l]	letto	[']	*Betonungszeichen*
[ʎ]	gli		

agg	aggettivo	Adjektiv, Eigenschaftswort
amm	amministrazione, linguaggio burocratico	Amtssprache
avv	avverbio	Adverb, Umstandswort
f	femminile	feminin, weiblich
fam	familiare	umgangssprachlich
inv	invariabile	unveränderlich
loc	locuzione	Redensart, Wendung
m	maschile	maskulin, männlich
pl	plurale	Plural, Mehrzahl
prov	proverbio	Sprichwort
qc	qualcosa	etwas
qu	qualcuno	jemand

1.1 Persönliche Daten

la **persona**	Person
chiamarsi	heißen
Come ti chiami? – Mi chiamo Raffaele Gallo.	Wie heißt du? – Ich heiße Raffaele Gallo.
il **cognome**	Familienname
il **nome**	Vorname

l'**indirizzo**	Adresse
abitare	wohnen
Dove abiti? – Abito a Roma in Via Giulia 5.	Wo wohnst du? – Ich wohne in Rom, Via Giulia 5.
il **numero di telefono**	Telefonnummer
Di dove sei?	Woher bist du?
nato, a	geboren
Sono nata in Sicilia, ma vivo a Milano da 15 anni.	Ich bin auf Sizilien geboren, lebe aber seit 15 Jahren in Mailand.

Quanti anni hai?	Wie alt bist du?
Ho 18 anni, dunque sono già maggiorenne.	Ich bin 18 Jahre alt, also schon volljährig.
l'**età** f	Alter
Ho lasciato l'Italia all'età di 15 anni.	Ich bin mit 15 Jahren aus Italien weggegangen.
la **data di nascita**	Geburtsdatum

la **carta d'identità**	Personalausweis
scadere	verfallen; ablaufen
La mia carta d'identità è scaduta.	Mein Personalausweis ist abgelaufen.
il **passaporto**	Reisepass
Hai già il nuovo passaporto?	Hast du schon den neuen Reisepass?
la **patente**	Führerschein

il **sesso**	Geschlecht
di sesso femminile	weiblich
di sesso maschile	männlich
celibe m, **nubile** f	ledig
Mario è celibe.	Mario ist ledig.
Maria è nubile.	Maria ist ledig.
solo, a	allein(stehend)
sposato, a	verheiratet
Giovanna e Carlo sono sposati da cinque anni.	Giovanna und Carlo sind seit fünf Jahren verheiratet.

il **mestiere**	Beruf *(handwerklich)*
Che mestiere fa tuo padre?	Was ist dein Vater von Beruf?
la **professione**	Beruf *(allgemein)*
Andrea **fa l'insegnante**.	Andrea ist Lehrer von Beruf.

l'**individuo**	Individuum; Einzelwesen, -person
il **documento**	Ausweis
Un **documento**, per favore!	Ihren Ausweis bitte!
il **biglietto da visita**	Visitenkarte
personale	persönlich
la **residenza**	Wohnsitz
il **luogo di residenza**	Wohnort
il **luogo di nascita**	Geburtsort
la **cittadinanza**	Staatsangehörigkeit
Giuseppe ha la cittadinanza tedesca.	Giuseppe hat die deutsche Staatsangehörigkeit.
la **nazionalità**	Nationalität
la **confessione**	Konfession
Di che confessione è Lei?	Was ist Ihre Konfession?

lo **stato civile**	Familienstand
coniugato, a *amm*	verheiratet
divorziato, a	geschieden
divorziare	sich scheiden lassen
Anche in Italia **si può divorziare**, ma **ci vuole** più tempo.	Man kann sich auch in Italien scheiden lassen, nur dauert es länger.
il **divorzio**	Scheidung
separato, a	getrennt lebend
Essendo separati da tre anni, ora possiamo chiedere il divorzio.	Da wir seit drei Jahren getrennt leben, können wir die Scheidung beantragen.
la **separazione**	Trennung
il **vedovo**, la **vedova**	Witwer, Witwe

maggiorenne	volljährig
minorenne	minderjährig

1.2 Nationalität, Sprache, Land

il **mondo**	Welt
Mi piacerebbe vedere tutti i paesi del mondo.	Ich würde gerne alle Länder der Welt kennen lernen.

il **paese**	Land
la **popolazione**	Bevölkerung
La popolazione italiana non supera i 57 milioni.	Die Bevölkerung Italiens übersteigt nicht 57 Millionen.
la **frontiera**	Grenze
L'apertura delle frontiere favorisce l'incontro tra i popoli.	Die Öffnung der Grenzen erleichtert Begegnungen zwischen den Völkern.
il **confine**	Grenze
fermare	anhalten
Li hanno fermati al confine.	Sie wurden an der Grenze angehalten.
confinare con	angrenzen an
La Germania **confina a nord con** la Danimarca.	Im Norden grenzt Deutschland an Dänemark.

la **patria**	Heimat
Tutti amiamo la nostra patria.	Wir alle lieben unsere Heimat.
la **bandiera**	Fahne
la **presenza**	Anwesenheit
Data la presenza di molti stranieri, il problema principale è quello della lingua.	Da so viele Ausländer hier sind, ist das Hauptproblem die Sprache.
l'**incontro**	Begegnung
vivere	leben
il **linguaggio**	Sprache
il **dialetto**	Dialekt
In questa zona si parla un dialetto molto antico.	In dieser Gegend wird ein ganz alter Dialekt gesprochen.

l'**America**	Amerika
americano, a	amerikanisch; Amerikaner(in)
l'**Africa**	Afrika
africano, a	afrikanisch; Afrikaner(in)
l'**Europa**	Europa
europeo, a	europäisch; Europäer(in)
l'**Asia**	Asien
asiatico, a	asiatisch; Asiat(in)
l'**Australia**	Australien
australiano, a	australisch; Australier(in)
l'**Oceania**	Ozeanien

l'**Italia**	Italien
italiano, a	italienisch; Italiener(in)
la **Germania**	Deutschland
tedesco, a	deutsch; Deutsche(r)

la **Francia**	Frankreich
francese	französisch; Franzose, Französin
la **Gran Bretagna**	Großbritannien
britannico	britisch; Brite, Britin
inglese	englisch; Engländer(in)
la **Spagna**	Spanien
spagnolo, a	spanisch; Spanier(in)
il **Portogallo**	Portugal
portoghese	portugiesisch; Portugiese, Portugiesin
il **Belgio**	Belgien
belga	belgisch; Belgier(in)
i **Paesi Bassi**	Niederlande
olandese	niederländisch; Niederländer(in)
il **Lussemburgo**	Luxemburg
lussemburghese	luxemburgisch; Luxemburger(in)
l'**Austria**	Österreich
austriaco, a	österreichisch; Österreicher(in)
la **Grecia**	Griechenland
greco, a	griechisch; Grieche, Griechin
l'**Irlanda**	Irland
irlandese	irisch; Ire, Irin
la **Finlandia**	Finnland
finlandese	finnisch; Finne, Finnin
la **Danimarca**	Dänemark
danese	dänisch; Däne, Dänin
la **Svezia**	Schweden
svedese	schwedisch; Schwede, Schwedin
la **Norvegia**	Norwegen
norvegese	norwegisch; Norweger(in)
la **Scandinavia**	Skandinavien
scandinavo, a	skandinavisch; Skandinavier(in)
la **Svizzera**	Schweiz
svizzero, a	schweizerisch; Schweizer(in)

gli **Stati Uniti (d'America)**	Vereinigte Staaten (von Amerika)
il **Canada**	Kanada
canadese	kanadisch; Kanadier(in)
il **Messico**	Mexico
messicano, a	mexikanisch; Mexikaner(in)
il **Brasile**	Brasilien
brasiliano, a	brasilianisch; Brasilianer(in)

la **Russia**	Russland
russo, a	russisch; Russe, Russin
la **Polonia**	Polen

polacco, a	polnisch; Pole, Polin
la **Repubblica Ceca**	Tschechien
ceco, a	tschechisch; Tscheche, Tschechin
la **Slovacchia**	Slowakei
slovacco, a	slowakisch; Slowake, Slowakin
la **Turchia**	Türkei
turco, a	türkisch; Türke, Türkin

l'**estero**	Ausland
straniero, a	ausländisch, fremd
Non è sempre facile vivere in un paese straniero.	Es ist nicht immer leicht, in einem fremden Land zu leben.
emigrare	auswandern
Molti abitanti della Sicilia e della Calabria emigrano all'estero.	Viele Einwohner Siziliens und Kalabriens wandern aus.
l'**emigrazione** *f*	Auswanderung, Emigration
l'**emigrato**, l'**emigrata**	Auswanderer(in), Emigrant(in)
In Germania **ci sono** molti emigrati italiani.	In Deutschland leben viele italienische Emigranten.

extracomunitario, a	nicht der EU angehörig
il **clandestino**, la **clandestina**	illegale(r) Einwanderer, Einwanderin
il **vu cumprà** *fam*	fliegender afrikanischer Händler
Guarda che bella borsa, l'ho presa in spiaggia da un vu cumprà.	Sieh nur, was für eine schöne Tasche! Ich habe sie am Strand einem fliegenden Händler abgekauft.
xenofobo, a	fremdenfeindlich
la **xenofobia**	Fremdenfeindlichkeit

l'**Albania**	Albanien
la **Bulgaria**	Bulgarien
la **Romania**	Rumänien
l'**Ungheria**	Ungarn
l'**Estonia**	Estland
la **Lettonia**	Lettland
la **Lituania**	Litauen
la **Bielorussia**	Weißrussland
l'**Ucraina**	Ukraine
la **Jugoslavia**	Jugoslawien
la **Croazia**	Kroatien
la **Serbia**	Serbien
la **Slovenia**	Slowenien
la **Bosnia-Erzegovina**	Bosnien-Herzegowina

la **Cina**	China
cinese	chinesisch; Chinese, Chinesin
il **Giappone**	Japan
giapponese	japanisch; Japaner(in)
l'**India**	Indien
indiano, a	indisch; Inder(in); indianisch; Indianer(in)

l'**Algeria**	Algerien
la **Tunisia**	Tunesien
il **Marocco**	Marokko
Malta	Malta
Cipro	Zypern

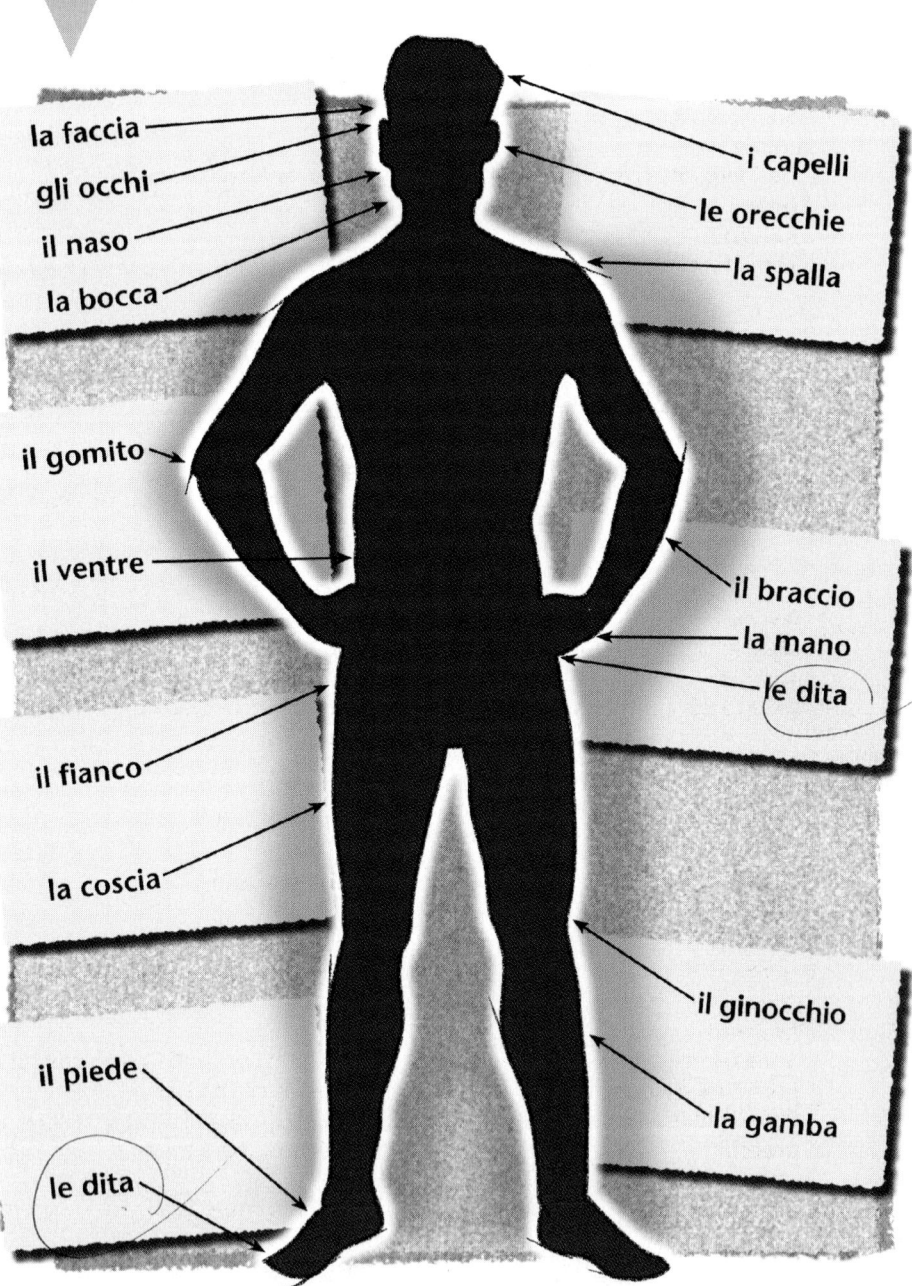

la faccia

gli occhi

il naso

la bocca

i capelli

le orecchie

la spalla

il gomito

il ventre

il braccio

la mano

le dita

il fianco

la coscia

il ginocchio

il piede

la gamba

le dita

2.1 Körperteile und Organe

il **corpo**	Körper
l'**osso**	Knochen
Quante **ossa** ti sei rotto?	Wie viele Knochen hast du dir gebrochen?
Sono per il cane questi **ossi**?	Sind diese Knochen für den Hund?
la **pelle**	Haut
Desidero una **crema per la pelle**.	Ich hätte gern eine Hautcreme.
il **pelo**	Körperhaar
il **sangue**	Blut
Vorrei fare l'**analisi del sangue**.	Ich möchte eine Blutuntersuchung machen lassen.
il **muscolo**	Muskel

la **testa**	Kopf
Mi gira la testa.	Mir ist schwindelig.
il **cervello**	Gehirn
la **faccia**	Gesicht
Hai una bella faccia abbronzata.	Du bist schön braun im Gesicht.
la **fronte**	Stirn
la **bocca**	Mund
Respiri con la bocca chiusa, per favore!	Atmen Sie bitte mit geschlossenem Mund!
il **dente**	Zahn
togliere	wegnehmen; ziehen
Alberto deve **togliersi** un dente.	Alberto muss sich einen Zahn ziehen lassen.
la **mascella**	Kiefer
la **lingua**	Zunge

il **collo**	Hals
la **gola**	Hals; Kehle; Rachen
la **spalla**	Schulter
Mettiti uno scialle sulle spalle.	Leg dir einen Schal um die Schultern.
il **petto**	Brust

il **braccio**	Arm
Anna tiene il bambino **in braccio**.	Anna hält das Kind in den Armen.
Prendimi fra le braccia.	Nimm mich in den Arm.
Verso la foce il Po si divide in **tanti bracci**.	In der Nähe der Mündung teilt sich der Po in viele Arme.
la **mano**	Hand
Hai le mani calde.	Du hast warme Hände.
il **dito**	Finger; Zeh
Porta anelli **a tutte le dita**.	Sie trägt an allen Fingern Ringe.

la **gamba**	Bein
Daniele si è rotto una gamba.	Daniele hat sich ein Bein gebrochen.
il **ginocchio**	Knie
piegare le ginocchia/i ginocchi	die Knie beugen
il **piede**	Fuß
Preferisco **stare in piedi**.	Ich stehe lieber.

il **cuore**	Herz
il **polmone**	Lunge
respirare	atmen
Respirare aria pulita **fa bene ai** polmoni.	Reine Luft zu atmen, ist gut für die Lungen.
il **respiro**	Atem
soffocare	ersticken
Mi manca il respiro e mi sento soffocare.	Ich bekomme keine Luft und glaube zu ersticken.
il **fegato**	Leber
Antonio **si è rovinato il fegato** con l'alcol.	Antonio hat sich durch den Alkohol die Leber ruiniert.
lo **stomaco**	Magen
Ho mangiato troppo e **mi sento lo stomaco pesante**.	Ich habe zu viel gegessen und habe ein Völlegefühl im Magen.

il **capello**	Haar
il **sopracciglio**, *pl* le **sopracciglia**/ i **sopraccigli**	Augenbraue
la **palpebra**	Lid
la **guancia**	Wange
gonfio, a	geschwollen
gonfiare	blähen; aufblasen
il **labbro**	Lippe
Lisa **aveva le labbra** blu **dal** freddo.	Lisas Lippen waren blau vor Kälte.
il **mento**	Kinn
il **viso**	Gesicht
abbronzato, a	braun (gebrannt)

la **schiena**	Rücken
il **seno**	Brust, Busen
il **torace**	Oberkörper
Questo esercizio è utile per **irrobustire il torace**.	Diese Übung ist nützlich, um einen kräftigen Oberkörper zu bekommen.
la **colonna vertebrale**	Wirbelsäule
il **gomito**	Ellbogen
il **sedere**	Hintern

Carlino **ha battuto il sedere per** terra.	Carlino ist auf den Hintern gefallen.
l'**anca**	Hüfte
la **coscia**	Oberschenkel
il **calcagno**	Ferse

~ il **ventre**	Bauch
I fagioli **fanno gonfiare il ventre.**	Die Bohnen verursachen Blähungen.
il **rene**	Niere
il **fianco**	Hüfte; Seite
l'**intestino**	Darm
la **pancia**	Bauch
Hai di nuovo mal di pancia?	Hast du schon wieder Bauchschmerzen?

la **vena**	Vene, Ader
il **nervo**	Nerv
Per questo lavoro **bisogna** avere nervi saldi.	Für diese Arbeit braucht man gute Nerven.

il **pugno**	Faust
l'**unghia**	Fingernagel
Luciana cerca le forbici per le unghie.	Luciana sucht die Nagelschere.

2.2 Sexualität, Fortpflanzung, Lebensentwicklung

l'**amore** *m*	Liebe
il **sentimento**	Gefühl, Empfindung
sentimentale	gefühlvoll; sentimental
innamorarsi	sich verlieben
innamorato, a	verliebt
Raimondo **è sempre innamorato di Barbara.**	Raimondo ist immer noch in Barbara verliebt.

l'**uomo**	Mann
la **donna**	Frau
il **sesso**	Geschlecht
far l'amore	miteinander schlafen
Vorrei far l'amore con te.	Ich möchte mit dir schlafen.
il **preservativo**	Kondom

il **bambino**	Kind; Junge

Michela aspetta un bambino da me. — Michela erwartet ein Kind von mir.

la **bambina**	kleines Mädchen
il **ragazzo**	Junge, Knabe
la **ragazza**	Mädchen
giovane	jung
il, la **giovane**	Jugendliche(r)
adulto, a	erwachsen
l'**adulto**, l'**adulta**	Erwachsene(r)
vecchio, a	alt
invecchiare	altern, alt werden

la **nascita**	Geburt
nascere	geboren werden

Vorrei sapere quanti bambini nascono ogni giorno in Italia. — Ich möchte wissen, wie viele Kinder jeden Tag in Italien geboren werden.

la **vita**	Leben
vivo, a	lebendig

Ero più morto che vivo **dalla paura**. — Ich war vor Angst mehr tot als lebendig.

maturare	reifen, reif werden

morire	sterben, ums Leben kommen

D'amore non si muore. *loc* — An Liebe stirbt man nicht.
Il fratello di Carlo è morto **in un incidente**. — Carlos Bruder ist bei einem Unfall ums Leben gekommen.

morto, a	tot
la **morte**	Tod
la **tomba**	Grab

gli **organi genitali** *pl*	Geschlechtsorgane

In biologia **abbiamo parlato degli** organi genitali. — In Biologie haben wir die Geschlechtsorgane durchgenommen.

l'**utero**	Gebärmutter
il **rapporto sessuale**	Geschlechtsverkehr
generare	zeugen
la **fecondazione**	Befruchtung
la **fecondazione artificiale**	künstliche Befruchtung
fecondare	befruchten
incinta	schwanger

Mia sorella è **incinta di tre mesi**. — Meine Schwester ist im dritten Monat schwanger.

la **gravidanza**	Schwangerschaft
il **parto**	Entbindung

Maria ha avuto un parto molto facile. — Marias Entbindung ist völlig problemlos verlaufen.

la **contraccezione**	Empfängnisverhütung
la **pillola (contraccettiva)**	Antibabypille
Per avere la pillola **ci vuole** la ricetta.	Für die Pille braucht man ein Rezept.
l'**aborto**	Abtreibung
abortire ‹abortisco›	abtreiben
il **sesso sicuro**	Safer Sex

agganciare *fam*	anmachen
la **vergine**	Jungfrau
la **pubertà**	Pubertät
la **mestruazione**	Periode
la **menopausa**	Wechseljahre

la **gioventù**	Jugend
la **vecchiaia**	Alter

il **decesso** *amm*	Ableben; Sterbefall
il **funerale**	Beerdigung
seppellire ‹seppellisco›	begraben
il **cimitero**	Friedhof
il **suicidio**	Selbstmord

omosessuale	homosexuell
gay	schwul
lesbica	lesbisch
eterosessuale	heterosexuell

2.3 Sinne und Wahrnehmungen

l'**occhio**	Auge
Apri gli occhi!	Mach die Augen auf!
vedere	sehen
Non ho visto né l'uno né l'altro.	Ich habe weder das eine noch das andere gesehen.
la **vista**	Sehkraft
Il nonno **non ha più la vista di una volta**.	Großvater sieht nicht mehr so gut wie früher.
gli **occhiali** *pl*	Brille
Porta gli occhiali dalla prima infanzia.	Seit seiner frühen Kindheit trägt er eine Brille.

il **naso**	Nase

Ti dovresti **soffiare il naso.**	Du solltest dir die Nase putzen.
sentire	riechen
Senti che buon profumo/odore!	Riech mal, wie gut das duftet!

l'**orecchio**	Ohr
Mi fanno male le orecchie/gli orecchi.	Ich habe Ohrenschmerzen.
sentire	hören; fühlen; spüren
Avete sentito cosa ha detto Roberto?	Habt ihr gehört, was Roberto gesagt hat?
Senti come è morbido al tatto!	Fühl mal, wie weich das ist!
Non sentite freddo?	Ist euch nicht kalt?

Unterscheide:

sentire	*hören, wahrnehmen*
Senti un po'!	*Hör mal!*
Senta!	*Hallo! Hören sie!*
ascoltare	*zuhören, lauschen*
Ascoltami!	*Hör mir zu!*

il **gusto**	Geschmack
Senti se la salsa **è di tuo gusto.**	Probiere, ob die Soße nach deinem Geschmack ist.
il **palato**	Gaumen
il **tatto**	Tastsinn

cieco, a	blind
Quei due ragazzi sono ciechi dalla nascita.	Die beiden Jungen sind von Geburt an blind.
lo **sguardo**	Blick
gettare	werfen
Getta un po' uno sguardo a questa pagina, per favore!	Wirf bitte einen Blick auf diese Seite!
scambiare	verwechseln
Ho scambiato questa stoffa perché **al tatto** sembrava **uguale all'altra.**	Ich habe diesen Stoff verwechselt, da er sich genau wie der andere anfühlte.
scambiarsi	wechseln; austauschen
Si sono scambiati uno **sguardo d'intesa.**	Sie wechselten einen Blick stummen Einverständnisses.

l'**udito**	Gehör
Parla più forte, **sono un po' debole d'udito!**	Sprich lauter, ich höre schlecht!
sordo, a	taub

muto, a	stumm
Orlando è muto, ma si fa capire molto bene con i gesti.	Orlando ist stumm, aber er macht sich sehr gut durch Zeichensprache verständlich.
il **gesto**	Geste; Zeichen

2.4 Bewegungen, Aktivitäten

il **movimento**	Bewegung
muovere	bewegen
Provi a muovere la testa/le braccia/ le gambe.	Versuchen Sie, den Kopf/die Arme/ die Beine zu bewegen.
andare	gehen; sich fortbewegen *(allgemein)*
Che ne dici di andare a piedi?	Was hältst du davon, zu Fuß zu gehen? – Ich fahre lieber mit der Straßenbahn.
– Preferisco andare in tram.	

Achte auf die präpositionalen Anschlüsse nach *andare*:

Vado **a** Roma.	*Ich gehe/fahre nach Rom.*
Vado **a** telefonare.	*Ich gehe telefonieren.*
Vado **in** Italia.	*Ich fahre nach Italien.*
Vado **in** macchina.	*Ich fahre mit dem Auto.*
Vado **con** l'autobus.	*Ich fahre mit dem Bus.*

correre	laufen, rennen
Mario è corso a casa.	Mario ist nach Hause gerannt.
venire	kommen
Verremo **a piedi**.	Wir werden zu Fuß kommen.
girare	drehen
Scusa se **ti giro le spalle**.	Entschuldige, dass ich dir den Rücken zuwende.

alzare	hochheben; erhöhen
svegliare	aufwecken
Scusami se stamattina ti ho svegliato così presto, ma dovevo partire.	Entschuldige, dass ich dich heute Morgen so früh geweckt habe, aber ich musste abreisen.
svegliarsi	aufwachen
sveglio, a	wach
Come mai sei già sveglio? È ancora presto!	Wieso bist du schon wach? Es ist doch noch früh!

la **sveglia**	Wecker
Non ho sentito la sveglia, **a che ora l'avevi messa?**	Ich habe den Wecker nicht gehört; auf wie viel Uhr hattest du ihn gestellt?
alzarsi	aufstehen
A che ora ti alzi?	Wann stehst du auf?
sedersi	sich setzen
Si sieda, prego.	Setzen sie sich, bitte.

salire	hinaufgehen; einsteigen
scendere	hinuntergehen; aussteigen
Perché non siete scesi alla stazione?	Warum seid ihr nicht am Bahnhof ausgestiegen?

cadere	fallen
la **caduta**	Fall, Sturz
Giovanni **ha fatto** proprio **una brutta caduta.**	Giovanni ist wirklich schlimm gestürzt.

muoversi	sich bewegen
immobile	unbeweglich
Non muoverti! – Va bene, resterò immobile.	Beweg dich nicht! – In Ordnung, ich werde mich nicht bewegen.
mobile	beweglich; mobil

camminare	gehen
Ho camminato due ore.	Ich bin zwei Stunden gelaufen.
il **passo**	Schritt
Non faccia i passi così lunghi, **non riesco a seguirla.**	Machen Sie nicht so große Schritte, ich kann Ihnen nicht folgen.
saltare	springen
girarsi	sich umdrehen
Francesco si girò **di scatto**, pallido **come un morto.**	Francesco drehte sich abrupt um, bleich wie der Tod.

agitare	schütteln
Agitava le braccia come un pazzo.	Er gestikulierte herum wie ein Verrückter.
scuotere	schütteln
Il padre scosse la testa.	Der Vater schüttelte den Kopf.

stringere	drücken; pressen; festhalten
L'ha stretta forte **fra le braccia.**	Er hat sie fest in den Arm genommen.
stringere la mano	die Hand schütteln

la **stretta**	Druck
Ci siamo salutati **con una stretta di mano**.	Wir haben uns mit Handschlag begrüßt.
Quando l'ho visto **ho sentito una stretta al cuore**.	Als ich ihn sah, zog es mir das Herz zusammen.
essere alle strette	in der Klemme stecken
tẹndere la mano	die Hand ausstrecken; die Hand reichen

afferrare	ergreifen; erfassen
sollevare	(an)heben; aufheben
Ora deve sollevare **tutte e due le gambe**.	Nun müssen Sie beide Beine anheben.
pọrgere	reichen; geben

2.5 Aussehen

bello, a	schön
la **bellezza**	Schönheit
brutto, a	hässlich
alto, a	groß
basso, a	klein
grasso, a	dick
magro, a	dünn
robusto, a	kräftig

i **capelli** *pl*	Haare
la **barba**	Bart
i **baffi** *pl*	Schnurrbart

biondo, a	blond
castano, a	kastanienbraun
Da piccolo era biondo, ora è castano.	Als Kind war er blond, jetzt hat er kastanienbraune Haare.
grigio, a	grau
I primi capelli grigi **mi sono venuti a 30 anni**.	Ich habe die ersten grauen Haare mit 30 bekommen.
nero, a	schwarz

cambiare	sich verändern
Ti trovo molto cambiato.	Ich finde, du hast dich sehr verändert.

> *Unterscheide:*
>
> **cambiare** — *sich ändern*
> Devi cambiare. — *Du musst dich ändern.*
>
> **cambiarsi** — *sich umziehen*
> Devi cambiarti. — *Du musst dich umziehen.*

crescere — wachsen
Perché non ti fai crescere i capelli? — Warum lässt du dir nicht die Haare wachsen?

l'aspetto — Aussehen
Giovane di bell'aspetto cercasi! — Gut aussehende(r) junge(r) Dame/ Mann gesucht!
esteriore — Außen-; äußerlich
carino, a — hübsch
grazioso, a — niedlich; reizend
la **statura** — Statur; Größe
normale — normal
Paola è di statura normale. — Paola ist von normaler Körpergröße.

snello, a — schlank
pallido, a — blass; bleich
bruno, a — braun; dunkel
Maria è bruna e ha **gli** occhi neri. — Maria hat braune Haare und dunkle Augen.

(as)somigliare — ähneln, ähnlich sein
la **somiglianza** — Ähnlichkeit
Tu assomigli molto a tua nonna. — Du ähnelst sehr deiner Großmutter.
– È vero, tutti si meravigliano di questa somiglianza così grande. – Stimmt, alle wundern sich über diese große Ähnlichkeit.

dimagrire ‹dimagrisco› — abnehmen
Sono dimagrita due chili. — Ich habe zwei Kilo abgenommen.
ingrassare — zunehmen
Ho la fortuna di poter mangiare **quello che voglio** senza ingrassare. — Ich habe das Glück, dass ich alles essen kann, was ich will, ohne zuzunehmen.

rimediare — Abhilfe schaffen; wieder gutmachen
Durante le vacanze ho mangiato troppo, ora devo rimediare con una buona dieta. — In den Ferien habe ich zu viel gegessen, und jetzt muss ich mit einer wirksamen Diät etwas dagegen tun.

2.6 Kosmetik und Körperpflege

l'**acqua**	Wasser
il **sapone**	Seife
lavarsi	sich waschen
Ti sei già lavato i denti?	Hast du dir schon die Zähne geputzt?
lo **spazzolino da denti**	Zahnbürste
il **dentifricio**	Zahnpasta
fare la doccia	duschen
Appena alzato mi faccio la doccia.	Gleich nach dem Aufstehen dusche ich.
fare il bagno	baden
nudo, a	nackt
asciugarsi	sich abtrocknen
Vuoi asciugarti i capelli?	Willst du dir die Haare trocknen?
l'**asciugamano**	Handtuch

---

i **Zusammengesetzte Substantive**

Aus *Imperativ* + *Nomen* zusammengesetzte Substantive sind in der Regel *maskulin*. Beispiele:

l'asciugamano	*Handtuch*	gli asciugamani
il paraurti	*Stoßstange*	i paraurti
il tergicristallo	*Scheibenwischer*	i tergicristalli
il cacciavite	*Schraubenzieher*	i cacciaviti (o cacciavite)
il guardaroba	*Garderobe*	i guardaroba

Ausnahmen:

la (macchina) lavastoviglie	*Spülmaschine*	le lavastoviglie
la (nave) portaerei	*Flugzeugträger*	le portaerei

---

il **massaggio**	Massage
Per il mio mal di schiena il medico mi ha prescritto **dei massaggi**.	Gegen meine Rückenschmerzen hat mir der Arzt Massagen verschrieben.

farsi la barba	sich rasieren
Cesare non si fa la barba da tre giorni.	Cesare hat sich seit drei Tagen nicht rasiert.
il **rasoio (elettrico)**	(Elektro-)Rasierer
la **crema**	Creme
Questa **crema da barba** mi provoca un'allergia.	Diese Rasiercreme verursacht bei mir eine Allergie.

il **pettine**	Kamm
lo **shampoo**	Shampoo
Luca cerca uno **shampoo alle erbe**.	Luca sucht nach einem Kräuter-shampoo.
le **forbici** *pl*	Schere
Sei sicura che **queste forbici taglino** bene? A me non sembra proprio.	Bist du sicher, dass diese Schere gut schneidet? Ich habe nicht den Eindruck.

pettinarsi	sich kämmen
pettinare	kämmen
Prima di uscire voglio pettinare i bambini.	Bevor wir gehen, will ich die Kinder kämmen.
spazzolare	bürsten
la **spazzola (per i capelli)**	(Haar-)Bürste
Grazia ha perso la spazzola per i capelli.	Grazia hat die Haarbürste verloren.
il **fon**	Haartrockner
il **parrucchiere**, la **parrucchiera**	Friseur, Friseurin
Se fossi in te, non andrei più da quel parrucchiere.	An deiner Stelle ginge ich nicht mehr zu diesem Friseur.

trascurare	vernachlässigen
Da quando è solo si trascura **in modo incredibile, ha un aspetto spaventoso.**	Seit er alleine ist, vernachlässigt er sich unglaublich; er sieht entsetzlich aus.
rinfrescare	erfrischen; frisch machen
prepararsi	sich vorbereiten; sich fertig machen
Mi sto preparando, abbi un attimo di pazienza!	Ich mache mich gerade fertig, hab einen Augenblick Geduld!
truccarsi	sich schminken
Non ti truccare troppo!	Schmink dich nicht zu stark!
il **borotalco**	Körperpuder
il **profumo**	Parfüm; Duft

il **rossetto**	Lippenstift
lo **smalto (per unghie)**	Nagellack
mettersi	auftragen
Un attimo! **Mi metto lo smalto e il rossetto** e sono subito pronta!	Augenblick! Ich trage Nagellack und Lippenstift auf und bin gleich fertig!

l'**igiene** *f*	Hygiene
L'igiene **non va trascurata**.	Man muss auf Hygiene achten.
igienico, a	hygienisch

la **carta igięnica**	Toilettenpapier
Hai visto che la carta igienica **è finita?**	Hast du gesehen, dass kein Toilettenpapier mehr da ist?
la **saponetta**	Toilettenseife
Uso una saponetta medicinale perché è più igienica.	Ich verwende eine medizinische Seife, weil sie hygienischer ist.
medicinale	medizinisch
il **cotone idrọfilo**	Watte
struccarsi	sich abschminken
gli **assorbenti** *pl*	Binden
assorbenti interni	Tampons

tagliarsi	sich schneiden
Mi sono tagliato le unghie.	Ich habe mir die Fingernägel geschnitten.
la **limetta per le unghie**	Nagelfeile

abbronzarsi	sich bräunen
Vorrei un prodotto per **abbronzarmi senza rischiare scottature.**	Ich hätte gerne ein Produkt, um gefahrlos braun zu werden.
la **scottatura**	Verbrennung; Sonnenbrand
Chi sta troppo al sole rischia una scottatura con le relative conseguenze.	Wer zu lange in der Sonne liegt, riskiert einen Sonnenbrand mit den entsprechenden Folgen.

Falsche Freunde

Italienisches Wort	Thematische Bedeutung(en)	Falscher Freund	Italienische Entsprechung(en)
brutto	hässlich	brutto	lordo
la gola	Kehle	Maul *(bei Tieren; frz. la gueule)*	il muso

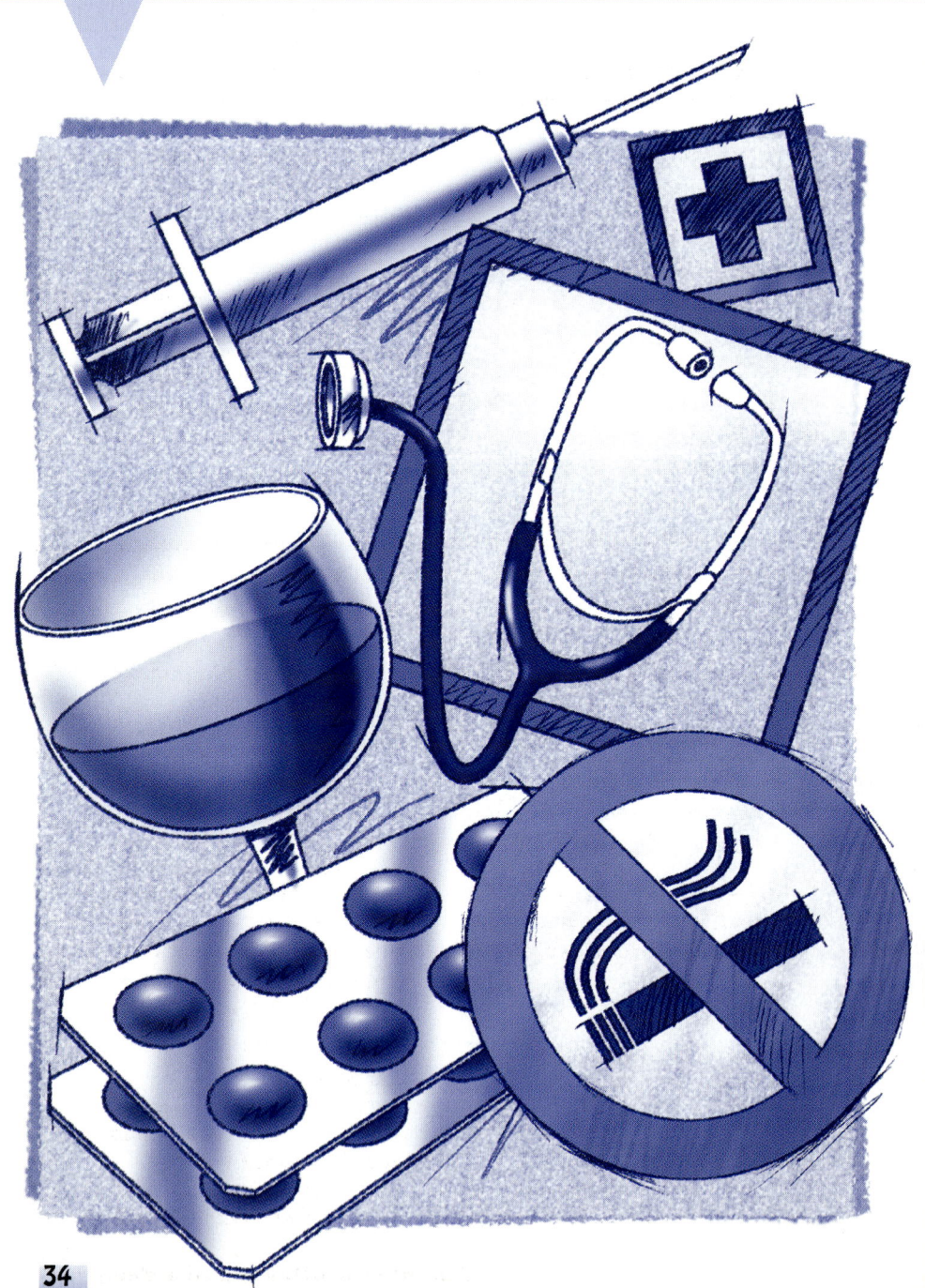

3.1 Gesundheit, Krankheit und Behandlung

la **salute**	Gesundheit
Io sto sempre molto attento a non fare nulla che danneggi la salute.	Ich achte immer sehr darauf, nichts zu tun, was meiner Gesundheit schaden könnte.
guarire ‹guarisco›	genesen, gesund werden
la **guarigione**	Genesung
Buona guarigione!	Gute Besserung!
debole	schwach
Sono già guarito, ma mi sento ancora molto debole.	Ich bin wieder gesund, aber ich fühle mich noch ziemlich schwach.
la **cura**	Kur; Therapie, Behandlung
Il medico **mi ha prescritto** una cura **per il fegato**.	Der Arzt hat mir für meine Leber eine Therapie verschrieben.
rimettersi	sich erholen
Dopo l'operazione il paziente si è rimesso molto presto.	Nach der Operation hat sich der Patient sehr schnell erholt.
la **condizione**	Verfassung
Le mie **condizioni di salute** sono ottime!	Mein Gesundheitszustand ist ausgezeichnet!

sano, a	gesund
Non soffro di niente, sono **sano come un pesce.**	Ich habe kein Leiden, ich bin kerngesund.
ammalato, a	krank
curarsi	sich pflegen, sich behandeln lassen
il **sintomo**	Symptom; Anzeichen
descrivere	beschreiben
stanco, a	müde
stancarsi	ermüden, müde werden
Mi può descrivere i suoi sintomi, per favore? – Sì dottore. Innanzi tutto **mi stanco subito** e **mi alzo** già stanco la mattina.	Können Sie mir bitte Ihre Symptome beschreiben? – Ja, Herr Doktor. Vor allem werde ich sehr schnell müde; ich bin schon müde, wenn ich morgens aufstehe.

la **malattia**	Krankheit
migliorare	verbessern, besser werden
peggiorare	verschlechtern, sich verschlimmern
grave	ernst; gefährlich
Questa malattia **è sì contagiosa**, ma non grave.	Diese Krankheit ist zwar ansteckend, aber nicht gefährlich.

cronico, a
Devi **stare attento che** la malattia **non diventi** cronica.

chronisch
Du musst aufpassen, dass die Krankheit nicht chronisch wird.

il male
Per ora l'Aids è un male inguaribile.

Krankheit; Schmerz
Bislang ist Aids eine unheilbare Krankheit.

il dolore
Questo dolore al braccio **non mi passa** mai.

Schmerz
Dieser Schmerz im Arm geht einfach nicht weg.

far male
Ti **fa** ancora **male** la gola?

wehtun
Hast du immer noch Halsschmerzen?

malato, a
Giuseppe è **malato di cuore** da cinque anni.

krank
Giuseppe ist seit fünf Jahren herzkrank.

il, la paziente

Patient(in)

la febbre
Hai una febbre da cavallo e ti vuoi alzare!

Fieber
Mit diesem hohen Fieber willst du aufstehen!

il termometro
È meglio controllare la temperatura con il termometro.

Thermometer
Es ist besser, die Temperatur mit dem Thermometer zu messen.

la crisi
Superata la crisi, il paziente è stato rimandato a casa.

Krise
Nachdem die Krise überwunden war, wurde der Patient nach Hause entlassen.

la complicazione
Salvo complicazioni, Francesca uscirà dall'ospedale fra una **decina di giorni**.

Komplikation
Sofern es keine Komplikationen gibt, kann Francesca das Krankenhaus in etwa zehn Tagen verlassen.

acuto, a
una malattia acuta

akut
eine akute Erkrankung

svenire ‹svengo›

ohnmächtig werden

la digestione

Verdauung

digerire ‹digerisco›
Non ho digerito bene quello che ho mangiato ieri sera.

verdauen
Was ich gestern Abend gegessen habe, habe ich nicht gut verdaut.

la sofferenza

Leiden

soffrire di

leiden an

il mal di testa
Ho **un** terribile mal di testa.

Kopfschmerzen
Ich habe schreckliche Kopfschmerzen.

il mal di stomaco

Magenschmerzen

il mal di pancia

Bauchschmerzen

il **mal di denti**	Zahnschmerzen
il **mal di gola**	Halsschmerzen
il **mal di mare**	Seekrankheit
il **diabete**	Diabetes, Zuckerkrankheit
Lia **soffre di diabete** da molti anni.	Lia ist seit vielen Jahren zuckerkrank.

dormire	schlafen
Se non dormi abbastanza **ti ammali.**	Wenn du nicht genug schläfst, wirst du krank.
addormentarsi	einschlafen
I bambini non **si addormentano** perché sono troppo nervosi.	Die Kinder schlafen nicht ein, weil sie zu nervös sind.
il **sonno**	Schlaf
il **sogno**	Traum
Viaggiare per il mondo è sempre stato il mio sogno.	Durch die Welt zu reisen, war immer mein Traum.
sognare	träumen
Stanotte ho sognato che **eravamo in partenza per** l'Australia.	Heute Nacht träumte ich, wir seien im Begriff nach Australien zu verreisen.
russare	schnarchen
La medicina **sta cercando** rimedi **per chi russa. Pare infatti che oltre un fastidio sia anche un pericolo per la salute.**	Die Medizin forscht nach Mitteln gegen das Schnarchen. Allem Anschein nach ist es nicht nur lästig, sondern auch gesundheitsgefährdend.
lo **stress**	Stress
nervoso, a	nervös
isterico, a	hysterisch

la **ferita**	Wunde
Stefania **ha perso molto sangue dalla ferita.**	Stefanias Wunde hat stark geblutet.
ferire ‹ferisco›	verletzen
Lo ha ferito ad una gamba, ma **senza volerlo.**	Sie hat ihn unabsichtlich am Bein verletzt.
rompersi	sich brechen
Ho sentito che ti sei rotto la gamba a sciare.	Ich habe gehört, dass du dir beim Skilaufen das Bein gebrochen hast.
la **frattura**	Bruch; Fraktur
Non sono ammalata, ho solo una frattura al braccio.	Ich bin nicht krank, ich habe mir nur den Arm gebrochen.

il **riconoscimento precoce**	Früherkennung

il **cancro**	Krebs
Sono stata malata di cancro ma ora sono perfettamente guarita.	Ich war an Krebs erkrankt, jetzt aber bin ich vollständig geheilt.
il **carcinoma**	Karzinom
cancerogeno, a	Krebs erregend
il **tumore**	Tumor
maligno, a	bösartig
benigno, a	gutartig
la **nevrosi**	Neurose
La paura di avere un tumore maligno **gli ha fatto venire** una nevrosi.	Die Angst vor Krebs hat bei ihm eine Neurose ausgelöst.

il **fastidio**	Unannehmlichkeit; Verdruss
la **tosse**	Husten
Questa tosse **mi dà molto fastidio.**	Dieser Husten ist sehr lästig.
tossire ‹tossisco›	husten
Quel bambino tossisce troppo, **dagli** le gocce!	Das Kind hustet zu viel, gib ihm seine Tropfen.
il **raffreddore**	Erkältung
raffreddarsi	sich erkälten
raffreddato, a	erkältet
Sei troppo raffreddato per **fare il bagno.**	Du bist zu stark erkältet um zu baden.
l'**influenza**	Grippe
la **bronchite**	Bronchitis
riguardarsi	sich schonen
Dopo **quella brutta bronchite** che hai avuto, devi **riguardarti!**	Nach der schlimmen Bronchitis musst du dich schonen.
la **polmonite**	Lungenentzündung
La polmonite lo ha costretto a letto per un mese.	Die Lungenentzündung hat ihn einen Monat ans Bett gefesselt.

il **crampo**	Krampf
Stamattina ho avuto un crampo nella coscia destra.	Heute Morgen hatte ich einen Krampf im rechten Oberschenkel.
l'**infiammazione** f	Entzündung
Hai davvero **una brutta infiammazione alla gola.**	Du hast tatsächlich eine üble Halsentzündung.
gonfiarsi	anschwellen
Guarda come **ti si sono gonfiate le gambe**, dovresti proprio farti visitare.	Sieh nur, wie geschwollen deine Beine sind; du solltest dich wirklich untersuchen lassen.
sudare	schwitzen
il **sudore**	Schweiß

l'**Aids** m ['aids, aidi'εsse] — Aids
sieropositivo, a — HIV-positiv
Ha avuto tanta paura che ha fatto subito le analisi. **È risultato che** non è sieropositivo. — Er war derart in Angst, dass er sofort einen Test hat machen lassen. Es stellte sich heraus, dass er nicht HIV-positiv ist.

stare male/bene — in schlechter/guter Verfassung sein
Se stai male non puoi andare in piscina. — Wenn es dir schlecht geht, kannst du nicht ins Schwimmbad gehen.
ammalarsi — krank werden
il **disturbo** — Beschwerde; Störung
facilmente — leicht
Con questo tempo si hanno facilmente **disturbi di circolazione**. — Bei diesem Wetter bekommt man leicht Kreislaufbeschwerden.
le **vertigini** pl — Schwindelgefühl
il **polso** — Puls
Non è normale che tu abbia sempre le vertigini, **fammi** sentire il polso. — Es ist nicht normal, dass dir ständig schwindlig ist, lass mich mal deinen Puls fühlen.

la **sanità** amm — Gesundheitswesen
Deve andare all'**ufficio della sanità**. — Sie müssen zum Gesundheitsamt gehen.

il **foglio della mutua** — Krankenschein
Il turista dovrebbe sempre **viaggiare con** il foglio internazionale della mutua. — Touristen sollten auf Reisen immer den internationalen Krankenschein mitnehmen.

l'**allergia** — Allergie
la **vaccinazione** — Impfung
inguaribile — unheilbar
la **terapia** — Therapie
efficace — wirksam
l'**emicrania** — Migräne
Non esiste ancora **una medicina più efficace di questa** contro l'emicrania. — Ein wirksameres Medikament gegen Migräne gibt es noch nicht.
stroncare — ein Ende bereiten; den Tod verursachen
La malattia lo ha stroncato in poco tempo. — Die Krankheit hat in kurzer Zeit zu seinem Tod geführt.

il **virus** — Virus

resistente | resistent, widerstandsfähig
Questa influenza è provocata da un virus molto resistente. | Diese Grippe wird von einem sehr resistenten Virus verursacht.
danneggiare | schaden; schädigen
colpire | befallen
le **misure preventive** | Vorsorge(maßnahmen)
prevenire | vorbeugen

l'**handicap** m ['ɛndikap, 'andikap] | Behinderung
Per il suo handicap **gli è stata data** una tessera speciale. | Wegen seiner Behinderung hat er einen Spezialausweis bekommen.
handicappato, a [endikapp'ato, andikapp'ato] | körperlich/geistig behindert
Gli handicappati hanno bisogno di attrezzature adeguate. | Die Behinderten brauchen geeignete Vorrichtungen.
disabile | behindert
l'**apparecchio acustico** | Hörgerät
la **protesi** | Prothese

la **diarrea** | Durchfall
Michele ha mangiato troppa frutta e **gli è venuta** la diarrea. | Michele hat zu viel Obst gegessen und davon Durchfall bekommen.
vomitare | sich übergeben
la **dieta** | Diät
Il dottore mi ha messo a dieta. | Der Arzt hat mich auf Diät gesetzt.
dimagrante | Abmagerungs-
la **cura dimagrante** | Abmagerungskur

contagioso, a | ansteckend
il **sistema immunitario** | Immunsystem
le **difese immunitarie** | Abwehrkräfte
Non è il caso che tu corra questo rischio, le tue difese immunitarie **sono ridotte a zero!** | Du solltest dich diesem Risiko nicht aussetzen, du hast keinerlei Abwehrkräfte mehr.
disinfettare | desinfizieren
Quella malattia è contagiosa, è meglio disinfettare tutto. | Diese Krankheit ist ansteckend, es ist besser, alles zu desinfizieren.
la **micosi** | Pilzerkrankung

l'**infarto** | Infarkt
Giulio è **stato colpito da** infarto **a** 34 anni. | Giulio erlitt mit 34 Jahren einen Herzinfarkt.
l'**aritmia (cardiaca)** | Herzrhythmusstörung
il **pacemaker** [peis'meiker] | Herzschrittmacher
il **by-pass** [bai'pas] | Bypass
la **sclerosi (sclerosi)** | Sklerose

subire ‹subisco›	erleiden; sich unterziehen
Questa è la seconda operazione che subisci, vero?	Dies ist die zweite Operation, die du über dich ergehen lassen musst, nicht wahr?
l'**appendicite** f	Blinddarmentzündung
la **paralisi**	Lähmung
la **commozione cerebrale**	Gehirnerschütterung
L'infortunio sul lavoro **gli ha causato** una commozione cerebrale.	Er hat bei dem Arbeitsunfall eine Gehirnerschütterung erlitten.

3.2 Medizinische Versorgung

il **medico**	Arzt, Ärztin
la **visita medica**	ärztliche Untersuchung
Ti consiglio **di sottoporti** subito **ad** una visita medica!	Ich rate dir, dich sofort einer ärztlichen Untersuchung zu unterziehen!
lo, la **specialista**	Facharzt/-ärztin
mandare	überweisen
l'**ambulatorio**	Behandlungszimmer; Praxis
Qual è l'orario di ambulatorio?	Wann ist Sprechstunde?
– L'ambulatorio è aperto tutti i giorni dalle 9 alle 13, **escluso il giovedì**.	– Die Praxis ist jeden Tag, außer donnerstags, von 9–13 Uhr geöffnet.
curare	pflegen; kurieren; behandeln
Ho curato la mia bronchite in montagna.	Ich habe meine Bronchitis in den Bergen auskuriert.
l'**iniezione** f	Injektion
Sara **deve fare tre iniezioni al giorno**.	Sara braucht drei Spritzen pro Tag.
l'**ospedale** m	Krankenhaus
Qual è l'orario delle visite all'ospedale?	Wie sind die Besuchszeiten im Krankenhaus?
l'**ambulanza**	Krankenwagen
il **pronto soccorso**	erste Hilfe; Ambulanz; Notaufnahme
Scusi, **dov'è** il pronto soccorso?	Entschuldigen Sie, wo befindet sich die Ambulanz?
l'**infermiere**, l'**infermiera**	Krankenpfleger/-schwester
il **letto**	Bett
l'**operazione** f	Operation
la **donazione di organi**	Organspende
trapiantare	einpflanzen

il **trapianto**	Verpflanzung
Dopo il trapianto di un organo **c'è** sempre il **pericolo del rigetto**.	Nach der Verpflanzung eines Organs besteht immer die Gefahr der Abstoßung.
il **donatore**, la **donatrice**	Spender(in)
adatto, a	tauglich

il, la **dentista**	Zahnarzt/-ärztin
la **dentatura**	natürliches Gebiss
togliere	herausholen; herausziehen
Il dente non deve essere tolto, per fortuna.	Zum Glück muss der Zahn nicht gezogen werden.
la **dentiera**	künstliches Gebiss
A Giuliana si è rotta la dentiera mentre **era in viaggio, capitano proprio tutte a lei**, non trovi?	Giulianas Gebiss ist kaputtgegangen, als sie verreist war. Sie zieht das Pech förmlich an, meinst du nicht auch?
l'**otturazione**	Zahnfüllung
otturare	plombieren
la **protesi dentaria**	Zahnersatz
l'**amalgama**	Amalgam
la **capsula**	Krone

lo **psicologo**, la **psicologa**	Psychologe, Psychologin
la **psicologia**	Psychologie
lo, la **psichiatra**	Psychiater(in)
depresso, a	depressiv; niedergeschlagen
Da quando è costretto a **vivere sulla sedia a rotelle**, Ferdinando è molto depresso.	Seit er an den Rollstuhl gefesselt ist, ist Ferdinando sehr niedergeschlagen.
pazzo, a	verrückt
È veramente **diventato pazzo dal dolore** ed ora è in cura da uno psichiatra.	Er ist vor Schmerzen richtiggehend verrückt geworden und befindet sich jetzt in Behandlung bei einem Psychiater.
la **pazzia**	Wahnsinn
il **neurologo**, la **neurologa**	Neurologe, Neurolgin

l'**internista** *m, f*	Internist(in)
il **chirurgo**	Chirurg
il, la **pediatra**	Kinderarzt, -ärztin
Quel pediatra è così gentile e paziente che i bambini **ci vanno** molto volentieri.	Dieser Kinderarzt ist so nett und geduldig, dass die Kinder gerne zu ihm kommen.
l'**otorinolaringoiatra** *m, f*	HNO-Arzt, -ärztin
il **radiologo**, la **radiologa**	Radiologe, Radiologin

la **medicina tradizionale**	Schulmedizin
alternativo, a	alternativ
Nel suo caso **preferirei senz'altro** una cura alternativa.	In seinem Fall wäre ich zweifellos für eine alternative Behandlung.
l'**omeopatia**	Homöopathie
l'**omeopata** *m, f*	Homöopath(in)

la **farmacia**	Apotheke
Sbrigati, la farmacia chiude alle 20!	Beeil dich, die Apotheke schließt um 20 Uhr!
il **medicinale**	Medikament
la **ricetta**	Rezept
Senza ricetta **non te lo danno quel medicinale**.	Ohne Rezept bekommst du das Medikament nicht.
prescrivere	verschreiben
Mi dispiace, ma la medicina che Le ha prescritto il medico deve essere ordinata; **venga domani mattina!**	Tut mir Leid, aber das Medikament, das Ihnen der Arzt verschrieben hat, muss erst bestellt werden; kommen Sie morgen früh wieder!
la **medicina**	Medizin; Medikament
la **pastiglia**	Tablette
la **confezione**	Packung; Verpackung
Vuole una **confezione da** 10 o da 20 pastiglie?	Möchten Sie eine Packung zu 10 oder 20 Tabletten?
le **gocce** *pl*	Tropfen
il **cerotto**	Pflaster
la **camomilla**	Kamille

la **clinica**	Klinik
ricoverare	ins Krankenhaus einliefern
Preferisco essere ricoverata in un'altra clinica.	Ich möchte lieber in eine andere Klinik eingeliefert werden.
il **policlinico**	Polyklinik
il **servizio di pronto intervento**	Notdienst
la **barella**	Bahre
Gli infermieri **arrivarono di corsa** con la barella.	Die Krankenpfleger eilten mit der Tragbahre herbei.
la **Croce Rossa**	Rotes Kreuz
È passata un'ambulanza della Croce Rossa.	Ein Krankenwagen des Roten Kreuzes ist vorbeigefahren.
il **reparto**	Abteilung
(il reparto di) rianimazione	Intensivstation
operare	operieren
Devo **farmi operare di appendicite**.	Ich muss mich am Blinddarm operieren lassen.

le **anạlisi** *pl*	Laboruntersuchungen
l'**urina**	Urin
Il medico ha consigliato di fare l'analisi dell'urina.	Der Arzt hat zu einer Urinuntersuchung geraten.
la **siringa**	Spritze
l'**iniezione** *f*	Spritze
Quand'ero bambina avevo **terrore delle** iniezioni.	Als Kind hatte ich panische Angst vor Spritzen.
iniettare	(ein)spritzen

il **mẹdico di famiglia**	Hausarzt
la **diạgnosi**	Diagnose
il **criterio**	Kriterium
la **radiografịa**	Röntgenuntersuchung
la **risonanza magnẹtica**	Kernspintomographie
Per avere una diagnosi definitiva bisognerà attendere i risultati della risonanza magnetica.	Für eine endgültige Diagnose wird man die Ergebnisse der Kernspintomographie abwarten müssen.
la **tomografịa assiale computerizzata (TAC)**	Computertomographie (CT)
Per fortuna **dalla TAC è risultato** che non ci sono carcinomi.	Die Computertomographie ergab zum Glück, dass keine Krebsgeschwülste vorhanden sind.

rivọlgersi a	sich wenden an
l'**emergenza**	Notfall
In caso di emergenza **rivolgersi a** …	In dringenden Fällen wenden Sie sich bitte an …

l'**anoressịa**	Magersucht
la **bulimịa**	Bulimie

la **pomata**	Salbe
la **supposta**	Zäpfchen
Vorrei delle supposte contro il mal di mare.	Ich hätte gerne Zäpfchen gegen Seekrankheit.
la **fascia**	Binde
Mi fa male il ginocchio, **mi serve** una fascia elastica.	Mir tut das Knie weh, ich brauche eine elastische Binde.
la **fasciatura**	Verband

la **pressione (del sangue)**	(Blut-)Druck
l'**apparecchio per misurare la pressione** (lo **sfigmomanometro**)	Blutdruckmesser

il, la **farmacista**	Apotheker(in)
Mi faccio misurare la pressione (del sangue) dal farmacista.	Ich lasse mir den Blutdruck vom Apotheker messen.
la **circolazione (del sangue)**	(Blut-)Kreislauf
dare disturbi	Beschwerden bereiten

il **gene**	Gen
la **genetica**	Genetik
l'**ingegneria genetica**	Gentechnologie
la **manipolazione genetica**	Genmanipulation
transgenico, a	genmanipuliert
il **genoma**	Genom; Erbgut
il **cromosoma**	Chromosom
clonare	klonen
il **clone**	Klon
l'**embrione** *m*	Embryo
mutare	verändern
immutato, a	unverändert

3.3 Drogen, Alkohol, Tabak

il **veleno**	Gift
Il veleno della vipera richiede un intervento immediato.	Das Gift der Viper verlangt sofortige Gegenmaßnahmen.
la **droga**	Droge
Lo hanno condannato per spaccio di droga.	Er ist wegen Rauschgifthandels verurteilt worden.
distribuire ‹distribuisco›	verteilen
La droga è come una disgrazia che colpisce tutta la famiglia.	Die Droge ist wie ein Schicksalsschlag, der die ganze Familie trifft.
– Bisogna trovare un modo concreto per fermare **quelli che** la **distribuiscono** ai ragazzi.	– Man muss einen konkreten Weg finden, um denen das Handwerk zu legen, die sie an die Jugendlichen weitergeben.

drogarsi	Rauschgift nehmen
drogato, a	rauschgiftsüchtig
tossicodipendente	drogenabhängig
la **tossicodipendenza**	Drogenabhängigkeit
l'**astinenza**	Entzug, Abstinenz

l'**alcol**, l'**alcool** *m*	Alkohol
l'**alcolismo**	Alkoholismus

ubriaco, a	betrunken
Erano tutti ubriachi e li hanno cacciati via.	Sie waren alle betrunken und sind rausgeschmissen worden.
disintossicarsi	eine Entziehungskur machen

il **tabacco**	Tabak
la **nicotina**	Nikotin
la **sigaretta**	Zigarette
il **tabaccaio**	Tabakhändler
Se vai dal tabaccaio, **portami** un pacchetto di sigarette e due **franco-bolli da 1 euro.**	Wenn du zum Tabakhändler gehst, bring mir ein Päckchen Zigaretten und zwei Briefmarken zu einem Euro.
il **sigaro**	Zigarre
la **pipa**	Pfeife
Mi piacciono gli uomini che fumano la pipa.	Ich mag Männer, die Pfeife rauchen.
Di che marca è questo **tabacco da pipa?**	Was ist dieser Pfeifentabak für eine Marke?
fumare	rauchen
il **portacenere**	Aschenbecher
Fatti dare un portacenere.	Lass dir einen Aschenbecher bringen.
la **cenere**	Asche
il **fiammifero**	Streichholz
l'**accendino**	Feuerzeug

il **tranquillante**	Beruhigungsmittel
gli **stupefacenti** *pl*	Rauschgift
la **cocaina**	Kokain
La cocaina è uno degli stupefacenti più pericolosi.	Kokain ist eines der gefährlichsten Rauschgifte.
il, la **narcotrafficante**	Drogenhändler(in)
l'**eroina**	Heroin
lo **spinello**	Joint
l'**ecstasy** ['ɛkstəsi]	Ecstasy

l'**abuso di stupefacenti**	Drogenmissbrauch
il **consumo proprio**	Eigenbedarf
i **sintomi da astinenza**	Entzugserscheinungen
Sembra impossibile che nessuno **si sia accorto** che quelli erano sintomi da astinenza!	Man kann kaum glauben, dass niemandem aufgefallen ist, dass es sich dabei um Entzugserscheinungen gehandelt hat.
recidivo, a	rückfällig

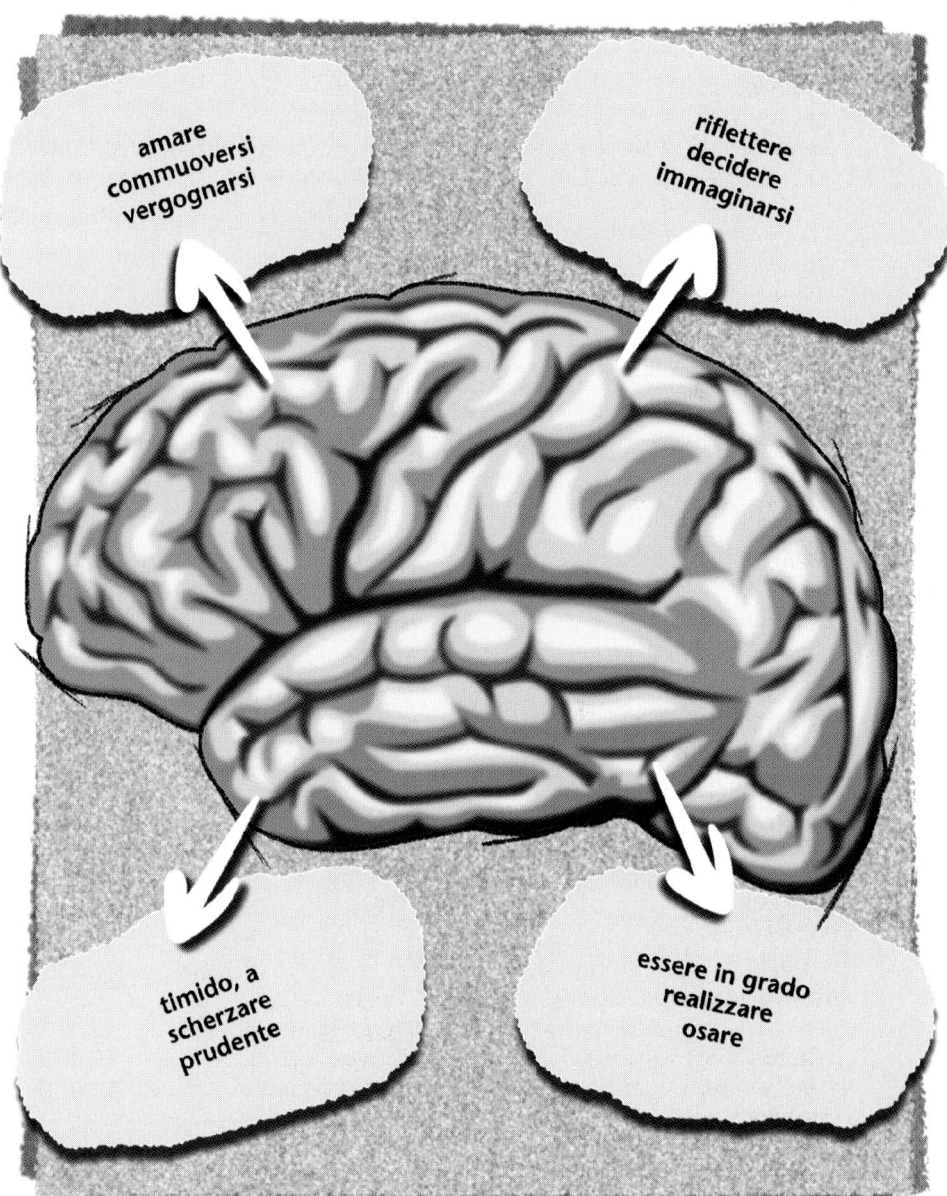

4.1 Gefühle

il **sentimento**	Gefühl
l'**amore** *m*	Liebe
amare	lieben, mögen
Amo molto questo paese e voglio restarci.	Ich mag dieses Land sehr und will hier bleiben.
gli **amanti** *pl*	Liebespaar
Sono stati amanti per alcuni anni.	Sie hatten jahrelang ein Verhältnis miteinander.
l'**affetto**	Zuneigung
Ho sempre provato **tanto affetto** per Angelo.	Ich habe für Angelo immer eine große Zuneigung empfunden.
affettuoso, a	zärtlich; herzlich
Tanti affettuosi saluti a tutta la famiglia.	Viele herzliche Grüße an die ganze Familie.
la **simpatia**	Sympathie, Zuneigung
Ho **tanta simpatia** per lui perché è sempre sincero con tutti!	Ich empfinde große Sympathie für ihn, da er zu allen immer ehrlich ist.
nobile	edel
simpatico, a	sympathisch
la **passione**	Leidenschaft
Ha studiato biologia, ma la sua vera passione è la musica.	Er hat Biologie studiert, seine wahre Leidenschaft ist jedoch die Musik.

l'**apparenza**	Anschein; Aussehen
apparire	erscheinen
piacere	gefallen
Quei **ragazzi** non mi piacciono.	Diese Jungen gefallen mir nicht.
ammirare	bewundern
Da qui potete ammirare un panorama bellissimo.	Von hier aus könnt ihr ein wunderschönes Panorama bewundern.
l'**ammirazione** *f*	Bewunderung
Sei stato veramente bravissimo, **hai tutta la mia ammirazione**.	Du warst wirklich großartig, meine Hochachtung!
disprezzare	verachten
Non disprezzarlo troppo per **quello che** ha fatto, non aveva scelta!	Verachte ihn nicht zu sehr für das, was er getan hat, ihm blieb keine Wahl!
odiare	hassen
Odio questa confusione.	Ich hasse dieses Durcheinander.
l'**invidia**	Neid

la **sensazione** — Gefühl; Empfindung *Vb sentire*
Ho la sensazione **che stia per succedere** qualcosa!
Ich habe das Gefühl, dass gleich etwas passiert!

provare — empfinden

la **nostalgia** — Heimweh; Sehnsucht
Ho **tanta nostalgia dell'**Italia.
Ich habe solches Heimweh nach Italien.

la **voglia** — Lust
Ho una **voglia** pazza **di** andare **da Linda** ad Amburgo.
Ich habe wahnsinnige Lust, zu Linda nach Hamburg zu fahren.

la **paura** — Angst
I tuoi bambini **non hanno proprio paura di niente**.
Deine Kinder haben wirklich vor gar nichts Angst.

l'**istinto** — Instinkt
In certi casi **penso che convenga agire d'istinto**, senza pensare troppo.
Ich denke, dass man in bestimmten Fällen aus dem Bauch heraus handeln sollte, ohne zu sehr nachzudenken.

commuovere — bewegen, rühren
Quel film mi ha proprio commosso!
Dieser Film hat mich wirklich gerührt!

commosso, a — bewegt, gerührt

grato, a — dankbar
Ti sono molto grato per **tutto quello che** hai fatto.
Für alles, was du getan hast, bin ich dir sehr dankbar.

vergognarsi — sich schämen
Perché vi vergognate? Non **ce n'è** motivo!
Warum schämt ihr euch? Es gibt keinen Grund dazu!

triste — traurig
Perché sei così triste, cosa è successo?
Warum bist du so traurig, was ist passiert?

il **calore** — Wärme, Warmherzigkeit; Herzlichkeit

godere — genießen
È bello godere il calore della famiglia.
Es ist schön, die Wärme der Familie zu genießen.

appassionato, a — leidenschaftlich

la **stima** — (Wert-)Schätzung, Hochachtung
Con la massima stima
Hochachtungsvoll (*Schlussfloskel in förmlichen Briefen*)

stimare — schätzen
Mi fa piacere che **tu stimi** tanto i miei genitori.
Es freut mich, dass du meine Eltern so sehr schätzt.

riempire
Il successo di Caterina **ha riempito di orgoglio** tutta la famiglia.

(aus)füllen
Caterinas Erfolg hat die ganze Familie mit Stolz erfüllt.

la gioia
Che gioia **vederti** qui!

Freude
Welche Freude, dich hier zu sehen!

l'emozione f

Erregung; Gemütsbewegung

evitare
Il medico ha detto che **bisogna evitargli** emozioni improvvise.

vermeiden
Der Arzt hat gesagt, dass man ihm plötzliche Aufregungen ersparen soll.

improvviso, a

plötzlich, unerwartet

l'animo
Alfonso è sempre stato **di animo buono**.
Non perderti d'animo!

Gemüt; Mut
Alfonso ist immer gutmütig gewesen.
Nur Mut!

istintivo, a
Il suo è stato un gesto istintivo.

instinktiv
Das war eine instinktive Reaktion von ihm.

commuoversi
Chiara è una persona che **si commuove con facilità**.

gerührt sein
Chiara ist ziemlich rührselig.

la commozione

Rührung

la delusione

Enttäuschung

deluso, a

enttäuscht

la confusione

Verwirrung; Unordnung; Durcheinander

confuso, a

verwirrt; durcheinander

indifferente
Non capisco perché siate sempre così **indifferenti a tutto**.

gleichgültig
Ich verstehe nicht, warum ihr immer gegenüber allen Dingen so gleichgültig seid.

il senso

Gefühl

suscitare

auslösen

provocare
Queste scene provocano solo un senso di orrore.

provozieren; auslösen
Diese Szenen lösen nur ein Gefühl des Abscheus aus.

antipatico, a
A me Luisa è proprio antipatica.

unsympathisch
Mir ist Luisa wirklich unsympathisch.

il risentimento
Perché **tutto questo risentimento** nei nostri confronti?

Ressentiment; Groll
Warum dieser Groll uns gegenüber?

lo **schifo**	Ekel(gefühl)
Quando vedo queste cose provo solo schifo.	Wenn ich solche Dinge sehe, empfinde ich nur Ekel.
l'**orrore** *m*	Entsetzen; Abscheu
l'**odio**	Hass; Widerwille

il **rimorso**	Gewissensbisse; Reue
Il rimorso per **quello che ha fatto non gli ha più dato pace.**	Die Gewissensbisse wegen seiner Tat haben ihm keine Ruhe mehr gelassen.
la **tristezza**	Traurigkeit
Che tristezza queste **giornate di pioggia!**	Wie traurig sind doch diese Regentage!
la **vergogna**	Scham; Schande
Sarebbe proprio una vergogna se Adele non **venisse** neanche questa volta.	Es wäre wirklich eine Schande, wenn Adele auch dieses Mal nicht käme.
l'**imbarazzo**	Verlegenheit
imbarazzante	peinlich
pentirsi di	bereuen
Mi sono pentita di averti detto **quelle cose.**	Ich habe es bereut, dir diese Dinge gesagt zu haben.
geloso, a	eifersüchtig
Alessandro è **geloso di tutti.**	Alessandro ist auf alle eifersüchtig.
invidiare	beneiden
Non ho **mai** invidiato **nessuno.**	Ich habe nie jemanden beneidet.

far arrabbiare	ärgern
Smettila di farlo arrabbiare, altrimenti diventa furioso.	Hör auf, ihn zu ärgern, sonst wird er furchtbar wütend.
lo **schiaffo**	Ohrfeige
arrabbiarsi	sich ärgern; zornig werden
Non arrabbiarti!	Ärgere dich nicht!
arrabbiato, a	verärgert; wütend
furioso, a	wütend; rasend
Le assicuro che ero proprio furioso!	Ich versichere Ihnen, ich war wirklich außer mir.
temere	fürchten
sfogarsi	sich Luft machen; sich austoben
Sono tanto arrabbiato che devo assolutamente **sfogarmi.**	Ich bin derart wütend, dass ich mich unbedingt abreagieren muss.
– **Non temere, sfogarsi** fa bene.	– Keine Angst, es tut gut, Dampf abzulassen.

4.2 Denken, Sichvorstellen, Wollen

pensare	denken
il **pensiero**	Gedanke
Il pensiero va sempre **a chi è lontano.**	Man denkt immer an die, die weit weg sind.
logico, a	logisch
In questo momento non **sono in grado di pensare in modo logico.**	Im Moment bin ich nicht in der Lage, logisch zu denken.
intelligente	intelligent
capire ‹capisco›	verstehen, begreifen
afferrare fam	durchblicken

facile	einfach
L'italiano è una lingua abbastanza facile.	Italienisch ist eine relativ einfache Sprache.
difficile	schwierig; schwer
È molto difficile che lui **sappia** queste cose.	Es ist schwer vorstellbar, dass er diese Dinge weiß.
complicato, a	kompliziert
Quando parli con uno straniero dovresti cercare di **esprimerti in modo meno complicato.**	Wenn du mit einem Ausländer sprichst, solltest du versuchen, dich weniger umständlich auszudrücken.
formulare	formulieren
Cerca di formulare questa frase **in modo più corretto.**	Versuch, diesen Satz korrekter zu formulieren.
il **problema**	Problem
la **soluzione**	Lösung
Forse posso aiutarti a trovare una **soluzione ai** tuoi problemi.	Vielleicht kann ich dir helfen, eine Lösung für deine Probleme zu finden.

sapere	wissen; können
volere	wollen
supporre	vermuten; annehmen
Suppongo che tu sappia quello che fai.	Ich nehme an, du weißt, was du tust.
la **supposizione**	Vermutung
l'**idea**	Idee
immaginarsi	sich vorstellen
Mi immagino già **quello che** succederà domani.	Ich kann mir schon vorstellen, was morgen passiert.
figurarsi	sich vorstellen
Figurati tu cosa mi ha risposto!	Stell dir vor, was er mir geantwortet hat!

Non mi disturba affatto, si figuri!	Es stört mich keineswegs, ich bitte Sie!
credere	glauben
Non credo che la tua sia una bell'idea.	Ich glaube nicht, dass das eine gute Idee von dir ist.

glauben

Beachte:

Credo in Dio.	*Ich glaube an Gott.*
Non gli credo.	*Ich glaube ihm nicht.*
Non credo a questa storia.	*Ich glaube nicht an diese Geschichte.*
Eh, lo credo!	*Das glaub ich gerne!*
Lo credevamo capace di tutto.	*Wir hielten ihn für zu allem fähig.*

preoccuparsi	sich Sorgen machen
Mi preoccupo perché Alessandra **non ha mai fatto così tardi. Non** sarà **mica** successo qualcosa?	Ich bin beunruhigt, weil Alessandra nie so spät dran war. Es wird doch nichts passiert sein!

il **senso**	Sinn
Quello che dici non ha alcun senso.	Was du sagst, hat keinen Sinn.
ricordarsi di	sich erinnern an
Vi ricordate dell'ultima sera passata insieme?	Erinnert ihr euch an unseren letzten gemeinsamen Abend?
il **ricordo**	Erinnerung
dimenticare	vergessen
Non dimenticherò mai i **giorni passati in Italia.**	Ich werde nie die Tage vergessen, die ich in Italien verbracht habe.
dimenticarsi di	vergessen; versäumen
Non dimenticarti di imbucare la lettera.	Vergiss nicht, den Brief einzuwerfen.
ragionare	vernünftig denken; argumentieren; nachdenken
Cerca di ragionare con calma, vedrai che una soluzione si trova.	Versuch, ruhig nachzudenken, du wirst sehen, es findet sich eine Lösung.
progettare	planen; entwerfen
Abbiamo progettato di andare in Italia **in agosto.**	Wir haben geplant, im August nach Italien zu fahren.

il **cervello**	Gehirn
la **mente**	Geist
evidente	offensichtlich, offenkundig
È evidente che **hai in mente qualcosa, non negarlo.**	Du hast doch etwas im Sinn, leugne es nicht.
comprendere	verstehen

Per quanto mi sforzi di compren-derlo, proprio **non ci riesco**.	Wie sehr ich mich auch bemühe, ihn zu verstehen, es gelingt mir einfach nicht.
la **ragione**	Vernunft; Recht
Perché vuoi sempre avere ragione **a tutti i costi?**	Warum musst du immer um jeden Preis Recht haben?
intellettuale	intellektuell
Lei è un tipo intellettuale, lui invece **è tutto il contrario.**	Sie ist ein intellektueller Typ, er hingegen ist genau das Gegenteil.
l'**intelligenza**	Intelligenz
l'**ignoranza**	Unwissenheit; Dummheit
La sua non è mancanza di intelli-genza, è solo ignoranza.	Bei ihm handelt es sich nicht um mangelnde Intelligenz, sondern ausschließlich um Unwissenheit.
ignorante	unwissend; dumm
primitivo, a	primitiv; ursprünglich

la **facilità**	Leichtigkeit
Mariella impara tutto con grande facilità.	Mariella lernt alles mit großer Leichtigkeit.
la **difficoltà**	Schwierigkeit
affrontare	entgegentreten; entgegensehen
Tutti dobbiamo imparare ad affron-tare le difficoltà della vita.	Wir alle müssen uns den Schwierig-keiten des Lebens stellen.
problematico, a	problematisch
Non credo che sia così problema-tico come dici tu.	Ich glaube nicht, dass es so proble-matisch ist, wie du sagst.
risolvere	lösen
Finalmente abbiamo risolto **tutti i** nostri problemi.	Endlich haben wir alle unsere Probleme gelöst.
la **possibilità**	Möglichkeit
preoccupato, a	besorgt
Non essere preoccupato per me, **va tutto bene!**	Mach dir keine Sorgen um mich, es ist alles in Ordnung.

immaginario, a	imaginär, eingebildet
Salvatore soffre sempre di malattie immaginarie.	Salvatore leidet ständig an Krank-heiten, die er sich nur einbildet.
l'**immaginazione** *f*	Phantasie, Einbildungskraft
probabilmente	wahrscheinlich
Probabilmente è tutto frutto della **sua immaginazione.**	Wahrscheinlich entspringt alles nur seiner Phantasie.
programmare	planen
Voglio programmare bene **i miei** studi.	Ich will meine Studien sorgfältig planen.
il **programma**	Programm

Purtroppo **non c'è nessuna** possibilità di cambiare i programmi.	Leider besteht keinerlei Möglichkeit, die Programmpunkte zu ändern.
pensarci	daran denken; es sich überlegen; sich kümmern
È meglio che ci pensi bene, **prima di decidere**.	Es ist besser, wenn du es dir genau überlegst, bevor du entscheidest.
Ai biglietti **ci pensa** Giorgio.	Giorgio kümmert sich um die Karten.
riflettere	nachdenken
Hai riflettuto su quello che ti ho detto?	Hast du über meine Worte nachgedacht?
decidere	beschließen; entscheiden
la **decisione**	Beschluss; Entscheidung
La sua decisione ha sconvolto **tutti i miei piani**.	Seine Entscheidung hat meine ganzen Pläne über den Haufen geworfen.
definitivo, a	definitiv; endgültig
definire	definieren; bestimmen
sconvolgere	erschüttern; durcheinander bringen
ricordare	sich erinnern an
Ricordo con piacere il viaggio ad Aquisgrana.	Ich erinnere mich gerne an die Reise nach Aachen.
negare	leugnen
combinare	zusammenpassen; anstellen
Le nostre opinioni non combinano molto.	Unsere Ansichten gehen ziemlich weit auseinander.
Che cos'hai combinato?	Was hast du angestellt?

4.3 Charakter, Verhalten

il **carattere**	Charakter
la **personalità**	Persönlichkeit
Ha dimostrato **fin da bambino di avere una personalità** molto forte.	Schon als Kind hat er gezeigt, dass er eine starke Persönlichkeit ist.
la **mentalità**	Mentalität
il **vizio**	Laster
allegro, a	froh; lustig
Beato te che sei sempre allegro!	Du Glücklicher bist immer gut gelaunt!
l'**allegria**	Fröhlichkeit; Ausgelassenheit
Passiamo **qualche ora in allegria**!	Lass uns ein paar lustige Stunden verbringen!

bravo, a	tüchtig; anständig; brav
Antonio è veramente una brava persona.	Antonio ist wirklich ein anständiger Mensch.
I bambini di Mirella sono molto bravi a scuola.	Mirellas Kinder sind sehr gut in der Schule.
buono, a	gut(mütig); brav
Luigi **è buono come il pane**. *loc*	Luigi ist eine Seele von Mensch.

Beachte den *Bedeutungswandel* bei (un)regelmäßiger Steigerung von **buono** und **cattivo**:

buono *gut*	**migliore** *besser*	**il migliore** *am besten*

Aber:

Maria è **più buona** di suo fratello.	*Maria ist braver als ihr Bruder.*

cattivo *schlecht*	**peggiore** *schlechter*	**il peggiore** *am schlechtesten*

Aber:

Mario è **il più cattivo** di tutta la classe.	*Mario ist der Ungezogenste der ganzen Klasse.*

Unterscheide auch:

Questo libro è **ottimo**.	*Dieses Buch ist großartig.*
Questa pasta è **buonissima**.	*Diese Pasta schmeckt großartig.*

---

fedele	treu
la **gentilezza**	Freundlichkeit
gentile	nett, freundlich
Grazie, siete veramente gentili!	Danke, ihr seid wirklich nett!
coraggioso, a	mutig
Sei stato molto coraggioso **a** saltare in acqua.	Es war sehr mutig von dir, ins Wasser zu springen.
il **coraggio**	Mut

brutto, a	unschön, böse, schlimm
cattivo, a	schlecht; böse; bösartig
Se fai così, sei proprio cattivo!	Wenn du das machst, bist du wirklich böse!
Oggi sono di cattivo umore.	Heute bin ich schlecht gelaunt.
crudele	grausam
picchiare	schlagen
duro, a	hart(herzig)
avaro, a	geizig
Il signor Gallo è un uomo **avaro di parole**.	Herr Gallo ist ein sehr wortkarger Mann.
lo **sgarbo**	Unhöflichkeit
Non abbiamo **mai fatto uno** sgarbo a nessuno.	Wir waren nie zu irgendjemandem unhöflich.
vigliacco, a	feige

modesto, a — bescheiden
Non essere sempre così modesta! — Sei nicht immer so bescheiden!
onesto, a — ehrlich; redlich
l'**onore** *m* — Ehre
prudente — vorsichtig
sensibile — sensibel, empfindsam
Fai attenzione a come parli con Carla, è molto sensibile. — Pass auf, wenn du mit Carla sprichst, sie ist sehr sensibel.
sincero, a — aufrichtig
Ti prego di essere sincero con me! — Sei bitte aufrichtig zu mir!
timido, a — schüchtern
Maria è la più timida della famiglia. — Maria ist die Schüchternste der ganzen Familie.

curioso, a — neugierig
la **curiosità** — Neugier

calmo, a — ruhig; besonnen
rimanere — bleiben
Come fai a rimanere sempre così calmo? — Wie bringst du es fertig, immer so ruhig zu bleiben?
la **tranquillità** — Ruhe
tranquillo, a — ruhig, beruhigt
Abbiamo passato una giornata molto tranquilla. — Wir haben einen sehr ruhigen Tag verbracht.
succedere — passieren, geschehen
Ti prego di stare tranquillo, **non** è successo niente. — Sei bitte ganz beruhigt, es ist nichts passiert.
in atto — im Gang

ridere — lachen
lo **scherzo** — Scherz, Spaß
Caterina mi ha fatto proprio un **bruttissimo** scherzo. — Caterina hat mir wahrlich einen üblen Streich gespielt.
scherzare — scherzen, Witze machen
Perché dovrei pagare tanto? Tu **stai scherzando**, spero! — Warum sollte ich so viel Geld ausgeben? Ich hoffe, du machst Witze!

comico, a — komisch
ironico, a — ironisch
Non **è necessario che siate** così ironici. — Ihr braucht nicht derart ironisch zu sein.

l'**abitudine** *f* — (An-)Gewohnheit
Rosa ha l'abitudine di parlare troppo. — Rosa hat die Angewohnheit, zu viel zu reden.

abituato, a
Non sei più **abituato a tanto lavoro, ecco perché** sei stanco.

gewohnt; gewöhnt
Du bist an so viel Arbeit nicht mehr gewöhnt, deswegen bist du müde.

abituarsi a
Ci siamo abituati molto presto a questo lavoro.

sich gewöhnen an
Wir haben uns sehr schnell an diese Arbeit gewöhnt.

l'**attenzione** f
Fate attenzione ai bambini!
Ho seguito la conferenza con la massima attenzione.

Aufmerksamkeit; Achtung
Passt auf die Kinder auf!
Ich habe die Konferenz mit größter Aufmerksamkeit verfolgt.

la **fiducia**
Ho molta **fiducia in** te.

Vertrauen
Ich habe großes Vertrauen zu dir.

fidarsi di
Marco **non si fida di nessuno.**

vertrauen
Marco vertraut niemandem.

l'**intenzione** f
Non ho **intenzione di** rispondere a questa domanda.

Absicht
Ich habe nicht die Absicht, diese Frage zu beantworten.

l'**interesse** m

Interesse

interessarsi di
Laura **si interessa** molto **di** politica.

sich interessieren für
Laura interessiert sich sehr für Politik.

la **pazienza**
Mi dispiace, ma ho proprio perso la pazienza.

Geduld
Tut mir Leid, aber ich habe völlig die Geduld verloren.

la **prudenza**
La prudenza non è mai troppa! loc

Vorsicht
Ein bisschen Vorsicht schadet nie.

----

forte
Sii forte!

stark
Du musst stark sein.

obbligato, a
Stando così le cose, sono obbligata a darti ragione.

verpflichtet
Nach Lage der Dinge muss ich dir Recht geben.

occupato, a
Può telefonare più tardi? Il dottore è occupato in questo momento.

beschäftigt; besetzt
Können Sie später anrufen? Der Herr Doktor ist augenblicklich beschäftigt.

Scusi, questo posto è già occupato?

Entschuldigen Sie, ist dieser Platz bereits besetzt?

----

ordinato, a
Cerca di essere un po' più ordinato!

ordentlich
Versuch, ein bisschen ordentlicher zu sein!

disordinato, a

unordentlich

pigro, a

faul

Su, non essere pigro, andiamo a fare una passeggiata!
Los, sei nicht so faul, lass uns einen Spaziergang machen!

diligente
fleißig

puntuale
pünktlich

Possibile che tu non sia mai puntuale?
Kannst du denn nie pünktlich sein?

sgarbato, a
ruppig, unhöflich

Perché sei sempre così sgarbato? Non mi piace questo tuo **modo di fare.**
Warum bist du immer so ungezogen? Deine Art gefällt mir gar nicht.

il **comportamento**
Betragen, Benehmen

Il vostro comportamento è stato perfetto.
Euer Betragen war perfekt.

comportarsi
sich verhalten, sich benehmen

Non capisco perché tu ti comporti così.
Ich verstehe nicht, warum du dich so verhältst.

reagire ‹reagisco›
reagieren

Maurizio **reagisce** male **a** queste cose.
Maurizio reagiert negativ auf diese Dinge.

la **reazione**
Reaktion

sorprendere
überraschen

La tua reazione alle sue parole mi ha sorpreso.
Deine Reaktion auf seine Worte hat mich überrascht.

l'**improvvisata**
Überraschung

Che bella improvvisata ci avete fatto con il vostro arrivo!
Mit eurem Kommen habt ihr uns eine schöne Überraschung bereitet.

immediato, a
unmittelbar; direkt

impazzire ‹impazzisco›
verrückt werden

Riccardo è quasi impazzito **dal** dolore.
Riccardo ist vor Schmerz fast verrückt geworden.

apposta
absichtlich

Ti prego di scusarmi, non l'ho fatto apposta.
Ich bitte dich um Entschuldigung, ich habe es nicht absichtlich getan.

la **forza**
Kraft, Stärke

la **volontà**
Wille

l'**iniziativa**
Initiative

È ora di prendere l'iniziativa.
Es ist Zeit, die Initiative zu ergreifen.

la **prova**
Versuch; Probe

Mettimi pure alla prova, se non **credi che** lo **sappia** fare.
Lass es doch auf einen Versuch ankommen, wenn du nicht glaubst, dass ich es kann.

attivo, a
aktiv

Giorgio è stato sempre molto attivo.
Giorgio ist immer sehr aktiv gewesen.

deciso, a
entschlossen
Mi piace che **tu sia** così deciso.
Mir gefällt, dass du so entschlossen bist.

energico, a
energisch
Non tutti sanno essere energici.
Nicht alle Menschen können sich durchsetzen.

rispettare
achten; respektieren; Rücksicht nehmen
Rispettiamo la natura!
Nehmen wir Rücksicht auf die Natur!

rifiutare
ablehnen; verweigern
Perché hai rifiutato il suo aiuto?
Warum hast du seine Hilfe abgelehnt?

sbagliarsi
sich irren; sich vertun

il **temperamento**
Temperament
affascinante
faszinierend
il **fascino**
Faszination
dolce
sanft
Federico è un bambino molto dolce.
Federico ist ein sehr sanftes Kind.

romantico, a
romantisch
Non è male essere romantici **al giorno d'oggi**.
Es kann doch heutzutage nicht schaden, romantisch zu sein.
fine
fein
generoso, a
großzügig; freigiebig
la **sincerità**
Aufrichtigkeit, Ehrlichkeit
Trovo che in un rapporto a due la sincerità **sia fondamentale**.
Ich finde, dass Ehrlichkeit in einer Zweierbeziehung von fundamentaler Bedeutung ist.

astuto, a
schlau; gerissen
furbo, a
schlau; gerissen
Non siete certo stati furbi a fare così!
Ihr wart nicht besonders schlau, als ihr das getan habt!
la **furbizia**
Gerissenheit
cinico, a
zynisch
Non siate così cinici!
Seid nicht so zynisch!
egoista
egoistisch
Ma guarda che egoisti **quei due** ragazzi!
Unerhört, wie egoistisch die beiden Jungen sind!
l'**egoista** m, f
Egoist(in)
l'**individualista** m, f
Individualist(in); Einzelgänger(in)

falso, a	falsch, unehrlich
È una donna troppo falsa **per i miei gusti.**	Diese Frau ist mir zu unehrlich.
mentire a	lügen; belügen
la **bugia**	Lüge
Ti prego di non dire più bugie.	Hör bitte auf zu lügen!
volgare	vulgär
Non parlare così, diventi volgare!	Rede nicht so, du wirst vulgär.

vivace	lebhaft
Angelo ha un temperamento assai vivace.	Angelo hat ein recht lebhaftes Temperament.
chiuso, a	verschlossen
È difficile **capirlo** perché è molto chiuso.	Es ist schwer, ihn zu begreifen, da er sehr verschlossen ist.
distaccato, a	reserviert; cool
orgoglioso, a	stolz
Sono troppo orgogliosi **per fare certe cose.**	Für gewisse Dinge sind sie zu stolz.
pauroso, a	ängstlich
pignolo, a	kleinlich
Non essere sempre così pignolo **nelle** tue scelte!	Sei nicht immer so kleinlich bei deinen Entscheidungen!

matto, a	verrückt
Giulio è proprio matto.	Giulio ist wirklich verrückt.
folle	wahnsinnig, verrückt
Il suo è stato un gesto folle.	Er hat eine Wahnsinnstat begangen.
la **follia**	Wahnsinn
Ti ama alla follia.	Sie liebt dich bis zum Wahnsinn.
introverso, a	introvertiert
estroverso, a	extrovertiert
ottimista	optimistisch
pessimista	pessimistisch
svogliato, a	lustlos, träge
ambizioso, a	ehrgeizig

aperto, a	offen(herzig)
Mi piacciono le persone aperte.	Ich mag offene Menschen.
attento, a	aufmerksam; vorsichtig
Stai attento a quello che ti dico!	Merke dir, was ich dir sage!
Attento alle macchine!	Vorsicht vor den Autos!
spiritoso, a	geistreich; witzig
Non fare tanto lo spiritoso e **non essere** cretino, per favore!	Mach keine Witze und hör bitte auf mit den Dummheiten!

paziente
Cerca di essere un po' più paziente coi bambini.

geduldig
Versuch, etwas geduldiger mit den Kindern zu sein.

prudente
Non ti preoccupare, saremo prudenti!

vorsichtig
Mach dir keine Sorgen, wir werden vorsichtig sein.

tollerante
Cercate di essere un po' più tolleranti con lui!

tolerant
Versucht, ihm gegenüber ein wenig toleranter zu sein!

freddo, a
È difficile **essergli amico**, è troppo freddo.

kalt, abweisend
Es ist schwer, mit ihm befreundet zu sein, er ist zu abweisend.

indeciso, a
Perché sei sempre così indeciso?

unentschlossen
Warum bist du immer so unentschlossen?

inquieto, a

unruhig

ingenuo, a
Ma come sei ingenua!

naiv
Bist du naiv!

cretino, a

blöde; dumm

villano, a
Questo tipo è stato molto villano con voi.

grob
Dieser Kerl war äußerst grob zu euch.

intendere
Non intendo **parlare** più **di** quest'argomento.

beabsichtigen
Ich möchte auf dieses Thema nicht mehr eingehen.

insistere

bestehen; insistieren

chiudersi
Appena parliamo di queste cose, ti chiudi subito.

sich verschließen
Sobald wir von diesen Dingen sprechen, verschließt du dich sofort.

rifiutarsi
Mi rifiuto di **continuare ad ascoltarti**.

sich weigern
Ich weigere mich, dir weiterhin zuzuhören.

il **rifiuto**
Non capisco il suo rifiuto.

Weigerung
Ich verstehe seine Weigerung nicht.

l'**agio**
Come dovrei comportarmi se non **mi sento a mio agio!**

Wohlbefinden; Behaglichkeit
Wie soll ich mich verhalten, wenn ich mich unbehaglich fühle!

l'**umore** *m*

Stimmung

la **calma**
Vedrai che con calma riuscirai a fare tutto.

Ruhe
Du wirst sehen, mit Ruhe wird dir alles gelingen.

capitare
Da quando l'abbiamo incontrato **ce ne capitano di tutti i colori.**

passieren
Seit wir ihm begegnet sind, ist uns alles Mögliche passiert.

il pregiudizio
Io non ho pregiudizi **nei suoi confronti.**

Vorurteil
Ich habe keine Vorurteile gegen ihn.

l'intuito
Se avessi seguito il mio intuito **non avrei fatto** così.

Intuition
Wäre ich meiner Intuition gefolgt, hätte ich anders gehandelt.

esitare

zögern

sospirare

seufzen

il sospiro

Seufzer

il sollievo
Alla fine **ho tirato un sospiro di sollievo.**

Erleichterung
Am Ende tat ich einen Seufzer der Erleichterung.

impulsivo, a
La tua reazione è stata troppo impulsiva.

impulsiv
Du hast zu impulsiv reagiert.

spontaneo, a
Credo di essere stata troppo spontanea.

spontan
Ich glaube, ich bin zu spontan gewesen.

irritare

irritieren; reizen; ärgern

il torto
Il suo **modo di fare** mi ha irritato molto. – Sì, ma il torto è stato suo perché voleva aver ragione **a tutti i costi.**

Unrecht
Seine Handlungsweise hat mich sehr irritiert. – Ja, aber der Fehler lag bei ihm, da er um jeden Preis Recht haben wollte.

la lotta

Kampf

lottare
Stiamo lottando per le nostre idee.

kämpfen
Wir kämpfen für unsere Ideen.

incitare
Bisogna incitarlo a lavorare di più, **se va avanti così non combinerà mai niente.**

antreiben; anspornen
Man muss ihn dazu bringen, dass er mehr arbeitet; wenn er so weitermacht, bringt er es nie zu etwas.

costringere
Non mi costringere a usare la forza, **non ti conviene!**

zwingen
Zwinge mich besser nicht, Gewalt anzuwenden.

alienarsi

sich entfremden

alieno da

abgeneigt

alienante
Cercati un lavoro che sia meno alienante.

entfremdend
Such dir eine Arbeit, die weniger entfremdend ist.

piangere — weinen
Il bambino ha pianto **tutta la notte**. — Das Kind hat die ganze Nacht geweint.
la **lacrima** — Träne
Ma quante lacrime **per così poco**! — Wie viele Tränen wegen einer Kleinigkeit!

la **malinconia** — Melancholie
Quando sento queste storie **mi viene** sempre **addosso** una malinconia terribile. — Wenn ich diese Geschichten höre, überkommt mich immer eine große Wehmut.
la **mania** — Manie; Wahn
Mi raccomando, non farti venire anche tu questa mania. — Also bitte, fang du nicht auch noch mit diesem Wahn an.
tremare — zittern
Quando sono andato all'ospedale **tremavo** letteralmente **dalla paura**. — Als ich ins Krankenhaus ging, zitterte ich buchstäblich vor Angst.

provare — versuchen, probieren
Prova a vedere le cose senza pregiudizi. — Versuche, die Dinge vorurteilsfrei zu sehen.
cedere — nachgeben
la **circostanza** — Umstand
Date le circostanze, penso che sia meglio cedere. — Unter diesen Umständen ist es wohl besser nachzugeben.
sbrigarsi — sich beeilen
Sbrighiamoci, altrimenti arriviamo tardi. — Beeilen wir uns, sonst kommen wir zu spät.

sorridere — lächeln
Marcella mi è simpatica perché sorride sempre. — Marcella ist mir sympathisch, da sie beständig lächelt.
il **sorriso** — Lächeln
vantarsi — sich rühmen; angeben

Das *unbetonte italienische Adverb* steht im Allgemeinen hinter dem konjugierten Verb; Beispiel:
Giuliano **si vanta sempre** di tutto quello che fa. — *Giuliano gibt ständig an mit dem, was er macht.*

4.4 Fähigkeiten, Aktivitäten

tentare — versuchen
il **tentativo** — Versuch

versuchen

tentare di/cercare di/provare a	*versuchen; probieren*
Alcuni ragazzi **hanno tentato di** entrare senza pagare.	*Einige Jugendliche haben versucht hereinzukommen, ohne zu bezahlen.*
Ho cercato di aprire la scatola. / **Ho provato ad** aprire la scatola.	*Ich habe versucht, die Dose zu öffnen.*
provarci	*es versuchen*
Noi non ci siamo riusciti, **provateci voi!**	*Uns ist es nicht gelungen, versucht ihr es!*
assaggiare qc	*probieren, wie etwas schmeckt*
Devi assaggiare questa torta, è fantastica.	*Du musst diese Torte probieren, sie ist phantastisch.*
tentare qu	*jdn in Versuchung führen*
essere tentato di	*versucht sein*
la tentazione	*Versuchung*

capace di
   Sei capace di tradurre questa lingua?

fähig
   Bist du in der Lage, diese Sprache zu übersetzen?

competente
   Il dott. Rossi è veramente competente **nel suo campo.**
   Mi dispiace, ma quest'ufficio non è competente.

kompetent; zuständig
   Dr. Rossi ist auf seinem Gebiet wirklich kompetent.
   Tut mir Leid, aber dieses Amt ist nicht zuständig.

essere in grado di
   Non sono più **in grado di guidare**, sono troppo stanca.

imstande sein
   Ich kann nicht mehr fahren, ich bin zu müde.

adoperare
   Come si adopera questa macchina?

anwenden; bedienen
   Wie bedient man diese Maschine?

inventare
   Ti prego di non inventare storie, voglio sentire la verità.

erfinden
   Ich bitte dich, keine Geschichten zu erfinden; ich will die Wahrheit hören.

creare
   Con pochissimi oggetti ha creato un'atmosfera stupenda nella sua casa.

schaffen, erschaffen
   In seinem Haus hat er mit wenigen Dingen eine wunderbare Atmosphäre geschaffen.

controllare
   Prima di partire controlleremo tutto.

kontrollieren
   Vor der Abreise werden wir alles kontrollieren.

compiere
   Abbiamo compiuto tutti **il nostro dovere.**

ausführen; erfüllen
   Wir haben alle unsere Pflicht erfüllt.

modificare	ändern
dimostrare	beweisen
Salvatore ha dimostrato molta forza.	Salvatore hat viel Stärke bewiesen.
organizzare	organisieren
Se vuoi ti organizzo io una bella gita.	Wenn du willst, organisiere ich dir einen schönen Ausflug.
concentrarsi	sich konzentrieren
la **concentrazione**	Konzentration

perfetto, a	perfekt, vollkommen
la **perfezione**	Perfektion, Vollkommenheit
il **piano**	Plan
Il piano è stato progettato **alla perfezione.**	Der Plan wurde perfekt entworfen.
il **progetto**	Plan; Projekt
pratico, a	praktisch
essere pratico di	sich auskennen
Siete pratici della città?	Kennt ihr euch in der Stadt aus?
realizzare	realisieren; verwirklichen; erzielen
Vorrei **realizzare questo progetto quanto prima possibile.**	Ich möchte dieses Projekt so schnell wie möglich verwirklichen.
Quanto avete **realizzato con la vendita** della casa?	Wie viel habt ihr mit dem Verkauf des Hauses erzielt?
riuscire a ‹riesco›	gelingen
Sei sicuro che **non ci riesci?**	Bist du sicher, dass du es nicht schaffst?

abile	fähig
la **capacità**	Fähigkeit
È un uomo **di grandi capacità.**	Er ist ein Mann mit großen Fähigkeiten.
fallire ‹fallisco›	scheitern
il **disastro**	Unheil; Desaster
I suoi piani **non** falliscono **mai.**	Seine Pläne scheitern nie.
– I tuoi piani invece sono sempre un disastro.	– Deine Pläne allerdings sind ein ewiges Desaster.

agire ‹agisco›	wirken; handeln
Sei sicuro che questo prodotto **agisca?**	Bist du sicher, dass dieses Mittel wirkt?
Non credo che tu **abbia** agito bene in questo caso.	Ich glaube nicht, dass du in diesem Fall richtig gehandelt hast.
applicare	anwenden; anbringen
Se applichi la regola giusta non puoi sbagliare.	Wenn du die richtige Regel anwendest, kannst du keine Fehler machen.

completare
Non ho la concentrazione necessaria per completare questo esercizio.

vervollständigen; abschließen
Ich habe nicht die nötige Konzentration, diese Übung abzuschließen.

il controllo
Abbiamo tutto sotto controllo.

Kontrolle
Wir haben alles unter Kontrolle.

impadronirsi di ‹m'impadronisco›
Si è impadronito della materia in pochissimo tempo.

sich aneignen
Er hat sich den Stoff in ganz kurzer Zeit angeeignet.

maneggiare
Maneggia questi apparecchi con attenzione, sono molto delicati.

handhaben; umgehen mit
Geh sorgfältig mit diesen Geräten um, sie sind sehr empfindlich.

intraprendere
Marcello ha intrapreso una carriera molto difficile.

unternehmen
Marcello hat eine sehr schwierige Karriere eingeschlagen.

l'organizzatore, l'organizzatrice

Organisator(in)

osare
dire
Come osi dire queste cose?
– Lo dico perché queste cose non dipendono da me.

wagen
sagen
Wie kannst du es wagen, so etwas zu sagen? – Ich sage es, weil diese Dinge nicht von mir abhängen.

provvedere a
Alfredo ha detto che **provvederà lui a** tutto.

sich kümmern um; besorgen
Alfredo hat gesagt, er werde sich um alles kümmern.

il provvedimento
È assolutamente necessario prendere dei provvedimenti prima che sia troppo tardi.

Maßnahme
Es müssen unbedingt Maßnahmen getroffen werden, bevor es zu spät ist.

motivare
Il tuo consiglio lo ha motivato.

motivieren
Dein Ratschlag hat ihn motiviert.

l'invenzione f
Che bella invenzione il computer!

Erfindung
Was für eine schöne Erfindung der Computer doch ist!

improvvisare
I ragazzi **hanno improvvisato una festa** per il compleanno di Giulia.

improvisieren
Die Kinder haben zu Giulias Geburtstag kurzerhand eine Party veranstaltet.

improvvisarsi
Ho dovuto **improvvisarmi cantante** per i miei nipoti.

sich versuchen
Ich musste mich meinen Neffen zuliebe als Sänger versuchen.

Falsche Freunde

Italienisches Wort	Thematische Bedeutung(en)	Falscher Freund	Italienische Entsprechung(en)
la bugia	Lüge	Kerze *(frz. la bougie)*	la candela
fallire	scheitern	beinahe etwas tun *(frz. faillir)*	rischiare di fare qc; essere sul punto di fare qc
matto	verrückt	matt *(frz. mat)*	fiacco; opaco, spento
succedere	passieren, geschehen	nachfolgen; Erfolg haben *(engl. to succeed)*; nachfolgen *(frz. succéder)*	succedere (a); avere successo, riuscire

5.1 Essen und Trinken

la **fame**	Hunger
mangiare	essen
Vi posso offrire **qualcosa da mangiare?**	Kann ich euch etwas zu essen anbieten?
il **pane**	Brot
Ora è possibile comprare il **pane nero** anche in Italia.	Jetzt kann man Schwarzbrot auch in Italien kaufen.
la **pasta**	Teigwaren; Teig
Che tipo di pasta **vi piace di più?**	Welche Sorte Nudeln schmeckt euch am besten?
la **farina**	Mehl

la **sete**	Durst
Non ho né fame né sete.	Ich habe weder Hunger noch Durst.
bere	trinken
l'**acqua (minerale)**	(Mineral-)Wasser
Che cosa hai bevuto ieri sera? – **Niente di speciale**, solo dell'**acqua** minerale.	Was hast du gestern Abend getrunken? – Nichts Besonderes, nur Mineralwasser.
il **latte**	Milch
la **limonata**	Limonade

la **carne**	Fleisch
la **cotoletta**	Kotelett
il **pesce**	Fisch
Oggi rinunciamo alla carne e mangiamo un po' di pesce.	Heute verzichten wir auf das Fleisch und essen lieber ein wenig Fisch.
Fai attenzione che il pesce **sia** fresco e non surgelato.	Achte darauf, dass der Fisch frisch und nicht tiefgefroren ist.
il **tonno**	Thunfisch
Con il tonno e le sardine si può fare un ottimo sugo.	Mit Thunfisch und Sardinen lässt sich eine hervorragende Soße machen.
il **formaggio**	Käse
Il parmigiano è il formaggio italiano più famoso.	Der Parmesan ist der bekannteste Käse Italiens.
le **conserve** *pl*	Konserven
il **consumo**	Verbrauch; Konsum
consumare	verwenden; verbrauchen
Gli italiani consumano **meno** conserve **dei** tedeschi.	Die Italiener verwenden weniger Konserven als die Deutschen.

la **verdura**	Gemüse
trovare	finden; bekommen
In Italia si trovano tantissimi tipi di verdura.	In Italien findet man eine Vielzahl von Gemüsearten.
l'**insalata**	Salat
la **frutta**	Obst
Conviene sempre comprare la frutta di stagione.	Es empfiehlt sich, Obst je nach der Jahreszeit zu kaufen.
il **vegetariano**, la **vegetariana**	Vegetarier(in)
vegetariano, a	vegetarisch

il **panino**	Brötchen
il **cornetto**	Croissant, Hörnchen
il **salame**	Salami
Anna vuole solo un **panino con il salame**.	Anna möchte bloß ein Salamibrötchen.
la **salsiccia**	(Schweins-)Würstchen
il **prosciutto**	Schinken
cotto, a	gekocht; gar
crudo, a	roh
Ho proprio voglia di un bel piatto di prosciutto con fichi. – Va bene, ma in casa ho solo quello cotto.	Ich habe wirklich Lust auf eine schöne Portion Schinken mit Feigen. – Meinetwegen, aber ich habe nur gekochten im Haus.
la **fetta**	Scheibe
l'**uovo**	Ei
Le uova sode sono pesanti.	Hart gekochte Eier sind schwer verdaulich.

Geschlechtswandel

Eine Reihe von Substantiven, die im *Singular maskulin* sind und auf **o** enden, bilden einen *femininen Plural* auf **a**:

l'uov**o**	*das Ei*	le uov**a**	*die Eier*
un pai**o** di forbici	*eine Schere*	due pai**a** di forbici	*zwei Scheren*
un pai**o** di pantaloni	*eine Hose*	due pai**a** di pantaloni	*zwei Hosen*

Bei einigen dieser Wörter existiert daneben die reguläre maskuline Pluralform mit *abweichender Bedeutung*. Beispiele:

il braccio	**le** bracc**ia**	*Arme*
	i bracc**i**	*Flussarme, Gebäudeflügel*
il corno	**le** corn**a**	*Hörner, Geweih*
	i corn**i**	*Posthörner, Waldhörner*

l'**oliva** — Olive
Comprami **un etto di** olive, per favore. — Kauf mir bitte 100 g Oliven.

il **peperone** — Paprika
Che peperoni desidera, signora? **Quelli rossi, quelli** verdi o **quelli** gialli? — Was für Paprikaschoten wollen Sie, meine Dame? Rote, grüne oder gelbe?

gli **spinaci** *pl* — Spinat
Gli spinaci freschi **si comprano** al mercato. — Frischen Spinat kauft man auf dem Markt.

i **piselli** *pl* — Erbsen

i **fagioli** *pl* — dicke Bohnen

i **crauti** — Sauerkraut

i **surgelati** *pl* — Tiefkühlkost
Il consumo dei surgelati si è diffuso anche da noi. — Die Verwendung von Tiefkühlkost hat sich auch bei uns durchgesetzt.

surgelato, a — tiefgefroren

il **barattolo** — Dose

l'**apriscatole** *m* — Dosenöffner

la **pera** — Birne

la **mela** — Apfel

la **pesca** — Pfirsich

l'**arancia** — Apfelsine

l'**albicocca** — Aprikose

la **ciliegia** — Kirsche

la **macedonia (di frutta)** — Obstsalat
Per la macedonia **ci vogliono mezzo chilo di** albicocche, **due etti e mezzo di** ciliegie, **sette etti e mezzo di** pesche e qualche arancia. — Für den Obstsalat braucht man ein Pfund Aprikosen, ein halbes Pfund Kirschen, anderthalb Pfund Pfirsiche und ein paar Apfelsinen.

il **fico** — Feige
Compra tu i fichi, **io penso al** prosciutto. — Kauf du die Feigen, ich besorge den Schinken.

il **cocomero** — Wassermelone
In Italia si può comprare il cocomero **a fette** per strada. — In Italien kann man Wassermelonen scheibenweise an der Straße kaufen.

il **melone** — Melone

il **dolce** — Kuchen; Süßspeise
Il panettone è il classico dolce di Natale. — Der Panettone ist der klassische Weihnachtskuchen.

la **torta** — Torte

la **panna** — Sahne

| il **biscotto** | Keks |
| Questi biscotti **sono di produzione** propria. | Diese Kekse sind aus eigener Herstellung. |

il **caffè**	Kaffee
il **tè**	Tee
la **menta**	Minze; Pfefferminz
tiepido, a	lau(warm)
Ma questo caffè è tiepido, io lo **voglio** caldo!	Dieser Kaffee ist ja lauwarm, ich hätte ihn gern heiß!
freddo, a	kalt
caldo, a	warm; heiß

il **vino**	Wein
Ho già ordinato **un quarto di** vino rosso.	Ich habe schon ein Viertel Rotwein bestellt.
secco, a	trocken
il **cavatappi**	Korkenzieher
la **birra (alla spina)**	Bier (vom Fass)
Una buona birra alla spina **è quello che ci vuole con** la pizza. – Sì, ma ci sediamo a un tavolino.	Ein gutes Bier vom Fass ist zur Pizza genau das Richtige. – Ja, aber setzen wir uns doch an einen Tisch.
l'**apribottiglie** m	Flaschenöffner
Fatti dare un apribottiglie al bar.	Lass dir am Tresen einen Flaschenöffner geben.
lo **spumante**	Sekt
Questo spumante è secco come piace a me.	Dieser trockene Sekt ist ganz nach meinem Geschmack.
frizzante	spritzig; sprudelnd
il **brindisi**	Trinkspruch
Facciamo un brindisi alla salute di Wanda!	Trinken wir auf Wandas Gesundheit!
cin cin	prost

il **cibo**	Nahrung; Speise; Gericht
Non **tocco cibo** da tre giorni.	Ich esse seit drei Tagen nichts.
gli **alimentari** pl	Nahrungsmittel, Lebensmittel
Nella seconda strada a destra **c'è** un buon **negozio di** alimentari.	In der zweiten Straße rechts gibt es ein gutes Lebensmittelgeschäft.
i **generi alimentari** pl	Nahrungsmittel
l'**alimentazione** f	Ernährung
indispensabile	unabdingbar; unverzichtbar
Per **mantenersi in** buona salute è indispensabile mangiare frutta e verdura.	Um bei guter Gesundheit zu bleiben, muss man unbedingt Obst und Gemüse essen.

la **birreria**	Brauerei
la **bibita**	(alkoholfreies) Getränk; Softdrink
la **bevanda**	Getränk
l'**alcol**, l'**alcool** *m*	Alkohol
analcolico, a	alkoholfrei
ghiacciato, a	eiskalt
Vorrei che le bevande **non fossero** ghiacciate.	Ich hätte die Getränke lieber nicht eiskalt.
la **cioccolata**	Schokolade
Vuoi una bibita? – No, mi faccio una cioccolata calda.	Möchtest du ein Erfrischungsgetränk? – Nein, ich mache mir eine heiße Schokolade.
potabile	trinkbar

economico, a	wirtschaftlich; preiswert; sparsam
Fare la spesa al supermercato è più economico, ma io non ci vado spesso perché è troppo lontano da casa.	Im Supermarkt kauft man preiswerter ein, ich gehe jedoch nicht oft hin, da er zu weit von meiner Wohnung entfernt ist.
caro, a	teuer

i **cereali** *pl*	Getreide
nutrire	ernähren
nutriente	nahrhaft
leggero, a	leicht (verdaulich)
I cereali sono molto nutrienti e allo stesso tempo leggeri.	Getreide ist sehr nahrhaft und doch leicht verdaulich.
pesante	schwer (verdaulich)

Leicht oder schwer?

Unterscheide:

leggero ≠ **pesante**	**facile** ≠ **difficile**
La borsa è **leggera**.	*Die Tasche ist leicht.*
Il baule è **pesante**.	*Die Truhe ist schwer.*
abiti **leggeri**	*leichte Kleidung(sstücke)*
abiti **pesanti**	*warme Kleidung(sstücke)*
Ieri abbiamo mangiato **leggero**.	*Gestern haben wir leichte Kost zu uns genommen.*
un piatto molto **pesante**	*ein schwer verdauliches Gericht*
Il compito è **facile**.	*Die Aufgabe ist leicht/einfach.*
Il compito è **difficile**.	*Die Aufgabe ist schwer/schwierig.*
È **facile** che lui venga.	*Es ist wahrscheinlich, dass er kommt.*
È **difficile** che lui venga.	*Es ist unwahrscheinlich, dass er kommt.*

sodo, a	hart gekocht; fest
alla coque [kɔk]	weich gekocht

il **burro**	Butter
la **margarina**	Margarine
i **salumi** *pl*	Wurstwaren
Al Sud si fanno salumi molto piccanti.	Im Süden werden sehr scharfe Wurstwaren hergestellt.

la **salumeria**	Wurstwaren-/Feinkostgeschäft
Potresti andare in salumeria? **Mi servono** delle salsicce per **stasera**.	Könntest du in den Feinkostladen gehen? Ich brauche Würstchen für heute Abend.

macelleria – salumeria

Während in der klassischen italienischen **macelleria** ausschließlich **carne** und **salsiccia** verkauft werden, findet man in der **salumeria** neben Wurstwaren, Käse, Eiern, Nudeln, Konserven aller Art und Feinkostartikeln teilweise auch fertige **antipasti**.

il **macellaio**, la **macellaia**	Metzger(in)
la **carne di manzo**	Rindfleisch
Il macellaio ha assicurato che questa **carne di manzo** è **tenerissima**.	Der Metzger hat versichert, dass dieses Rindfleisch sehr zart ist.
Vorrei **mezzo chilo di** (carne di) manzo per **fare il bollito**.	Ich hätte gerne ein Pfund Rindfleisch zum Kochen.
la **scaloppina**	Schnitzel
tenero, a	zart
duro, a	hart; zäh
la **carne di maiale**	Schweinefleisch
La **carne di maiale** è molto più cara in Italia che in Germania.	Schweinefleisch ist in Italien viel teurer als in Deutschland.
la **carne di vitello**	Kalbfleisch
il **pollo**	Hähnchen
Come cuciniamo il pollo? – **Facciamolo** arrosto.	Wie sollen wir das Hähnchen zubereiten? – Machen wir Brathähnchen.

il **fornaio**, la **fornaia**	Bäcker(in)
Se passi dal fornaio **non dimenticare** i panini!	Wenn du beim Bäcker vorbeikommst, vergiss die Brötchen nicht!

la **panetteria**	Bäckerei
la **pasticceria**	Konditorei
la **pasta**	süßes Teilchen
Cristina, **fai un salto in** pasticceria e compra qualche pasta per **stasera**, per favore.	Cristina, lauf schnell zur Konditorei und kauf bitte ein paar Teilchen für heute Abend.
il **cioccolatino**	Praline

la **scạtola**	Schachtel; Dose; Büchse
Che bontà questi cioccolatini al liquore! – **Ne voglio comprare** una scatola anch'io.	Großartig, diese Likörpralinen! – Ich will mir auch eine Schachtel kaufen.

gli **agrumi** *pl*	Zitrusfrüchte
il **mandarino**	Mandarine
Ti piacciono le mele o vuoi **piuttosto** un mandarino?	Magst du Äpfel, oder willst du lieber eine Mandarine?
la **clementina**	Klementine
la **limetta**	Limette
maturo, a	reif
la **frạgola**	Erdbeere
il **budino**	Pudding
Vuoi assaggiare il mio **budino alle fragole**?	Willst du meinen Erdbeerpudding probieren?

il **liquore**	Likör; Spirituose
il **tappo**	Korken
Dov'è il tappo della bottiglia di liquore?	Wo ist der Korken der Likörflasche?
la **grappa**	Grappa *(Tresterbranntwein)*
Qui si beve spesso una grappa dopo mangiato.	Bei uns trinkt man häufig einen Grappa nach dem Essen.

5.2 Kochen und Gerichte

la **cucina**	Küche
La cucina italiana è leggera e ricca di sapori.	Die italienische Küche ist leicht und vielfältig.
cucinare	kochen
bollire	kochen, sieden

kochen

Unterscheide:

cucinare	*kochen (können)*
Mia madre cucina molto bene.	*Meine Mutter kocht sehr gut.*
bollire	*kochen, sieden (intransitiv)*
far bollire	*zum Sieden, Kochen bringen*
Prima di buttare la pasta devi far bollire l'acqua.	*Du musst das Wasser zum Sieden bringen, bevor du die Nudeln hineinwirfst.*
cuocere	*garen (intransitiv)*
far cuocere	*garen (transitiv)*

preparare — zubereiten

Quando preparo le patate al forno **ci metto** sempre due spicchi d'aglio e un po' di rosmarino. — Wenn ich Bratkartoffeln mache, nehme ich immer zwei Knoblauchzehen und ein wenig Rosmarin.

condire ‹condisco› — würzen; anmachen

il **sugo** — Soße; Saft

la **salsa** — Soße

Come condisci la pasta? **In bianco** o con la salsa di pomodoro? — Wie machst du die Nudeln? Mit Butter und Käse oder mit Tomatensoße?

---

la **patata** — Kartoffel

il **purè** — Püree

le **tagliatelle** *pl* — Bandnudeln

il **riso** — Reis

Per il risotto ci vuole un riso speciale. — Für den Risotto braucht man eine besondere Reissorte.

---

l'**aglio** — Knoblauch

la **cipolla** — Zwiebel

il **pomodoro** — Tomate

la **carota** — Karotte

Puoi aggiungere le carote tagliate fine. — Du kannst die fein geschnittenen Karotten hinzugeben.

la **barbabietola** — Rübe; rote Bete

pelare — schälen

Hai finito di pelare le patate? — Bist du mit dem Kartoffelschälen fertig?

il **cavolo** — Kohl

pulire ‹pulisco› — putzen

Aspetta un attimo, devo prima pulire il cavolo. — Warte einen Moment, ich muss erst den Kohl putzen.

la **zucchina**, lo **zucchino** — Zucchini

occorrere — nötig sein

Occorrono almeno dieci zucchini non troppo piccoli. — Man braucht mindestens zehn nicht zu kleine Zucchini.

la **melanzana** — Aubergine

ripieno, a — gefüllt

---

il **sale** — Salz

Per condire l'insalata bastano sale, pepe, olio e aceto. — Es genügt, den Salat mit Salz, Pfeffer, Öl und Essig zu würzen.

il **pepe** — Pfeffer

l'**aceto** — Essig

l'**olio** — Öl

la **noce moscata** — Muskatnuss

il **limone**	Zitrone
piccante	scharf
salato, a	gesalzen; salzig; versalzen

il **cuoco**, la **cuoca**	Koch, Köchin
Tonino e Rodolfo sono cuochi **pieni di** fantasia.	Tonino und Rodolfo sind sehr fantasievolle Köche.
cuocere	garen; kochen
Hai cotto la carne **troppo a lungo**, è diventata durissima.	Du hast das Fleisch zu lange kochen lassen, es ist furchtbar zäh.
la **pentola**	Topf
il **coperchio**	Deckel
macinare	mahlen, durch den Wolf drehen
Non potresti almeno macinare la carne?	Könntest du nicht wenigstens das Fleisch durch den Wolf drehen?
assaggiare	kosten; abschmecken
Ti conviene assaggiare prima di aggiungere **altro sale**.	Du solltest erst kosten, bevor du noch mehr Salz hinzugibst.
mescolare	umrühren; mischen
aggiungere	hinzufügen
bruciarsi	anbrennen
Devi mescolare bene, altrimenti il purè **si brucia**.	Du musst gut umrühren, sonst brennt das Püree an.
stufare	schmoren

il **prezzemolo**	Petersilie
Metti **un po' di** prezzemolo, **un po' di** aglio e una cipolla nella pentola!	Gib ein wenig Petersilie, Knoblauch und eine Zwiebel in den Topf!
il **sedano**	Sellerie
il **cetriolo**	Gurke
la **salvia**	Salbei
Facciamo le tagliatelle con burro e salvia.	Wir machen Tagliatelle mit Butter und Salbei.
il **finocchio**	Fenchel
la **senape**	Senf
l'**aroma** *m*	Aroma; Gewürz
il **rosmarino**	Rosmarin
l'**ingrediente** *m*	Zutat
È una ricetta **complicatissima, ci vogliono un sacco di** ingredienti.	Das Rezept ist sehr kompliziert und man braucht jede Menge Zutaten!

la **sardina**	Sardine
la **trota**	Forelle
lesso, a	gekocht
Cuciniamo la trota lessa?	Machen wir Forelle blau?

la **sogliola**	Seezunge
fritto, a	fritiert; gebacken
la **griglia**	Grill
alla griglia	vom Grill
Non **fargli la** sogliola fritta, la vuole alla griglia.	Mach ihm keine gebackene Seezunge, er hat sie lieber gegrillt.

5.3 Gastronomie

il **bar**	Espressobar; Theke
Faccio sempre la prima colazione al bar con un caffellatte e un cornetto.	Ich frühstücke immer in einer Bar und nehme einen Milchkaffee und ein Croissant.
la **tavola calda**	Schnellimbiss
ordinare	bestellen
la **consumazione**	Verzehr
Non dimenticarti di pagare anche la mia consumazione.	Vergiss bitte nicht, auch für mich mitzubezahlen.
il **gelato**	Eis
Qui fanno degli ottimi gelati.	Hier gibt es hervorragendes Eis.
l'**aperitivo**	Aperitif
Mi fai assaggiare un sorso del tuo aperitivo?	Darf ich einen Schluck von deinem Aperitif probieren?
il **cameriere**, la **cameriera**	Ober, Kellnerin
Cameriere, **senta per favore!** Questo cucchiaino è sporco!	Herr Ober, bitte! Dieser Teelöffel ist schmutzig!
il **conto**	Rechnung
Il conto, per favore!	Bitte die Rechnung!
la **mancia**	Trinkgeld
la **(prima) colazione**	Frühstück
il **succo (di frutta)**	(Frucht-)Saft
lo **yogurt**	Yoghurt
lo **zucchero**	Zucker
dolce	süß
acido, a	sauer
amaro, a	bitter
la **tazza**	Tasse

Beachte:	
una tazza **di** caffè	*eine Tasse Kaffee*
una tazza **da** caffè	*eine Kaffeetasse*
una tazza **a** fiorellini	*eine geblümte Tasse*

il **bicchiere**	Glas
la **bottiglia**	Flasche
Vorrei una tazza di caffè, un bicchiere di succo di frutta ed una bottiglia d'acqua minerale.	Ich möchte eine Tasse Kaffee, ein Glas Fruchtsaft und eine Flasche Mineralwasser.

la **rosticceria**	Rotisserie *(Schnellrestaurant mit Speisen zum Mitnehmen)*
Oggi non ho **voglia di** cucinare. Andiamo in rosticceria a prendere un pollo arrosto, pomodori e melanzane ripieni.	Heute habe ich keine Lust zu kochen. Wir besorgen uns in der Rosticceria ein Brathähnchen, gefüllte Tomaten und Auberginen.
il **ristorante**	Restaurant
Il ristorante è troppo caro, **preferisco mangiare** in una trattoria, **costa meno.**	Das Restaurant ist zu teuer, ich gehe lieber in eine Trattoria, dort ist es billiger.
riservare	reservieren
Faccio riservare un tavolo per sei o per otto persone?	Soll ich einen Tisch für sechs oder für acht Personen reservieren lassen?
la **tovaglia**	Tischdecke
Mi cambi la tovaglia per favore, questa è sporca.	Wechseln Sie bitte die Tischdecke, diese ist schmutzig.
la **forchetta**	Gabel
il **coltello**	Messer
il **cucchiaio**	(Suppen-)Löffel
il **cucchiaino (da tè/da caffè)**	Tee-, Kaffeelöffel
Fatti portare un cucchiaino, così assaggi anche tu il gelato.	Lass dir einen Teelöffel bringen; dann kannst du auch das Eis probieren.

il **menù**	Speisekarte; Menü
Io scelgo il menù di pesce e tu?	Ich wähle das Fischmenü, und du?
prendere	nehmen
il **primo (piatto)**	erster Gang
Come primo piatto prendo solo una minestra.	Als ersten Gang nehme ich nur eine Suppe.
la **minestra**	Suppe
il **minestrone**	Gemüsesuppe

Alles Suppe, oder?

Unterscheide:

la minestra	*Suppe mit Reis- oder Nudeleinlage*
il minestrone	*Gemüsesuppe*
la zuppa	*Fleisch- oder Fischsuppe ohne Einlage*
il brodo	*Brühe*

il **piatto**	Teller; Gericht
Il minestrone alla casalinga è il **piatto forte** di questo locale.	Die Minestrone nach Hausfrauenart ist das beste Gericht dieses Lokals.
il **pasto**	Mahlzeit
il **secondo (piatto)**	Hauptgang
Cosa desidera **di secondo**, signora?	Was wünschen Sie als Hauptgericht, meine Dame?
la **bistecca**	Steak
ai ferri	vom Grill
Mi faccia una bistecca ai ferri, ma **ben cotta.**	Machen Sie mir ein Steak vom Grill, aber gut durchgebraten.
arrosto *inv*	gebraten
il **contorno**	Beilage
i **fagiolini** *pl*	grüne Bohnen
E di contorno? – Vorrei **dei fagiolini al burro.**	Und als Beilage? – Ich hätte gerne grüne Bohnen, in Butter sautiert.
il **filetto**	Filetsteak
Ho ordinato per me una cotoletta di agnello, per Giovanni le seppie, per Anna **invece** un filetto.	Ich habe für mich ein Lammkotelett bestellt, für Giovanni Tintenfische und für Anna ein Filetsteak.
la **pizza**	Pizza
Per mangiare le cozze non occorre **né** coltello **né** forchetta.	Um Miesmuscheln zu essen, braucht man weder Messer noch Gabel.
le **cozze** *pl*	Miesmuscheln
la **seppia**	Tintenfisch
l'**appetito**	Appetit
Buon appetito!	Guten Appetit!
– Grazie, altrettanto!	– Danke, gleichfalls!
il **dolce**	Nachtisch
Non ce la faccio più a mangiare il dolce.	Den Nachtisch schaffe ich nicht auch noch.
il **dessert** [de'ssɛr]	Dessert, Nachspeise
la **zuppa inglese**	Cremespeise mit likörgetränktem Löffelbiskuit
la **carta**	(Speise-)Karte
la **lista**	(Speise-)Karte
la **vivanda**	Speise
l'**osteria**	Gasthaus
Pietro va sempre all'osteria a bere un bicchiere di vino e a giocare a carte.	Pietro geht regelmäßig ins Wirtshaus, um ein Glas Wein zu trinken und Karten zu spielen.

il **vassoio**	Tablett
speciale	Spezial-; besondere(r, s)
la **specialità**	Spezialität; Besonderheit
Quali specialità potete consigliarci?	Welche Spezialitäten können Sie uns empfehlen?

il **caffellatte**	Milchkaffee
la **tazzina**	Tässchen
la **spremuta (di frutta)**	frisch gepresster Fruchtsaft
l'**aranciata**	(Orangen-)Limonade
Vorrei una **spremuta d'arancia**, per favore. – Mi dispiace, abbiamo solo aranciata in bottiglia.	Ich hätte gerne einen frisch gepressten Orangensaft. – Tut mir Leid, wir haben nur Limo in Flaschen.

la **fetta**	Scheibe
la **fetta biscottata**	Zwieback
la **marmellata**	Marmelade
Questa **marmellata di fragole** è troppo dolce.	Diese Erdbeermarmelade ist zu süß.
il **miele**	Honig
Il miele dell'Abruzzo è molto buono.	Der Honig aus den Abruzzen ist sehr gut.

il **sapore**	Geschmack
Che buon sapore ha quest'arrosto! Mi dai la ricetta?	Dieser Braten ist köstlich! Gibst du mir das Rezept?
l'**odore** m	Duft
tostare	toasten; rösten
ricoprire	bestreuen; bedecken
la **mandorla**	Mandel
Come dessert Marina aveva preparato una **crema di** banane **ricoperta di** mandorle tostate.	Als Nachtisch hatte Marina eine Bananencreme mit gerösteten Mandeln zubereitet.
la **noce**	Nuss
schiacciare	knacken; zerquetschen
Mi schiacci **un paio di noci** per favore? Io non ci riesco.	Knackst du mir bitte ein paar Nüsse? Ich kann das nicht.
la **caramella**	Bonbon
Senti che buone sono queste caramelle **al miele!**	Probier mal, wie gut diese Honigbonbons schmecken!

offrire	anbieten; einladen
il **tramezzino**	Sandwich
Posso **offrirti** almeno un tramezzino?	Darf ich dich wenigstens zu einem Sandwich einladen?

la **piadina** — spezielles Fladenbrot
stimolare — anregen; anreizen
Mi piace prendere un aperitivo prima di pranzo, **mi stimola** l'appetito. — Ich nehme gern einen Aperitif vor dem Mittagessen, das regt den Appetit an.

stendersi — sich ausstrecken
lo **stato** — Zustand
Dopo mangiato vorrei **stendermi** un po' sul divano. – **Dato il tuo stato, è bene che** tu lo **faccia**. — Nach dem Essen möchte ich mich ein wenig auf dem Sofa langlegen. – In deinem Zustand tust du gut daran.
il **digestivo** — Digestif; Verdauungsschnaps
il **sorso** — Schluck
Prendi anche **un sorso di** digestivo! — Nimm auch einen kleinen Verdauungsschnaps!

la **trattoria** — Speiselokal
il **locale** — Lokal
il **coperto** — Gedeck
Pane e coperto sono compresi nel prezzo. — Brot und Gedeck sind im Preis inbegriffen.
compreso, a — inbegriffen
il **tovagliolo** — Serviette
In questo locale hanno solo **tovaglioli di carta**. — In diesem Lokal gibt es nur Papierservietten.
il **servizio** — Bedienung
Qui si mangia ottimamente, ma il servizio è pessimo. — Man isst hier hervorragend, wird aber äußerst schlecht bedient.
servire — bedienen
lo **stuzzicadenti** — Zahnstocher

il **pranzo** — Mittagessen
la **cena** — Abendessen
pranzare — zu Mittag essen
cenare — zu Abend essen
Voglio cenare qui perché **fanno** la migliore zuppa inglese della città. — Ich will hier zu Abend essen, weil es hier die beste Zuppa Inglese der ganzen Stadt gibt.

la **portata** — Gang
Posso consigliarle un'ottima **portata di** pesce, signore! — Ich kann Ihnen einen wundervollen Fischgang empfehlen, mein Herr!

la **lista delle bevande** — Getränkekarte

Quando viene il cameriere con la lista delle bevande possiamo già ordinare gli antipasti.	Wenn der Kellner mit der Getränkekarte kommt, können wir auch gleich die Vorspeisen bestellen.

l'**antipasto**	Vorspeise
Perché non prendiamo tutti un **bell'antipasto** misto?	Warum nehmen wir nicht alle einen gemischten Vorspeisenteller?
misto, a	gemischt
i **frutti di mare** *pl*	Meeresfrüchte
scottare	sehr heiß sein
Attenzione, il piatto con i frutti di mare scotta!	Achtung, der Teller mit den Meeresfrüchten ist sehr heiß!
il **brodo**	Brühe; Suppe
Qui fanno un ottimo brodo di pesce. – Lo so, ma preferisco una **zuppa di fagioli**.	Die Fischsuppe hier ist ausgezeichnet. – Ich weiß, aber ich ziehe eine Bohnensuppe vor.
la **zuppa**	Suppe
il **bollito misto**	verschiedene Sorten gekochtes Fleisch
Un bollito misto con salsa verde, per favore!	Ein Bollito Misto mit grüner Soße bitte!
l'**agnello**	Lamm
alla casalinga	nach Hausfrauenart
il **fegato**	Leber
Mi dispiace, signore, **il fegato è finito**.	Tut mir Leid, mein Herr, die Leber ist aus.

5.4 Kleidungsstücke

vestirsi	sich anziehen
Non **ho** ancora **finito di vestirmi**.	Ich bin noch nicht fertig angezogen.
spogliarsi	sich ausziehen
il **vestito**	Kleid; Anzug
Quanto costa questo vestito **a scacchi**?	Was kostet dieses karierte Kleid?
Questi vestiti **non servono più**. Perché non li regali **a chi ne ha bisogno?**	Diese Kleider werden nicht mehr gebraucht. Warum schenkst du sie nicht jemandem, der sie benötigt? anziehen
mettere	
Mettiti i pantaloni **di lana** che fa freddo.	Zieh dir die Wollhose an, es ist kalt.
cambiarsi	sich umziehen
portare	tragen

Anna porta abiti troppo seri per la sua età.
Anna kleidet sich zu streng für ihr Alter.

la **biancheria** — Wäsche
la **maglia** — Unterhemd
le **mutande** *pl* — Unterhose
il **pigiama** — Schlafanzug
Sei più bella con la camicia da notte che in pigiama. — Im Nachthemd siehst du besser aus als im Schlafanzug.
la **calza** — Strumpf
il **collant** *inv* — Strumpfhose
il **costume da bagno** — Badeanzug; Badehose
La bambina aveva un **costume da bagno a fiori** veramente carino. — Das Mädchen trug einen wirklich reizenden, geblümten Badeanzug.

la **camicia** — Hemd
Cambiati e metti una camicia con le maniche corte. — Zieh dich um und nimm ein Hemd mit kurzen Ärmeln.
la **camicetta** — Bluse
elegante — elegant
Quella camicetta nera è molto elegante. — Diese schwarze Bluse ist sehr elegant.
l'**eleganza** — Eleganz
i **pantaloni** *pl* — Hose
la **giacca** — Sakko; Jacke
Giovanna aveva un **bel paio di pantaloni** blu **con** una giacca beige. — Giovanna hatte eine schöne blaue Hose und eine beige Jacke an.
Potresti portare le mie giacche in lavanderia? — Könntest du meine Jacken zur Reinigung bringen?
la **gonna (a pieghe)** — (Falten-)Rock
il **maglione** — Pullover
Devo **comprarmi** due maglioni nuovi per l'inverno. — Ich muss mir zwei neue Winterpullis kaufen.
il **collo (alto)** — (Roll-)Kragen; (Steh-)Kragen
Si è comprato un maglione grigio **con il collo alto**. — Er hat sich einen grauen Rollkragenpullover gekauft.
il **cappotto** — Mantel
Con questo tempo **è meglio se ti metti** il cappotto. — Bei diesem Wetter ziehst du dir besser einen Mantel an.

la **moda** — Mode
La moda italiana è famosa in tutto il mondo. — Die italienische Mode ist in der ganzen Welt berühmt.
la **creazione** — Schöpfung; Kreation
raffinato, a — raffiniert

Il tuo abito nuovo ha un taglio molto raffinato.	Dein neues Kleid hat einen sehr raffinierten Schnitt.
la **pelle**	Leder
C'è una vasta scelta di borsette in vera pelle.	Es gibt eine reichhaltige Auswahl an Handtaschen aus echtem Leder.
vero, a	echt

la **scarpa**	Schuh
i **saldi di fine stagione**	Schlussverkauf
il **paio**	Paar
Mi sono comprata **due paia di scarpe** ai saldi di fine stagione.	Ich habe mir im Schlussverkauf zwei Paar Schuhe gekauft.

il **sarto**, la **sarta**	Schneider(in)
consigliare	raten; empfehlen
il **modello**	Modell
il **taglio**	Schnitt
Signora, Le consiglio questo modello, è stupendo!	Meine Dame, ich rate Ihnen zu diesem Modell, es ist wundervoll!
– Ma veramente preferirei un taglio classico.	– Aber ehrlich gesagt hätte ich lieber einen klassischen Schnitt.
le **misure** *pl*	Maße
Devo andare **dalla sarta a farmi** prendere le misure.	Ich muss zur Schneiderin, um meine Maße nehmen zu lassen.
indossare	anziehen
addosso	auf; bei; an
Ma cosa ti sei messo addosso?	Was hast du denn da angezogen?

la **qualità**	Qualität
La qualità è ottima, ma il modello non **è più di moda**.	Die Qualität ist sehr gut, aber das Modell ist nicht mehr modern.
la **seta**	Seide
la **lana**	Wolle
il **cotone**	Baumwolle
il **lino**	Leinen
Questa **stoffa di lino** è una meraviglia.	Dieser Leinenstoff ist ein Traum!
il **velluto**	Samt
Devo comprare un gilè **di velluto** per mia figlia.	Ich muss für meine Tochter eine Weste aus Samt kaufen.
stupendo, a	wunderbar

la **macchia**	Fleck
lavare	waschen
Ho provato a lavare, ma la macchia non va via.	Ich habe es mit Waschen versucht, aber der Fleck geht nicht raus.

sporco, a
Non indossare quella camicia, è tutta sporca!
pulito, a
la **lavatrice**
delicato, a
Non puoi mettere questi vestiti in lavatrice, sono troppo delicati!

lavare a secco
la **stoffa**
Questa stoffa deve essere lavata a secco.

cucire
Non dimenticare ago e filo, altrimenti non posso cucire.
il **filo**
l'**ago**
le **forbici** *pl*
il **buco**
la **macchina da cucire**
Così non posso fare niente, ci vuole la macchina da cucire!

spazzolare
Spazzolami bene la giacca, per favore!
appendere
Se appendete subito i vestiti, **non occorre stirarli.**

stirare
il **ferro da stiro**
Perché non **ti sei portato** il ferro da stiro **da viaggio?**

aggiustare
il **calzolaio**, la **calzolaia**
Mi si è rotto un tacco, devo trovare assolutamente un calzolaio.

il **reggiseno**
la **sottoveste**
le **calze autoreggenti** *pl*

schmutzig
Zieh nicht dieses Hemd an, es ist ganz schmutzig!
sauber
Waschmaschine
zart; empfindlich
Du kannst diese Kleider nicht in die Waschmaschine tun, sie sind zu empfindlich!

chemisch reinigen
Stoff
Dieser Stoff muss gereinigt werden.

nähen
Vergiss nicht Nadel und Faden, sonst kann ich nicht nähen!
Faden
Nähnadel
Schere
Loch
Nähmaschine
So kann ich nichts machen, ich brauche eine Nähmaschine!

bürsten
Bürste mir die Jacke bitte gründlich aus!
aufhängen
Wenn ihr die Kleider gleich aufhängt, braucht ihr sie nicht zu bügeln.

bügeln
Bügeleisen
Warum hast du kein Reisebügeleisen mitgenommen?

reparieren; flicken
Schuhmacher(in), Schuster(in)
Mir ist ein Absatz kaputtgegangen, ich muss unbedingt einen Schuster finden.

Büstenhalter
Unterrock
halterlose Strümpfe

la **camicia da notte**	Nachthemd

vestire	sich kleiden; anziehen
Ti piace come veste Massimo?	Gefällt dir, wie Massimo sich kleidet?
Fai presto a vestire la bambina, è ora di andare.	Zieh bitte schnell das Kind an, es ist Zeit zu gehen.
il **vestiario**	Kleidung; Garderobe
rinnovare	erneuern
Prima o poi dovrò **decidermi a** rinnovare il mio vestiario.	Früher oder später werde ich mich entschließen müssen, meine Garderobe zu erneuern.
i **jeans** *pl* [dʒiːns]	Jeans
guardare	(an)schauen; nachsehen
Anna, **non perdere tempo a** guardare i jeans, **stiamo cercando** un vestito!	Anna, verlier keine Zeit, die Jeans zu betrachten, wir sind auf der Suche nach einem Kleid!
a scacchi	kariert
la **riga**	Streifen
l'**abito**	Kleid; Anzug
Maria porta un **abito a righe**.	Maria trägt ein gestreiftes Kleid.
il **gilè**	Weste
il **golf**	Strickjacke
il **pullover**	Pullover
la **manica**	Ärmel

il **panno**	Tuch; Wollstoff
i **panni** *pl*	Kleider
il **soprabito**	Übergangsmantel
il **mantello**	Mantel
l'**impermeabile** *m*	Regenmantel

il **cuoio**	Leder
lo **stivale**	Stiefel
il **sandalo**	Sandale
il **tacco**	Absatz
Luciana **porta** sempre **i tacchi alti**.	Luciana trägt immer Schuhe mit hohem Absatz.
Io invece **preferisco** le scarpe **senza tacco**.	Ich trage eigentlich lieber flache Schuhe.

griffato, a	Marken-; Designer-
essere in programma	angesagt sein
essere di moda	„in" sein

sporcare	beschmutzen

Ti sei sporcato tutto il pullover, Giulio. **Toglilo** subito.	Giulio, du hast dir den ganzen Pullover schmutzig gemacht. Zieh ihn sofort aus.
macchiare	beflecken
la **lavanderia**	Wäscherei; Reinigung
Scusi, **c'è** una lavanderia **da queste parti?**	Verzeihung, gibt es hier in der Nähe eine Wäscherei?
il **detersivo**	Waschmittel
Bisogna usare un detersivo per biancheria delicata per questa camicetta **di seta.**	Diese Seidenbluse muss mit einem Feinwaschmittel gewaschen werden.
il **bucato**	Wäsche
Facciamo il bucato oggi o domani?	Machen wir heute Waschtag oder morgen?
il **sapone da bucato**	Kernseife

il **tessuto**	Gewebe; Stoff
tingere	färben; abfärben
Vorrei tingere questo tessuto **in nero.**	Ich möchte diesen Stoff schwarz färben.
la **piega**	(Bügel-)Falte
strappare	(zer)reißen
lo **strappo**	Riss
Guarda **che strappo ti sei fatto nella** manica!	Sieh mal, wie du dir den Ärmel zerrissen hast!
difettoso, a	fehlerhaft, mangelhaft

il **ferro da maglia**	Stricknadel
lavorare a maglia	stricken
Sai lavorare a maglia?	Kannst du stricken?

5.5 Schmuck und Zubehör

il **gioiello**	Juwel; Schmuckstück
l'**argento**	Silber
l'**oro**	Gold
il **platino**	Platin
l'**anello**	Ring
Quell'anello è di platino e non d'argento.	Dieser Ring ist aus Platin und nicht aus Silber.
la **catena**	Kette
l'**orecchino**	Ohrring
Vorrei **degli orecchini** con le perle.	Ich hätte gerne Ohrringe mit Perlenbesatz.

l'**orologio (da polso)** — (Armband-)Uhr
Mi si è fermato l'orologio, dovrò cambiare la pila. — Meine Uhr ist stehen geblieben, ich werde die Batterie wechseln müssen.

il **braccialetto** — Armband
Cristina ha un braccialetto **in** oro bianco e giallo. — Cristina hat ein Armband aus Weiß- und Gelbgold.

la **perla** — Perle

la **borsa** — Tasche
la **borsetta** — Handtasche
il **cappello** — Hut
la **cintura** — Gürtel
Gli ho regalato una cintura **di** cuoio nero. — Ich habe ihm einen Gürtel aus schwarzem Leder geschenkt.

la **cravatta** — Krawatte
il **fazzoletto** — Taschentuch; Halstuch
il **foulard** [fu'lar] — Halstuch
Un foulard **in tinta unita è quello che ci vuole.** — Ein einfarbiges Halstuch ist genau das Richtige.

lo **scialle** — Schal
Portati uno scialle, la sera fa fresco. — Nimm einen Schal mit, abends ist es frisch.

il **guanto** — Handschuh
la **tasca** — Tasche *(am Kleidungsstück)*
La mia giacca ha quattro tasche. — Mein Sakko hat vier Taschen.

l'**ombrello** — Regenschirm

lo **spillo** — Stecknadel; Brosche
lo **spillo di sicurezza** — Sicherheitsnadel
il **bottone** — Knopf
il **bordo** — Borte

il **gioielliere**, la **gioielliera** — Juwelier(in)
la **fede** — Trauring
la **spilla** — Brosche
Su questa spilla ci sono molte pietre preziose. — Diese Brosche ist mit vielen Edelsteinen besetzt.

la **pietra preziosa** — Edelstein

gli **accessori** *pl* — Zubehör; Accessoire
il **bastone** — (Spazier-)Stock
Quel vecchio signore cammina sempre **col** bastone. — Dieser alte Herr geht immer mit einem Stock.

la **cerniera** — Reißverschluss
Si è rotta la cerniera, **dammi** uno spillo di sicurezza. — Der Reißverschluss ist kaputtgegangen, gib mir bitte eine Sicherheitsnadel.

la **farfalla**	Fliege
la **tinta**	Farbe
la **stringa**	Schnürsenkel
Preferisco le scarpe senza stringhe.	Ich bevorzuge Schuhe ohne Schnürsenkel.

5.6 Einkaufen

la **spesa**	Einkauf *(von Lebensmitteln)*
Se mi aspetti vengo a fare la spesa con te.	Wenn du wartest, gehe ich mit dir einkaufen.
il **portafoglio**	Brieftasche
il **portamonete**	Geldbeutel
mancare	fehlen
Ci manca il latte e ci mancano anche le uova.	Es fehlt Milch, und es sind auch keine Eier mehr da.
il **mercato**	Markt
Veronica va tutti i giorni al mercato a prendere la verdura.	Veronica geht jeden Tag zum Markt, um Gemüse zu kaufen.
il **supermercato**	Supermarkt
Hanno aperto un nuovo supermercato in periferia.	Am Stadtrand ist ein neuer Supermarkt eröffnet worden.
passare	vorbeigehen

comprare	kaufen
il **negozio**	Geschäft, Laden
il **sacchetto**	Tüte; Beutel
Può darmi un sacchetto di carta / di plastica / di stoffa?	Haben Sie eine Papiertüte / Plastiktüte / einen Stoffbeutel für mich?
il **reparto**	Abteilung
Scusi, dov'è il reparto di abbigliamento per uomo, per favore?	Entschuldigen Sie, wo ist bitte die Abteilung für Herrenoberbekleidung?
il **commesso**, la **commessa**	Verkäufer(in)
Si rivolga a quel commesso e verrà consigliato bene.	Wenden Sie sich an diesen Verkäufer und Sie werden gut beraten.

costare	kosten
È proprio un bel vestito, peccato che costi tanto!	Es ist wirklich ein schöner Anzug. Schade, dass er so teuer ist.
il **prezzo**	Preis
Mi può dire il prezzo di questi stivali, per favore?	Können Sie mir bitte sagen, was diese Stiefel kosten?
l'**etichetta**	Etikett; Preisschild

spendere
Abbiamo speso troppo anche questa volta.

ausgeben
Wir haben auch diesmal zu viel ausgegeben.

pagare
In **quel** negozio paghi molto di più.

zahlen
In dem Geschäft zahlst du viel mehr.

a buon mercato
la **svendita**
lo **sconto**

billig; preiswert
Ausverkauf
Preisnachlass; Skonto

il **numero**
Che numero di scarpe porta?
– Il 36.

Nummer; Größe
Welche Schuhgröße haben Sie?
– Größe 36.

la **taglia**
Questo maglione mi piace, ma ho bisogno di una taglia più piccola.

Größe
Dieser Pullover gefällt mir, aber ich brauche eine Nummer kleiner.

provare
Dove posso provare questo vestito?

anprobieren
Wo kann ich dieses Kleid anprobieren?

la **cabina di prova**
mettere
cambiare
Vorrei cambiare quest'articolo, è possibile?

Umkleidekabine
anziehen
ändern; umtauschen
Ist es möglich, diesen Artikel umzutauschen?

stretto, a
Questa gonna **mi sta stretta, me la fa vedere** in una taglia più grande?

eng
Dieser Rock ist mir zu eng, können Sie ihn mir in einer Nummer größer zeigen?

largo, a
corto, a
lungo, a

weit
kurz
lang

le **spese**
Vieni con me **a fare spese in centro**?

Einkäufe
Kommst du mit mir in die City zum Einkaufen?

gli **acquisti** *pl*
la **cassa**
La prego di pagare all'altra cassa, questa è già chiusa.

Anschaffungen
Kasse
Bitte bezahlen Sie an der anderen Kasse, diese ist schon geschlossen.

il **cassiere**, la **cassiera**
Ho l'impressione che la cassiera **si sia sbagliata**.

Kassierer(in)
Mir scheint, die Kassiererin hat sich geirrt.

lo **scontrino**
Da qualsiasi negozio si esca, si deve avere sempre lo scontrino, altrimenti si rischia una multa.

Kassenbon
Beim Verlassen eines Ladens muss man immer den Kassenbon bei sich haben, sonst riskiert man eine Geldstrafe.

gli **spiccioli** *pl*	Kleingeld
i **contanti** *pl*	Bargeld
C'è uno sconto se si paga in contanti?	Geben Sie Skonto bei Barzahlung?
l'**assegno**	Scheck
Mi dispiace, non accettiamo assegni.	Es tut mir Leid, aber wir nehmen keine Schecks an.
a rate	Raten-, in Raten
valutare	bewerten
Non mi piace pagare a rate.	Ich zahle nicht gerne in Raten.
– **D'accordo**, ma hai già valutato cosa è meglio per te?	– Einverstanden, aber hast du schon kalkuliert, was günstiger für dich ist?
l'**IVA (imposta sul valore aggiunto)**	Mehrwertsteuer
incluso, a	einbegriffen
Hai chiesto se nel prezzo è inclusa l'IVA?	Hast du gefragt, ob die Mehrwertsteuer im Preis enthalten ist?

l'**abbigliamento**	Kleidung
esporre	ausstellen
In quel negozio d'abbigliamento hanno esposto bellissimi cappotti **in panno**.	Dieses Bekleidungsgeschäft hat sehr schöne Stoffmäntel im Schaufenster. *haben ausgestellt*
la **vetrina**	Schaufenster
Quel negozio ha sempre articoli molto interessanti in vetrina.	Dieser Laden hat immer sehr interessante Artikel im Schaufenster.
l'**articolo**	Artikel

la **scelta**	Auswahl
togliere	ablegen
togliersi	ausziehen; ablegen
comodo, a	bequem
Togliti pure quei pantaloni, sono troppo larghi. – Sì, ma sono molto comodi.	Zieh diese Hose nur aus, sie ist zu weit. – Ja, aber sie ist sehr bequem.
star bene/male	gut/schlecht passen; gut/schlecht stehen
Questa camicia non **sta bene con quei** pantaloni.	Dieses Hemd passt nicht zu der Hose.
L'abito blu **ti sta** benissimo, **quello giallo no**.	Das blaue Kleid steht dir sehr gut, das gelbe nicht.
combinare	kombinieren; zusammenstellen

Falsche Freunde			
Italienisches Wort	**Thematische Bedeutung(en)**	**Falscher Freund**	**Italienische Entsprechung(en)**
caldo	warm; heiß	kalt	freddo
guardare	(an)schauen; nachse-hen	bewachen; aufbe-wahren *(frz. garder)*	sorvegliare, custodire
la panna	Sahne	Panne	il guasto
il taglio	Schnitt	(Körper-/Kleider-) Größe *(frz. la taille)*	la misura, la taglia

vorrei solo guardarmi intorno

6.1 Bauen, Haus, Gebäude und Bewohner

il **terreno**	Grundstück
vendere	verkaufen
Cerco un terreno fabbricabile da queste parti. – Sarà difficile, perché qui non **vendono** più niente.	Ich suche einen Bauplatz in dieser Gegend. – Das wird schwierig, da hier nichts mehr zum Verkauf steht.
comprare	kaufen
la **casa**	Haus
Voglio costruirmi una casa al mare.	Ich will mir ein Haus am Meer bauen lassen.
costruire ‹costruisco›	bauen
la **costruzione**	Bau; Konstruktion
La costruzione di questo edificio è **durata** tre anni.	Die Fertigstellung dieses Gebäudes hat drei Jahre gedauert.
la **pianta**	Plan
L'architetto ha preparato la pianta ma non abbiamo ancora **il permesso di costruire**.	Der Architekt hat den Plan schon fertig, aber wir haben noch keine Baugenehmigung.
le **fondamenta** *pl*	Fundament

il **materiale**	Material
il **cemento**	Zement; Beton
il **vetro**	Glas
Questo palazzo è **tutto vetro e cemento**.	Dieses Hochhaus ist ganz aus Glas und Beton.
il **legno**	Holz

ricostruire ‹ricostruisco›	wiederaufbauen
la **ricostruzione**	Rekonstruktion, Wiederaufbau
Per la ricostruzione di **quel** palazzo **ci vorranno** almeno due anni.	Der Wiederaufbau dieses Gebäudes wird mindestens zwei Jahre dauern.
il **restauro**	Restaurierung
Chiuso per restauri.	Wegen Restaurationsarbeiten geschlossen.

il **muro**	Mauer
il **tetto**	Dach
Durante il temporale sono cadute alcune tegole dal tetto.	Während des Unwetters sind einige Ziegel vom Dach gefallen.
il **garage** [ga'rɑːʒ]	Garage
la **camera**	Zimmer; Raum; Zimmereinrichtung
Se qualcuno mi cerca, **io sono in camera**.	Wenn mich jemand sucht, ich bin in meinem Zimmer.

la **stanza**	Zimmer
la **porta**	Tür
sba̧ttere	schleudern; (zu)schlagen
Non sbattere la porta **in quel modo**, per favore!	Knall bitte nicht so die Tür zu!
aprire	öffnen
Ho dimenticato la chiave, puoi **aprirmi**, per favore?	Ich habe den Schlüssel vergessen, kannst du mir bitte aufmachen?
chiu̧dere	(ab)schließen
la **chiave**	Schlüssel
chiudere a chiave	abschließen
la **finestra**	Fenster
La prossima estate farò mettere le porte e le finestre nuove.	Kommenden Sommer lasse ich neue Türen und Fenster einbauen.
la **scala**	Treppe; Leiter
lo **scalino**	Stufe

il **piano**	Stockwerk
Giulia abita **al** 5° (quinto) piano.	Giulia wohnt im 5. Stock.
il **vicino**, la **vicina**	Nachbar(in)
I nostri vicini sono veramente gentili.	Unsere Nachbarn sind wirklich nett.
il **campanello**	Klingel
l'**ascensore** *m*	Aufzug
chiamare	rufen
L'ascensore è bloccato, bisogna chiamare il portinaio.	Der Aufzug steckt fest, man muss den Hausmeister rufen.
il **riscaldamento**	Heizung
Fa già **freddo, è ora di** accendere il riscaldamento.	Es ist schon kalt und Zeit, die Heizung anzumachen.
l'**elettricità**	Elektrizität; Strom
In questa zona di montagna non c'è elettricità.	In dieser Berggegend gibt es keinen Strom.

il **pavimento**	Fußboden
Ci piacciono molto **i** pavimenti **di** marmo.	Wir lieben Marmorfußböden sehr.
il **soffitto**	Decke
I soffitti **di quella** vecchia casa sono tutti decorati.	Die Decken in dem alten Haus sind alle verziert.
la **parete**	Wand
Quella parete è ideale per il quadro che hai comprato.	Diese Wand ist ideal für das Bild, das du gekauft hast.
decorare	verzieren

il **corridoio**	Flur

La cucina è **in fondo** al corridoio.	Die Küche ist am Ende des Flurs.
la **camera da letto**	Schlafzimmer
Quante camere da letto vi occorrono?	Wie viele Schlafzimmer braucht ihr?
la **camera dei bambini**	Kinderzimmer
lo **studio**	Arbeitszimmer
la **camera degli ospiti**	Gästezimmer
la **sala**	(großes) Zimmer; Saal
il **salotto**	Salon; Wohnzimmer; Couchgarnitur
la **cucina**	Küche
il **bagno**	Bad
Peccato che questo bagno **sia** così piccolo.	Schade, dass dieses Bad so klein ist.
il **bidè**	Bidet
la **vasca da bagno**	Badewanne
Mi piacerebbe avere un bagno con vasca e doccia.	Ich hätte gern ein Bad mit Wanne und Dusche.
il **gabinetto**	Toilette
la **toilette**	Toilette
Dove si trova la toilette?	Wo befindet sich die Toilette?
– Al primo piano, signora.	– Im ersten Stock, meine Dame.

cercare	suchen
Che tipo di casa stai cercando?	Was für eine Art Haus/Wohnung suchst du?
l'**alloggio**	Unterkunft; Wohnung
il **quartiere**	Stadtviertel
Abitiamo in un quartiere molto tranquillo.	Wir wohnen in einem sehr ruhigen Stadtviertel.
cambiare casa	umziehen
Abbiamo cambiato casa sei mesi fa.	Wir sind vor sechs Monaten umgezogen.
il **trasloco**	Umzug
Quando pensate di **fare il trasloco**?	Wann gedenkt ihr umzuziehen?

il **proprietario**, la **proprietaria**	Eigentümer(in)
il **contratto d'affitto**	Mietvertrag
Il proprietario ha disdetto il contratto d'affitto.	Der Eigentümer hat den Mietvertrag gekündigt.
il **padrone (di casa)**, la **padrona (di casa)**	(Haus-)Besitzer(in)
l'**affitto**	Miete
l'**inquilino**, l'**inquilina**	Mieter(in)
Questi lavori devono essere fatti dal proprietario e non dall'inquilino.	Diese Arbeiten müssen vom Eigentümer und nicht vom Mieter ausgeführt werden.

affittare   mieten; vermieten

---

mieten

Unterscheide:
mieten   **affittare**   *(bei Immobilien)*
mieten   **noleggiare** *(bei beweglichen Dingen)*
Abbiamo affittato una casa, adesso dobbiamo   *Wir haben ein Haus gemietet; jetzt*
ancora **noleggiare** una macchina.   *müssen wir noch ein Auto mieten.*

---

ammobiliato, a   möbliert
  Qui non **ci sono appartamenti**   Es gibt hier keine möblierten
  ammobiliati.   Wohnungen.

l'**agenzia immobiliare**   Maklerbüro
la **vendita**   Verkauf
  Casa in vendita   Haus zu verkaufen
il **pagamento**   Bezahlung
  Il termine per il pagamento è già   Der Zahlungstermin ist schon
  scaduto.   verstrichen.
il **termine**   Frist

l'**edilizia**   Bauwesen
l'**architetto**   Architekt(in)
fabbricabile   baureif; bebaubar
il **permesso (di costruzione)**   (Bau-)Genehmigung
il **cantiere**   Baustelle
  L'accesso al cantiere è **vietato agli**   Betreten der Baustelle ist Unbe-
  estranei.   fugten verboten.
estraneo, a   fremd; unbefugt
il **palazzo**   Palast; Palazzo; Hochhaus
il **grattacielo**   Wolkenkratzer

l'**appartamento in condominio**   Eigentumswohnung
la **casa a schiera**   Reihenhaus
la **casa unifamiliare**   Einfamilienhaus
il **monolocale**   Einzimmerwohnung

il **muratore**   Maurer
il **mattone**   Backstein
la **tegola**   Ziegel
dipingere   malen; anstreichen
l'**intonaco**   Verputz
la **carta da parati**   Tapete

la **corrente**   Strom
l'**illuminazione** *f*   Beleuchtung; Erleuchtung

l'**impianto**	Anlage
L'impianto elettrico non funziona più.	Die Elektroanlage funktioniert nicht mehr.
funzionare	funktionieren
il **cavo**	Kabel, Leitung *(Strom, Telefon, usw.)*
Non c'è più la luce perché si è rotto un cavo.	Wir sind ohne Licht, weil ein Kabel kaputt ist.
la **presa**	Steckdose
l'**interruttore** *m*	(Licht-)Schalter
bloccato, a	gesperrt; blockiert
il **cortocircuito**	Kurzschluss

il **camino**	Kamin, Schornstein
In quella casa c'è un bellissimo camino **di rame.**	In diesem Haus gibt es einen wunderschönen Kamin aus Kupfer.
la **stufa**	Ofen
il **termosifone**	Heizkörper
la **soglia**	Schwelle
Lo spazio davanti alla soglia di casa deve restare libero.	Die Fläche vor dem Hauseingang muss frei bleiben.
la **maniglia**	Klinke
L'architetto mi ha consigliato di **mettere le** maniglie **di** ottone **a** tutte le porte.	Der Architekt hat mir geraten, alle Türen mit Messingklinken zu versehen.

stabilirsi ‹mi stabilisco›	sich niederlassen, sich etablieren
il **pianterreno**	Erdgeschoss
il **disagio**	Unbequemlichkeit; Verlegenheit
Gabriella si stabilisce **a pianterreno** perché così non ha **il disagio delle** scale.	Gabriella richtet sich im Erdgeschoss ein, so hat sie keine Mühe mit den Treppen.
il **suolo**	Boden
la **portineria**	Portiersloge
Puoi lasciare il pacchetto in portineria.	Du kannst das Päckchen beim Hausmeister hinterlegen.
il **portinaio**, la **portinaia**	Pförtner(in); Hausmeister(in)
la **colf (collaboratrice familiare)**	Haushaltshilfe

l'**antenna**	Antenne
la **terrazza**	Terrasse
Antonio ha una magnifica terrazza **piena di fiori.**	Antonio hat eine prächtige Terrasse voller Blumen.
la **ringhiera**	Geländer
la **persiana**	Fensterladen
Aprite le persiane, così entra il sole.	Öffnet die Fensterläden, dann kommt Sonne herein.

la **persiana avvolgibile**	Jalousie; Rolladen

dare su	liegen
Questa finestra **dà sul** mare, l'altra **sul** cortile.	Dieses Fenster liegt zum Meer, das andere zum Hof.
il **soggiorno**	Wohnzimmer
Il soggiorno è molto ampio e ben arredato.	Das Wohnzimmer ist sehr geräumig und gut eingerichtet.
la **cantina**	Keller
La nostra cantina è fresca.	Unser Keller ist kühl.
la **soffitta**	Dachboden

sfondare	durchbrechen, -stoßen; durchtreten
Vogliamo sfondare il muro che separa le due stanze.	Wir wollen die Wand zwischen den beiden Zimmern einreißen.
separare	trennen

cercasi	gesucht
Cercasi camera ammobiliata per luglio – agosto.	Möbliertes Zimmer für Juli/August gesucht.
i **dintorni** *pl*	Umgebung
Sai se c'è ancora qualche appartamento libero qui nei dintorni?	Weißt du, ob hier in der Gegend noch eine Wohnung frei ist?
affittasi	zu vermieten
Affittasi appartamento **di tre camere con servizi.**	Dreizimmerwohnung mit Küche und Bad zu vermieten.
vendesi	zu verkaufen
la **ricerca**	Suche
Siamo **alla ricerca di** un alloggio adeguato.	Wir sind auf der Suche nach einer angemessenen Unterkunft.
l'**inserzione** *f*	Inserat
Ho messo un'inserzione sul giornale per affittare la casa.	Ich habe ein Inserat in die Zeitung gesetzt, um das Haus zu vermieten.
confortevole	komfortabel

il **condominio**	Haus mit Eigentumswohnungen; Miteigentum
le **spese (supplementari)** *pl*	(Neben-)Kosten
la **manutenzione**	Instandhaltung
La casa è vecchia e **bisogna fare** continuamente **lavori di manutenzione.**	Das Haus ist alt und es sind ständig Instandsetzungsarbeiten notwendig.
rinnovare il contratto	den Vertrag verlängern
disdire	kündigen
l'**accordo**	Vereinbarung

Abbiamo **preso un accordo** per rinnovare il contratto con l'inquilino.	Wir haben vereinbart, den Vertrag mit dem Mieter zu verlängern.
sgombrare	räumen
L'inquilino deve sgombrare l'appartamento **entro 15 giorni**.	Der Mieter muss die Wohnung binnen 15 Tagen räumen.

6.2 Wohnung, Einrichtung

abitare	wohnen
Ci piace molto abitare qui.	Wir wohnen sehr gerne hier.
l'**abitazione** f	Wohnung
L'abitazione non è molto grande, ma **piena di** luce.	Die Wohnung ist nicht sehr groß, aber schön hell.
l'**appartamento**	Wohnung
Cerchiamo un appartamento **a** pianterreno.	Wir suchen eine Wohnung im Erdgeschoss.
il **balcone**	Balkon
la **fioriera**	Blumenkasten
Abbiamo fatto montare sul balcone delle fioriere nuove.	Wir haben auf dem Balkon neue Blumenkästen anbringen lassen.
il **terrazzo**	Terrasse
il **giardino**	Garten
Cerco una casa con giardino.	Ich suche ein Haus mit Garten.

arredare	einrichten; ausstatten
Hai saputo arredare molto bene questa stanza.	Du hast es verstanden, das Zimmer sehr gut einzurichten.
i **mobili** pl	Möbel
Ho arredato la mia casa con mobili moderni e qualche pezzo antico.	Meine Wohnung habe ich mit modernen Möbeln und ein paar Antiquitäten eingerichtet.
l'**armadio**	Schrank
Nella camera di Marco **ci sono** tre armadi.	In Marcos Zimmer sind drei Schränke.
il **cassetto**	Schublade
il **tavolo**	Tisch
la **sedia**	Stuhl
I miei amici vogliono comprare un **bel tavolo** con quattro sedie antiche.	Meine Freunde wollen einen schönen Tisch mit vier antiken Stühlen kaufen.
il **divano**	Sofa
Il divano **sta molto bene con** queste due poltrone.	Das Sofa passt sehr gut zu den beiden Sesseln.

la **lampada**	Lampe
la **tenda**	Gardine
il **tappeto**	Teppich
il **letto**	Bett
coprire	decken; bedecken; verkleiden
la **coperta**	(Bett-)Decke

la **doccia**	Dusche
il **lavandino**	Waschbecken
Nel mio bagno ho un lavandino doppio.	In meinem Badezimmer habe ich ein Doppelwaschbecken.
il **rubinetto**	(Wasser-)Hahn
Per fortuna **il rubinetto** non **perde** più.	Zum Glück tropft der Wasserhahn nicht mehr.
lo **specchio**	Spiegel
Non pensi che due specchi **siano troppi** per questo bagno?	Glaubst du nicht, dass zwei Spiegel für dieses Bad zu viel sind?

la **radio**	Radio
abbassare	leiser stellen; senken; tiefer stellen
Per favore, abbassa la radio!	Stell bitte das Radio leiser!
alzare	lauter stellen
il **televisore**	Fernseher
In **quella** casa **tengono** il televisore sempre **acceso**.	In dem Haus läuft ständig der Fernseher.

l'**arredatore**, l'**arredatrice**	Innenarchitekt(in)
stendere	ausbreiten; ausstrecken
Dove stendiamo questo tappeto?	Wo legen wir diesen Teppich hin?
lo **scaffale**	Regal
la **lampadina**	Glühbirne
Quella lampadina è rotta; ora la cambio.	Die Glühbirne ist kaputt, ich wechsle sie jetzt aus.
il **tavolino**	Tischchen; Arbeitstisch
Non fare disordine sul mio **tavolino da lavoro**!	Mach mir keine Unordnung auf meinem Arbeitstisch!
il **vaso**	Vase; Blumentopf
spostare	verschieben; verrücken
la **scrivania**	Schreibtisch
Perché vuoi spostare la scrivania?	Warum willst du den Schreibtisch verrücken?
la **poltrona**	Sessel

il **materasso**	Matratze
morbido, a	weich

Non **riesco** a dormire perché il materasso è troppo morbido.	Ich kann nicht schlafen, weil die Matratze zu weich ist.
il **lenzuolo**	Bettlaken
Ora prendo **le lenzuola** e la coperta e ti preparo subito il letto.	Ich gehe die Bettlaken und die Bettdecke holen und mache sofort dein Bett.
il **guanciale**	Kopfkissen
Questo guanciale è troppo alto, potrei averne uno più basso?	Dieses Kopfkissen ist zu hoch, kann ich ein flacheres haben?

6.3 Haushalt und Hausarbeiten

la **casalinga**	Hausfrau
il **lavoro**	Arbeit
Il lavoro della casalinga non è così semplice come sembra.	Die Arbeit einer Hausfrau ist nicht so einfach, wie es scheint.
Devo ancora sbrigare tutti **i lavori di casa**.	Ich muss noch die ganze Hausarbeit erledigen.
pulire ‹pulisco›	säubern; reinigen
la **pulizia**	Reinigung(sarbeit); Säuberung
fare le pulizie	putzen
la **polvere**	Staub
È **pieno di** polvere dappertutto.	Alles ist voller Staub.
strofinare	wischen
Il pavimento della cucina **va strofinato** per bene, altrimenti le macchie **non vengono via**.	Der Küchenfußboden muss ordentlich gewischt werden, sonst verschwinden die Flecken nicht.
fare la stanza	(Zimmer) aufräumen
Non puoi fare la stanza perché Giovanni dorme ancora.	Du kannst das Zimmer nicht aufräumen, weil Giovanni noch schläft.
il **cestino**	Papierkorb; Körbchen
Dovresti buttare la carta nel cestino e non sul pavimento!	Du solltest das Papier in den Papierkorb werfen und nicht auf den Boden!
la **tavola**	Tisch; Tafel
apparecchiare la tavola	den Tisch decken
Puoi aiutare Angela ad apparecchiare la tavola?	Kannst du Angela helfen, den Tisch zu decken?
la **posata**	Besteckteil
Hai già lavato **le posate**?	Hast du schon das Besteck abgewaschen?
lavare i piatti	das Geschirr spülen

asciugare
Io lavo i piatti e tu **li** asciughi, così **facciamo prima.**

abtrocknen
Ich wasche das Geschirr und du trocknest ab; so werden wir schneller fertig.

asciutto, a
trocken

aiutare
helfen

Direkte und indirekte Objekte

Eine Reihe hochfrequenter Verben, denen im Deutschen ein *indirektes Objekt* folgt, werden im Italienischen mit *direktem Objekt* angeschlossen und umgekehrt:

indirekt	*direkt*
jdm helfen	aiutare qu
jdm folgen	seguire qu
jdm danken	ringraziare qu
jdm wiedersprechen	contraddire qu
jdm zuhören	ascoltare qu
jdm verzeihen	perdonare qu
direkt	*indirekt*
jdn fragen	domandare a qu
kosten	costare a qu
Was kostet ihn diese Reise?	Quanto gli costa questo viaggio?

---

il fornello
Spegni il fornello, è ancora troppo presto per cuocere la pasta.

Herd
Stell den Herd ab, es ist noch zu früh, die Nudeln zu kochen.

il forno
Backofen

accendere
einschalten

ampio, a
weit; groß; breit; geräumig

la teglia
Backform; Bratpfanne

Hai già acceso il forno per il dolce?
– Sì, ma **temo che non sia** abbastanza ampio per la tua teglia.

Hast du den Backofen für den Kuchen schon eingeschaltet? – Ja, aber ich befürchte, dass er für deine Backform nicht groß genug ist.

la padella
Pfanne

spegnere
ausschalten

il frigorifero
Kühlschrank

---

i casalinghi *pl*
Andiamo in un buon negozio di casalinghi.

Hausrat
Lass uns in ein gutes Geschäft für Haushaltswaren gehen.

domestico, a
häuslich

Quell'apparecchio è solo **per uso domestico.**

Dies ist lediglich ein Gerät für den Haushalt.

la macchina da/del caffè
Kaffeemaschine

le stoviglie *pl*
Geschirr

la lavastoviglie
(Geschirr-)Spülmaschine

l'**aspirapolvere** *m*
Devo ancora **passare l'aspirapol-vere** nelle camere (da letto), poi sono **pronta per** uscire.

Staubsauger
Ich muss noch in den Schlafzim-mern Staub saugen, dann kann ich ausgehen.

la **lavatrice**
La mia lavatrice nuova ha moltissimi programmi.

Waschmaschine
Meine neue Waschmaschine hat sehr viele Programme.

l'**asciugatrice**

Trockner

dare una mano a
sparecchiare la tavola
Dammi una mano a sparecchiare la tavola, per favore.

zur Hand gehen
den Tisch abräumen
Hilf mir bitte, den Tisch abzuräu-men.

la **provvista**

Vorrat

posare
Qui c'è troppo disordine, non so più dove posare le provviste.

(ab)stellen; (ab)setzen; legen
Hier herrscht ein solches Durchein-ander, dass ich nicht mehr weiß, wo ich die Vorräte abstellen soll.

spazzare

fegen, kehren

la **scopa**
Se mi dai la scopa posso già spaz-zare la terrazza.

Besen
Wenn du mir den Besen gibst, kann ich schon die Terrasse fegen.

spolverare
Carla **sta spolverando**, io **cerco di** eliminare un po' di disordine.

abstauben
Carla ist mit Abstauben beschäf-tigt; ich räume ein wenig auf.

la **pattumiera**
Bisogna cambiare il sacchetto della pattumiera.

Abfalleimer
Der Müllsack in der Abfalltonne muss ausgewechselt werden.

il **disordine**

Unordnung

procedere
C'è tantissimo da fare: procediamo con calma.

vorgehen; fortschreiten
Es ist sehr viel zu tun; gehen wir in aller Ruhe zu Werke.

sbrigare
Ho ancora troppi lavori da sbrigare in casa, non posso **mettermi in poltrona**!

erledigen
Ich habe noch zu viele Arbeiten im Haus zu erledigen, ich kann mich nicht auf die faule Haut legen!

Falsche Freunde			
Italienisches Wort	**Thematische Bedeutung(en)**	**Falscher Freund**	**Italienische Entsprechung(en)**
la camera	Zimmer	Kamera	la macchina fotografica
il cavo	Kabel; Leitung	Keller *(frz. la cave);* Höhle *(engl. the cave)*	la cantina; la grotta
il tappeto	Teppich	Tapete	la tappezzeria

Privatleben, Soziale Beziehungen

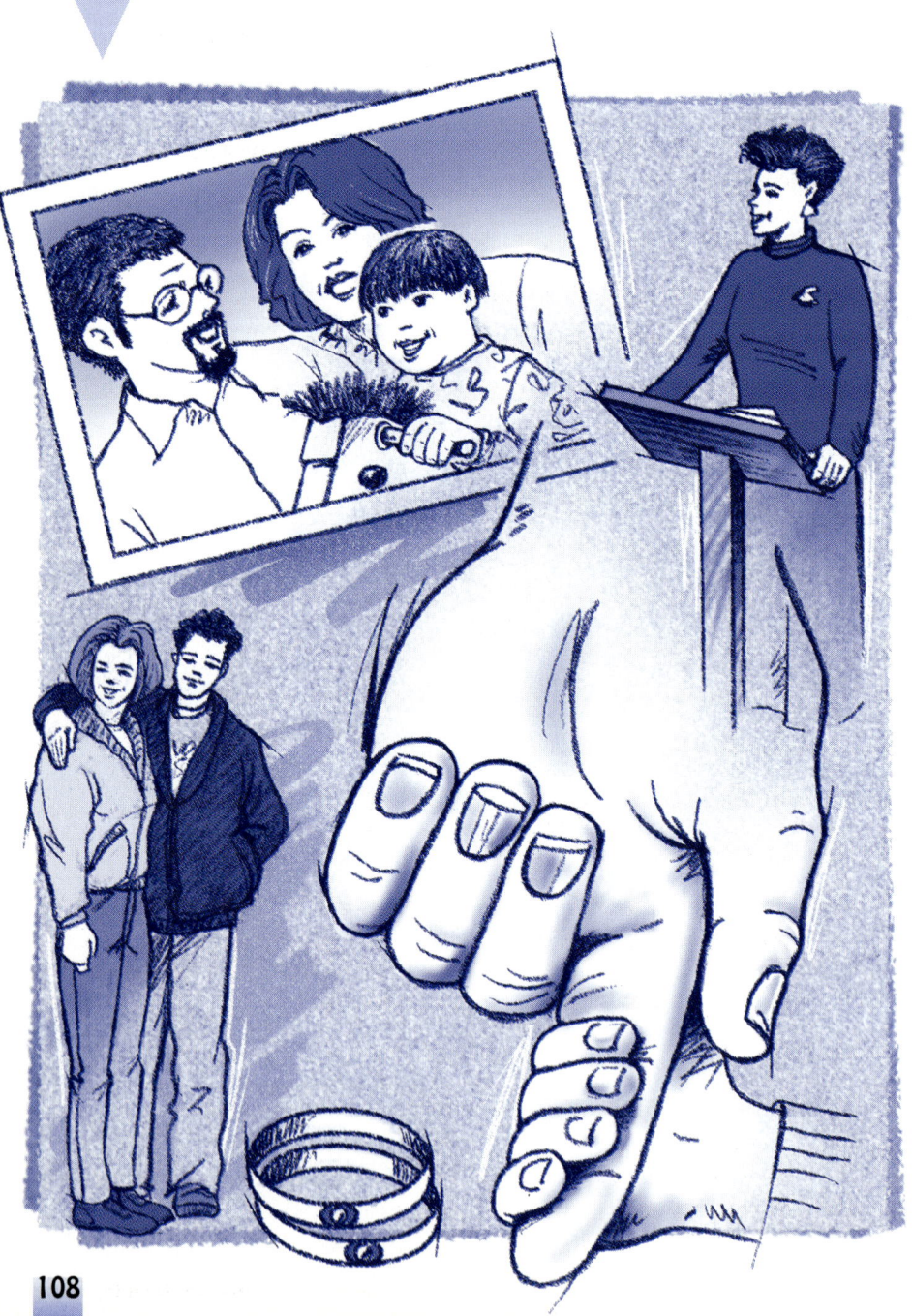

7.1 Person, Familie

la **famiglia**	Familie
In genere gli italiani sono molto **legati alla famiglia**.	Im Allgemeinen sind die Italiener sehr familienverbunden.
familiare	familiär; Familien-
la **madre**	Mutter
Mia madre era una donna meravigliosa.	Meine Mutter war eine wunderbare Frau.
il **padre**	Vater
Quanti anni ha tuo padre?	Wie alt ist dein Vater?
i **genitori** pl	Eltern
Vorrei **fare un viaggio** con **i miei genitori**.	Ich möchte gerne mit meinen Eltern verreisen.
il **figlio**, la **figlia**	Sohn, Tochter; Kind
Sono felice che tua figlia **sia** amica della mia.	Ich bin froh, dass deine Tochter mit meiner befreundet ist.

---

i **Gattungsbezeichnung**

In vielen Fällen steht der maskuline Plural auch für die *Gattung*.

Quanti **figli** avete?	*Wie viele Kinder habt ihr?*
Ecco i **signori** Frank!	*Da sind Herr und Frau Frank!*

Ebenso:

gli **zii**	*Onkel und Tante*
i **nonni**	*die Großeltern*
i **suoceri**	*die Schwiegereltern*

---

il **fratello**	Bruder
I miei fratelli sono già tutti grandi.	Meine Brüder sind schon alle groß.
i **fratelli** pl	Geschwister
Siamo **in tutto** cinque **fratelli**: due maschi e tre femmine.	Wir sind insgesamt fünf Geschwister: zwei Jungen und drei Mädchen.
la **sorella**	Schwester
Laura è la sorella **minore** di Franco.	Laura ist Francos jüngere Schwester.
dipẹndere da	abhängig sein
Finché dipendi **dai tuoi genitori**, fai quello che ti dicono.	Solange du von deinen Eltern abhängig bist, machst du, was sie dir sagen.
il **nonno**, la **nonna**	Großvater, Großmutter
Il nonno ha sette anni più della **nonna**.	Großvater ist sieben Jahre älter als Großmutter.
andare a trovare	besuchen

Domani **andiamo a trovare** i nonni.

Morgen gehen wir die Großeltern besuchen.

l'**antenato**, l'**antenata**

Vorfahr(in), Ahn(in)

I miei antenati vivevano **in Lombardia**.

Meine Vorfahren lebten in der Lombardei.

il, la **nipote**

Enkel(in); Neffe, Nichte

Il nonno racconta una bella storia al **nipote**.

Großvater erzählt dem Enkel eine schöne Geschichte.

La zia gioca in giardino con la **nipote**.

Die Tante spielt im Garten mit ihrer Nichte.

il **cugino**, la **cugina**

Cousin, Cousine

Mia cugina ha scritto che verrà **fra** una settimana.

Meine Cousine hat geschrieben, dass sie in einer Woche kommt.

lo **zio**, la **zia**

Onkel, Tante

Mio zio Giovanni è molto **cordiale con tutti**.

Mein Onkel Giovanni ist zu allen sehr herzlich.

La zia Dina è la sorella **di mio padre**.

Tante Dina ist die Schwester meines Vaters.

il, la **parente**

Verwandte(r)

I nostri parenti vivono nelle Marche.

Unsere Verwandten leben in den Marken.

---

il **fidanzato**, la **fidanzata**

Verlobte(r); feste(r) Freund(in)

Vorrei farti conoscere il mio fidanzato.

Ich möchte dir meinen Verlobten vorstellen.

Livio ha comprato un bellissimo anello per la fidanzata.

Livio hat seiner Verlobten einen wunderschönen Ring gekauft.

la **moglie**

Ehefrau

La moglie è molto simpatica, il marito **un po' meno**.

Die Frau ist sehr sympathisch, ihr Mann nicht so sehr.

il **marito**

Ehemann

sposare

heiraten

Indovina chi ha sposato Federico!

Rate, wen Federico geheiratet hat!

il **matrimonio**

Ehe

È un matrimonio molto felice.

Es ist eine sehr glückliche Ehe.

la **coppia**

Paar

il **bambino**, la **bambina**

Junge; Mädchen; Kind

il **tipo**, la **tipa** *fam*

Typ(e)

---

il **cognato**, la **cognata**

Schwager, Schwägerin

Oggi ho incontrato **tuo cognato** in città.

Heute habe ich in der Stadt deinen Schwager getroffen.

il **suocero**, la **suocera**

Schwiegervater, Schwiegermutter

Il suocero di Anna è molto malato.

Annas Schwiegervater ist sehr krank.

Conosci già **mia suocera**?	Kennst du schon meine Schwieger-mutter?
i **suọceri** *pl*	Schwiegereltern
I suoceri di Letizia sono arrivati ieri.	Letizias Schwiegereltern sind gestern angekommen.
anziano, a	alt; betagt
I **miei suoceri** non sono molto anziani.	Meine Schwiegereltern sind nicht sehr alt.
il **gẹnero**	Schwiegersohn
Ho due generi molto affettuosi.	Ich habe zwei sehr liebevolle Schwiegersöhne.
la **nuora**	Schwiegertochter
Paola è la nuora **di mia cognata**.	Paola ist die Schwiegertochter meiner Schwägerin.
il **divorzio**	Scheidung
divorziare	sich scheiden lassen
convịvere	zusammenleben
Hanno convissuto a lungo **prima di sposarsi**.	Sie haben lange zusammengelebt, bevor sie geheiratet haben.
fidanzarsi	sich verloben
Si sono fidanzati già **un anno fa**.	Sie haben sich schon vor einem Jahr verlobt.
sposarsi	heiraten
Ci sposeremo in Italia in agosto.	Wir werden im August in Italien heiraten.
lo **sposo**, la **sposa**	Bräutigam, Braut
Lo sposo **era in blu**.	Der Bräutigam war dunkelblau gekleidet.
La sposa aveva un bellissimo abito bianco.	Die Braut trug ein wunderschönes weißes Kleid.
le **nozze** *pl*	Hochzeit; Trauung
Le nozze avranno luogo nel duomo **della mia città**.	Die Trauung wird im Dom meiner Heimatstadt stattfinden.
il **babbo**	Papa
il **papà**	Papa
la **mamma**	Mama
il **bimbo**, la **bimba**	(kleiner) Junge, (kleines) Mädchen; (kleines) Kind
Stefania è una bimba molto allegra.	Stefania ist ein sehr fröhliches Mädchen.
il **ragazzino**	Knabe
maggiore	älter
Chi è **il maggiore dei fratelli**?	Welcher ist der ältere der Brüder?

minore	jünger
Io sono la sorella **minore** di Isabella.	Ich bin Isabellas jüngere Schwester.
legittimo, a	legitim; ehelich
Lo sapevi che Francesco non è figlio legittimo?	Wusstest du, dass Francesco ein uneheliches Kind ist?
il **gemello**, la **gemella**	Zwilling; Zwillingsbruder, -schwester
assomigliarsi	sich ähneln
unito, a	vereint
Annalisa e Daria sono gemelle e **si assomigliano come due gocce d'acqua**. – È vero, e sono anche **molto unite**.	Annalisa und Daria sind Zwillinge und ähneln sich wie ein Ei dem anderen. – Stimmt, und sie sind auch ein Herz und eine Seele.

l'**infanzia**	Kindheit
educare	erziehen
Non è **facile educare** bene i figli.	Es ist nicht einfach, Kinder richtig zu erziehen.
l'**educazione** f	Erziehung
Liliana ha ricevuto un'ottima educazione.	Liliana hat eine ausgezeichnete Erziehung genossen.
la **generazione**	Generation
Il modo di educare i figli cambia da una generazione all'altra.	Die Art der Kindererziehung ändert sich von Generation zu Generation.
viziare	verwöhnen
È bene non viziare troppo i figli.	Man soll die Kinder nicht zu sehr verwöhnen.

7.2 Begrüßung, Abschied, Einladung

salutare	begrüßen; sich verabschieden
Se vedi i tuoi genitori, **salutali** tanto **da parte mia**.	Wenn du deine Eltern siehst, grüße sie herzlich von mir.
ciao	hallo; tschüss; ciao
stare	sich befinden; sein
come	wie
Ciao, **come stai**? – **Io sto bene**, grazie. E tu?	Hallo, wie geht es dir? – Danke, mir geht's gut, und dir?
Come stai oggi?	Wie geht es dir heute?
il **saluto**	Gruß
cordiale	herzlich
Cordiali saluti a tutta la famiglia.	Herzliche Grüße an die ganze Familie!

buongiorno
Buongiorno, signora Rossi, **come sta?**

buonasera
Buonasera a tutti, cosa **facciamo di bello?**

buonanotte
Dopo **aver dato la buonanotte** a tutti, puoi andare a letto.

arrivederci
Arrivederci al prossimo anno e fate buon viaggio!

arrivederla
Arrivederla, signor Martini, e grazie della sua visita.

l'**addio**
È arrivato il momento **di dirsi addio!**

Guten Tag! Guten Morgen!
Guten Tag, Frau Rossi, wie geht es Ihnen?

Guten Abend!
Guten Abend allerseits; was machen wir denn Schönes?

Gute Nacht!
Nachdem du allen gute Nacht gesagt hast, kannst du ins Bett gehen.

Auf Wiedersehen!
Auf Wiedersehen bis zum nächsten Jahr und gute Reise!

Auf Wiedersehen! *(höfl. Anrede)*
Auf Wiedersehen, Herr Martini, und vielen Dank für Ihren Besuch.

Abschiedsgruß; Trennung
Es ist Zeit, sich zu verabschieden.

il **signor(e)**   Herr

Troncamento

Folgt auf **signore**, auf eine *Berufsbezeichnung* oder auf einen *Titel* mit der Endung **-re** der *Name der Person*, so entfällt regelmäßig das Endungs **-e**:
il signor Rossi; il professor Veronesi; il cavalier Agnelli.
Das so genannte *troncamento* findet auch Anwendung, wenn ein *Infinitiv* erster Bestandteil eines zusammengesetzten Ausdrucks ist:

far vedere	*zeigen*
aver detto	*gesagt haben*
esser stato	*gewesen sein*

Merke:
Es ist im Italienischen durchaus üblich, nach **signor** und **signora** den Vornamen zu verwenden:

Il **signor Mario** è uscito, la **signora Maria** sta a casa.   *Signor Mario ist weggegangen, Signora Maria bleibt zu Hause.*

---

la **signora**
caro, a
Cara signora Giovanna, che piacere **incontrarla!**

la **signorina**
incontrare
presentare

Frau; Dame
lieb; teuer
Liebe Signora Giovanna, welche Freude, Sie zu treffen!

Fräulein
treffen; begegnen
vorstellen

Signora Bianchi, Le presento la mia amica Annamaria.

Frau Bianchi, darf ich Ihnen meine Freundin Annamaria vorstellen?

il **piacere**

Freude; Vergnügen

Piacere di conoscerla, signora!

Sehr erfreut, Sie kennen zu lernen, gnädige Frau!

dare del tu

duzen

dare del lei

siezen

Al signor Ferri **do del lei,** sua moglie ed io invece **ci diamo del tu.**

Herrn Ferri sieze ich, seine Frau und ich duzen uns aber.

invitare

einladen

Li abbiamo invitati già tre volte e non sono mai venuti.

Wir haben sie schon dreimal eingeladen, sie sind aber nie gekommen.

partecipare

teilnehmen

Grazie dell'invito, parteciperemo volentieri a questa manifestazione.

Danke für die Einladung. Wir nehmen gerne an dieser Veranstaltung teil.

l'**amico**, l'**amica**

Freund(in)

Abbiamo invitato anche gli amici di Roberto.

Wir haben auch Robertos Freunde eingeladen.

intimo, a

eng, intim

l'**invitato**, l'**invitata**

(geladener) Gast

Quanti invitati **ci saranno** alla tua festa?

Wie viele Gäste werden zu deiner Party kommen?

l'**invito**

Einladung

Vorrei mandare l'invito anche a Carlo. **Spero che possa** venire.

Ich möchte auch Carlo eine Einladung schicken; ich hoffe, dass er kommen kann.

l'**ospite** *m, f*

Gast

Gli ospiti **se ne sono andati** poco dopo mezzanotte.

Die Gäste gingen kurz nach Mitternacht.

la **visita**

Besuch

Oggi andiamo **a far visita a** tua nonna.

Heute gehen wir deine Großmutter besuchen.

Permesso?

Darf ich?

avanti

vorwärts; herein

Permesso? – **Avanti! Si accomodi pure!**

Darf ich? – Kommen Sie herein! Nehmen Sie nur Platz!

bussare

anklopfen

Si prega di entrare senza bussare!

Bitte ohne anzuklopfen eintreten!

benvenuto, a

willkommen

Sei sempre benvenuta, **accomodati**, prego!

Du bist immer willkommen. Tritt bitte ein!

accomodarsi

Platz nehmen; eintreten

disturbarsi	sich bemühen; sich Umstände machen
dispiacere	Leid tun; missfallen
Mi dispiace che Lei **si disturbi** tanto.	Es tut mir Leid, dass Sie sich solche Umstände machen.
favorire ‹favorisco›	die Güte haben; zugreifen
Prego, **favorisca**, non **faccia** complimenti!	Bitte greifen Sie zu! Fühlen Sie sich wie zu Hause!
visitare	besuchen

Besuch

Das Verb *besuchen* hat, je nach Kontext, im Italienischen unterschiedliche Entsprechungen:

Arzt, Museum:	**visitare**
Ti sei fatto visitare?	*Hast du dich untersuchen lassen?*
Schule, Lokal:	**frequentare**
Mio figlio frequenta la prima media.	*Mein Sohn besucht die 5. Klasse.*
jdn besuchen gehen/kommen:	**andare/venire a trovare qu**
Stamattina è venuta a trovami Marina.	*Heute Morgen hat mich Marina besucht.*

incontrarsi	sich treffen
Quando ci incontriamo, **alle 10 o alle 11**?	Wann treffen wir uns? Um zehn oder um elf Uhr?
vedersi	sich sehen
È tanto tempo che non ci vediamo.	Wir haben uns lange nicht gesehen.
l'ospitalità	Gastfreundschaft
Spero **di poter ricambiare presto** la tua ospitalità.	Ich hoffe, deine Gastfreundschaft bald erwidern zu können.
ospitare	beherbergen
Mi piacerebbe ospitare i tuoi amici, ma purtroppo non ho posto.	Ich würde deine Freunde gerne bei mir aufnehmen, aber leider habe ich keinen Platz.
ricevere	empfangen
Quella signora riceve sempre le amiche **il giovedì**.	Diese Dame empfängt donnerstags immer ihre Freundinnen.
il **ricevimento**	Empfang
Sono molto **lieta** di venire al vostro ricevimento.	Ich komme mit großem Vergnügen zu eurem Empfang.
ricambiare	erwidern
A presto!	Bis bald!
Arrivederci a presto!	Bis bald, auf Wiedersehen!
conoscere	kennen; kennen lernen

Conosci già i miei colleghi?	Kennst du schon meine Kollegen?
il, la **conoscente**	Bekannte(r)
In questa città abbiamo molti buoni conoscenti.	In dieser Stadt haben wir viele gute Bekannte.
la **conoscenza**	Bekanntschaft; Kenntnis
lieto, a	froh, erfreut
Molto lieto di fare la Sua conoscenza.	Sehr erfreut, Ihre Bekanntschaft zu machen.
presentarsi	sich vorstellen
Permette che mi **presenti**?	Gestatten Sie, dass ich mich vorstelle?

il **legame**	Band; Bindung; Verbindung
il, la **collega**	Kollege, Kollegin
ritrovare	wiederfinden
Ieri ho ritrovato vecchi colleghi che non vedevo da tanto tempo.	Gestern habe ich alte Kollegen wiedergetroffen, die ich lange nicht gesehen hatte.
la **cortesia**	Höflichkeit
Per **cortesia**, potrebbe **aiutarmi**?	Könnten Sie mir bitte helfen?
La cortesia è sempre apprezzata.	Höflichkeit wird immer geschätzt.

7.3 Positives und negatives Sozialverhalten

il **comportamento**	Betragen, Verhalten
comportarsi	sich benehmen
Secondo noi vi siete comportati **benissimo**.	Unserer Meinung nach habt ihr euch sehr gut verhalten.
aiutare qu	jdm helfen
Scusi, **può aiutarmi**, per favore?	Entschuldigen Sie, können Sie mir bitte helfen?
il **favore**	Gefallen; Gefälligkeit
Se posso **farti** un favore, **te lo faccio** volentieri.	Wenn ich dir einen Gefallen tun kann, tue ich das gern.
l'**aiuto**	Hilfe
appoggiare	stützen
l'**appoggio**	Stütze; Halt
il **soccorso**	Hilfe
Grazie di essere venuta **in mio soccorso, ne avevo bisogno**.	Danke, dass du mir zu Hilfe gekommen bist. Ich hatte es nötig.
accompagnare	begleiten
Posso **accompagnarti** a casa?	Darf ich dich nach Hause begleiten?

accontentare
Prima accontentiamo i bambini, poi pensiamo ai grandi.

zufrieden stellen, befriedigen
Zuerst versorgen wir die Kinder, dann wollen wir an die Erwachsenen denken.

calmare
Se non la calmi presto, **sveglierà tutti i vicini.**

beruhigen
Wenn du sie nicht gleich beruhigst, wird sie noch alle Nachbarn aufwecken.

calmarsi
Per fortuna Daniela **si è calmata** subito.

sich beruhigen
Zum Glück hat sich Daniela sofort beruhigt.

responsabile
Chi è **responsabile di** questo lavoro?

verantwortlich
Wer ist für diese Arbeit verantwortlich?

la **responsabilità**
Abbiamo fatto tutto **sotto la nostra responsabilità.**

Verantwortung
Wir haben alles auf unsere eigene Verantwortung getan.

il **rispetto**
Proviamo tutti grande **rispetto per lui.**

Respekt; Achtung; Ehrfurcht
Wir haben alle große Achtung vor ihm.

sociale
I rapporti sociali sono molto importanti.

gesellschaftlich; sozial
Die sozialen Beziehungen sind von großer Wichtigkeit.

la **società**
La **società di oggi** non condanna più certe cose.

Gesellschaft
Die heutige Gesellschaft verurteilt bestimmte Dinge nicht mehr.

offendere
Siamo stati offesi da voi senza ragione.

beleidigen
Ihr habt uns ohne Grund beleidigt.

l'**offesa**
Non posso dimenticare l'offesa che ha fatto **a mio cugino.**

Beleidigung
Dass er meinen Vetter so beleidigt hat, kann ich nicht vergessen.

litigare
Non litighiamo più da tanto tempo.

(sich) streiten
Wir streiten uns schon lange nicht mehr.

avercela con qu

Scusa, **con chi ce l'hai?**
– **Ce l'ho con te**, non l'hai ancora capito?

gegen jdn etwas haben; auf jdn böse sein
Entschuldige, auf wen bist du böse? – Auf dich, hast du das immer noch nicht begriffen?

sciocco, a

dumm

Secondo me **siete stati sciocchi a comportarvi** così.

Meiner Ansicht nach war es dumm von euch, so zu handeln.

la **sciocchezza**

Dummheit; Lappalie; Kleinigkeit

Non dire sciocchezze!

Red kein dummes Zeug!

È solo una sciocchezza, ma **spero** che **ti faccia** piacere lo stesso.

Es ist nur eine Kleinigkeit, aber ich hoffe, du hast dennoch Freude daran.

la **rabbia**

Wut

Mamma mia, che rabbia mi fai!

Himmel noch mal, bringst du mich in Rage!

il, la **rivale**

Rivale, Rivalin

Chi è **il mio** rivale in questa partita?

Wer ist mein Gegner in dieser Partie?

vendicare

rächen

Perché **vendichi su di me** l'offesa che ti ha fatto un altro?

Warum rächst du dich an mir für die Beleidigung, die dir ein anderer zugefügt hat?

vendicarsi di

sich rächen

abbandonare

verlassen; im Stich lassen

Guido ha abbandonato la famiglia senza dire **nessun motivo.**

Guido hat seine Familie verlassen, ohne einen Grund anzugeben.

la **colpa**

Schuld

Ma allora di chi è la colpa? – Non lo so, **ma non è certo mia.**

Wessen Schuld ist es denn? – Weiß ich nicht, jedenfalls nicht meine.

deludere

enttäuschen

Grazia lo ha deluso tanto che **non ne vuole** più **sentir parlare.**

Grazia hat ihn so enttäuscht, dass er nichts mehr von ihr wissen will.

distratto, a

zerstreut; unaufmerksam

Per piacere, vuoi ripetere? Ero distratto.

Würdest du es bitte wiederholen? Ich war nicht bei der Sache.

la **distrazione**

Zerstreuung; Zerstreutheit

La causa di quell'incidente è stata solo la distrazione.

Nur Zerstreutheit war die Ursache des Unfalls.

stanco, a

müde

Stiamo in piedi, grazie, non siamo stanchi.

Wir bleiben stehen, danke; wir sind nicht müde.

stancare

ermüden; langweilen

trattenersi da ‹mi trattengo›

sich zurückhalten

Adesso **basta**, questa storia ci ha **stancati tutti. Mi trattengo dal dire quello che** penso solo per buona educazione.

Jetzt ist es genug, diese Geschichte ist uns allen auf die Nerven gegangen. Nur meine gute Kinderstube hält mich davon ab zu sagen, was ich denke.

trattenere ‹trattengo›

aufhalten

Se devi proprio andare, non ti tratteniamo più.
Wenn du wirklich gehen musst, wollen wir dich nicht länger aufhalten.

l'**atteggiamento**
Il nostro atteggiamento verso di lui non è cambiato.
Haltung, Einstellung
Unsere Einstellung ihm gegenüber hat sich nicht geändert.

la **sorpresa**
È stata una sorpresa anche per noi.
Überraschung
Auch für uns war es eine Überraschung.

aspettarsi qc
Noi ci aspettavamo da lui un comportamento più gentile.
erwarten
Wir hatten von ihm ein freundlicheres Benehmen erwartet.

accontentarsi di
Non ti preoccupare, io **mi accontento di poco!**
sich begnügen
Mach dir keine Sorgen, ich bin mit wenig zufrieden.

arrangiarsi
Si sono arrangiati tra di loro senza problemi.
sich einigen; zurechtkommen
Sie haben sich problemlos untereinander geeinigt.

introdurre
Perché non introduci **i tuoi amici** nel nostro circolo?
einführen
Warum führst du deine Freunde nicht in unseren Kreis ein?

intendersi
sich verstehen; sich einigen; sich auskennen

Quei due s'intendono perfettamente.
Die beiden verstehen sich hervorragend.

Se **hai dei dubbi**, chiedi a Luigi. Io non me ne intendo.
Wenn du Zweifel hast, frag Luigi. Ich kenne mich (damit) nicht aus.

intendersela con qu
mit jdm etwas haben; mit jdm unter einer Decke stecken

Dicono che **se l'intenda** con la figlia del capo.
Man sagt, er habe etwas mit der Tochter des Chefs.

l'**intesa**
Einverständnis; Einigung

agganciare fam
anmachen

rimorchiare fam
abschleppen

privilegiare
Non voglio che privilegiate mio figlio **in nessun modo**.
privilegieren; bevorzugen
Ich will auf keinen Fall, dass ihr meinen Sohn bevorzugt.

il **privilegio**
Francesca ha il privilegio di essere molto socievole.
Privileg, Sonderrecht; Vorzug
Francesca hat den Vorzug, sehr gesellig zu sein.

soccorrere qu
Li soccorsero subito e poterono salvarli.
helfen; zu Hilfe kommen
Man kam ihnen sofort zu Hilfe und konnte sie retten.

ottenere — erzielen; erhalten

ricompensare — belohnen, entschädigen
Ti assicuro che sarai **ricompensato di tutto**. — Ich versichere dir, dass du für alles belohnt wirst.
Le tue parole mi hanno ricompensato **di ogni fatica**. — Deine Worte haben mich für alle Mühe entschädigt.

socievole — gesellig

la solidarietà — Solidarität
La solidarietà aiuta **più di** qualsiasi legge. — Solidarität hilft mehr als jedes Gesetz.

condividere — mitempfinden; teilen; vertreten

imbrogliare — verwirren; betrügen

l'imbroglione, **l'imbrogliona** — Betrüger(in)
Non vogliamo **avere a che fare** con lui, è un grande imbroglione. — Wir wollen nichts mit ihm zu tun haben. Er ist ein schlimmer Betrüger.

ingannare — reinlegen; hintergehen, täuschen
Fai attenzione, **quella donna** ha già ingannato molti. — Pass auf, diese Frau hat schon viele getäuscht.

sospettare di qu — verdächtigen
Nessuno **sospettava di lui** e così li ha imbrogliati **in pieno**. — Niemand verdächtigte ihn und so hat er sie alle vollständig reingelegt.

annoiare — langweilen
Quella persona mi annoia a morte. — Dieser Mensch langweilt mich zu Tode.

la delusione — Enttäuschung
Quell'incontro fu una delusione per tutti. — Dieses Treffen war für alle eine Enttäuschung.

infastidire ‹infastidisco› — ärgern; lästig sein
Non parlare più di queste cose, **mi infastidisce sentirle**. — Sprich nicht mehr von diesen Dingen; es ist mir lästig, davon zu hören.

scocciare *fam* — nerven

stancarsi — ermüden; sich abmühen

il riposo — Rast; Ruhe
Ci siamo stancati troppo ed **abbiamo voglia di** riposo. — Wir haben uns zu sehr abgemüht und sehnen uns nach Ruhe.

tormentare — quälen
Il pensiero di andare tanto lontano lo tormenta da tempo. — Der Gedanke daran, so weit weggehen zu müssen, quält ihn seit langem.

il **tormento** Non puoi stare un po' tranquillo? Sei proprio un tormento!	Qual; Plage Kannst du nicht ein wenig Ruhe geben? Du bist wirklich eine Plage!
torturare **Non torturarla più** con le tue paure.	foltern; quälen Quäl sie nicht mehr mit deinen Ängsten.

il **risentimento** **Come mai tutto questo** risenti- mento nei loro confronti?	Groll; Ressentiment; Gereiztheit Warum dieser Groll ihnen gegen- über?
risentire dí **Risentiamo** molto **della perdita dei nostri genitori.**	leiden unter Wir leiden sehr unter dem Verlust unserer Eltern.

l'**emarginazione** f Il problema dell'emarginazione di alcuni gruppi ha raggiunto un livello molto alto.	Ausgrenzung Das Problem der sozialen Ausgren- zung bestimmter Gruppen hat beträchtliche Ausmaße angenom- men.
l'**emarginato, a**	Außenseiter(in)
il **livello**	Niveau

7.4 Besitz und Zugehörigkeit

avere Abbiamo un grande giardino con molti alberi.	haben Wir haben einen großen Garten mit vielen Bäumen.
possedere Io **non** possiedo **più nulla** in questa zona, ho lasciato tutto a mio fra- tello.	besitzen Ich besitze in dieser Gegend nichts mehr; ich habe alles meinem Bruder überlassen.
il **possesso** **Siete** ancora **in possesso dei** vostri documenti?	Besitz Besitzt ihr noch eure Unterlagen?
il **proprietario**, la **proprietaria** la **proprietà** Le sue proprietà si trovano in Emilia-Romagna.	Eigentümer(in) Eigentum; Besitzung Seine Besitzungen liegen in der Emilia Romagna.
proprio, a Ognuno deve **fare attenzione** alle proprie cose.	eigen Jeder soll auf die eigenen Sachen achten.

mio, a I miei fratelli sono in Germania.	mein, meine Meine Brüder sind in Deutschland.

La mia sorella piccola è tornata ieri.	Meine kleine Schwester ist gestern zurückgekommen.
tuo, a	dein, deine
Quando arrivano **i tuoi amici?**	Wann kommen deine Freunde an?
Tua madre è molto cara.	Deine Mutter ist sehr lieb.
suo, a	sein, seine; ihr, ihre
I suoi parenti vivono in Calabria.	Seine (Ihre) Verwandten leben in Kalabrien.
nostro, a	unser, unsere
Nostro padre è di Torino.	Unser Vater kommt aus Turin.
Le nostre sorelle abitano a Venezia.	Unsere Schwestern wohnen in Venedig.
vostro, a	euer, eure
Dove sono **i vostri zii?**	Wo halten sich eure Onkel auf?
Mio zio Antonio è qui, ma **il mio zio preferito** è a Padova.	Mein Onkel Antonio ist hier, aber mein Lieblingsonkel ist in Padua.
loro	ihr, ihre
La loro madre è ancora giovane.	Ihre Mutter ist noch jung.
I loro nonni sono molto vecchi.	Ihre Großeltern sind sehr alt.

appartenere a	gehören
A chi appartiene questa bellissima casa?	Wem gehört dieses wunderschöne Haus?
ęssere di	gehören
Di chi è questa borsa?	Wem gehört diese Tasche?
– **È di mia zia Emma.**	– Sie gehört meiner Tante Emma.
il **patrimonio**	Vermögen
Ha investito **il suo patrimonio** in opere d'arte.	Er hat sein Vermögen in Kunstwerken angelegt.
investire	investieren, anlegen
restituire ‹restituisco›	zurückgeben
Quando mi restituisci il libro che ti ho prestato?	Wann gibst du mir das Buch zurück, das ich dir geliehen habe?

Falsche Freunde

Italienisches Wort	Thematische Bedeutung(en)	Falscher Freund	Italienische Entsprechung(en)
maggiore	älter	volljährig *(frz. majeur)*	maggiorenne
minore	jünger	minderjährig *(frz. mineur)*	minorenne
il/la parente	Verwandte(r)	Eltern *(frz. les parents, engl. parents)*	i genitori

8.1 Erziehung, Bildung

l'**educazione** f	Erziehung; Ausbildung
la **scuola**	Schule
Le scuole pubbliche della nostra città sono **ottime**.	Die öffentlichen Schulen in unserer Stadt sind ausgezeichnet.
scolastico, a	schulisch, Schul-
In Italia l'anno scolastico comincia **verso la metà di settembre**.	Das Schuljahr beginnt in Italien etwa Mitte September.

l'**asilo (infantile)**	Kindergarten
La maestra d'asilo di mio figlio è molto carina.	Die Kindergärtnerin meines Sohnes ist sehr nett.
la **scuola materna**	Vorschule
la **scuola elementare**	Grundschule
la **scuola media**	Mittelschule
La scuola media è **una scuola dell'obbligo** e dura tre anni.	Die Mittelschule ist eine Pflichtschule und umfasst drei Jahre.
la **scuola superiore**	höhere Schule
Finite le medie si può passare alle scuole superiori.	Nach Abschluss der Mittelschule kann man die höheren Schulen besuchen.
il **liceo**	Gymnasium (Oberstufe)

la **classe**	Klasse
La nostra classe farà una **gita scolastica** in maggio.	Unsere Klasse wird im Mai einen Schulausflug machen.
la **lezione**	Lektion; Schulstunde
Quante ore di lezione hai oggi?	Wie viele (Schul-)Stunden hast du heute?
imparare	lernen
Devo ancora imparare la lezione per domani.	Ich muss noch meine Lektion für morgen lernen.
l'**assenza**	Abwesenheit; Fehlen
Non potete **fare tante assenze**!	Ihr dürft nicht so oft fehlen!
recuperare	aufholen; zurückgewinnen
Devo studiare molto per recuperare le lezioni che ho perduto.	Ich muss viel lernen, um die versäumten Lektionen nachzuholen.
il **recupero**	Aufholen; Rückgewinnung
le **vacanze** pl	Ferien
I ragazzi italiani hanno spesso parecchi compiti da fare durante le vacanze.	Italienische Kinder müssen oft während der Ferien ziemlich viele Aufgaben machen.

insegnare	lehren, unterrichten

Al liceo classico **insegnano** anche greco e latino.	Am humanistischen Gymnasium werden auch Griechisch und Latein unterrichtet.
l'**insegnante** *m, f* Quest'anno ci saranno molti nuovi insegnanti.	Lehrkraft, Lehrer(in) Dieses Jahr wird es viele neue Lehrkräfte geben.
il **maestro**, la **maestra** Paolino **vuole** molto **bene alla sua maestra** perché non è autoritaria. I maestri delle elementari di Via Cavour sono tutti molto giovani.	Grundschullehrer(in) Paolino mag seine Lehrerin sehr, weil sie nicht autoritär ist. Die Lehrer der Grundschule in der Via Cavour sind alle sehr jung.
autoritario, a	autoritär
severo, a	streng
il **professore**, la **professoressa**	Professor(in); Lehrer(in) an höheren Schulen
Il signor Ferrucci era prima professore alla scuola media, poi **è passato** al liceo. La mia professoressa d'italiano è molto simpatica.	Herr Ferrucci hat zuerst an der Mittelschule unterrichtet, dann ist er ans Gymnasium übergewechselt. Meine Italienischlehrerin ist sehr nett.

l'**esame di maturità**	Abitur(prüfung); Reifeprüfung
l'**esame di stato** *m*	Abitur(prüfung); Staatsexamen
il **diploma** Gabriella **ha preso** due diplomi.	(Abschluss-)Zeugnis; Diplom Gabriella hat zwei Diplome gemacht.
la **licenza**	Abgangszeugnis; Schulabschluss
Il **titolo di studio**	Schulabschluss; Studienabschluss

il **collegio**	Internat
dirigere	leiten
il **direttore**, la **direttrice**	Direktor(in)
cooperare Se **cooperate** anche voi **in** questo lavoro, avremo un grande successo.	mitarbeiten Wenn auch ihr euch an dieser Arbeit beteiligt, werden wir großen Erfolg haben.

---

i Beachte folgende Besonderheiten bei der Bildung der femininen Form:
il dirett**ore** — la dirett**rice**
l'att**ore** — l'att**rice**
il pitt**ore** — la pitt**rice**
Zu weiteren Besonderheiten vgl. S. 141.

---

la **(pubblica) istruzione**	(öffentliches) Unterrichtswesen
l'**asilo nido**	Kinderkrippe

L'asilo nido **è al completo**; non **possono prendere** altri bambini.	Die Kinderkrippe ist ausgelastet; es können keine weiteren Kinder aufgenommen werden.
la **scuola dell'obbligo**	Pflichtschule
il **liceo classico**	humanistisches Gymnasium
Il liceo classico comprende due anni di ginnasio e tre anni di liceo e termina con la maturità.	Das humanistische Gymnasium umfasst zwei Jahre *Ginnasio* sowie drei Jahre *Liceo* und schließt mit dem Abitur ab.
il **liceo scientifico**	naturwissenschaftliches Gymnasium
prevedere	vor(her)sehen
Il liceo scientifico prevede cinque anni di studio e l'esame di maturità.	Das naturwissenschaftliche Gymnasium sieht fünf Schuljahre und die Abiturprüfung vor.
il **liceo artistico**	musisch orientiertes Gymnasium
In Italia **ci sono** anche licei artistici.	In Italien gibt es auch rein musisch orientierte Oberschulen.

8.2 Schule, Unterricht

l'**allievo**, l'**allieva**	Schüler(in)
Gli allievi **di quel liceo** sono molto bravi.	Die Schüler dieses Gymnasiums sind sehr tüchtig.
il **compagno**, la **compagna**	(Klassen)Kamerad(in), Mitschüler(in)
Chi è il tuo **compagno di banco**?	Wer ist dein Banknachbar?
Oggi pomeriggio voglio studiare **con le mie compagne** di scuola.	Heute Nachmittag will ich mit meinen Schulkameradinnen lernen.
frequentare	besuchen
Luigi frequenta **la terza media**.	Luigi besucht die dritte Klasse der Mittelschule.

l'**attenzione** f	Aufmerksamkeit
I bambini devono **fare attenzione a quello che** dice il maestro.	Die Kinder müssen aufpassen, was der Lehrer sagt.
concentrarsi	sich konzentrieren
attento, a	aufmerksam
Cercate di stare attenti alle spiegazioni del professore.	Versucht auf die Erklärungen des Lehrers Acht zu geben.
Non hai capito la spiegazione perché non sei stato attento.	Du hast die Erklärung wohl deshalb nicht verstanden, weil du nicht aufgepasst hast.

il **silenzio**
L'insegnante ha dovuto **sgridare gli** allievi perché **non facevano silenzio.**

Stille
Der Lehrer musste mit den Schülern schimpfen, da sie keine Ruhe gaben.

Unterscheide:
la calma	*Ruhe (≠Eile, Hektik)*
il silenzio	*Stille*
la tranquillità	*Ruhe, Gelassenheit*

silenzioso, a
zitto, a
Ma questi ragazzi **non stanno mai zitti!**

still
still; ruhig
Diese Jungs geben aber auch nie Ruhe.

ascoltare
Se non ascolti bene, sbaglierai ancora.

zuhören
Wenn du nicht gut zuhörst, wirst du es wieder falsch machen.

---

la **pagella**
il **voto**
Hai avuto una buona pagella quest'anno? – Sì, **sono contento dei voti** che ho avuto.

Schulzeugnis
Note
Hast du dieses Jahr ein gutes Zeugnis bekommen? – Ja, ich bin zufrieden mit den Noten, die ich bekommen habe.

bocciare
Piergiorgio purtroppo è stato bocciato.

durchfallen lassen, nicht versetzen
Piergiorgio ist leider sitzen geblieben.

promuovere
Luisa è stata promossa **in quarta**.

versetzen
Luisa ist in die vierte Klasse versetzt worden.

---

la **materia**
Quante materie devi preparare per l'esame?

Unterrichtsfach
Wie viele Fächer musst du für die Prüfung vorbereiten?

l'**esempio**
L'insegnante ha fatto molti esempi per **far capire** le regole.

Beispiel
Der Lehrer hat sehr viele Beispiele gebracht, um die Regeln zu erklären.

l'**esercizio**
Ora **faremo un esercizio in classe**.

Übung
Wir machen jetzt eine Übung mit der ganzen Klasse.

imparare a memoria
Dobbiamo imparare a memoria molte date.

auswendig lernen
Wir müssen viele Daten auswendig lernen.

il **metodo**
spiegare

Methode
erklären

Ti spiegherò subito **il metodo** che devi **seguire**.	Ich erkläre dir gleich die Methode, die du anwenden musst.
sapere	wissen; können
Mi dispiace, ma non so calcolare molto bene.	Tut mir Leid, aber ich kann nicht gut rechnen.

> **Können**
>
> Für *können* als *Fähigkeit* und *können* als *Möglichkeit* verwendet das Italienische unterschiedliche Verben:
>
> | | |
> |---|---|
> | **sapere** | *können (Fähigkeit)* |
> | **potere** | *können (Möglichkeit)* |
> | Naturalmente **so** nuotare, ma oggi non **posso** perché sono raffreddato. | *Natürlich kann ich schwimmen; aber heute kann ich nicht, weil ich erkältet bin.* |

i **compiti** *pl*	Hausaufgaben
Per domani abbiamo molti compiti.	Für morgen haben wir viele Hausaufgaben auf.
esatto, a	richtig
l'**errore** *m*	Fehler; Irrtum
Quanti errori hai fatto nel tuo compito?	Wie viele Fehler hast du in deiner Arbeit gemacht?
lo **sbaglio**	Fehler
stupido, a	dumm
Ho fatto uno sbaglio perché **non riuscivo più** a concentrarmi. – Chiaro, tu non sei affatto stupido.	Ich habe einen Fehler gemacht, weil ich mich nicht mehr konzentrieren konnte. – Klar, du bist überhaupt nicht dumm.
cancellare	(durch)streichen; ausradieren
Cancella **quella** frase, è sbagliata.	Streich diesen Satz; er ist falsch.
la **frase**	Satz
correggere	korrigieren
Quando hai corretto quel lavoro?	Wann hast du diese Arbeit korrigiert?

leggere	lesen
Hai già letto l'**ultimo** romanzo di De Crescenzo?	Hast du schon den neuesten Roman von De Crescenzo gelesen?
il **libro**	Buch
scrivere	schreiben
il **quaderno**	Heft
Dovete scrivere tutte queste formule **nel vostro quaderno**.	Ihr müsst alle diese Formeln in euer Heft eintragen.
la **penna**	Füller
la **matita**	Bleistift

Puoi **prestarmi** una penna, per favore? – No, ma se vuoi ho una matita. | Kannst du mir bitte einen Füller leihen? – Nein, aber ich habe einen Bleistift, wenn du willst.

la **biro** inv — Kuli; Kugelschreiber

---

la **lavagna** — Tafel
il **gesso** — Kreide
la **spugna** — Schwamm
Non posso scrivere alla lavagna perché manca il gesso. – **Ora te lo** porto insieme alla spugna. — Ich kann nicht an die Tafel schreiben, weil keine Kreide da ist. – Ich bringe sie dir gleich mit dem Schwamm.

---

la **lingua straniera** — Fremdsprache
il **tedesco** — Deutsch
l'**inglese** — Englisch
il **francese** — Französisch
lo **spagnolo** — Spanisch
l'**italiano** — Italienisch

---

il **dizionario** — Wörterbuch
Mi può consigliare un buon dizionario? — Können Sie mir ein gutes Wörterbuch empfehlen?
l'**enciclopedia** — Lexikon
Se prendi una buona enciclopedia troverai **tutto quello che ti serve**. — Wenn du ein gutes Lexikon nimmst, wirst du alles finden, was du brauchst.

tradurre — übersetzen
Mi traduci **questa** lettera della mia amica tedesca? — Übersetzt du mir diesen Brief meiner deutschen Freundin?
la **grammatica** — Grammatik
La grammatica è molto importante se si vuole parlare bene una lingua straniera. — Die Grammatik ist sehr wichtig, wenn man eine Fremdsprache gut sprechen will.
l'**ortografia** — Rechtschreibung

---

la **geografia** — Erdkunde
la **storia** — Geschichte
la **matematica** — Mathematik
la **biologia** — Biologie
la **fisica** — Physik
Suo padre **vorrebbe che** Daniele **studiasse** fisica nucleare. — Danieles Vater möchte, dass sein Sohn Kernphysik studiert.
la **chimica** — Chemie
l'**arte** f — Kunst
la **musica** — Musik

la **religione**	Religion
lo **sport**	Sport

contare	zählen
Io so contare fino a cento in quattro lingue, e tu?	Ich kann in vier Sprachen bis hundert zählen, und du?
calcolare	rechnen
sommare	zusammenzählen; addieren
sottrarre	abziehen; subtrahieren
moltiplicare	malnehmen, multiplizieren
Per calcolare l'importo devi prima fare una sottrazione. Poi moltiplichi **per** otto e dividi **per** tre.	Um den Betrag zu berechnen, musst du zuerst eine Subtraktion durchführen. Dann multiplizierst du mit acht und dividierst durch drei.
dividere	teilen, dividieren

l'**aula**	Klassenzimmer; Saal
Le aule della nuova scuola sono molto moderne.	Die Klassenzimmer der neuen Schule sind sehr modern.
lo **scolaro**, la **scolara**	Schüler(in)
In questa classe ci sono quindici scolare e otto scolari.	In dieser Klasse sind fünfzehn Schülerinnen und acht Schüler.
il **banco (di scuola)**	Schulbank
la **cattedra**	Pult

lodare	loben
il **rendimento**	Leistung
L'insegnante ha lodato i ragazzi per il loro rendimento.	Die Lehrerin hat die Kinder für ihre Leistung gelobt.
sgridare qu	schimpfen mit; tadeln
insufficiente	mangelhaft; ungenügend
sufficiente	ausreichend; genügend
sbagliare	falsch machen, Fehler machen; irren
copiare	abschreiben
Se **copi dal tuo compagno, avrete** un voto bassissimo **tutti e due**.	Wenn du bei deinem Nachbarn abschreibst, bekommt ihr beide eine 6.
suggerire ‹suggerisco›	vorsagen

la **memoria**	Gedächtnis
la **spiegazione**	Erklärung
la **regola**	Regel
Faremo ora degli esempi **in cui potrete applicare** la regola che avete appena imparato.	Wir machen jetzt Beispiele, bei denen ihr die Regel anwenden könnt, die ihr gerade gelernt habt.

la **formula**	Formel
l'**alfabeto**	Alphabet
Conosci l'alfabeto italiano?	Kennst du das italienische Alphabet?
il **tema**	Aufsatz
I ragazzi della mia classe hanno scritto **dei** temi molto belli.	Die Jungen aus meiner Klasse haben sehr schöne Aufsätze geschrieben.
il **dettato**	Diktat
dettare	diktieren; festlegen
la **scrittura**	(Hand-)Schrift
Non riesco a leggere la tua scrittura.	Ich kann deine Schrift nicht lesen.
il **vocabolario**	Wörterbuch
Oggi ho dimenticato a casa **il vocabolario di tedesco.**	Ich habe heute mein deutsches Wörterbuch zu Hause vergessen.
la **relazione**	Referat; Bericht
riassumere	zusammenfassen
il **calcolo**	Rechenaufgabe
Quel bambino è bravissimo a fare i calcoli.	Dieser Junge ist sehr begabt im Rechnen.
l'**addizione**	Addition
la **sottrazione**	Subtraktion
la **moltiplicazione**	Multiplikation
la **divisione**	Division
il **compasso**	Zirkel

8.3 Universität

l'**università**	Universität
Bologna ha l'università più vecchia del mondo.	Bologna hat die älteste Universität der Welt.
la **facoltà**	Fakultät
A quale facoltà ti sei iscritto?	An welcher Fakultät hast du dich eingeschrieben?
lo **studio**	Studium; Lernen
Il mio studio è molto lungo, ma mi piace.	Mein Studium dauert sehr lang, aber es gefällt mir.
studiare	studieren; lernen
Oggi ho studiato bene e non ho **paura dell'esame.**	Ich habe heute gut gelernt und keine Angst vor der Prüfung.
diventare	werden

lo **studente**, la **studentessa**	Student(in); Schüler(in) an einer höheren Schule
Gli **studenti del liceo** avranno un incontro con quelli dell'università.	Die Gymnasiasten werden sich mit Studenten der Uni treffen.
il **corso**	Vorlesung; Kurs
Sto frequentando un corso di filosofia su Aristotele all'università di Bologna.	Ich besuche eine Philosophievorlesung über Aristoteles an der Universität von Bologna.
il **colloquio**	Kolloquium; Unterredung
Vorrei avere un colloquio con un assistente di archeologia.	Ich hätte gerne eine Unterredung mit einem wissenschaftlichen Mitarbeiter der Archäologie.

la **scienza**	(Natur-)Wissenschaft
Mi affascinano le scienze.	Die Naturwissenschaften faszinieren mich.
la **medicina**	Medizin
la **farmacia**	Pharmazie
l'**ingegneria**	Ingenieurwesen
nucleare	nuklear; Kern-, Atom-
l'**informatica**	Informatik

la **filosofia**	Philosophie
A Giovanni piacerebbe studiare storia e filosofia.	Giovanni würde gern Geschichte und Philosophie studieren.
la **letteratura**	Literatur
le **lettere** pl	Geisteswissenschaften
la **legge**	Jura
Studiamo **tutti e tre** lettere, e voi? – Noi studiamo legge e **tra poco ci laureeremo.**	Wir studieren alle drei an der philosophischen Fakultät, und ihr? – Wir studieren Jura und machen bald Examen.
l'**economia**	Wirtschaftswissenschaften
l'**archeologia**	Archäologie
l'**architettura**	Architektur
C'è la facoltà di architettura in quest'università?	Gibt es an dieser Uni den Fachbereich Architektur?

il **latino**	Latein
il **greco**	Griechisch
la **lettura**	Lektüre; Leseübung
Bisogna fare **esercizi di lettura inglese.**	Es müssen Leseübungen auf Englisch gemacht werden.
il **lettore**, la **lettrice**	Lektor(in)

esaminare	prüfen

In quante materie **sarai esaminato**?   In wie vielen Fächern wirst du geprüft?

l'**esame** *m*   Prüfung

il **risultato**   Ergebnis

Che **risultato** hai avuto **all'esame**?   Welche Prüfungsergebnisse hast du erzielt?

risultare   sich ergeben

Che quota è risultata dai tuoi calcoli?   Welche Rate ergibt sich aus deinen Berechnungen?

rimandare   durchfallen lassen

Non avevo studiato abbastanza e quindi sono stato rimandato.   Ich hatte nicht genug gelernt, also bin ich durchgefallen.

---

iscriversi   sich einschreiben

l'**istituto**   Institut

Frequento l'**istituto interpreti** da due anni.   Seit zwei Jahren besuche ich das Dolmetscherinstitut.

la **borsa di studio**   Stipendium

Spero di vincere una borsa di studio **per la** Germania.   Ich hoffe, ein Stipendium in Deutschland zu bekommen.

universitario, a   Universitäts-; akademisch

la **riforma**   Reform

La riforma dell'università non ha portato solo vantaggi.   Die Universitätsreform hat nicht nur Vorteile gebracht.

---

la **tesi**   Doktorarbeit; Examensarbeit

la **laurea**   Universitätsabschluss; italienischer Doktortitel

Hai scelto una tesi di laurea molto bella ma anche problematica.   Du hast dir ein sehr schönes, aber auch schwieriges Thema für deine Examensarbeit ausgesucht.

laurearsi   Examen machen

la **lode**   Auszeichnung

Anna si è laureata con lode.   Anna hat *cum laude* abgeschlossen.

lo **scienziato**, la **scienziata**   Wissenschaftler(in)

Giuseppe ha tutte le doti per diventare un ottimo scienziato.   Giuseppe hat alle Anlagen, ein ausgezeichneter Wissenschaftler zu werden.

la **dote**   Begabung

Falsche Freunde			
Italienisches Wort	**Thematische Bedeutung(en)**	**Falscher Freund**	**Italienische Entsprechung(en)**
il banco (di scuola)	(Schul-, Sitz-)Bank	Bank(haus) *(frz. la banque, engl. bank)*	la banca
la fisica	Physik	Physikerin	la laureata in fisica
la licenza	Abgangszeugnis; Schulabschluss	Lizenz, Erlaubnis *(engl. licence)*	il permesso
suggerire	vorsagen	vorschlagen; behaupten, meinen *(engl. to suggest)*	proporre, sostenere

9.1 Arbeitsgeräte und handwerkliche Fertigung

il **manuale**	Handbuch
l'**apparecchio**	Apparat; Gerät
Non puoi usare **quell'apparecchio**, è rotto.	Du kannst diesen Apparat nicht benutzen, er ist kaputt.
l'**attrezzo**	Gerät, Werkzeug
Per questo lavoro **ho bisogno di** molti attrezzi.	Für diese Arbeit brauche ich viele Werkzeuge.
usare	verwenden
trasformare	verwandeln; umgestalten
Con poco lavoro e pochi attrezzi abbiamo trasformato tutta la stanza.	Mit wenig Arbeit und wenig Handwerkszeug haben wir das ganze Zimmer umgestaltet.

la **sega**	Säge
Questa sega **non taglia più**.	Diese Säge ist stumpf.
il **martello (pneumạtico)**	(Pressluft-)Hammer
il **chiodo**	Nagel
la **vite**	Schraube
Di quante viti avete bisogno per fissare **quello** scaffale?	Wie viele Schrauben braucht ihr, um das Regal zu befestigen?
le **tenaglie** *pl*	Zange
il **trạpano**	Bohrer

il **pennello**	Pinsel
lo **smalto**	Lack
applicare	anbringen; auftragen
Questo pennello **va bene per** applicare lo smalto.	Dieser Pinsel ist geeignet, um den Lack aufzutragen.
la **vernice**	Farbe; Anstrich
il **secchio**	Eimer
Non prendere quel secchio di vernice, è già quasi vuoto.	Nimm nicht diesen Farbeimer, er ist schon fast leer.

il **metro**	Metermaß
Se non mi dai un metro non posso misurare niente.	Wenn du mir kein Metermaß gibst, kann ich auch nichts messen.
il **metro pieghẹvole**	Zollstock
pesare	(ab)wiegen
la **bilancia**	Waage
la **livella**	Wasserwaage

l'**attrezzatura**	Ausrüstung
Hai una bellissima attrezzatura e puoi **fare tutto da solo**.	Du verfügst über eine fantastische Ausrüstung und kannst alles selber machen.

l'**arnese** m	Werkzeug; Instrument
Cosa vuoi fare con **quell'arnese** che hai in mano?	Was willst du mit dem Instrument machen, das du in der Hand hast?
la **trapanatrice**	Bohrmaschine
il **gattuccio**	Stichsäge
utilizzare	benutzen

il **gancio**	Haken
Dove devo attaccare i ganci?	Wo soll ich die Haken anbringen?
attaccare	befestigen
il **lucchetto**	Vorhängeschloss
Non importa se non hai la chiave, metteremo un lucchetto.	Es ist nicht schlimm, wenn du keinen Schlüssel hast. Wir werden ein Vorhängeschloss anbringen.
legare	(zusammen)binden; fesseln
lo **spago**	Schnur
Preferisco legare questa scatola con lo spago.	Ich binde diese Schachtel lieber mit einem Stück Schnur zu.

fissare	fixieren; befestigen
la **corda**	Kordel; Seil
Se il nastro adesivo non tiene, **fissalo** con una corda.	Wenn das Klebeband nicht hält, nimm eine Kordel zum Befestigen.
il **nodo**	Knoten
pendere	(herab)hängen

il **cacciavite**	Schraubenzieher; Schraubendreher
Questo cacciavite è troppo piccolo, **ce ne vuole** uno più grande.	Dieser Schraubenzieher ist zu klein, man braucht einen größeren.
la **pinzetta**	Pinzette
Ci vuole una pinzetta, con le dita non **ce la fai**.	Du brauchst eine Pinzette, mit den Fingern schaffst du es nicht.
la **molla**	(mechanische) Feder
Bisogna cambiare le molle, sono rovinate.	Die Federn sind kaputt und müssen ausgewechselt werden.
la **pompa**	Pumpe
la **conduttura**	Leitung
Mi servono le tenaglie per riparare la conduttura.	Ich brauche eine Zange, um die Leitung zu reparieren.

l'**interruttore** m	Schalter
L'impianto non funziona perché l'interruttore è rotto.	Die Anlage funktioniert nicht, weil der Schalter kaputt ist.
la **presa di corrente**	Steckdose
la **prolunga**	Verlängerungsschnur; Verlängerungskabel

La presa di corrente è troppo lontana, **ci vuole** una prolunga.	Die Steckdose ist zu weit weg, man braucht ein Verlängerungskabel.

la **catena di montaggio**	Fließband
Da quanto tempo lavori alla catena di montaggio?	Seit wann arbeitest du am Fließband?
il **nastro (trasportatore)**	(Förder-)Band
Tutti i pezzi pronti **vanno messi** sul nastro.	Alle fertigen Stücke kommen aufs Band.

9.2 Büro, Büroartikel

la **carta**	Papier
Quanta carta **ti serve** ancora?	Wie viel Papier brauchst du noch?
la **busta**	Briefumschlag
Non trovo più le buste, dove sono?	Ich finde die Umschläge nicht mehr, wo sind sie?
la **carta da lettere**	Briefpapier
La carta da lettere è nel secondo cassetto.	Das Briefpapier ist in der zweiten Schublade.
il **foglio**	Blatt
Mi serve solo un foglio bianco.	Ich benötige nur ein weißes Blatt.
la **matita**	Bleistift
la **penna (stilografica)**	Füllfederhalter
Questa penna scrive molto bene.	Dieser Füller schreibt sehr gut.

la **macchina da scrivere**	Schreibmaschine
elettrico, a	elektrisch
automatico, a	automatisch
registrare	aufnehmen; verzeichnen; registrieren; (ver)buchen
Hai registrato tutti i dati?	Hast du alle Daten aufgenommen?

la **lente d'ingrandimento**	Lupe; Vergrößerungsglas
il **timbro**	Stempel
Sei sicuro che ci sia il timbro sulla busta?	Bist du sicher, dass der Umschlag gestempelt ist?
il **nastro adesivo**	Klebeband
la **clip**	Büroklammer

il **calendario**	Kalender
segnare	notieren; vermerken
Abbiamo segnato tutto sul calendario con la matita.	Wir haben alles mit Bleistift auf dem Kalender vermerkt.

l'**agenda**
Hai scritto tutti gli appuntamenti sull'agenda?

Terminkalender; Tagesordnung
Hast du alle Termine in den Terminkalender eingetragen?

il **computer**
Ho imparato anch'io **ad usare** il computer!

Computer
Auch ich habe gelernt, mit dem Computer zu arbeiten.

il **dato**
Dobbiamo ancora registrare tutti i dati.

Angabe
Wir müssen noch alle Daten registrieren.

i **dati**

Daten

cliccare
Ho già cliccato due volte, ma non succede niente, sei sicuro che questo comando sia **quello giusto**?

(an)klicken
Ich habe schon zweimal angeklickt, aber es passiert nichts. Bist du sicher, dass der Befehl der richtige ist?

l'**elaborazione** f
Questo programma è per l'elaborazione dei testi.

Verarbeitung
Dies ist ein Textverarbeitungsprogramm.

e-mail (la casella di posta eletrọnica) [i'meil]

E-Mail

il **file** [fail]

Datei

memorizzare

speichern

il **disco**, il **dischetto**
Puoi memorizzare tutto sul disco.

Diskette
Du kannst alles auf Diskette speichern.

la **stampante**

Drucker

prẹmere
Basta che Lei prema il bottone a destra e l'apparecchio funziona.

drücken
Sie brauchen bloß den Knopf rechts zu drücken und der Apparat funktioniert.

fotocopiare

fotokopieren

la **scheda**
Vorrei fotocopiare alcune pagine del tuo libro. – **Non ce n'è bisogno**, abbiamo già tutto sulle schede.

Karteikarte
Ich möchte gerne ein paar Seiten aus deinem Buch fotokopieren. – Ist nicht nötig; wir haben schon alles auf Karteikarten.

la **calcolatrice**
La calcolatrice automatica è molto comoda.

Taschenrechner; Rechenmaschine
Der automatische Rechner ist sehr bequem.

il **raccoglitore**
Quanti raccoglitori **ti servono**?

Ordner; Hefter
Wie viele Ordner brauchst du?

la **penna biro**

Kugelschreiber

Cosa **preferisci**, la penna biro o **quella stilografica**?	Was ist dir lieber, ein Kugelschreiber oder ein Füller?
il **pennarello**	Filzstift
l'**evidenziatore** *m*	Textmarker
la **gomma (per cancellare)**	(Radier-)Gummi
il **temperino**	Bleistiftspitzer
cancellare	streichen; (aus)radieren
sottolineare	unterstreichen
Ti prego di non sottolineare con la penna stilografica.	Ich bitte dich, nicht mit dem Füllfederhalter zu unterstreichen!

l'**etichetta**	Aufkleber
la **cartella**	Mappe
Metti tutti i fogli nella cartella e **chiudila** con il nastro adesivo.	Leg alle Blätter in die Mappe und verschließ sie mit Klebestreifen.
la **carta carbone**	Kohlepapier
la **colla**	Leim; Klebstoff
Questa colla è troppo secca, **non** serve più.	Der Leim ist zu trocken, er ist nicht mehr zu verwenden.
logoro, a	abgenutzt; verschlissen
logorare	abnutzen; verschleißen

il **laptop** ['læptɔp]	Laptop
il **notebook** ['noutbuk]	Notebook
elettronico, a	elektronisch
Non è sempre facile imparare ad usare gli apparecchi elettronici.	Den Gebrauch elektronischer Apparate zu erlernen ist nicht immer einfach.
la **cartuccia**	Kartusche
corsivo	kursiv
grassetto	fett
magro	mager
la **barra spaziatrice**	Leertaste, Blank

9.3 Berufsausbildung und Berufe

apprendere	lernen
Un proverbio dice: **Apprendi l'arte e mettila da parte.**	Ein Sprichwort sagt: Gelernt ist gelernt.
l'**apprendista** *m, f*	Lehrling; Auszubildende(r)
In questa fabbrica lavorano molti apprendisti.	In dieser Fabrik arbeiten viele Auszubildende.
il, la **praticante**	Praktikant(in)

Elsa lavora come praticante **in uno studio notarile**.	Elsa arbeitet als Praktikantin bei einem Notar.
l'**istruzione** *f*	(Berufs-)Ausbildung; Instruktion
Marcello **sta terminando** la sua istruzione professionale.	Marcello ist dabei, seine Berufsausbildung abzuschließen.
professionale	beruflich; Berufs-
la **formazione professionale**	Berufsausbildung

il **capo**	Chef(in)
l'**officina**	Werkstatt
In quest'officina **non c'è nessun** apprendista.	In dieser Werkstatt gibt es keine Lehrlinge.
il **settore**	Bereich; Branche
In questo settore lavorano solo operaie.	In diesem Bereich sind nur Arbeiterinnen beschäftigt.

la **professione**	(akademischer) Beruf
Scusi, **che professione fa?**	Entschuldigung, was machen Sie beruflich?
il, la **professionista**	(nicht handwerkliche(r)) Berufstätige(r)
il **libero professionista**, la **libera professionista**	Freiberufler(in)
Sono professore di economia e lavoro come libero professionista.	Ich bin Professor der Ökonomie und freiberuflich tätig.
l'**insegnante** *m, f*	Lehrer(in)
l'**avvocato**, l'**avvocatessa**	Rechtsanwalt/-anwältin
Ho bisogno di un buon avvocato, **me ne** puoi consigliare uno della tua città?	Ich brauche einen guten Rechtsanwalt. Kannst Du mir einen aus deiner Stadt empfehlen?
il, la **giornalista**	Journalist(in)
il, la **designer** [de'zainer]	Designer(in)
l'**ingegnere**	Ingenieur(in)
Massimo non vuole diventare ingegnere, ma fisico.	Massimo will nicht Ingenieur werden, sondern Physiker.

il **dottore**, la **dottoressa**	Arzt, Ärztin; Doktor
Il dottore mi ha detto che **non è niente di grave**.	Der Arzt hat mir gesagt, es sei nichts Schlimmes.

Besonderheiten bei der Bildung der femininen Form:
il dott**ore**   la dott**oressa**
il profess**ore**   la profess**oressa**
lo stud**ente**   la stud**entessa**
Zu weiteren Besonderheiten vgl. S. 125.

il **medico**	Mediziner(in), Arzt, Ärztin

Non è meglio chiamare subito il medico?	Sollte man nicht besser gleich den Arzt rufen?
il **veterinario**, la **veterinaria**	Tierarzt/-ärztin
il, la **dentista**	Zahnarzt/-ärztin
Quando avete l'appuntamento **dal dentista**?	Wann habt ihr einen Termin beim Zahnarzt?
il, la **farmacista**	Apotheker(in)
È meglio farsi consigliare **dal farmacista** prima di prendere **quella** medicina.	Es ist besser, sich von einem Apotheker beraten zu lassen, bevor man dieses Medikament nimmt.
lo **psicologo**, la **psicologa**	Psychologe, Psychologin
l'**infermiere**, l'**infermiera**	Krankenpfleger(in), Krankenschwester
Ferdinando ha imparato il **lavoro da infermiere facendo** il servizio civile.	Ferdinando hat während des Zivildienstes den Beruf des Krankenpflegers erlernt.

-ista

Die Endung **-ista** gilt im Singular sowohl für maskuline als auch für feminine Substantive. Beispiele:

il/la farmacista	i farmacisti/le farmaciste	*Apotheker(in)*
il/la dentista	i dentisti/le dentiste	*Zahnarzt, -ärztin*
l'alpinista	gli alpinisti/le alpiniste	*Bergsteiger(in)*
il/la ciclista	i ciclisti/le cicliste	*Radfahrer(in)*

---

l'**agente** *m, f*	Agent(in); Vertreter(in); Vermittler(in)
Giulio cerca un posto come **agente di commercio**.	Giulio sucht eine Stelle als Handelsvertreter.
l'**agenzia**	Agentur
I cugini di Sergio hanno **un'agenzia viaggi**.	Sergios Vettern haben ein Reisebüro.
l'**assistente** *m, f*	Assistent(in)
collaborare	zusammenarbeiten; kooperieren
Mi piacerebbe molto che tu **collaborassi** con me.	Ich hätte gerne, dass du mit mir zusammenarbeitest.
il **segretario**, la **segretaria**	Sekretär(in)
Il signor Rossi non c'è, ma **Le passo la sua segretaria**.	Herr Rossi ist nicht da; ich verbinde Sie mit seiner Sekretärin.

---

il **poliziotto**, la **poliziotta**	Polizist(in)
Adriano vuole fare il poliziotto quando sarà grande.	Adriano will Polizist werden, wenn er groß ist.
il **pompiere**	Feuerwehrmann

Spesso i bambini dicono che da grandi **faranno i pompieri**.

Kleine Jungen sagen oft, dass sie Feuerwehrmann werden wollen, wenn sie groß sind.

l'**autista** *m, f*
Domandiamo all'autista se ci può **portare in** Piazza del Popolo.

Chauffeur, Fahrer(in)
Fragen wir den Fahrer, ob er uns zur Piazza del Popolo bringen kann.

il **cameriere**, la **cameriera**
In questo locale ci sono sempre pochi camerieri.
Mariella fa la cameriera nell'Hotel Michelangelo.

Kellner(in); Zimmermädchen
In diesem Lokal arbeiten immer nur wenige Kellner.
Mariella ist Zimmermädchen im Hotel Michelangelo.

il **commesso**, la **commessa**
Verkäufer(in)

il **parrucchiere**, la **parrucchiera**
Lucia fa la parrucchiera per signore.
È un parrucchiere molto famoso, ma non te lo consiglio perché è troppo caro.

Friseur(in)
Lucia arbeitet als Damenfriseurin.
Dieser Friseur ist sehr bekannt, aber ich kann ihn dir nicht empfehlen, weil er zu teuer ist.

il **casalingo**, la **casalinga**
Anna ha imparato un buon mestiere, ma **preferisce** fare la casalinga.

Hausmann/-frau
Anna hat einen guten Beruf gelernt, aber sie zieht es vor, Hausfrau zu sein.

il **marinaio**
Il mestiere di marinaio può essere ricco d'avventure.

Seemann, Matrose
Der Beruf des Matrosen kann reich an Abenteuern sein.

il **pescatore**, la **pescatrice**
Fischer(in)

il **cuoco**, la **cuoca**
Paolo e Antonio sono cuochi e apriranno presto un ristorante.

Koch, Köchin
Paolo und Antonio sind Köche und werden demnächst ein Restaurant eröffnen.

il **macellaio**, la **macellaia**
Metzger(in)

il **meccanico**, la **meccanica**
Da quale meccanico porti la tua macchina?

Mechaniker(in)
Zu welchem Mechaniker bringst du dein Auto?

l'**elettricista** *m, f*
Non riesco a riparare il guasto **da solo**, chiama l'elettricista.

Elektriker(in)
Alleine kann ich den Schaden nicht beheben, lass den Elektriker kommen.

il **falegname**
Dobbiamo chiamare il falegname per riparare l'armadio, o lo portiamo nella sua bottega?

Schreiner(in), Tischler(in)
Müssen wir den Schreiner kommen lassen, damit er den Schrank repariert oder bringen wir den Schrank in die Werkstatt?

il **tecnico**	Techniker(in)
Stamattina è venuto il tecnico e mi ha detto che non è più possibile riparare la macchina.	Heute Morgen war der Techniker hier und hat mir gesagt, es sei nicht mehr möglich, die Maschine zu reparieren.

il, la **sorvegliante**	Wächter(in); Aufseher(in)
sorvegliare	überwachen
il **montaggio**	Montage; Einbau
il **montatore**, la **montatrice**	Monteur(in)
montare	montieren; einbauen
Questi operai montano le macchine in fabbrica.	Diese Arbeiter montieren die Autos in der Fabrik.
smontare	aus-, abbauen; abmontieren

l'**apprendistato**	Lehre; Ausbildung
Quanti anni dura il tuo apprendistato?	Wie lange dauert deine Lehre?
la **preparazione**	Vorbereitung
istruire ‹istruisco›	ausbilden; unterweisen
il **perfezionamento**	Weiterbildung; Vervollständigung

l'**architetto**	Architekt(in)
Luigi è architetto e si è specializzato nella costruzione di scuole.	Luigi ist Architekt und hat sich auf den Bau von Schulen spezialisiert.
il, la **commercialista**	Betriebsberater(in); Wirtschaftsberater(in)
Grazie al mio commercialista ho potuto risparmiare molti costi.	Dank meines Wirtschaftsberaters habe ich viele Kosten sparen können.
il, la **consulente fiscale**	Steuerberater(in)
l'**interprete** m, f	Dolmetscher(in)
Il lavoro dell'interprete è molto duro e non così facile come sembra.	Die Dolmetschtätigkeit ist sehr anstrengend und nicht so einfach, wie es aussieht.

lo, la **psichiatra**	Psychiater(in)
Credo proprio che quel ragazzo abbia bisogno di un buono psichiatra.	Ich glaube tatsächlich, dass dieser Junge einen guten Psychiater braucht.
il **neurologo**, la **neurologa**	Neurologe, Neurologin
il **ginecologo**, la **ginecologa**	Frauenarzt, -ärztin
l'**urologo**, l'**urologa**	Urologe, Urologin
l'**ortopedico**, l'**ortopedica**	Orthopäde, Orthopädin

il **matematico**	Mathematiker(in)

l'**informạtico**	Informatiker(in)
il **fisico**	Physiker(in)
il **chịmico**	Chemiker(in)
Nando ha deciso di diventare chimico.	Nando hat beschlossen, Chemiker zu werden.
il **laboratorio**	Labor
mẹttersi a	sich machen an; anfangen
probạbile	wahrscheinlich
Dato che Lei è chimico, perché non **si mette** a lavorare in un laboratorio? – **È probabile che** io **lo faccia.**	Sie sind doch Chemiker; warum suchen Sie sich nicht eine Arbeit in einem Labor? – Wahrscheinlich mache ich das.

il, la **rappresentante**	Vertreter(in)
Due giorni fa **è venuto** il rappresentante della ditta Giacomini per **farci** vedere i suoi prodotti.	Vor zwei Tagen war der Vertreter der Firma Giacomini hier, um seine Produkte zu präsentieren.
il **venditore**, la **venditrice**	Verkäufer(in)
All'angolo **di quella** strada **c'è** sempre un venditore di giornali.	An dieser Straßenecke steht immer ein Zeitungsverkäufer.
la **modella**	Model, Mannequin
il **fotọgrafo**, la **fotọgrafa**	Fotograf(in)
Il fotografo che ha il negozio in Via Gramsci verrà a fare le fotografie alla nostra festa.	Der Fotograf mit dem Atelier in der Via Gramsci wird kommen, um bei unserem Fest Fotos zu machen.
il **ragioniere**, la **ragioniera**	Buchhalter(in)
Il capo di questo reparto è il ragionier Rizzi.	Leiter dieser Abteilung ist der Buchhalter Rizzi.

il **giardiniere**, la **giardiniera**	Gärtner(in)
scẹgliere	(aus)wählen
Ha scelto il mestiere di giardiniere perché ama molto i fiori.	Er hat den Gärtnerberuf gewählt, weil er Blumen sehr gern hat.

 Sie haben die Wahl!

Unterscheide:

scegliere	*(aus)wählen*
Non abbiamo ancora scelto!	*Wir haben noch nicht gewählt.*
la scelta	*die Auswahl*
eleggere	*wählen (zu)*
Chi verrà eletto Presidente degli Stati Uniti?	*Wer wird zum Präsidenten der Vereinigten Staaten gewählt?*
le elezioni	*(politische) Wahlen*
votare	*wählen, votieren, abstimmen*
Solo il 60 % della popolazione ha votato.	*Nur 60 % der Bevölkerung hat gewählt.*

l'**agente di polizia** *m, f* — Polizeibeamter/-beamtin
Gli agenti di polizia hanno **indagato sul** caso. — Die Polizeibeamten haben den Fall untersucht.

l'**assistente sociale** *m, f* — Sozialarbeiter(in)
l'**assistenza sociale** — Sozialfürsorge
il **postino**, la **postina** — Briefträger(in)
Il postino suona sempre e aspetta fuori perché ha paura del mio cane. — Der Briefträger klingelt immer und wartet draußen, weil er vor meinem Hund Angst hat.

il **mestiere** — (nichtakademischer) Beruf
l'**artigiano**, l'**artigiana** — Handwerker(in)
esperto, a — erfahren
esigente — anspruchsvoll
Non è più tanto facile trovare buoni artigiani. – Io **ne cerco uno** molto esperto, perché sono molto esigente. — Gute Handwerker zu finden, ist gar nicht mehr so einfach. – Ich brauche einen sehr erfahrenen, da ich sehr anspruchsvoll bin.

l'**esigenza** — Anspruch; Erfordernis; Anforderung
Le posso consigliare un sarto **capace di soddisfare** tutte le sue esigenze. — Ich kann Ihnen einen Schneider empfehlen, der all Ihren Ansprüchen gerecht wird.

la **bottega** — Laden; Werkstatt
il **barbiere** — Herrenfriseur
È proprio **ora che tu vada** dal barbiere! Ma oggi è lunedì ed è chiuso. — Es ist wirklich Zeit, dass du zum Friseur gehst! Aber heute ist Montag und der Laden ist geschlossen.

l'**agricoltore** *m* — Landwirt
Mi piace fare l'agricoltore e lavorare la terra. — Ich bin gerne Bauer und die Landarbeit macht mir Spaß.

il **fornaio**, la **fornaia** — Bäcker(in)
Ora vado **dal fornaio** a comprare pane fresco. — Ich gehe jetzt zum Bäcker frisches Brot kaufen.

il **pittore**, la **pittrice** — Maler(in), Anstreicher(in)
Domani verranno i pittori e mi hanno promesso di finire i lavori in tre giorni. — Morgen kommen die Maler; sie haben mir versprochen, die Arbeiten innerhalb von drei Tagen zu beenden.

l'**orologiaio**, l'**orologiaia** — Uhrmacher(in)
All'angolo di Via Manzoni c'è un orologiaio molto bravo. — An der Ecke der Via Manzoni ist ein sehr guter Uhrmacher.

il **sarto**, la **sarta** — Schneider(in)
La sarta ha detto che consegnerà il vestito la prossima settimana. — Die Schneiderin hat gesagt, sie bringe das Kleid kommende Woche.

il **calzolaio**, la **calzolaia**	Schuhmacher(in); Flickschuster(in)
ritirare	abholen
Se passi da quelle parti, ricordati di ritirare le scarpe dal calzolaio.	Wenn du in der Gegend bist, denke daran, die Schuhe beim Schuhmacher abzuholen.
il **muratore**, la **muratrice**	Maurer(in)
l'**idraulico**, l'**idraulica**	Installateur(in); Klempner(in)
il **carpentiere**, la **carpentiera**	Zimmermann

9.4 Arbeit, Arbeitsbedingungen

lavorare	arbeiten
il **lavoro**	Arbeit
Il mio lavoro non è molto faticoso.	Meine Arbeit ist nicht sehr anstrengend.
specializzato, a	spezialisiert; Fach-
Da quanto tempo sei lavoratrice specializzata?	Wie lange bist du schon Facharbeiterin?
lavorativo, a	Arbeits-
Durante l'orario lavorativo non si può uscire dalla fabbrica.	Während der Arbeitszeit darf man das Fabrikgelände nicht verlassen.
programmare	planen
Bisogna programmare bene la formazione professionale dei lavoratori.	Man muss die Berufsausbildung der Arbeiter genau planen.

la **fabbrica**	Fabrik
In questa fabbrica lavorano più di cento operai.	In dieser Fabrik arbeiten über hundert Arbeiter.
la **licenza**	Lizenz
Lavoriamo su licenza per il Portogallo.	Wir arbeiten mit einer Lizenz für Portugal.
invalido, a	erwerbsunfähig
Mario non lavora più perché è invalido.	Mario arbeitet nicht mehr, da er erwerbsunfähig ist.
l'**operaio**, l'**operaia**	Arbeiter(in)
Le operaie sono molto **contente della loro paga**.	Die Arbeiterinnen sind mit ihrem Lohn sehr zufrieden.
Salvatore e Giuseppe sono **operai specializzati**.	Salvatore und Giuseppe sind Facharbeiter.
la **paga**	Lohn
l'**anticipo**	Vorschuss

La paga **non mi basta mai fino alla fine del mese,** devo chiedere sempre un anticipo.

Ich komme nie bis zum Monatsende mit meinem Lohn aus, ich muss immer um einen Vorschuss bitten.

l'**impiegato,** l'**impiegata**
Le impiegate **escono dall'ufficio** alle 17.00.

Angestellte(r)
Die weiblichen Angestellten verlassen das Büro um 17.00 Uhr.

lo **stipendio**
Gli stipendi dei nostri impiegati sono molto buoni.

Gehalt
Die Gehälter unserer Angestellten sind sehr gut.

guadagnare
faticoso, a
Guadagno bene, ma il lavoro è faticoso.

verdienen
anstrengend
Ich verdiene gut, aber die Arbeit ist anstrengend.

l'**impegno**
Il signor Canestrari ha troppi **impegni di lavoro**, non può venire.

Verpflichtung
Herr Canestrari hat zu viele berufliche Verpflichtungen, er kann nicht kommen.

l'**impiego**
Ho deciso che se perderò quest'impiego non lavorerò più.

Anstellung
Ich habe beschlossen, nicht mehr zu arbeiten, falls ich diese Anstellung verliere.

assumere
Siamo stati assunti tutti insieme **tre mesi fa.**

einstellen
Wir sind vor drei Monaten alle zusammen eingestellt worden.

l'**emancipazione** f
Grazie all'emancipazione ora le donne vengono assunte anche per i lavori tecnici.

Emanzipation
Dank der Emanzipation werden jetzt Frauen auch in technischen Berufen eingestellt.

emancipato, a
la **molestia sessuale**
La molestia sessuale sul posto di lavoro porta al licenziamento.

emanzipiert
sexuelle Belästigung
Sexuelle Belästigung am Arbeitsplatz führt zur Entlassung.

licenziare
Hanno licenziato Mario **su due piedi** e lui è andato al sindacato.

entlassen
Mario wurde auf der Stelle entlassen und hat sich an die Gewerkschaft gewandt.

disoccupato, a
Ci sono molti disoccupati in Italia?

arbeitslos
Gibt es viele Arbeitslose in Italien?

lo **sciopero**

Streik

il **sindacato**

Gewerkschaft

Il sindacato ha chiamato i dipendenti ad **entrare in sciopero** per 24 ore.	Die Gewerkschaft hat die Belegschaft aufgerufen, für 24 Stunden in den Streik zu treten.

la **concorrenza**
La concorrenza in questo campo non è molto forte.
Canale 5 fa molta concorrenza alle altre stazioni.
concorrente

Konkurrenz
Die Konkurrenz auf diesem Gebiet ist nicht sehr stark.
Der Canale 5 macht den anderen Sendern heftig Konkurrenz.
Konkurrenz-

l'**artigianato**
il **lavoratore**, la **lavoratrice**
I lavoratori **hanno fatto sciopero** per avere un salario più alto.
Da semplice lavoratore è diventato capo del reparto.
il **salario**
il **turno**
A che ora sei **di turno**?

Handwerk
Arbeitnehmer(in); Arbeiter(in)
Die Arbeitnehmer haben gestreikt, um höhere Löhne zu bekommen.
Er hat es vom einfachen Arbeiter zum Abteilungsleiter gebracht.
Lohn
Schicht
Um wie viel Uhr beginnt deine Schicht?

il, la **pendolare**
lo **straordinario**
Il salario è basso ma faccio sempre diverse **ore di straordinario**.

Pendler(in)
Überstunde
Der Lohn ist niedrig, aber ich mache immer eine Anzahl Überstunden.

il **collaboratore**, la **collaboratrice**
Nel nostro ufficio ci sono tre nuovi collaboratori.
la **collaborazione**
il, la **dipendente**
Il numero dei dipendenti è rimasto sempre uguale.
l'**azienda**
Ieri hanno deciso che l'azienda assumerà dieci nuove operaie.

Mitarbeiter(in)
In unserem Büro haben wir drei neue Mitarbeiter.
Zusammenarbeit
Beschäftigte(r)
Die Zahl der Beschäftigten ist immer gleich geblieben.
Unternehmen; Betrieb
Gestern wurde beschlossen, dass der Betrieb zehn neue Arbeiterinnen einstellt.

l'**impresa**
L'impresa dell'ingegner Bianchi è più grande di **quella** concorrente.

Unternehmen
Das Unternehmen von Ingenieur Bianchi ist größer als das der Konkurrenz.

l'**ubicazione**
lo **stabilimento**
Ho sentito che chiuderanno tutti gli stabilimenti.

Standort
Werk
Ich habe gehört, dass alle Werke geschlossen werden.

il **guadagno**	Gewinn
Mi sembra che quest'anno **abbiate avuto** un ottimo guadagno.	Mir scheint, dass ihr dieses Jahr einen sehr guten Gewinn erzielt habt.

la **domanda d'impiego**	Bewerbungsschreiben
l'**occupazione**	Beschäftigung
la **tariffa**	Tarif
scioperare	streiken
Maria **non** sciopera **mai** perché ha paura di perdere l'impiego.	Maria streikt nie, da sie Angst hat, ihre Stelle zu verlieren.
sindacale	gewerkschaftlich; Gewerkschafts-
È' stato organizzato uno sciopero sindacale per domani.	Für morgen wurde von der Gewerkschaft ein Streik organisiert.
i **contributi previdenziali**	Sozialbeiträge
il **diritto all'assistenza**	Versorgungsanspruch
lo **sviluppo**	Entwicklung
Quali sviluppi hanno avuto gli scioperi degli ultimi giorni?	Welche Entwicklung haben die Streiks der letzten Tage genommen?

il **licenziamento**	Entlassung
Abbiamo paura che ci sarà **un licenziamento in massa**.	Wir haben Angst, dass es zu Massenentlassungen kommt.
la **disoccupazione**	Arbeitslosigkeit
Il problema della disoccupazione **si fa sentire** in molti paesi.	Das Problem der Arbeitslosigkeit wird in vielen Ländern spürbar.
la **cassa integrazione**	Arbeitslosenunterstützung
I miei amici **sono in cassa integrazione** già da cinque mesi.	Meine Freunde beziehen schon seit fünf Monaten Arbeitslosenunterstützung.
il **prepensionamento**	Vorruhestand

Falsche Freunde

Italienisches Wort	Thematische Bedeutung(en)	Falscher Freund	Italienische Entsprechung(en)
la carta	Papier	Brief; Karte *(frz. la carte; engl. the card)*	la lettera; la cartolina
il dato	Angabe	Datum; Verabredung *(engl. the date)*	la data; l'appuntamento
licenziare	entlassen	lizenzieren	concedere una licenza
segnare	notieren; vermerken	signieren; unterzeichnen *(engl. to sign; frz. signer)*	firmare
lo stipendio	Gehalt	Stipendium	la borsa di studio
il timbro	Stempel	Bauholz *(engl. the timber)*	il legname
il turno	Schicht	Reihenfolge *(engl. the turn)*	l'ordine *m*

10.1 Freizeit, Hobby und Spiel

il **tempo libero** — Freizeit

uscire — ausgehen
Preferirei uscire, **cosa ne dici?** — Ich würde lieber ausgehen. Was hältst du davon?

il **passatempo** — Zeitvertreib
Noi giochiamo solo per passatempo, **lui invece fa sul serio.** — Wir spielen nur zum Zeitvertreib, er aber meint es ernst.

l'**hobby** m — Hobby

preferito, a — Lieblings-; bevorzugt
Qual è il tuo hobby preferito? — Welches ist dein Lieblingshobby?
– Al momento **ho l'hobby della fotografia.** – Io invece **preferisco occuparmi della** mia collezione di francobolli. — – Zur Zeit ist Fotografieren mein Hobby. – Ich dagegen beschäftige mich lieber mit meiner Briefmarkensammlung.

la **fantasia** — Phantasie
Luigi ha pochi passatempi perché gli manca la fantasia. — Luigi hat wenig Freizeitvergnügen, weil es ihm an Phantasie fehlt.

ballare — tanzen

il **ballo** — Tanz

la **discoteca** — Diskothek
Vieni con noi in discoteca? — Kommst du mit uns in die Disco?
– No, **quell'ambiente** non mi piace. — – Nein, die Atmosphäre dort gefällt mir nicht.

l'**entrata** — Eingang; Eintritt
Quanto si paga per l'entrata? — Was kostet der Eintritt?

la **banda musicale** — Musikkapelle; Band
Perché non **andiamo a sentire** la banda musicale in piazza? — Warum gehen wir nicht zur Piazza und hören die Band?

il **concerto** — Konzert

l'**ambiente** m — Atmosphäre; Milieu

annoiarsi — sich langweilen

la **compagnia** — Gesellschaft; Begleitung
Vogliamo passare la serata **in modo da non annoiarci.** — Wir wollen den Abend so verbringen, dass wir uns nicht langweilen.
– **State tranquilli,** non c'è gente noiosa nella mia compagnia. — – Beruhigt euch, in meinem Bekanntenkreis gibt es keine Langweiler.

noioso, a — langweilig

monotono, a — monoton, eintönig
Come sono monotone queste domeniche! — Wie eintönig diese Sonntage sind!

la **passeggiata**
Durante la passeggiata ho perso il portafoglio.

Spaziergang
Beim Spaziergang habe ich meine Brieftasche verloren.

la **bicicletta**

Fahrrad

il **giro**
Chi ha voglia di fare un giro in bicicletta? – Io verrei volentieri a **fare un giro**.

Tour; Runde
Wer hat Lust auf eine Fahrradtour? – Ich würde gerne auf eine Tour mitkommen.

la **gita**

Ausflug

l'**avventura**
Con lui diventa un'avventura anche **andare in bicicletta**.

Abenteuer; Erlebnis
Mit ihm wird auch eine Radtour zum Erlebnis.

andarci
Hanno organizzato una bella gita a Palermo, **ci andiamo** anche noi?

hingehen
Es ist ein netter Ausflug nach Palermo organisiert worden. Schließen wir uns an?

il **borsellino**
Ho lasciato il mio borsellino a casa.

Geldbeutel
Ich habe meinen Geldbeutel zu Hause gelassen.

la **piscina**
Noi andiamo **tutti i sabati** in piscina.

Schwimmbad
Wir gehen jeden Samstag ins Schwimmbad.

la (sedia a) **sdraio**

Liegestuhl

la **spiaggia**
Martina ha preso **le sdraio** ed è andata alla spiaggia.

Strand
Martina hat die Liegestühle genommen und ist zum Strand gegangen.

sdraiarsi

sich hinlegen; sich ausstrecken

riposare

(aus)ruhen

riposarsi
Perché non vai a riposare anche tu? – Mi riposerò durante il fine settimana.

sich ausruhen
Warum gehst du dich nicht auch ein wenig ausruhen? – Ich werde mich am Wochenende ausruhen.

la **barca**

Boot

il **motoscafo**
Vorrei piuttosto fare **una gita in barca**. – Benissimo! Allora **andiamo in motoscafo** all'Isola del Giglio.

Motorboot
Ich möchte lieber eine Bootsfahrt machen. – In Ordnung! Dann fahren wir mit dem Motorboot zur Isola del Giglio.

divertirsi
Con questo gioco non mi diverto più, **vogliamo cambiare?**

sich amüsieren
Dieses Spiel macht mir keinen Spaß mehr; wollen wir ein anderes spielen?

rilassarsi	sich entspannen
godere	genießen
Bisogna **saper godere** il tempo libero.	Man muss seine Freizeit genießen können.
leggere	lesen
soddisfare ‹soddisfo›	zufrieden stellen; befriedigen
Fare fotografie non mi soddisfa più.	Fotografieren befriedigt mich nicht mehr.

il **gioco**	Spiel
giocare	spielen
le **carte** pl	Kartenspiel
Alberto e Franco giocano a carte tutte le sere.	Alberto und Franco spielen jeden Abend Karten.

fotografare	fotografieren
Ma tu fotografi proprio tutto!	Du fotografierst aber wirklich alles!
la **foto(grafia)**	Foto(grafie)
la **diapositiva**	Dia
Hai visto **che belle foto** abbiamo fatto? – Sì, ma a me **piacciono più** le diapositive.	Hast du gesehen, was für schöne Fotos wir gemacht haben? – Ja, aber mir gefallen die Dias besser.
il **flash** [flɛʃ]	Blitzlicht

il **fine settimana**	Wochenende
Avete già deciso come passerete il fine settimana?	Habt ihr schon entschieden, wie ihr das Wochenende verbringen wollt?
passare	verbringen
passeggiare	spazieren gehen; wandern
Mi piace molto passeggiare sulla spiaggia.	Ich mache sehr gerne Strandspaziergänge.
il **passeggio**	Spaziergang
A Silvana piace molto **andare a passeggio in centro**.	Silvana macht sehr gerne Stadtbummel.
la **noia**	Langeweile; Ärger
Cosa possiamo fare di bello per far passare la noia?	Was können wir Schönes tun, um die Langeweile zu vertreiben?
Che noia che la macchina si sia rotta proprio adesso!	Was für ein Ärger, dass das Auto ausgerechnet jetzt eine Panne hat!

frequentare qu	verkehren; Umgang haben mit
frequente	häufig
Frequentate ancora i vecchi amici della spiaggia?	Habt ihr noch Kontakt zu den alten Freunden vom Strand?
– Sì, ci incontriamo **di frequente**.	– Ja, wir treffen uns häufig.

noleggiare	mieten
la **barca a remi**	Ruderboot
Noleggiamo una barca a remi?	Sollen wir ein Ruderboot mieten?
remare	rudern
la **barca a vela**	Segelboot
Andare in barca a vela è una cosa meravigliosa.	Mit dem Segelboot zu fahren ist herrlich.
la **vela**	Segel
Ora c'è vento, tira su le vele!	Es ist Wind aufgekommen, zieh die Segel hoch!
navigare a vela	segeln

l'**attività**	Aktivität; (Freizeit-)Beschäftigung
gli **scacchi** *pl*	Schach
Vogliamo fare una **partita a scacchi**?	Wollen wir eine Partie Schach spielen?
il **circolo**	Kreis; Gesellschaft; Zirkel
le **bocce** *pl*	Boccia(spiel)
Nel nostro paese hanno aperto un circolo di giocatori di bocce.	In meinem Dorf wurde ein Boccia-Club gegründet.
Vieni con me a **fare una partita a bocce**?	Kommst du mit auf eine Partie Boccia?
il **golf**	Golf(sport)
Ho già sentito molti commenti sui problemi che comporta l'iscrizione al vostro club del golf. – Se vuoi, ti introduco io.	Ich habe schon viele Kommentare zu den Schwierigkeiten bei der Aufnahme in euren Golfklub gehört. – Wenn du willst, führe ich dich ein.

il **giocattolo**	Spielzeug
nuovo, a	neu

Unbetonte Adjektive stehen normalerweise vor dem Bezugswort, *betonte Adjektive* stehen dahinter. Beachte die *Bedeutungsunterschiede*:

una **nuova** macchina	*ein neues (= anderes) Auto*
una macchina **nuova**	*ein (fabrik)neues Auto*
una **semplice** domanda	*nur eine Frage*
una domanda **semplice**	*eine einfache (= unkomplizierte) Frage*

---

godersi qc	Spaß haben an
Il bambino **si gode i suoi giocattoli nuovi**.	Das Kind hat Freude an seinen neuen Spielsachen.
la **giostra**	Karussell
Abbiamo promesso ai bambini **di farli andare in giostra**.	Wir haben den Kindern versprochen, sie Karussell fahren zu lassen.

la **macchina fotografica**
Mi puoi prestare la tua macchina fotografica?

Fotoapparat
Kannst du mir deinen Fotoapparat ausleihen?

l'**obiettivo**
Ho comprato un obiettivo nuovo per la mia macchina fotografica.

Objektiv; Ziel
Ich habe für meinen Fotoapparat ein neues Objektiv gekauft.

la **pellicola**
Vorrei una **pellicola per diapositive**, per favore.

Film(spule)
Ich möchte einen Diafilm, bitte.

sviluppare
Vorrei **far sviluppare** subito le fotografie di oggi.

entwickeln
Ich möchte die heutigen Fotos sofort entwickeln lassen.

il **negativo**
Se mi dai i negativi faccio stampare le copie per tutti.

Negativ
Wenn du mir die Negative gibst, lasse ich Abzüge für alle machen.

la **raccolta**
Maurizio **fa la raccolta di libri antichi**.

Sammlung
Maurizio sammelt alte Bücher.

raccogliere
collezionare
i **fumetti** *pl*
Io raccolgo fumetti degli anni quaranta. – E da quando li collezioni?

sammeln
sammeln
Comics
Ich sammle Comics aus den 40er-Jahren. – Und seit wann sammelst du sie?

il **cruciverba**
il **dado**
Mi piace molto fare i cruciverba e a te? – A me piace **giocare a dadi**.

Kreuzworträtsel
Würfel
Ich mache gerne Kreuzworträtsel, und du? – Ich spiele gern Würfelspiele.

il **lotto**
Ho sentito che i tuoi vicini hanno vinto molti soldi **al** lotto.

Lotto
Ich habe gehört, dass deine Nachbarn viel Geld im Lotto gewonnen haben.

il **totocalcio**
la **schedina**
Ho riempito la mia schedina, ma poi **non l'ho giocata**.

(Fußball-)Toto
(Tipp-)Schein
Ich habe meinen Schein ausgefüllt, aber dann habe ich ihn nicht abgegeben.

la **fortuna**
Ma che fortuna! **Ai dadi vinci sempre!**

Glück
Was für ein Glück! Immer gewinnst du beim Würfeln!

fortunato, a
Ma che fortunato sei! Sei proprio nato con la camicia!

glücklich
Hast du einen Dusel! Du bist ein richtiger Glückspilz!

10.2 Sport

lo **sport**	Sport
Perché non **fai un po' di sport**? Ti farebbe bene!	Warum treibst du nicht etwas Sport? Es würde dir gut tun!
sportivo, a	sportlich
Da giovane ero molto sportivo, ora non più.	In meiner Jugend war ich sehr sportlich, jetzt nicht mehr.
praticare	ausüben
Quale sport devo praticare, secondo te?	Welche Sportart soll ich deiner Meinung nach treiben?

l'**atleta** *m, f*	Athlet(in)
il **campione**, la **campionessa**	Meister(in)
Giovanni è il **campione di tennis** del nostro club.	Giovanni ist Tennismeister unseres Clubs.
l'**allenamento**	Training
la **tuta (sportiva)**	Trainings-, Sportanzug
lo **stadio**	Stadion

il **campionato**	Meisterschaft
Quale squadra vincerà il campionato **secondo te**?	Welche Mannschaft wird deiner Ansicht nach die Meisterschaft gewinnen?
la **gara**	Wettkampf; Wettlauf
la **partita**	Match; Partie
il **titolo**	Titel
la **medaglia**	Medaille
È la quarta medaglia che vince.	Das ist das vierte Mal, dass er eine Medaille gewinnt.
la **carriera**	Karriere
mondiale	Welt-
Nella sua carriera sportiva ha vinto due medaglie olimpiche e tre titoli mondiali.	Während seiner sportlichen Karriere hat er zwei olympische Medaillen und drei Weltmeistertitel gewonnen.

la **finale**	Finale, Endspiel
La finale **avrà luogo fra tre giorni**.	Das Finale findet in drei Tagen statt.
la **coppa**	Pokal
La Lazio **ha vinto la Coppa Italia** nel 1998 e **lo scudetto** nel 2000.	Lazio Rom wurde 1998 italienischer Pokalsieger und 2000 Landesmeister.
vincere	siegen; gewinnen

Se vogliamo vincere la gara, dobbiamo **darci da fare**.	Wenn wir den Wettbewerb gewinnen wollen, müssen wir uns anstrengen.
la **vittoria**	Sieg
Per **il Torino** è stata la prima vittoria in questo campionato.	Für den AC Turin war es der erste Sieg in dieser Saison.
perdere	verlieren
La Roma ha perso tre **partite consecutive**.	AS Rom hat drei Spiele hintereinander verloren.
la **sconfitta**	Niederlage
È stata una brutta sconfitta, ma la prossima volta **vinceremo** noi.	Das war eine schmerzliche Niederlage, aber nächstes Mal gewinnen wir.

l'**arbitro**	Schiedsrichter(in)
Con un altro arbitro la vittoria sarebbe stata nostra!	Mit einem anderen Schiedsrichter wäre der Sieg unser gewesen.
fischiare	pfeifen
L'arbitro ha già fischiato, non hai sentito?	Der Schiedsrichter hat schon gepfiffen, hast du das nicht gehört?

la **corsa**	Lauf
La corsa **avrà inizio** alle ore 11.00.	Der Lauf beginnt um 11.00 Uhr.
il **percorso**	Strecke
correre	laufen
nuotare	schwimmen
Chi viene a nuotare con me?	Wer kommt mit zum Schwimmen?
il **traguardo**	Ziel
Chi **è arrivato primo** al traguardo?	Wer war als erster am Ziel?
raggiungere	erreichen; erzielen
l'**anticipo**	Vorsprung

la **ginnastica**	Gymnastik
Quante ore di ginnastica fai **alla settimana**?	Wie viele Stunden Gymnastik machst du pro Woche?
la **cabina**	(Umkleide-)Kabine
lo **spogliatoio**	Umkleidekabine
la **palestra**	Turnhalle; Fitness-Center
Si vede che Francesco va sempre in palestra, guarda **che muscoli si è fatto**!	Dass Francesco regelmäßig ins Fitnessstudio geht, merkt man. Sieh nur, was für Muskeln er jetzt hat!
la **cyclette** [si'klɛt]	Heimtrainer
svelto, a	flink
il **salto**	Sprung
Fra poco cominceranno le gare di **salto in alto, in lungo** e **con l'asta**.	Gleich beginnen die Wettkämpfe im Hochsprung, Weitsprung und Stabhochsprung.

battere	schlagen; besiegen
l'**avversario**, l'**avversaria**	Gegner(in)
L'avversario era molto forte, ma l'abbiamo battuto **lo stesso**.	Der Gegner war sehr stark, aber wir haben ihn dennoch besiegt.
l'**attacco**	Angriff
la **difesa**	Verteidigung
Non vale molto **in difesa** ma **all'attacco** è bravissimo.	In der Verteidigung taugt er nicht viel, aber im Angriff ist er hervorragend.

il **calcio**	Fußball
Anche in Italia il calcio è lo sport nazionale.	Fußball ist auch in Italien Nationalsport.
il **calciatore**, la **calciatrice**	Fußballspieler(in)
il **giocatore**, la **giocatrice**	Spieler(in)
il **portiere**	Torwart; Torfrau
Il portiere **è riuscito a fermare la palla**.	Dem Torwart ist es gelungen, den Ball zu halten.
la **palla**	Ball
il **pallone**	Ball; Fußball
Tutti i ragazzi amano **il gioco del pallone**.	Alle Jungen spielen gerne Fußball.
tirare	schießen
Chi tira i vostri calci d'angolo (di rigore)?	Wer schießt bei euch die Eckbälle (die Elfmeter)?
segnare	markieren; erzielen
il **gol**	Tor
il **palo**	(Tor-)Pfosten
il **tempo**	Halbzeit
Nel primo tempo hanno fatto tre gol.	In der ersten Halbzeit fielen drei Tore.

il **motociclismo**	Motorradsport
l'**automobilismo**	Automobilsport
il **ciclismo**	Radsport
Il ciclismo è molto popolare in Italia.	Der Radsport ist in Italien sehr populär.
il **Giro d'Italia**	Giro d'Italia *(Radrundfahrt in Italien)*
Quando passa il Giro d'Italia **tutti fanno festa**.	Wenn der Giro vorbeikommt, feiern alle.
il **tifoso**, la **tifosa**	Fan; Anhänger(in)
Ogni anno ci sono **migliaia di** tifosi **lungo il percorso** per incitare i corridori.	Jedes Jahr stehen tausende Fans am Rande der Rennstrecke, um die Fahrer anzufeuern.
il **tifo**	Anfeuerung; Begeisterung der Fans

Dobbiamo **fare il tifo**, altrimenti la nostra squadra non vince.

Wir müssen sie anfeuern, sonst gewinnt unsere Mannschaft nicht.

lo **skateboard** ['skeitbɔrd]	Skateboard
i **pạttini in lịnea**	Inliner
i **pạttini a rotelle**	Rollerskates
pattinare	Schlittschuh laufen; skaten
la **slitta**	Schlitten
gli **sci** *pl*	Skier

Credo che questi sci **siano** troppo lunghi per me.

Ich glaube, diese Skier sind zu lang für mich.

la **pista** — Piste; Bahn

Mi può dire, per favore, dov'è una **pista per pattinare?**

Können Sie mir bitte sagen, wo hier eine Eisbahn ist?

il **ping-pong**	Tischtennis
la **pallacanestro**	Basketball
la **pallamano**	Handball

Data la sua altezza dovrebbe proprio giocare a pallacanestro e non a pallamano.

Bei seiner Größe sollte er besser Basketball und nicht Handball spielen.

la **pallavolo**	Volleyball
il **tennis**	Tennis
il **campo da tennis**	Tennisplatz

il **campo sportivo** — Sportplatz

La folla al campo sportivo **gridava a più non posso.**

Die Menge um den Sportplatz schrie ohrenbetäubend.

gli **artịcoli sportivi** *pl* — Sportartikel

Dove trovo un buon negozio di articoli sportivi?

Wo finde ich ein gutes Sportfachgeschäft?

l'**attrezzatura sportiva** — Sportausrüstung

il, la **dilettante**	Amateursportler(in)
il, la **professionista**	Profisportler(in)

Siamo dilettanti, ma abbiamo un'attrezzatura sportiva **da professionisti.**

Wir sind Amateure, aber wir haben eine Sportausrüstung für Profis.

l'**asso** — As

Michele è **un vero asso del tennis**, ma non ha intenzione di diventare professionista.

Michele ist ein echtes As im Tennis, aber er hat nicht die Absicht, Profi zu werden.

il **vincitore**, la **vincitrice** — Sieger(in)

Il vincitore aveva il vantaggio di **giocare in casa.**

Der Sieger hatte Heimvorteil.

la rivincita	Revanche
Il vincitore gli ha promesso una rivincita.	Der Sieger hat ihm eine Revanche versprochen.
superare	übertreffen; überragen; bestehen

il fisico	Konstitution
Non ho il fisico adatto per questo sport.	Für diese Sportart habe ich nicht die geeignete Konstitution.
la fitness	Fitness
la prestazione	Leistung
faticoso, a	anstrengend
Questo sport è troppo faticoso per me.	Diese Sportart ist mir zu anstrengend.
la fatica	Anstrengung
Fai tanta fatica perché **ti manca il fiato**.	Du quälst dich so ab, weil dir die Luft fehlt.
la bevanda isotonica	isotonisches Getränk; Isodrink
il fiato	Atem; Luft
il fiatone	Kurzatmigkeit

il vantaggio	Vorteil; Führung
Dopo cinque minuti **eravamo già in vantaggio**.	Nach fünf Minuten lagen wir schon in Führung.
lo svantaggio	Rückstand; Nachteil
La nazionale ha recuperato lo svantaggio in pochi minuti.	Die Nationalmannschaft hat binnen weniger Minuten den Rückstand aufgeholt.
pareggiare	ausgleichen
Hanno pareggiato cinque minuti fa.	Vor fünf Minuten ist der Ausgleich gefallen.
il pareggio	Ausgleich

la squadra	Mannschaft
la nazionale	Nationalmannschaft
il club	Klub
qualificato, a	qualifiziert
Il nostro club non si è qualificato per la finale.	Unser Klub hat sich nicht für das Finale qualifiziert.
lo scudetto	Titel; nationale italienische Meisterschaft

scommettere	wetten
la scommessa	Wette
Scommetto dieci a uno sulla mia squadra. – Accetto la scommessa.	Ich wette 10:1 auf meine Mannschaft. – Ich nehme die Wette an.

lo **sforzo**	Anstrengung
Gli sforzi di tutta la squadra hanno contribuito alla vincita dello scudetto.	Das Engagement der gesamten Mannschaft hat zum Gewinn der Meisterschaft beigetragen.
sforzarsi	sich anstrengen
contribuire ‹contribuisco›	beitragen
respingere	abwehren
l'**intervento**	Einschreiten
L'**intervento** dell'arbitro **è stato corretto.**	Der Schiedsrichter hat zu Recht eingegriffen.

passare	zuspielen
Dopo aver respinto l'attacco dovrebbe **passare la palla in avanti.**	Nachdem der Angriff abgewehrt ist, müsste er den Ball nach vorne passen.
il **passaggio**	Pass, Ballabgabe
il **tiro**	Schuss

la **ripresa**	zweite Halbzeit
Nella ripresa il Milan ha giocato molto meglio.	In der zweiten Halbzeit hat Milan viel besser gespielt.
supplementare	zusätzlich
Speriamo che non ci siano **i tempi supplementari.**	Hoffentlich gibt es keine Verlängerung.

l'**atletica leggera**	Leichtathletik
Da quanti anni **fai** atletica leggera?	Seit wie vielen Jahren betreibst du Leichtathletik?
la **maratona**	Marathon(lauf)
la **corsia**	Laufbahn
Tu dovrai correre **nella terza corsia.**	Du wirst auf Bahn drei laufen müssen.
la **staffetta**	Staffel
A che ora sono le **corse a staffetta?**	Wann finden die Staffelläufe statt?
l'**ostacolo**	Hindernis; Hürde
La corsa a ostacoli è già finita da un'ora.	Der Hürdenlauf ist schon seit einer Stunde zu Ende.

l'**asta**	Stab; Stange
il **salto con l'asta**	Stabhochsprung
il **salto in alto**	Hochsprung
il **salto in lungo**	Weitsprung
il **salto triplo**	Dreisprung
il **lancio del peso**	Kugelstoßen
il **lancio del giavellotto**	Speerwerfen

il **decatlon**	Zehnkampf
il **pentatlon**	Fünfkampf

il **nuoto**	Schwimmsport
Il nuoto è **lo sport più completo**.	Das Schwimmen ist die kompletteste aller Sportarten.
il **crawl** [krɔːl]	Kraulschwimmen
il **nuoto a rana**	Brustschwimmen
La mia cara Susanne **è molto portata per il nuoto a rana**.	Meine liebe Susanne ist eine sehr begabte Brustschwimmerin.
il **nuoto sul dorso**	Rückenschwimmen
il **trampolino**	Sprungbrett; Trampolin
tuffarsi	sich stürzen; untertauchen; springen
l'**immersione**	Ein-, Untertauchen
il **sub**	(Sport-)Taucher
il **salvagente**	Rettungsring
avventuroso, a	abenteuerlich; riskant
Luigi è sempre attratto dai viaggi avventurosi.	Luigi ist immer noch von Abenteuerreisen fasziniert.
affogare	ertrinken
Questo tratto di mare è molto pericoloso; se non si sta attenti si rischia di affogare.	Dieser Meeresabschnitt ist sehr gefährlich; wenn man nicht aufpasst, riskiert man zu ertrinken.

sciare	Ski laufen
Perché non scii più?	Warum läufst du nicht mehr Ski?
– Perché voglio prima **riposarmi** un po'.	– Weil ich mich erst ein wenig ausruhen möchte.
lo **sci alpino**	alpiner Skilauf
lo **sci di fondo**	Skilanglauf
lo **snowboard** ['snoubɔrd]	Snowboard
lo **sci nautico**	Wasserski
È possibile **fare sci nautico** in questa zona?	Kann man in dieser Gegend Wasserski fahren?

la **boxe** [bɔks]	Boxen
la **lotta**	Ringen
Che tipo di lotta fai?	Welche Kampfart betreibst du?
– **Lotta libera**.	– Freistilringen.
lottare	ringen; kämpfen
Ho dovuto lottare molto per vincere.	Ich musste sehr kämpfen, um zu gewinnen.

il **doping** ['dɔpin(g)]	Doping
dopare	(sich) dopen

10.3 Theater, Kino, Film und Fernsehen

il **teatro**
Questo teatro **ricorda molto** la
Scala di Milano.

Theater
Dieses Theater ähnelt sehr der
Mailänder Scala.

la **commedia**

Komödie

comico, a
Anche a me piacciono gli spettacoli
comici.

komisch
Ich mag Lustspiele auch.

la **risata**

Lachen, Gelächter

l'**atto**
È una commedia **in tre atti** molto
divertente.

Akt
Es ist eine sehr amüsante Komödie
in drei Akten.

l'**opera**
Andate anche voi all'opera?

Oper
Geht auch ihr in die Oper?

recitare

vortragen; aufführen; spielen

la **parte**
Era una parte molto **difficile da
recitare**, ma Gassman è stato
bravissimo come sempre.

Teil
Die Rolle war sehr schwierig, aber
Gassman war wie immer großartig.

la **rappresentazione**

Vorstellung

il **cinema**

Kino

Unveränderter Plural

Neben den auf Akzent oder Konsonant endenden Formen sind folgende Substantive
im Plural unverändert (deren Auslaut allerdings keine „echte" Endung darstellt):
il cinem**a**(tograf**o**)   **i** cinem**a**(tograf**i**)
la fot**o**(grafia)   **le** fot**o**(grafi**e**)
la mot**o**(cicletta)   **le** mot**o**(ciclett**e**)

il **biglietto d'ingresso**
Abbiamo già i biglietti d'ingresso
per il cinema.

Eintrittskarte
Wir haben die Kinokarten schon.

il **film**
Al *Moderno* danno il nuovo film di
Nanni Moretti.

Film
Im *Moderno* läuft der neue Film von
Nanni Moretti.

filmare

filmen

la **cinepresa**

(Film-)Kamera

girare (un film)
Leonardo Di Caprio è a Roma per
girare un nuovo film.

(einen Film) drehen
Leonardo Di Caprio ist in Rom,
um einen neuen Film zu drehen.

divertente

amüsant

rilassante

entspannend

lo **schermo**

Leinwand; Bildschirm

la **regìa**	Regie
La regia è buona, ma il soggetto **non vale molto**.	Die Regie ist gut, aber das Thema gibt nicht viel her.
l'**attore**, l'**attrice**	Schauspieler(in)
rappresentare	darstellen
attirare	anziehen

il **pùbblico**	Publikum
applaudire ‹applaudo, applaudisco›	applaudieren
Il pubblico ha applaudito **per un quarto d'ora**.	Das Publikum applaudierte eine Viertelstunde lang.
assìstere a	beiwohnen

Transitiv – intransitiv

Unterscheide:

assistere qu *(transitiv)*	*jdm beistehen, helfen*
assistere a qc *(intransitiv)*	*beiwohnen, zugegen sein*
Il pubblico che **assisteva allo** spettacolo si è divertito un sacco.	*Das bei der Vorstellung anwesende Publikum hat sich riesig amüsiert.*

la **scena**	Bühne; Szene
Il pubblico ha applaudito più volte **a scena aperta**.	Das Publikum applaudierte wiederholt bei offener Szene.
il **ballerino**, la **ballerina**	Tänzer(in)
il **circo**	Zirkus
C'è un famoso circo russo in città, **ci andiamo?**	In der Stadt gastiert ein berühmter russischer Zirkus, gehen wir hin?
l'**umorismo**	Humor

guardare la televisione	fernsehen
lo **schermo**	Bildschirm
Allontanati dallo schermo, **fa male agli** occhi!	Setz dich weiter weg vom Bildschirm, so ist es nicht gut für deine Augen.
il **programma**	Programm
il **canale**	Kanal
il **cavo**	Kabel
Da noi **non c'è** ancora la televisione via cavo.	Wir haben noch kein Kabelfernsehen.
il **satèllite**	Satellit
la **telecàmera**	(Fernseh-)Kamera

lo **studio**	Studio
la **trasmissione**	Sendung
il **servizio**	Reportage; Bericht
il **reportage** [report'aʒ]	Reportage; Bericht

la **serie**	Serie
il **(film) poliziesco**	Krimi
il **(film) giallo**	Krimi

il **festival**	Festival; Festspiele
Il Festival del Cinema di Venezia è famoso **in tutto il mondo**.	Das Filmfestival von Venedig ist in der ganzen Welt berühmt.
assegnare	verleihen; erteilen
Al film vincitore **viene assegnato** il Leone d'oro.	Dem Siegerfilm wird der Goldene Löwe verliehen.
lo **spettacolo**	Vorstellung; Aufführung
Che spettacolo c'è stasera?	Was wird heute Abend aufgeführt?
l'**attrazione**	Attraktion
attraente	attraktiv; anziehend
la **rappresentazione**	Vorstellung; Aufführung
Noi **andiamo a vedere** l'ultima rappresentazione. Vieni **anche tu**?	Wir sehen uns die letzte Vorstellung an. Kommst du mit?
l'**intervallo**	Pause
il **divertimento**	Unterhaltung; Amüsement; Vergnügen
Buon divertimento!	Viel Spaß! Gute Unterhaltung!

il, la **regista**	Regisseur(in)
Il regista è molto **contento dei risultati** ottenuti.	Der Regisseur ist mit den erzielten Ergebnissen sehr zufrieden.
sconosciuto, a	unbekannt
famoso, a	berühmt
noto, a	bekannt
favoloso, a	fabelhaft
il **ruolo**	Rolle
interpretare	interpretieren; darstellen; spielen
Secondo me Monica Belluci ha interpretato il suo ruolo **in modo favoloso**.	Meiner Meinung nach hat Monica Belluci ihre Rolle fabelhaft gespielt.
lo **spettatore**, la **spettatrice**	Zuschauer(in)

la **compagnia teatrale**	Ensemble
Questa compagnia teatrale è famosa per la **rappresentazione di drammi classici**.	Dieses Ensemble ist berühmt für seine Aufführungen klassischer Dramen.
il **dramma**	Drama; Schauspiel
drammatico, a	dramatisch
la **tragedia**	Tragödie
Le tragedie classiche sono sempre impressionanti.	Die klassischen Tragödien sind immer noch eindrucksvoll.
classico, a	klassisch

il **balletto**	Ballett
Dato che ti piace tanto, andiamo a vedere il balletto.	Da dir so viel daran liegt, gehen wir uns das Ballett ansehen.
l'**orchestra**	Orchester
Domani **ci sarà** un concerto dell'orchestra sinfonica della RAI.	Morgen findet ein Konzert des Sinfonieorchesters der RAI statt.
il **varietà**	Varietee
Non amo molto il varietà.	Ich mag das Varietee nicht besonders.
essere in programma	auf dem Programm stehen, angesagt sein

la **varietà**	Vielfalt
magico, a	magisch; zauberhaft
il **mostro**	Monstrum, Ungeheuer
Ai miei bambini piacciono anche i film pieni di mostri.	Meine Kinder finden auch Horrorfilme toll.
l'**umorista** *m, f*	Komiker(in); Humorist(in)
i **cartoni animati** *pl*	Zeichentrickfilm

la **biglietteria**	Kino-, Theaterkasse; Kartenschalter
La biglietteria è aperta **fino alle otto**.	Die Kasse ist bis acht Uhr geöffnet.
il **guardaroba**	Garderobe
il **palcoscenico**	Bühne
Alla fine dello spettacolo il palcoscenico era **pieno di fiori**.	Nach der Aufführung war die Bühne mit Blumen übersät.
la **platea**	Parkett
Cerchiamo un posto **in platea** o preferite **un palco**?	Sollen wir einen Platz im Parkett suchen, oder wollt ihr lieber einen Logenplatz?
il **palco**	Loge

10.4 Feiern

la **tradizione**	Tradition
l'**uso**	Sitte, Brauch
l'**usanza**	Brauch
la **festa**	Fest; Party
la **festa mobile**	beweglicher Feiertag
popolare	volkstümlich; Volks-

il **Natale**	Weihnachten

Auguriamo a tutti un buon Natale ed un felice Anno Nuovo.	Wir wünschen allen ein frohes Weihnachtsfest und ein glückliches neues Jahr.
Santo Stefano	Zweiter Weihnachtsfeiertag
il **Capodanno**	Neujahr
la **Pasqua**	Ostern
Da noi si dice: „Natale con i tuoi, Pasqua con chi vuoi."	Bei uns sagt man: „Weihnachten feiert man in der Familie, Ostern mit wem man will."
la **Pasquetta**	Ostermontag
la **Pentecoste**	Pfingsten
il **carnevale**	Karneval, Fasching
Desidererei tanto **vedere** una volta **il famoso carnevale di Venezia.**	Ich möchte unbedingt einmal den berühmten Karneval von Venedig erleben.
la **maschera**	Maske

augurare	wünschen
Vi auguro tanta felicità!	Ich wünsche euch viel Glück!
il **compleanno**	Geburtstag
gli **auguri**	Glückwünsche
Tanti auguri per il tuo compleanno!	Herzlichen Glückwunsch zum Geburtstag!
Auguri!	Frohes Fest!, Herzliche Glückwünsche!, Viel Glück!
il **regalo**	Geschenk

baciare	küssen
abbracciare	umarmen
Quando mi saluta mi bacia ed abbraccia sempre.	Wenn sie mich begrüßt, umarmt und küsst sie mich immer.
il **bacio**	Kuss
l'**amicizia**	Freundschaft
Il bacio è un segno d'amore ma anche di amicizia.	Der Kuss ist ein Zeichen der Zuneigung und der Freundschaft.

la **gente**	Leute
Quanta gente avete invitato!	Habt ihr viele Leute eingeladen!
il **contatto**	Kontakt
l'**appuntamento**	Verabredung, Rendezvous; Termin
insieme	zusammen
Ci siamo dati appuntamento per andare insieme alla **festa del paese.**	Wir haben uns verabredet, um zusammen zum Dorffest zu gehen.
il **gruppo**	Gruppe
la **relazione**	Beziehung, Kontakt

In questa città **abbiamo ottime relazioni**.

In dieser Stadt haben wir ausgezeichnete Kontakte.

ẹssere disposto, a a

bereit sein zu

Saresti disposto a venire insieme a me alla festa del patrono?

Wärst du bereit, mit mir zum Patronatsfest zu gehen?

festivo, a

Fest-, Feier-

In questo mese **ci sono** molti giorni festivi.

Dieser Monat hat viele Feiertage.

festeggiare

feiern

l'onomạstico

Namenstag

Tu lo festeggi l'onomastico?

Feierst du deinen Namenstag?

la festività

Fest, Festivität

folclorịstico, a

folkloristisch

Stasera ci sarà uno spettacolo folcloristico **in piazza**.

Heute Abend gibt es eine folkloristische Veranstaltung auf der Piazza.

l'anniversario

Jahrestag

Il 20 febbraio abbiamo il nostro decimo **anniversario di nozze**.

Am 20. Februar haben wir unseren zehnten Hochzeitstag.

precẹdere

vorangehen

precedente

vorherig

Abbiamo dovuto festeggiare il giorno precedente perché **era domenica** ed era più comodo per tutti.

Wir mussten am Tag davor feiern, weil das ein Sonntag war und somit für alle bequemer.

successivo, a

folgend

Sarà meglio che ci incontriamo nei giorni **successivi alle festività di fine anno**, così **avrò** più tempo.

Es wird besser sein, wenn wir uns nach den Feiertagen zum Jahreswechsel treffen, dann habe ich mehr Zeit.

la vigilia

Vortag, Vorabend

Il 24 dicembre è **la vigilia di Natale**.

Am 24. Dezember ist Heiligabend.

l'annuncio

Ankündigung

Quando verrà dato l'annuncio delle nozze?

Wann wird der Hochzeitstermin bekannt gegeben?

l'evento

Ereignis

Quando **festeggerete il lieto evento**?

Wann feiert ihr das freudige Ereignis?

l'invitato, l'invitata

Gast

Gli invitati sono stati accolti con grande gioia.

Die Gäste wurden mit großer Freude empfangen.

accọgliere

empfangen

l'ospitalità

Gastfreundschaft

I miei amici ti ringraziano ancora tanto per la tua ospitalità.

Meine Freunde danken dir nochmals sehr für deine Gastfreundschaft.

ospitare
Cosa regaliamo ad Alberto e Laura che **ci hanno ospitati con tanta gentilezza?**

aufnehmen, beherbergen
Was schenken wir Alberto und Laura, die uns so freundlich aufgenommen haben?

contare su
Puoi contare su di me, sono sempre **lieto di averti a casa mia.**

zählen auf
Du kannst auf mich zählen, ich nehme dich immer gerne bei mir auf.

---

la **befana**

Befana *(großmütterliche Fee, die in Italien zu Epiphanias nach alter Tradition die Kinder beschenkt)*

La notte dal 5 al 6 gennaio la befana porta dolci ai bambini buoni e carbone a quelli cattivi.

In der Nacht vom 5. auf den 6. Januar bringt die Befana den braven Kindern Süßigkeiten und den bösen Kohlestückchen.

la **leggenda**
misterioso, a

Legende
geheimnisvoll

In Germania non si conosce questa leggenda. Ma anche al Nord ci sono molte leggende misteriose.

In Deutschland kennt man diese Legende nicht. Aber auch im Norden gibt es viele geheimnisvolle Legenden.

---

regalare
avvolgere
badare a

schenken
aufrollen; einhüllen
Acht geben auf…

In quale carta avvolgiamo il regalo? – **In quella rossa, ma bada di non romperla.**

In welches Papier sollen wir das Geschenk verpacken? – In das rote, aber pass auf und zerreiß es nicht!

Falsche Freunde

Italienisches Wort	Thematische Bedeutung(en)	Falscher Freund	Italienische Entsprechung(en)
l'anniversario	Jahrestag	Geburtstag *(frz. l'anniversaire)*	il compleanno
la corsa	Lauf	Kurs, Lehrgang *(engl. the course)*	il corso
la raccolta	Sammlung	Ernte *(frz. la récolte)*	il raccolto
il regalo	Geschenk	Regal	lo scaffale

11.1 Reisevorbereitung, Reise

la **vacanza**	Urlaub
i **preparativi** *pl*	Vorbereitungen
Federica vuole fare una vacanza **diversa dal solito**: va in Namibia e ora **è tutta presa dai preparativi.**	Federica will ihre Ferien einmal anders als üblich verbringen. Sie fliegt nach Namibia und ist zurzeit voll und ganz mit den Vorbereitungen beschäftigt.
la **visita**	Besuch; Besichtigung
La visita del Parco Nazionale durerà **tutta la giornata.**	Die Besichtigung des Nationalparks wird den ganzen Tag dauern.
visitare	besichtigen; besuchen

viaggiare	reisen
Amo molto viaggiare, e tu?	Ich reise sehr gerne, und du?

Ausnahmen bestätigen die Regel – Verben der Bewegung

Die meisten Verben der Bewegung werden mit **essere** konjugiert, doch gibt es einige Ausnahmen:

Abbiamo viaggiato molto.	*Wir sind viel gereist.*

Ebenso:

nuotare	*schwimmen*
camminare	*zu Fuß gehen*
correre	*laufen*

---

il **viaggio**	Reise
l'**andata**	Hinfahrt
il **ritorno**	Rückfahrt
Volete **un biglietto di andata e ritorno?**	Wollt ihr eine Rückfahrkarte?
ritornare	zurückkehren
l'**orario**	Fahrplan
Ho bisogno dell'orario arrivi – partenze.	Ich brauche den Fahrplan für Ankunft und Abfahrt.
l'**arrivo**	Ankunft
la **partenza**	Abfahrt; Abreise
La partenza è stata **rimandata di un'ora.**	Die Abreise wurde um eine Stunde verschoben.
imbarcarsi	einsteigen; an Bord gehen; sich einschiffen
Abbiamo una comunicazione importante per i passeggeri **che si sono imbarcati qui.**	Wir haben eine wichtige Mitteilung für die Reisenden, die hier an Bord gegangen sind.
la **valigia**	Koffer

fare la valigia	den Koffer packen
disfare la valigia	den Koffer auspacken
il **bagaglio**	Gepäck
Con tutto questo bagaglio abbiamo bisogno di un portabagagli.	Bei all diesem Gepäck brauchen wir einen Träger.

il, la **cliente**	Kunde, Kundin
l'**agenzia viaggi**	Reisebüro
il **programma**	Programm
In mancanza di un programma migliore **seguiremo quello** dell'ultimo viaggio.	In Ermangelung eines besseren Programms folgen wir dem der letzten Reise.
informarsi	sich informieren; sich erkundigen
l'**itinerario**	Reiseroute; Reiseplan
Vi siete informati sull'itinerario del viaggio?	Habt ihr euch über die Reiseroute informiert?
la **carta geografica**	Landkarte
Ho comprato una carta geografica di tutta la regione perché **non ne sono pratico**.	Ich habe eine Landkarte der gesamten Region gekauft, weil ich mich hier nicht auskenne.

la **bassa stagione**	Vor-, Nachsaison
l'**alta stagione**	Hochsaison
il, la **turista**	Tourist(in)
turistico, a	touristisch
Abbiamo fatto un giro turistico bellissimo.	Wir haben eine sehr schöne Besichtigungstour gemacht.
la **guida turistica**	Reiseführer(in); Fremdenführer(in)
Abbiamo bisogno di una guida turistica **che parli** tedesco.	Wir brauchen einen Fremdenführer, der deutsch spricht.

la **conferma**	Bestätigung
Ci manca ancora la conferma, ma **partiremo** certamente **il giorno previsto**.	Uns fehlt noch die Bestätigung, aber wir werden gewiss zum vorgesehenen Termin abreisen.
la **comunicazione**	Mitteilung
la **mancanza**	Fehlen
annullare	annullieren; absagen; stornieren
Ho deciso di annullare la **prenotazione per** Parigi.	Ich habe beschlossen, die Platzreservierung für Paris zu stornieren.
stornare	stornieren

le **ferie** *pl*	Ferien; Urlaub
Quando andrai in ferie quest'anno?	Wann fährst du dieses Jahr in Urlaub?

il **turismo**
Qui per fortuna non c'è ancora
troppo turismo.

Tourismus
Gott sei Dank gibt es hier noch
nicht zu viel Tourismus.

il **dépliant** [depli'an]
il **tour operator** [turɔpe'reitor]
l'**inclusive tour** ['inklusivtur]
accogliente
È un hotel molto accogliente e **ci
troviamo bene**.

Prospekt
Reiseveranstalter
Pauschalreise
einladend
Das Hotel ist sehr einladend und
wir fühlen uns hier wohl.

il **bagagliaio**
il **portabagagli**
il **deposito bagagli**
Lasciamo **tutte le valigie** al
deposito bagagli.

Gepäckraum
Gepäckträger
Gepäckaufbewahrung
Wir lassen alle unsere Koffer bei der
Gepäckaufbewahrung.

il **viaggiatore**, la **viaggiatrice**
**I signori viaggiatori sono pregati
di allacciare le cinture di
sicurezza**.

Reisende(r)
Die Fahr-/Fluggäste werden
gebeten, die Sicherheitsgurte
anzulegen.

rivolgersi a
l'**azienda di soggiorno**
Per tutte le informazioni turistiche,
può **rivolgersi** all'azienda di
soggiorno.

sich wenden an
Fremdenverkehrsbüro
Für alle touristischen Fragen
können Sie sich an das
Fremdenverkehrsbüro wenden.

l'**ente del turismo**
il **visto**
Non occorre più il visto per andare
in quel paese.

Fremdenverkehrsverein
Visum
Für dieses Land braucht man kein
Visum mehr.

rimandare
Abbiamo rimandato il viaggio,
anche se avevamo pagato già un
acconto.

verschieben
Wir haben die Reise verschoben,
obwohl wir schon eine Anzahlung
geleistet hatten.

l'**acconto**

Anzahlung

lo **scompartimento**
il **non fumatore**
il **fumatore**
Dov'è lo scompartimento (per)
fumatori?

Abteil
Nichtraucher
Raucher
Wo ist das Raucherabteil?

libero, a
occupato, a
Ma come, siamo solo all'inizio della
stagione ed è già tutto occupato?

frei
besetzt; belegt
Wieso denn das? Es ist doch erst
Saisonbeginn und es ist schon alles
belegt?

la **carta stradale** — Straßenkarte
Questo paese non è segnato sulla carta stradale. — Dieses Dorf ist auf der Karte nicht eingezeichnet.

la **carta verde** — grüne Versicherungskarte
In un viaggio all'estero **si consiglia di** portare la carta verde. — Bei einer Reise ins Ausland empfiehlt es sich, die grüne Versicherungskarte dabei zu haben.

facilitare — erleichtern

l'**autostop** — Autostopp
Facciamo l'autostop? — Fahren wir per Anhalter?

l'**imbarcazione** *f* — Boot
È sicura quest'imbarcazione? — Ist dieses Boot sicher?

la **crociera** — Kreuzfahrt
Allora, si va in crociera o no quest'anno? — Machen wir nun dieses Jahr eine Kreuzfahrt oder nicht?

la **seggiovia** — Sessellift
Non posso **andare in seggiovia** perché **soffro di vertigini**. — Ich kann nicht mit dem Sessellift fahren, da mir schwindelig wird.

11.2 Unterkunft

l'**albergo** — Hotel
l'**albergatore**, l'**albergatrice** — Hotelbesitzer(in)
l'**hotel** *m* — Hotel
la **pensione** — Pension
Conoscete **qualche pensione** vicino al mare? — Kennt ihr irgendeine Pension am Meer?

prenotare — reservieren; vorbestellen; buchen
la **prenotazione** — Vorbestellung; Buchung
Avete già prenotato l'albergo? — Habt ihr das Hotel schon gebucht?
– Sì, la prenotazione è stata confermata ieri. — – Ja, die Buchung ist gestern bestätigt worden.

completo, a — vollständig, komplett
al completo *avv* — ausgebucht
Mi dispiace, signore, ma **siamo al completo**. — Es tut mir Leid, mein Herr, aber wir sind voll belegt.

riservato, a — reserviert
Questo tavolo è riservato per noi. — Dieser Tisch ist für uns reserviert.

il **vitto** — Verpflegung
Il vitto in quest'albergo è ottimo. — Die Verpflegung in diesem Hotel ist ausgezeichnet.

costoso, a
Cerchiamo un **buon albergo**, ma non troppo costoso.

kostspielig; teuer
Wir suchen ein gutes, nicht zu teures Hotel.

il **campeggio**
A 15 km da qui c'è un campeggio con attrezzature modernissime.

Camping; Campingplatz
15 Kilometer von hier ist ein äußerst modern ausgestatteter Zeltplatz.

la **tenda**
Zelt

la **camera singola**
Se cerchi una camera matrimoniale ed una camera singola, puoi **rivol-gerti** all'Hotel La Rovere nel Vicolo Sant'Onofrio.

Einzelzimmer
Wenn du ein Doppelzimmer und ein Einzelzimmer suchst, kannst du dich an das Hotel *La Rovere* in Vicolo Sant'Onofrio wenden.

la **camera matrimoniale**
Doppelzimmer

pernottare
übernachten

il **pernottamento**
Desiderano solo il pernottamento, **mezza pensione** o **pensione completa?**

Übernachtung
Wünschen Sie nur Übernachtung, Halbpension oder Vollpension?

mezzo, a
Halb-; halb

l'**acqua corrente**
Vorrei avere almeno l'acqua corrente!

fließendes Wasser
Wenigstens hätte ich gerne fließendes Wasser!

la **camera con bagno**
Zimmer mit Dusche/Bad/WC

la **camera con prima colazione**
Zimmer mit Frühstück

la **sveglia telefonica**
Weckdienst

il **voucher** ['vautʃer]
Voucher, Hotelgutschein

l'**agriturismo**
Ferien auf dem Bauernhof

l'**ostello (della gioventù)**
Jugendherberge

il **sacco a pelo**
Se **non c'è posto all'**ostello dovremo dormire nel sacco a pelo.

Schlafsack
Wenn in der Jugendherberge kein Platz ist, werden wir im Schlafsack übernachten müssen.

lo **zaino**
Non uso mai la valigia, preferisco lo zaino.

Rucksack
Ich nehme nie einen Koffer mit, ich ziehe den Rucksack vor.

il **camper** ['kamper]
Abbiamo comprato un camper nuovo per il prossimo viaggio.

Campingbus; Wohnmobil
Für die nächste Reise haben wir uns einen neuen Campingbus gekauft.

la **roulotte** [ru'lɔt]
Wohnwagen

Falsche Freunde			
Italienisches Wort	Thematische Bedeutung(en)	Falscher Freund	Italienische Entsprechung(en)
il sacco	Sack	Sakko	la giacca

CERVANTES
SHAKESPEARE
DANTE ALIGHIERI
MOLIERE

xmomxmom
xmomxnomm.dasidskxxcism
asha.ihhsdaxlkasjh
cyxyxntyxcx
yxvxvxj

12.1 Bildende Kunst

l'**arte** f	Kunst
le **arti figurative** pl	Bildende Kunst
il **pittore**, la **pittrice**	Maler(in)
la **pittura**	Malerei
Ti interessi di pittura moderna?	Interessierst du dich für moderne Malerei?
il **dipinto**	Gemälde
il **quadro**	Bild
la **tela**	Leinwand
È un dipinto su tela?	Ist das Bild auf Leinwand gemalt?
disegnare	zeichnen
Quand'ero piccola disegnavo molto, ora non più.	Als Kind habe ich viel gezeichnet, jetzt nicht mehr.

l'**esposizione** f	Ausstellung
la **galleria**	Galerie
Nella galleria di Via Margutta c'è una bellissima esposizione di Luciano Pelizzari.	Die Galerie in der Via Margutta zeigt eine wunderschöne Ausstellung von Luciano Pelizzari.
il **museo**	Museum
il, la **custode**	Museumswärter(in)
l'**acquisto**	Errungenschaft; Erwerb
acquistare	erwerben
Il nostro museo ha acquistato un quadro di Modigliani.	Unser Museum hat ein Bild von Modigliani erworben.
l'**originale** m	Original
Questa è davvero **una copia** perfetta dell'originale.	Dies ist tatsächlich eine perfekte Kopie des Originals.

il **monumento**	Denkmal; Monument
Questi monumenti **saranno anche famosi**, ma li trovo molto brutti.	Diese Denkmäler mögen sehr bekannt sein, aber ich finde sie ausgesprochen hässlich.
classico, a	klassisch
la **scultura**	Skulptur; Bildhauerei
Mi piace molto la scultura moderna. – Io preferisco le sculture classiche.	Die moderne Bildhauerei gefällt mir sehr. – Ich ziehe die klassischen Skulpturen vor.
l'**arco**	(Triumph-)Bogen
Ci incontriamo vicino all'Arco di Augusto, va bene?	Wir treffen uns beim Augustusbogen, okay?
il **tesoro**	Schatz
L'Italia **è piena di tesori d'arte**.	Italien ist voller Kunstschätze.

la **pinacoteca**	Pinakothek
Sei mai stato alla Pinacoteca di Brera?	Bist du schon mal in der Pinakothek von Brera gewesen?
la **mostra**	Ausstellung
mostrare	zeigen; aufweisen
inaugurare	einweihen
l'**inaugurazione** f	Eröffnung; Einweihung
Hanno inaugurato la mostra dello scultore Buratti proprio ieri sera. – Lo so, all'inaugurazione **c'era tantissima gente**.	Die Ausstellung des Bildhauers Buratti wurde gestern Abend eröffnet. – Ich weiß, bei der Vernissage waren sehr viele Leute.
il **critico d'arte**	Kunstkritiker(in)

lo **schizzo**	Skizze
Il pittore mi ha pregato di esaminare gli schizzi che ha preparato.	Der Maler bat mich, die Skizzen zu begutachten, die er angefertigt hat.
il **disegno**	Zeichnung
dipingere	malen
Massimiliano **sa dipingere** molto bene.	Massimiliano kann sehr gut malen.
l'**acquerello**	Aquarell
l'**affresco**	Fresko, Freske
Hai già visto gli affreschi della Cappella Sistina?	Hast du schon die Fresken der Sixtinischen Kapelle gesehen?
colorato, a	farbig
Non mi piacciono i disegni colorati, **li preferisco in bianco e nero**.	Farbige Zeichnungen mag ich nicht, ich ziehe Schwarzweißzeichnungen vor.
il **ritratto**	Portrait
l'**espressione** f	Ausdruck
Guarda questo ritratto: non trovi anche tu che gli occhi hanno un'espressione triste?	Schau dir dieses Portrait an. Findest du nicht auch, dass die Augen einen traurigen Ausdruck haben?

la **cornice**	Rahmen
sostituire ‹sostituisco›	ersetzen; auswechseln
Vorrei **sostituire le cornici agli acquerelli** che ho comprato ieri.	Ich würde gerne die Rahmen der Aquarelle, die ich gestern gekauft habe, auswechseln.
romanico, a	romanisch
gotico, a	gotisch
rinascimentale	Renaissance-
barocco, a	Barock-, barock
contemporaneo, a	zeitgenössisch

Non mi piace l'arte barocca, **preferisco quella** contemporanea.	Die Barockkunst sagt mir nicht zu, die zeitgenössische ist mir lieber.

lo **scultore**, la **scultrice**	Bildhauer(in)
scolpire ‹scolpisco›	(be)hauen; (ein)meißeln; schnitzen
il **mosaico**	Mosaik
Avete già visto i mosaici di Ravenna?	Habt ihr schon die Mosaiken von Ravenna besichtigt?
il **rilievo**	Relief
restaurare	restaurieren
Hanno restaurato il Cenacolo di Leonardo da Vinci.	Das „Abendmahl" von Leonardo da Vinci ist restauriert worden.

12.2 Musik

l'**artista** _m, f_	Künstler(in)
la **musica**	Musik
la **musica classica**	klassische Musik
Se non ti dispiace, preferirei ascoltare musica classica.	Wenn es dich nicht stört, würde ich gern klassische Musik hören.
musicale	musikalisch
Quella ragazza è molto **musicale**.	Dieses Mädchen ist sehr musikalisch.
la **nota**	Note
Sai leggere le note?	Kannst du Noten lesen?
la **chiave**	Notenschlüssel
la **melodia**	Melodie
Non conosco questa melodia.	Ich kenne diese Melodie nicht.
l'**armonia**	Harmonie
la **sinfonia**	Sinfonie
Mauro mi ha regalato **tutte le sinfonie** di Beethoven dirette da Karajan.	Mauro hat mir sämtliche von Karajan dirigierten Beethoven-Sinfonien geschenkt.
dirigere	dirigieren
Chi dirige stasera?	Wer dirigiert heute Abend?

lo **strumento musicale**	Musikinstrument
il **piano(forte)**	Klavier
Lo strumento musicale che ascolto **più volentieri** è il piano.	Das Instrument, das ich am liebsten höre, ist das Klavier.
il **tasto**	Taste
I tasti **di quel vecchio piano** sono **tutti gialli**.	Die Tasten dieses alten Klaviers sind ganz gelb.
il **violino**	Violine, Geige
suonare	spielen; erklingen

Veronica **sta imparando a suonare** il violino. | Veronica lernt Geige spielen.

la **chitarra** | Gitarre

Ti piace di più la chitarra elettrica o **quella** classica? | Hörst du lieber Elektrogitarre oder klassische?

la **batteria** | Schlagzeug

A quest'ora non puoi suonare la batteria, pensa ai vicini! | Um diese Zeit kannst du nicht mehr Schlagzeug spielen; denk an die Nachbarn!

il **jazz** [dʒɛts] | Jazz

il **pop** [pɔp] | Pop

il **rap** [rɛp] | Rap

il, la **rapper** ['rɛpper] | Rapper(in)

il **rock** [rɔk] | Rock

la **techno** ['tɛkno] | Techno-Musik

il **discjockey** ['disk͜dʒɔki] | Diskjockey, DJ

l'**opera** | Oper

la **voce** | Stimme

Che bella voce! Dovresti studiare canto. | Was für eine schöne Stimme! Du solltest Gesang studieren!

cantare | singen

il, la **cantante** | Sänger(in)

l'**immagine** f | Bild; Image

Si è creato quell'immagine **con il lancio che ha avuto in TV.** | Er hat sich dieses Image durch sein Fernsehdebüt geschaffen.

brillante | glänzend

il **successo** | Erfolg

la **canzone** | Lied

il **tenore** | Tenor

Fra i tenori la voce che preferisco è quella di Beniamino Gigli. | Unter den Tenören höre ich am liebsten die Stimme von Beniamino Gigli.

il **soprano** | Sopran

il **basso** | Bass

l'**aria** | Arie

Ho trovato un vecchio disco con **le arie** più celebri **delle opere** di Mozart. | Ich habe eine alte Schallplatte mit den berühmtesten Arien aus den Opern Mozarts gefunden.

il, la **musicista** | Musiker(in)

assistere a | besuchen; teilnehmen

Ho assistito alla rappresentazione del balletto *Lo schiaccianoci* alla Scala di Milano. | Ich habe eine Aufführung des Balletts *Der Nussknacker* an der Mailänder Scala besucht.

il **concorso**	Wettbewerb; Aufnahmetest
Ha vinto un posto di studio **con un concorso**.	Er hat den Studienplatz durch einen Wettbewerb bekommen.
il **conservatorio**	Konservatorium
Alessandro studia composizione al conservatorio.	Alessandro studiert Kompositions-technik am Konservatorium.

il **suono**	Klang
il **tono**	Ton; Klang
Hai sentito che tono ha questa tromba?	Hast du gehört, was diese Trompete für einen Klang hat?
la **tonalità**	Tonart
la **scala (musicale)**	Tonleiter
maggiore	Dur
minore	Moll
il **compositore**, la **compositrice**	Komponist(in)
la **composizione**	Komposition
sinfonico, a	Sinfonie-, sinfonisch
la **danza**	Tanz
Trovo che questa musica non sia **troppo adatta** per una danza.	Ich finde diese Musik nicht sonder-lich geeignet zum Tanzen.

il **direttore d'orchestra**	(Orchester-)Dirigent(in)
Pare che ci sia un nuovo direttore d'orchestra, ne sai qualcosa?	Es soll ein neuer Dirigent da sein, weißt du was davon?
il **flauto**	Flöte
Il suono del flauto è meraviglioso.	Der Klang der Flöte ist wundervoll.
la **tromba**	Trompete
l'**organo**	Orgel
È bellissimo **sentire l'organo** in una vecchia cattedrale.	Es ist wunderschön, in einer alten Kathedrale dem Orgelspiel zu lauschen.
il **tamburo**	Trommel
Ai bambini piace molto **suonare il tamburo**.	Kinder schlagen sehr gerne die Trommel.
la **corda**	Saite

12.3 Literatur

la **letteratura**	Literatur
Conosco bene **sia** la letteratura tedesca **che quella** italiana.	Sowohl die deutsche als auch die italienische Literatur kenne ich gut.
lo **scrittore**, la **scrittrice**	Schriftsteller(in)

Alessandro Baricco è uno scrittore di grande talento.	Alessandro Baricco ist ein sehr begabter Schriftsteller.
l'**opera**	Werk

il **romanzo**	Roman
il **racconto**	Erzählung
Le mie letture preferite sono i romanzi e i racconti.	Romane und Erzählungen sind meine Lieblingslektüre.
Ho appena letto un racconto che **ha per sfondo il periodo** fra le due guerre mondiali.	Ich habe gerade eine Erzählung gelesen, deren Hintergrund die Zeit zwischen den beiden Weltkriegen ist.

il **dramma**	Drama
la **commedia**	Komödie
la **tragedia**	Tragödie
il **poeta**, la **poetessa**	Dichter(in)
I poeti romantici tedeschi sono famosi anche in Italia.	Die deutschen Dichter der Romantik sind auch in Italien bekannt.

a – i

Maskuline Susbstantive, die im Singular auf **a** enden, nehmen im Plural die Endung **i** an; Beispiele:

il poet**a**   i poet**i**
il problem**a** i problem**i**
il tem**a**   i tem**i**

la **poesia**	Gedicht; Dichtung
il **verso**	Vers
Ho letto dei versi bellissimi, ma non ricordo il titolo della poesia.	Ich habe wunderschöne Verse gelesen, aber ich habe den Titel des Gedichtes vergessen.

la **biblioteca**	Bibliothek
In casa nostra siamo **tutti dei grandi lettori, ecco perché** la nostra biblioteca è così ricca.	Bei uns sind wir alle passionierte Leser, daher ist unsere Bibliothek so umfangreich.
il **lettore**, la **lettrice**	Leser(in)
la **libreria**	Buchhandlung
il **libro**	Buch
il **(libro) giallo**	Kriminalroman; Krimi
Se passi in libreria, comprami qualche libro giallo.	Wenn du in die Buchhandlung gehst, kauf mir ein paar Krimis!
la **copertina**	Buchdeckel; Umschlag
I romanzi gialli in Italia **hanno preso questo nome** dal colore della copertina.	In Italien werden die Krimis wegen der gelben Buchdeckel so genannt.

il **rilievo**	Bedeutung
Nel libro che mi hai regalato **viene messo molto in rilievo** il paesaggio della campagna toscana.	In dem Buch, das du mir geschenkt hast, spielt die toskanische Landschaft eine große Rolle.
la **traduzione**	Übersetzung
il **talento**	Talent
il **premio**	Preis
Sai chi ha vinto il Premio Campiello quest'anno?	Weißt du, wer dieses Jahr den Premio Campiello bekommen hat?

la **lirica**	Lyrik
ispirare	inspirieren
Sembra che sia stata una donna bellissima **ad ispirargli** la sua lirica.	Eine wunderschöne Frau soll seine Lyrik inspiriert haben.
l'**immaginazione** f	Phantasie; Einbildungskraft
Ci vuole molta immaginazione per capire **tutti i suoi** simboli.	Um alle seine Symbole zu verstehen, braucht man viel Phantasie.
il **ritmo**	Rhythmus
Questa poesia ha un ritmo stupendo.	Der Rhythmus dieses Gedichts ist wundervoll.
il **metro**	Versmaß
la **rima**	Reim
Non fa rima, non senti?	Merkst du nicht, dass sich das nicht reimt?
l'**elaborazione** f	Ausarbeitung; Gestaltung

l'**autore**, l'**autrice**	Autor(in)
creativo, a	schöpferisch
Il periodo più creativo di Alberto Moravia è **stato quello** fra il 1947 e il 1970.	Die kreativste Zeit Alberto Moravias lag zwischen 1947 und 1970.
il **narratore**, la **narratrice**	Erzähler(in)
Ascolto con piacere i narratori dei vecchi tempi.	Gerne lausche ich den Erzählern alter Zeiten.

il **volume**	Band
Mi puoi prestare questo volume di poesie?	Kannst du mir diesen Gedichtband leihen?
l'**introduzione**	Einleitung; Einführung
Devi leggere anche l'introduzione, è molto importante.	Du musst auch die Einführung lesen; sie ist sehr wichtig.
l'**indice** m	Inhaltsverzeichnis; Index
il **capitolo**	Kapitel
Quanti capitoli hai già scritto?	Wie viele Kapitel hast du schon geschrieben?

lo **stile**	Stil
Ammiro molto lo stile della scrittrice Grazia Deledda.	Ich bewundere sehr den Stil der Schriftstellerin Grazia Deledda.
il **simbolo**	Symbol
la **lettura**	Lektüre
la **novella**	Novelle
la **favola**	Märchen
Avete già letto le favole dei fratelli Grimm?	Habt ihr schon die Märchen der Gebrüder Grimm gelesen?
favoloso, a	fabelhaft
il **diario**	Tagebuch
I diari di Ernst Jünger **vanno annoverati fra** i più importanti del Novecento.	Ernst Jüngers Tagebücher zählen zu den wichtigsten des 20. Jahrhunderts.
l'**illustrazione** f	Abbildung; Zeichnung; Illustration
In questo libro **ci sono delle illustrazioni** veramente splendide.	Dieses Buch ist wirklich großartig illustriert.

annoverare tra	zählen zu
il **capolavoro**	Meisterwerk
L'ultima novella di Aldo Palazzeschi è veramente un capolavoro.	Die letzte Novelle Aldo Palazzeschis ist ein wahres Meisterwerk.
importante	wichtig
il, la **protagonista**	Hauptperson

Falsche Freunde

Italienisches Wort	Thematische Bedeutung(en)	Falscher Freund	Italienische Entsprechung(en)
il concorso	Wettbewerb; Aufnahmetest	Konkurs	il fallimento
la novella	Novelle	Roman (engl. the novel)	il romanzo
il quadro	Bild	Rahmen (frz. le cadre)	la cornice
la pittura	Malerei	Bild (engl. the picture)	il quadro
il rilievo	Bedeutung	Relief; Erleichterung; Linderung (engl. the relief)	il sollievo
il romanzo	Roman	Romanze	la romanza

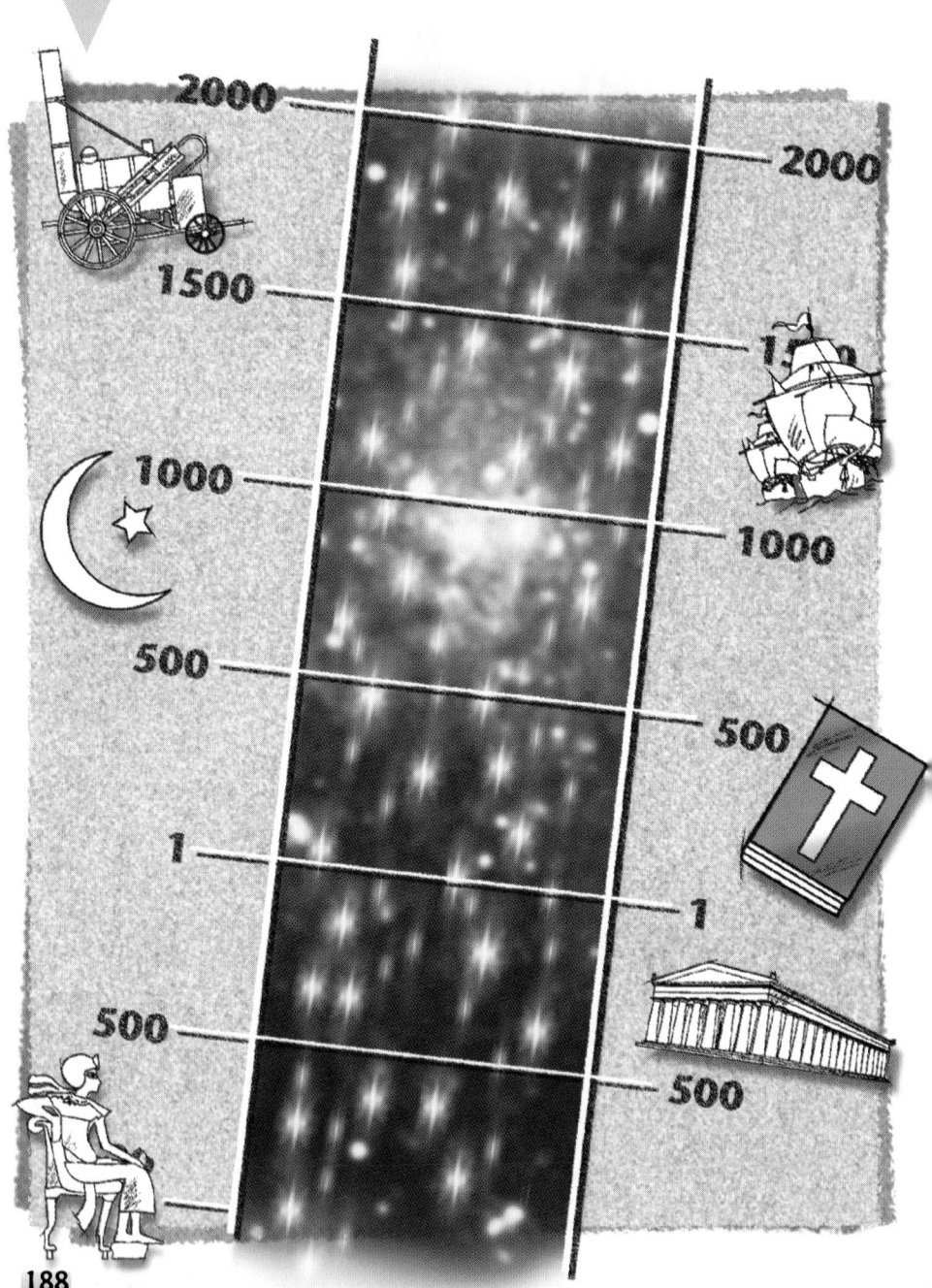

2000

2000

1500

1500

1000

1000

500

500

1

1

500

500

13.1 Geschichte

la **storia**	Geschichte
la **cultura**	Kultur
Conosci la storia dell'Italia?	Kennst du die Geschichte Italiens?
– Sì, ed anche la sua grande cultura.	– Ja, und auch seine großartige Kultur.
l'**epoca**	Epoche
il **Medioevo**	Mittelalter
Quale epoca ti sembra più interessante? – **Ti sembrerà strano**, ma amo molto il Medioevo.	Welche Epoche scheint dir die interessanteste? – Es mag dir merkwürdig vorkommen, aber ich liebe besonders das Mittelalter.
antico, a	antik; ehemalig
moderno, a	modern
il **progresso**	Fortschritt

il **re**, la **regina**	König(in)
il **principe**, la **principessa**	Fürst(in); Prinz, Prinzessin
l'**imperatore**, l'**imperatrice**	Kaiser(in)
lo **splendore**	Glanz
la **fortuna**	Glück
sovrano, a	souverän
l'**influenza**	Einfluss
la **rivoluzione**	Revolution
La Rivoluzione Francese ha rovesciato il vecchio regime.	Die Französische Revolution hat das alte Regime gestürzt.

l'**erede** *m, f*	Erbe, Erbin
ereditare	erben
l'**eredità** *f*	Erbschaft; Erbe
grande	groß(artig)
la **grandezza**	Größe
enorme	enorm; außerordentlich
ricco, a	reich
la **ricchezza**	Reichtum
povero, a	arm
la **povertà**	Armut
lo **schiavo**, la **schiava**	Sklave, Sklavin

la **civiltà**	Kultur
la **civilizzazione**	Zivilisation
colto, a	gebildet
storico, a	historisch
lo **storico**	Historiker(in)
la **storiografia**	Geschichtsschreibung

l'**antichità**	Antike; Altertum
medioevale	mittelalterlich
il **Rinascimento**	Renaissance
Il Rinascimento ha favorito lo sviluppo di **tutte le arti**.	Die Renaissance hat die Entwicklung sämtlicher Künste gefördert.
il **Cinquecento**	16. Jahrhundert
Il Cinquecento è un secolo molto importante per l'arte italiana.	Das 16. Jahrhundert ist sehr wichtig für die italienische Kunst.
il **Risorgimento**	Risorgimento *(Zeit der italienischen Staatsgründung im 19. Jh.)*
Durante il Risorgimento ci sono state molte lotte per creare l'**Italia unita**.	Während des Risorgimento gab es viele Kämpfe, um die staatliche Einigung Italiens zu erreichen.
il **Novecento**	20. Jahrhundert
Il Novecento è il secolo delle grandi rivoluzioni tecniche.	Das 20. Jahrhundert ist dasjenige der großen technischen Revolutionen.

Duecento – Novecento

Die acht Jahrhunderte vom 13. bis zum 20. Jahrhundert können durch einfache *Grundzahlen* (statt durch Ordnungszahlen) wiedergegeben werden.
Beispiele:

il **Duecento**	*das Duecento (13. Jh.)*
il **Trecento**	*das Trecento (14. Jh.)*
il **Novecento**	*das Novecento (20. Jh.)*

la **ribellione**	Rebellion; Aufstand
il, la **ribelle**	Rebell(in); Anführer(in)
nuocere	schaden, schädlich sein
Non sempre la ribellione nuoce, **anzi**, spesso è necessaria.	Ein Aufstand ist nicht immer schädlich, manchmal ist er sogar notwendig.
rovesciare	stürzen
l'**unità**	Einheit
borghese	bürgerlich
Quella francese è stata una rivoluzione borghese.	Die Französische Revolution war eine Revolution des Bürgertums.
la **resistenza**	Widerstand
Il popolo **ha fatto molta resistenza**, ma è stato sconfitto.	Das Volk hat großen Widerstand geleistet, aber es wurde besiegt.

il **duca**, la **duchessa**	Herzog(in)
il **ducato**	Herzogtum
il **regno**	Königreich

Il regno d'Italia **è finito con** il referendum del 1946.	Das Königreich Italien ist mit der Volksabstimmung von 1946 zu Ende gegangen.
l'**impero**	Kaiserreich; Imperium
L'impero romano **è stato** uno dei più grandi dell'antichità.	Das Römische Reich war eines der größten im Altertum.
romano, a	römisch
la **corona**	Krone
la **grandezza**	Größe
Ammiro molto la grandezza delle cattedrali medioevali.	Ich bewundere sehr die Großartigkeit der mittelalterlichen Kathedralen.
il **fenomeno**	Phänomen
Questo è un fenomeno **storico-culturale comune** a molti popoli.	Dies ist ein kulturhistorisches Phänomen, das vielen Völkern gemeinsam ist.
la **colonna**	Säule
Del foro sono rimaste solo poche colonne.	Vom Forum sind nur wenige Säulen übrig geblieben.
le **rovine** pl	Ruinen
Le rovine della civiltà romana sono numerose non solo in Italia, ma anche in molti altri paesi europei.	Nicht nur in Italien, sondern auch in vielen anderen europäischen Ländern gibt es zahlreiche Ruinen aus der römischen Kultur.
scavare	ausgraben
gli **scavi** pl	Ausgrabungen
In questa zona ci sono scavi che **meritano di essere visti**.	In dieser Gegend gibt es Ausgrabungen, die eine Besichtigung lohnen.
invadere	überfallen; eindringen
l'**invasione** f	Invasion
L'invasione della Polonia segna l'inizio della seconda guerra mondiale.	Die Invasion Polens markiert den Beginn des Zweiten Weltkrieges.
sconfiggere	besiegen

13.2 Religion

Dio	Gott
Tu **credi in** Dio?	Glaubst du an Gott?
divino, a	göttlich
il **dio**, la **dea**	Gott, Göttin
gli **dei pagani**	heidnische Götter

lo **spirito**	Geist
santo, a	heilig
Oggi è **il giorno di Santa Barbara**.	Heute ist Barbaratag.
Sant'Antonio è il **santo protettore** degli animali.	Der heilige Antonius ist der Schutzpatron der Tiere.
San Gennaro è il **santo patrono** dei napoletani.	Der heilige Gennaro ist der Schutzheilige der Neapolitaner.
la **religione**	Religion

l'**anima**	Seele
pregare	beten
Preghiamo sempre per le anime dei nostri morti.	Wir beten immer für die Seelen unserer Toten.
felice	glücklich
Sono **felice di aver imparato** a pregare.	Ich bin glücklich, weil ich gelernt habe zu beten.
la **felicità**	Glückseligkeit
sopportare	ertragen
Chi **sa pregare** sopporta meglio i problemi della vita.	Wer beten kann, erträgt die Probleme des Lebens leichter.
la **candela**	Kerze
È andato in chiesa **ad accendere** una candela a Sant'Antonio.	Er ist in die Kirche gegangen, um dem heiligen Antonius eine Kerze anzuzünden.

il **destino**	Schicksal; Fügung
Tu credi al destino?	Glaubst du an Fügung?
destinare a	bestimmen zu
la **destinazione**	Bestimmung
la **prospettiva**	Perspektive
E quali prospettive avete per il futuro?	Und welche Perspektiven habt ihr für die Zukunft?
la **speranza**	Hoffnung
sperare in	hoffen auf
Sto passando un brutto momento, **ma continuo a sperare in giorni migliori**.	Ich bin schlecht dran im Moment, aber ich hoffe weiter auf bessere Tage.

la **setta**	Sekte
segreto, a	geheim
Questa setta **non ha niente a che fare con** la religione, è una setta segreta.	Diese Sekte hat mit Religion nichts zu tun; sie ist ein Geheimbund.
il **segreto**	Geheimnis

Cristo	Christus
Cristo ha predicato la povertà.	Christus hat die Armut gepredigt.

cristiano, a	christlich
Gesù	Jesus
la **croce**	Kreuz
Insegna a quel bambino a fare il segno della croce.	Zeig dem Kind, wie man sich bekreuzigt.
il **segno**	Zeichen
risorgere	(wieder) auferstehen
Cristo è risorto il terzo giorno.	Christus ist am dritten Tage wieder auferstanden.
il **vangelo**	Evangelium
Il vangelo è il messaggio di Cristo.	Das Evangelium ist die Botschaft Christi.
il **paradiso**	Paradies
l'**angelo**	Engel
Questa musica **sembra** un coro di angeli.	Diese Musik klingt wie ein Chor von Engeln.
il **santo**, la **santa**	Heilige(r)
il **patrono**	Schutzpatron
il **peccato**	Sünde
pentirsi di	bereuen
Mi pento **dei miei peccati.**	Ich bereue meine Sünden.
l'**inferno**	Hölle
All'inferno tutti!	Zur Hölle mit allen!
il **diavolo**	Teufel
Ma va' al diavolo, mi hai proprio stancato!	Geh zum Teufel, ich habe wirklich die Nase voll von dir!
Non lasciarti tentare dal diavolo!	Lass dich nicht vom Teufel in Versuchung führen!
cattolico, a	katholisch; Katholik(in)
il **papa**	Papst
il **prete**	Priester
Trovi giusto che i preti cattolici non **possano sposarsi?**	Findest du es richtig, dass katholische Priester nicht heiraten dürfen?
il **sacerdote**	Priester, Geistlicher
il **monaco**, la **monaca**	Mönch, Nonne
predicare	predigen
la **messa**	Messe
benedire	segnen
Dio ti benedica!	Gott segne dich!
l'**altare** m	Altar
la **chiesa**	Kirche
il **duomo**	Dom
la **campana**	Glocke

Le campane di **tutta la città suonano a festa.**	Die Glocken der ganzen Stadt lassen ihr Festtagsläuten erschallen.
il **campanile**	Glockenturm

religioso, a	religiös
Francesca è molto religiosa e vuole **farsi suora.**	Francesca ist tief religiös und will Nonne werden.
sacro, a	heilig; kirchlich
In India le mucche sono sacre.	Die Kühe sind in Indien heilig.
la **fede**	Glaube
Gente di poca fede!	Ihr Kleingläubigen!
il, la **fedele**	Gläubige(r)
la **superstizione**	Aberglaube
Non confondere la fede con la superstizione!	Verwechsle Glauben nicht mit Aberglauben!
il **miracolo**	Wunder
la **sorte**	Schicksal; Geschick

lo **scrupolo**	Skrupel; Gewissenhaftigkeit
Martina mi ha confidato di avere sempre molti scrupoli.	Martina hat mir anvertraut, dass sie immer noch viele Bedenken hat.
la **virtù**	Tugend
Tra le sue tante virtù c'è anche quella di saper amare il prossimo.	Zu seinen vielen Tugenden zählt auch die Fähigkeit zur Nächstenliebe.
la **carità**	Barmherzigkeit; Almosen
Fammi la carità di ascoltarmi.	Sei so gütig und hör mir zu.
Facciamo la carità **a quella** povera donna.	Wir geben dieser armen Frau ein Almosen.
il **prossimo**	Nächster
sacrificare	opfern
il **sacrificio**	Opfer
confidare qc a qu	anvertrauen
la **preghiera**	Gebet
Il bambino **dice le sue preghiere tutte le sere.**	Das Kind spricht jeden Abend seine Gebete.
la **bestemmia**	Fluch, (Gottes-)Lästerung

tollerare	tolerieren
(il, la) **protestante**	protestantisch; Protestant(in)
Ci sono molti protestanti nel tuo paese?	Gibt es viele Protestanten in deinem Land?
la **sinagoga**	Synagoge
(l')**ebreo, a**	jüdisch; hebräisch; Jude, Jüdin

la **moschea**	Moschee
Conosci la Moschea Blu di Istanbul?	Kennst du die Blaue Moschee in Istanbul?
musulmano, a	moslemisch
il **musulmano**, la **musulmana**	Moslem, Muslimin
l'**islam** *m*	Islam
l'**islamizzazione**	Islamisierung
il **tempio**	Tempel
In Sicilia ci sono molti **templi anti-chi**.	In Sizilien gibt es viele antike Tempel.
la **cattedrale**	Kathedrale
All'interno della cattedrale **ci sono** bellissime cappelle.	Im Innern der Kathedrale sind wunderschöne Kapellen.
la **cappella**	Kapelle

il **canto**	Gesang, Lied
Amo molto ascoltare canti sacri.	Ich höre gerne Kirchenlieder.
il **coro**	Chor

la **bibbia**	Bibel
il **battesimo**	Taufe
la **comunione**	Kommunion
Domenica prossima Sebastiano **farà la Prima Comunione**.	Kommenden Sonntag feiert Sebastiano seine Erstkommunion.
la **cresima**	Firmung; Konfirmation
pentito, a	reuig
confessarsi	beichten
Non basta confessarsi, **bisogna** anche **essere pentiti**.	Es genügt nicht zu beichten, man muss auch Reue empfinden.
assolvere da	freisprechen von
È stato assolto dai suoi peccati.	Er ist von seinen Sünden freigesprochen worden.
la **grazia**	Gnade
Mattia dice che Santa Lucia **gli ha fatto la grazia**.	Mattia sagt, die heilige Lucia habe ihn erhört.
celeste	himmlisch
Il regno celeste è il paradiso.	Das Himmelreich ist das Paradies.
la **misericordia**	Barmherzigkeit
sprecare	vergeuden
Perché non fai **qualche opera di misericordia**, invece di sprecare il tuo tempo?	Warum verrichtest du nicht ein paar wohltätige Werke, statt deine Zeit zu vergeuden?

il **clero**	Klerus
don	Don *(Anrede des katholischen Geistlichen)*

il **parroco**	Pfarrer
Don Giancarlo è un **buon parroco** e si occupa davvero della **cura delle anime**.	Don Giancarlo ist ein guter Pfarrer und widmet sich wirklich der Seelsorge.
il **vescovo**	Bischof
È uso baciare l'anello del vescovo.	Es ist Sitte, dem Bischof den Ring zu küssen.
il **cardinale**	Kardinal
il **pontefice**	Papst
il **frate**	Ordensbruder
il **convento**	Kloster
Da queste parti c'è il famoso convento di Fra Cristoforo.	In dieser Gegend liegt das berühmte Mönchskloster Fra Cristoforo.
la **suora**	Nonne, Ordensschwester
Spesso le suore lavorano negli ospedali.	Ordensschwestern arbeiten oft in Krankenhäusern.

13.3 Philosophie

la **filosofia**	Philosophie
Mi occupo molto delle filosofie orientali.	Ich beschäftige mich viel mit östlichen Philosophien.
il **filosofo**, la **filosofa**	Philosoph(in)
Vico è uno dei filosofi italiani più famosi.	Vico ist einer der berühmtesten italienischen Philosophen.
il **morale**	Moral; Stimmung
la **morale**	Moral; Sittenlehre; Ethik
morale	moralisch
la **filosofia morale**	Moralphilosophie
il **diritto**	Recht
È logico che si debbano rispettare i diritti degli altri.	Es ist selbstverständlich, dass die Rechte anderer respektiert werden müssen.
individuale	individuell
l'**essere** m	Wesen
umano, a	menschlich
il **pensiero**	Gedanke
occuparsi di	sich beschäftigen mit
la **coscienza**	Bewusstsein; Kenntnis; Gewissen
fondamentale	grundsätzlich
La coscienza di sé è fondamentale per ogni **essere umano**.	Selbstbewusstsein ist für jeden Menschen von fundamentaler Bedeutung.

l'**elemento** — Element
Condivido molti elementi delle filosofie orientali. — Mit vielen Elementen östlicher Philosophien bin ich einverstanden.

assoluto, a — absolut

relativo, a — relativ
Tutto è relativo a questo mondo. — Auf dieser Welt ist alles relativ.

reale — real; wirklich

la **realtà** — Wirklichkeit
La realtà è ben diversa da quello che pensi tu. — Die Wirklichkeit ist ganz anders, als du meinst.

logico, a — logisch

la **ragione** — Vernunft
La ragione non **va sempre d'accordo con** i sentimenti. — Vernunft und Gefühle sind nicht immer vereinbar.

il **motivo** — Motiv; Grund
Forse i miei motivi **non ti sembrano logici**, sono però senz'altro morali. — Vielleicht erscheinen dir meine Motive nicht logisch, auf jeden Fall aber sind sie moralisch.

valido, a — gültig

la **validità** — Gültigkeit

la **categoria** — Kategorie
Anche le idee possono essere raccolte in categorie. — Auch Ideen lassen sich in Kategorien zusammenfassen.

il **concetto** — Begriff; Idee; Gedanke

la **concezione** — Idee; Auffassung
la **concezione della vita** — Lebensauffassung

il **principio** — Prinzip

elementare — elementar; ursprünglich

essenziale — wesentlich
A me interessano solo le cose essenziali. — Nur die wesentlichen Dinge interessieren mich.

immaginario, a — imaginär

assurdo, a — absurd
Quest'ipotesi è troppo assurda per essere accettata. — Diese Hypothese ist zu absurd, um akzeptiert zu werden.

l'**assurdità** f — Absurdität; Unsinn

la **teoria** — Theorie
Su quali elementi si basa **quella teoria?** — Auf welche Elemente stützt sich diese Theorie?

l'**ipotesi** f — Hypothese

la **questione** — (Streit-)Frage
Ti assicuro che è una questione reale e non immaginaria. — Ich versichere dir, dass dies eine reale und keine imaginäre Frage ist.

il **metodo**	Methode
ragionare	denken; Vernunft anwenden; argumentieren; überlegen
Ti prego di non perdere la testa e di ragionare con calma.	Verlier bitte nicht den Kopf, sondern argumentiere gelassen.
razionale	rational; vernunftbegabt; zweckmäßig
Se useremo un metodo razionale, non avremo problemi.	Wenn wir rational vorgehen, werden wir keine Probleme haben.
l'**impronta**	Abdruck; Stempel
Il grande filosofo Platone **ha lasciato la sua impronta in** tutta la filosofia occidentale.	Der große Philosoph Platon hat der gesamten westlichen Philosophie seinen Stempel aufgedrückt.
il **manifesto**	Manifest; Plakat

Falsche Freunde

Italienisches Wort	Thematische Bedeutung(en)	Falscher Freund	Italienische Entsprechung(en)
la sorte	Schicksal, Geschick	Sorte	la sorta

14.1 Innenpolitische Ordnung

lo **Stato**	Staat
il **territorio**	Territorium; Staatsgebiet
Lo Stato ha il diritto di difendere il suo territorio.	Der Staat hat das Recht, sein Territorium zu verteidigen.
statale	staatlich
difendere	verteidigen
il **popolo**	Volk
la **democrazia**	Demokratie
il **dominio**	Herrschaft
La democrazia vuol dire dominio del popolo.	Demokratie bedeutet Volksherrschaft.
la **monarchia**	Monarchie
La monarchia **esiste ancora in diversi paesi** europei.	Mehrere europäische Länder sind noch Monarchien.

la **politica**	Politik
il **politico**	Politiker(in)

ℹ ### Berufsbezeichnungen

Bei einigen Berufen gibt es nur die maskuline Form. Beispiele:

il politico	*Politiker(in)*
il matematico	*Mathematiker(in)*
il medico	*Arzt, Ärztin*
il giudice	*Richter(in)*
il chimico	*Chemiker(in)*

In einigen wenigen Fällen steht das weibliche Substantiv umgekehrt auch für die männliche Entsprechung:

la spia	*Spion(in)*
la guida	*Führer(in)*

---

il, la **presidente**	Präsident(in)
Chi è ora Presidente della Repubblica?	Wer ist zur Zeit Präsident der Republik?
il **Presidente del Consiglio**	*offizieller Titel des italienischen Regierungschefs*
la **guardia del corpo**	Leibwache; Leibgarde
Il presidente è accompagnato da una guardia del corpo.	Der Präsident wird von einem Leibwächter begleitet.
il **Capo del Governo**	Regierungschef(in)
il **governo**	Regierung
cadere	fallen, stürzen
Il governo è caduto di nuovo.	Es gab schon wieder einen Regierungssturz.
la **caduta**	Fall, Sturz

il **ministro**	Minister(in)
ritirarsi da	zurücktreten; sich zurückziehen
Dopo gli scandali delle ultime settimane il ministro Rossi si è ritirato dalla politica.	Nach den Skandalen der letzten Wochen hat Minister Rossi sich aus der Politik zurückgezogen.

il **parlamento**	Parlament
l'**opposizione** f	Opposition
Il governo **ha grosse difficoltà** perché l'opposizione è molto forte.	Die Regierung ist in großen Schwierigkeiten, da die Opposition sehr stark ist.
il **deputato**, la **deputata**	Abgeordnete(r)
Il parlamento italiano è composto dalla **Camera dei Deputati** e dal **Senato**.	Das italienische Parlament besteht aus dem Abgeordnetenhaus und dem Senat.
il **partito**	Partei
In questo momento i partiti al governo sono tre.	Augenblicklich sind drei Parteien an der Regierung.
votare	wählen; abstimmen
Votare è un diritto ma anche un **obbligo civile**.	Wählen ist ein Recht, aber auch eine Bürgerpflicht.
il **voto**	Stimme; Votum
favorevole	günstig
il **favore**	Gunst
A favore di chi voterai?	Für wen wirst du stimmen?

la **critica**	Kritik
La critica è stata feroce **con** i politici dei partiti di destra.	Die Kritik an den Politikern der Rechtsparteien war äußerst heftig.
il **privilegio**	Privileg
la **riforma**	Reform
pubblico, a	öffentlich
privato, a	privat
Sono in atto molte riforme del diritto pubblico e di **quello** privato.	Zur Zeit werden viele Reformen des öffentlichen Rechts und des Privatrechts durchgeführt.

la **repubblica**	Republik
La repubblica è una forma di governo democratico molto antica.	Die Republik ist eine sehr alte demokratische Staatsform.
repubblicano, a	republikanisch
democratico, a	demokratisch
i **verdi** pl	die Grünen
socialista	sozialistisch
la **femminista**	Feministin

Non credo che darò il mio voto alle femministe.	Ich glaube nicht, dass ich meine Stimme den Feministinnen gebe.
il **potere**	Macht
governare	regieren
Per governare ci vuole **la** maggioranza.	Zum Regieren braucht man eine Mehrheit.
il **sistema**	System
corrotto, a	korrupt; bestochen
Secondo l'opinione pubblica questo sistema è troppo corrotto.	Der öffentlichen Meinung nach ist dieses System zu korrupt.
corruttibile	bestechlich
il, la **fascista**	Faschist(in)
il **dittatore**	Diktator

la **sede**	Sitz
la **Camera dei deputati**	Abgeordnetenhaus
La Camera dei deputati italiana conta attualmente 630 membri.	Das italienische Abgeordnetenhaus zählt zur Zeit 630 Mitglieder.
il **senato**	Senat
Il Senato **ha sede** a Palazzo Madama.	Sitz des Senats ist der Palazzo Madama.
il **ministero**	Ministerium
Mi può dire, per favore, dov'è la sede del Ministero degli Esteri?	Können Sie mir bitte sagen, wo der Sitz des Außenministeriums ist?
il, la **portavoce**	Regierungssprecher(in)
pronunciarsi	sich äußern
la **maggioranza**	Mehrheit
la **maggioranza parlamentare**	Parlamentsmehrheit
la **minoranza**	Minderheit

le **elezioni** *pl*	Wahlen
A chi **darai** il tuo voto alle prossime elezioni?	Wem gibst du bei den kommenden Wahlen deine Stimme?
l'**elettore**, l'**elettrice**	Wähler(in)
eleggere	wählen
Puoi eleggere solo le persone indicate nell'elenco.	Du kannst nur die auf der Liste aufgeführten Personen wählen.
il **referendum**	Referendum; Volksabstimmung
l'**elenco**	Liste; Register
il **bollettino**	Bulletin; Bericht
Hai letto l'ultimo **bollettino regionale**?	Hast du den letzten Bericht zur Lage der Region gelesen?

spiare	spionieren
la **spia**	Spion(in)

Vorrei sapere quante spie lavorano in questo ministero!	Ich möchte wissen, wie viele Spione in diesem Ministerium arbeiten!
lo **spionaggio**	Spionage

14.2 Öffentliche Verwaltung

l'**organizzazione** f	Organisation
l'**amministrazione** f	Verwaltung
la **burocrazia**	Bürokratie
il **municipio**	Rathaus
l'**ufficio**	Amt; Büro
il **sindaco**	Bürgermeister
Il sindaco **inaugurerà** il nuovo municipio domani.	Morgen weiht der Bürgermeister das neue Rathaus ein.
la **carica**	Amt; Stellung
in carica	im Amt; amtierend
la **funzione**	Funktion; Tätigkeit
Che funzione ha Lei in quest'ufficio?	Welche Funktion haben Sie in diesem Büro?

federale	Bundes-
La Germania è una repubblica federale.	Deutschland ist eine Bundesrepublik.
la **regione**	Region *(Bundesland)*
L'Italia è divisa in venti regioni.	Italien ist in zwanzig Regionen unterteilt.
regionale	regional
l'**amministrazione regionale**	Regionalverwaltung
la **misura**	Maßnahme
Queste misure sono state prese dall'amministrazione regionale.	Diese Maßnahmen wurden von der Regionalverwaltung getroffen.
la **provincia**	Provinz *(Landkreis)*
Quante province ha la vostra regione?	Aus wie vielen Provinzen besteht eure Region?
il **capoluogo**	Landeshauptstadt, Kreisstadt

residente	wohnhaft
Io sono un'italiana **residente all'estero**.	Ich bin Italienerin mit Wohnsitz im Ausland.
l'**abitante** m, f	Einwohner(in)
Quanti abitanti ha questa città?	Wie viele Einwohner hat diese Stadt?
il **cittadino**, la **cittadina**	Bürger(in)
È ora che diventiamo tutti cittadini d'Europa.	Es ist an der Zeit, dass wir alle Bürger Europas werden.

l**ịbero, a**	frei

la **polizịa**	Polizei
il **poliziotto**, la **poliziotta**	Polizist(in)
la **manifestazione**	Veranstaltung; Demonstration
A quella manifestazione c'erano molti poliziotti.	Bei der Demonstration waren viele Polizisten aufgeboten.
la **polizịa stradale**	Verkehrspolizei
la **multa**	Geldstrafe
Perché la polizia stradale **vi ha fatto la multa?**	Warum hat euch die Verkehrspolizei eine Geldstrafe aufgebrummt?

l'**autorità pụbblica**	Behörde
la **pụbblica amministrazione**	öffentliche Verwaltung
È compito della pubblica amministrazione **dettare il piano dei lavori.**	Es ist Aufgabe der öffentlichen Verwaltung, den Arbeitsplan festzulegen.
il **comune**	Gemeinde
Ogni provincia è divisa in comuni.	Jede Provinz ist in Gemeinden untergliedert.
comunale	kommunal; Gemeinde-
l'**anạgrafe** f	Einwohnermeldeamt
l'**ufficio dello stato civile**	Standesamt

la **residenza**	Wohnsitz
fisso, a	fest
Renzo non ha mai avuto una **residenza fissa.**	Renzo hat noch nie einen festen Wohnsitz gehabt.
il **certificato**	Bescheinigung
il **certificato di nạscita**	Geburtsurkunde
Mi serve il **certificato di nascita** e **quello di residenza.**	Ich brauche die Geburtsurkunde und die Meldebescheinigung.
il **certificato di nulla osta**	Unbedenklichkeitsbescheinigung
il **certificato di buona condotta**	polizeiliches Führungszeugnis
la **dichiarazione**	Erklärung

l'**istituzione** f	Institution; Einrichtung
l'**ente** m	Anstalt; Körperschaft
Per queste cose sono competenti gli enti pubblici.	Hierfür sind die öffentlichen Anstalten zuständig.
l'**associazione** f	Vereinigung, Verband
il **membro**	Mitglied
Quanti membri ha la vostra associazione?	Wie viele Mitglieder hat eure Vereinigung?
i **servizi** pl	Dienste; Dienstleistungen
l'**assistenza sociale**	Sozialfürsorge

I servizi dell'assistenza sociale sono organizzati molto bene.	Die Dienste der Sozialfürsorge sind sehr gut organisiert.

la **questura**	Polizeipräsidium
l'**organo**	Organ
La questura è l'organo principale della polizia **in ogni provincia**.	Das Polizeipräsidium ist das wichtigste Polizeiorgan jeder Provinz.
il **commissariato**	Kommissariat
Dobbiamo **andare** subito **al commissariato a denunciare il fatto**.	Wir müssen sofort zum Kommissariat gehen, um den Fall zu melden.
l'**ispettore**, l'**ispettrice**	Inspektor(in)

la **nomina**	Ernennung
nominare	nennen; ernennen
l'**incarico**	Auftrag
L'ispettore ha ricevuto l'incarico di controllare le operazioni.	Der Inspektor erhielt den Auftrag, die Arbeiten zu überwachen.
incaricare di	beauftragen mit
svolgere	durchführen
l'**inchiesta**	Untersuchung
Chi è stato **incaricato di svolgere** l'inchiesta?	Wer wurde mit der Durchführung der Untersuchung beauftragt?
il **compito**	Aufgabe
principale	hauptsächlich; Haupt-
la **potenza**	Macht; Stärke

14.3 Gesetze, Rechtsprechung, Kriminalität

la **giustizia**	Justiz
la **legge**	Gesetz
proteggere	beschützen
La legge protegge i cittadini.	Das Gesetz schützt die Bürger.
la **protezione**	Schutz
legale	legal; gesetzlich
obbligare	verpflichten
Non lo faccio perché **mi va, è la legge che mi obbliga**.	Ich tue es nicht, weil es mir Spaß macht, ich bin gesetzlich dazu verpflichtet.
punire ‹punisco›	bestrafen
Chi testimonia il falso verrà punito.	Wer falsch aussagt, wird bestraft.

il **tribunale**	Gericht
la **pretura**	Amtsgericht
la **carta da bollo**	Stempelpapier *(notwendig für amtliche Bescheinigungen oder Anträge)*

Dovete **presentare** la domanda **in carta da bollo alla pretura**.	Ihr müsst den Antrag auf Stempelpapier beim Amtsgericht einreichen.
la **corte**	Gerichtshof; Gericht
riunirsi	zusammentreten, sich versammeln
La corte si è riunita in camera di consiglio.	Das Gericht hat sich im Beratungszimmer versammelt.
riunire ‹riunisco›	(wieder) vereinen; versammeln

il **processo**	Prozess
rinviare	verschieben, vertagen
Il processo **è stato rinviato** a marzo.	Der Prozess wurde auf März verschoben.
sospendere	aussetzen; einstellen; suspendieren
la **sospensione**	Suspendierung; Aussetzung
la **causa**	Verfahren; Sache
Come è finita la causa civile di Antonio?	Wie ist Antonios Zivilprozess ausgegangen?
civile	Zivil-
il **diritto civile**	Zivilrecht
penale	Straf-
il **diritto penale**	Strafrecht
accusare	anklagen; beschuldigen
È stato accusato di furto.	Er wurde des Diebstahls beschuldigt.
l'**accusa**	Anklage; Anschuldigung
In base all'accusa **verrà fatto** un processo penale.	Aufgrund der Anklage kommt es zu einem Strafverfahren.

l'**imputato**, l'**imputata**	Angeklagte(r)
l'**avvocato**, l'**avvocatessa**	Rechtsanwalt/-anwältin
il, la **testimone**	Zeuge, Zeugin
I testimoni sono stati **obbligati a presentarsi in** tribunale.	Die Zeugen wurden vor Gericht geladen.
il **giudice**	Richter(in)
Il giudice ha dato ragione a lui.	Der Richter hat ihm Recht gegeben.
la **Procura della Repubblica**	Staatsanwalt
condannare	verurteilen
Il delinquente **è stato condannato a** quattro anni e cinque mesi.	Der Verbrecher wurde zu vier Jahren und fünf Monaten Haft verurteilt.
la **sentenza**	Urteil
l'**ergastolo**	lebenslängliche Freiheitsstrafe

il **carcere**	Gefängnis

L'imputato è in carcere già da sei mesi.	Der Angeklagte sitzt schon seit sechs Monaten im Gefängnis.
la **sicurezza**	Sicherheit
sicuro, a	sicher
fuggire	fliehen
Quel detenuto **ha cercato di fuggire** già due volte.	Dieser Häftling hat schon zwei Fluchtversuche unternommen.
la **fuga**	Flucht
inseguire	verfolgen

il, la **criminale**	Kriminelle(r), Verbrecher(in)
Il criminale è stato arrestato **stanotte**.	Der Verbrecher wurde diese Nacht festgenommen.
il **reato**	Delikt; Straftat
Di che reato **lo accusano?**	Welcher Straftat wird er beschuldigt?
la **banda**	Bande
il **teppismo**	Rowdytum
il **ladro**, la **ladra**	Dieb(in)
Pare che il ladro **abbia rubato** proprio tutto.	Es sieht so aus, als habe der Dieb tatsächlich alles mitgehen lassen.
rubare	stehlen
violentare	vergewaltigen
ricattare	erpressen
il **ricatto**	Erpressung
uccidere	umbringen
mortale	tödlich
Due dei passeggeri hanno riportato ferite mortali.	Zwei Passagiere haben tödliche Verletzungen erlitten.

l'**indagine** f	Untersuchung; Ermittlung
indagare su	nachforschen; ermitteln
Si sta indagando sulle cause dell'incidente.	Die Ursachen des Unfalls werden gerade untersucht.
la **traccia**	Spur
l'**inquirente**	Ermittler
Secondo gli inquirenti si tratta di un delitto commesso **a scopo di rapina**.	Nach Ansicht der Ermittler handelt es sich um einen Raubüberfall.
il **sospetto**	Verdacht
C'è il sospetto **che abbia violentato** la ragazza, ma mancano le prove.	Es besteht der Verdacht, dass er das Mädchen vergewaltigt hat, aber es fehlen die Beweise.
arrestare	festnehmen
l'**ordine di cattura**	Haftbefehl
la **prigione**	Gefängnis

la **prova**	Beweis
provare	beweisen
innocente	unschuldig
Non **è stato** difficile per Luigi **provare che era innocente**.	Es war nicht schwierig für Luigi, seine Unschuld zu beweisen.

il, la **terrorista**	Terrorist(in)
Vogliono portare i terroristi in una prigione più sicura.	Man beabsichtigt, die Terroristen in ein sichereres Gefängnis zu schaffen.
isolare	isolieren
l'**isolamento**	Isolation

l'**allarme** *m*	Alarm
Abbiamo fatto mettere l'impianto d'allarme anche in casa.	Wir haben auch im Haus eine Alarmanlage installieren lassen.
allarmare	alarmieren
Ancora **non si sa** chi ha allarmato la polizia.	Es ist noch nicht bekannt, wer die Polizei alarmiert hat.
la **sirena**	Sirene

costituire ‹costituisco›	bilden; einsetzen
la **costituzione**	Verfassung
Nell'Ottocento ci sono state grandi lotte **per ottenere** la costituzione.	Im 19. Jahrhundert gab es heftige Kämpfe um die Einführung der Verfassung.
il **codice**	Gesetzbuch
I due codici più importanti sono **quello penale** e **quello civile**.	Die beiden wichtigsten Gesetzbücher sind das Strafgesetzbuch und das Bürgerliche Gesetzbuch.
il **codice civile**	Bürgerliches Gesetzbuch + Handelsgesetzbuch
il **codice penale**	Strafgesetzbuch
lo **statuto**	Statut, Satzung
il **vigore**	(Rechts-)Kraft
violare	übertreten; verletzen
Hanno violato una vecchia legge **in vigore** da tanti anni.	Sie haben ein altes Gesetz übertreten, das seit vielen Jahren in Kraft ist.

la **lite**	(Rechts-)Streit
il, la **rappresentante in giudizio**	Prozessbevollmächtigte(r)
pendente	anhängig
Questa lite è pendente già da troppo tempo.	Dieser Rechtsstreit ist schon viel zu lange anhängig.
la **giuria**	Geschworenengericht

Nei tribunali italiani **non c'è** la giuria **come in quelli** americani.	Die italienischen Gerichte kennen keine Geschworenen wie die amerikanischen.
la **procura**	Vollmacht
il **mandato**	Vollmacht
Ho dato il mandato al miglior avvocato della città.	Ich habe den besten Anwalt der Stadt bevollmächtigt.
il **procuratore della Repubblica**	Staatsanwalt
Il procuratore della Repubblica tutela il rispetto della legge.	Der Staatsanwalt überwacht die Einhaltung von Recht und Gesetz.
testimoniare	bezeugen
la **testimonianza**	Zeugenaussage
l'**interrogatorio**	Verhör; Befragung
deporre	aussagen
la **deposizione**	Aussage
quadrare	übereinstimmen
svolgersi	ablaufen; vonstatten gehen
Il processo si svolgerà **a porte chiuse**.	Der Prozess wird unter Ausschluss der Öffentlichkeit stattfinden.
la **condanna**	Urteil; Verurteilung
La condanna è stata molto dura, ma giusta.	Das Urteil war sehr hart, aber gerecht.
il **compromesso**	Kompromiss; Vergleich
Finirà certo con un compromesso.	Es wird sicher auf einen Vergleich hinauslaufen.

affidare qc a qu	anvertrauen
il **tutore**	Vormund
la **tutela**	Sorgerecht
I figli **sono stati affidati alla tutela** della madre.	Das Sorgerecht für die Kinder wurde der Mutter zugesprochen.
tutelare	überwachen; schützen

offeso, a	beleidigt; verletzt
Non fare l'offeso!	Sei nicht eingeschnappt!
denunciare	anzeigen
Avete già denunciato il fatto?	Habt ihr die Sache schon angezeigt?
l'**avviso di garanzia**	amtliche Mitteilung über die Aufnahme polizeilicher Ermittlungen gegen den Betreffenden
revocare	widerrufen
la **revoca**	Widerruf

commettere	begehen
il **delitto**	Delikt; Verbrechen

il, la **delinquente**	Verbrecher(in)
l'**identikit**	Phantombild
il **detenuto**, la **detenuta**	Häftling
Questo detenuto deve **essere isolato dagli altri.**	Dieser Häftling ist von den übrigen zu isolieren.
evadere	ausbrechen
l'**evasione**	Ausbruch

lo **spaccio**	illegaler Handel
spacciare	vertreiben; dealen
Chi spaccia droga **è perseguibile dalla legge.**	Wer mit Drogen handelt, macht sich strafbar.
il **furto**	Diebstahl
la **rapina**	Raubüberfall
rapire ‹rapisco›	entführen
il **rapimento**	Entführung
liberare	befreien
Hanno rapito di nuovo un ricco industriale. L'hanno liberato un mese dopo il rapimento.	Schon wieder ist ein reicher Industrieller entführt worden. Er wurde einen Monat nach der Entführung befreit.
l'**omicidio**	Mord

tradire ‹tradisco›	verraten; betrügen
Se fai così, **tradisci la fiducia** di tutti.	Wenn du das tust, missbrauchst du das Vertrauen aller.
il **tradimento**	Verrat
toccare	betreffen; berühren
la **mafia**	Mafia
Il fenomeno della mafia tocca ormai tutto il mondo.	Das Phänomen Mafia betrifft inzwischen die ganze Welt.
la **commissione antimafia**	Anti-Mafia-Ausschuss

il **trucco**	Trick
la **truffa**	Betrug
l'**inganno**	Täuschung
È stato condannato per inganno e **truffa aggravata.**	Er wurde wegen Betruges und arglistiger Täuschung verurteilt.
ingannare	täuschen
Non credo che sia tanto facile ingannare la polizia.	Ich glaube nicht, dass es so einfach ist, die Polizei zu täuschen.

sparare	schießen
Dicono che siano stati in due a sparare.	Es heißt, zwei Täter hätten geschossen.
lo **sparo**	Schuss

il **colpo**	Schlag; Schuss
la **rivoltella**	Revolver
la **pistola**	Pistole
il **fucile**	Gewehr
Hai sentito? Questo era un colpo di fucile!	Hast du das gehört? Das war ein Gewehrschuss!
sequestrare	beschlagnahmen
La polizia ha sequestrato due rivoltelle.	Die Polizei hat zwei Revolver beschlagnahmt.
la **tangente**	Bestechungsgeld
vigilare	überwachen
la **scomparsa**	Verschwinden
Ieri è stata denunciata la scomparsa di altre tre persone.	Gestern wurde das Verschwinden dreier weiterer Personen gemeldet.
scomparso, a	vermisst

14.4 Internationale Beziehungen

il **mondo**	Welt
Tutti desideriamo la pace nel mondo.	Wir alle wünschen uns Frieden auf der Welt.
la **nazione**	Nation
l'**integrazione** f	Integration; Eingliederung
la **comunità**	Gemeinschaft
l'**Unione Europea**	Europäische Union
gli **Stati membri dell'Unione Europea**	Mitgliedstaaten der Europäischen Union
UE	EU
l'**Unione Monetaria**	Währungsunion
lo **Stato partecipante**	Teilnehmerstaat
soddisfare	erfüllen
fallire	verfehlen
il **trattato**	völkerrechtlicher Vertrag
la **riunione**	Versammlung
la **conferenza**	Konferenz
Dove avrà luogo la conferenza dei ministri?	Wo wird die Ministerkonferenz stattfinden?
il **congresso**	Kongress; Tagung
internazionale	international
le **relazioni internazionali**	internationale Beziehungen

Siamo appena tornati da un congresso internazionale molto interessante.

Wir sind eben von einem sehr interessanten internationalen Kongress zurückgekommen.

il dialogo
Il dialogo fra i popoli europei è diventato molto più intenso.

Dialog
Der Dialog zwischen den europäischen Völkern ist sehr viel intensiver geworden.

la discussione
la posizione
Questa discussione deve **servire a** chiarire la posizione politica **di ciascuno di noi**.
liberamente

Diskussion
Position; Standpunkt
Diese Diskussion soll zur Klärung des politischen Standpunkts eines jeden von uns dienen.
frei

diplomatico, a
il console
Mio figlio vuole **fare la carriera diplomatica** e diventare console.

diplomatisch
Konsul
Mein Sohn will die Diplomatenlaufbahn einschlagen und Konsul werden.

unire ‹unisco›
l'unione f
autonomo, a
Il Trentino-Alto Adige è una regione autonoma.
l'autonomia
l'indipendenza
Autonomia e indipendenza non sono **la stessa cosa**.
progredire ‹progredisco›
L'idea europea è progredita nel corso degli anni.

vereinen; vereinigen
Einheit; Einigkeit; Union
autonom
Trentino-Alto Adige ist eine autonome Region.
Autonomie
Unabhängigkeit
Autonomie und Unabhängigkeit sind nicht dasselbe.
fortschreiten, sich fortentwickeln
Die europäische Idee hat sich im Laufe der Jahre fortentwickelt.

sfidare
la sfida
il boicottaggio
il sabotaggio
Sembra che sia stato un atto di sabotaggio a provocare quel terribile incidente.
la solidarietà
La solidarietà è un regalo ed un privilegio **per chi la riceve**.

herausfordern
Herausforderung
Boykott
Sabotage
Es sieht so aus, als sei der schreckliche Unfall auf einen Sabotageakt zurückzuführen.
Solidarität
Solidarität ist ein Geschenk und ein Privileg für den, der sie erfährt.

le sanzioni
l'ultimatum

Sanktionen
Ultimatum

scappare	fortlaufen; entkommen
sfuggire a	entgehen; entfliehen
l'**ostaggio**	Geisel
il **riscatto**	Lösegeld
torturare	foltern
l'**esilio**	Exil
Durante il periodo fascista molte persone sono andate in esilio.	Während der Zeit des Faschismus gingen viele Leute ins Exil.
il **campo profughi**	Flüchtlingslager
l'**asilo**	Asyl
La gente che **è scappata** dal proprio paese ha trovato asilo qui.	Die Leute, die aus ihrem Land geflohen sind, haben hier Asyl gefunden.

negoziare	verhandeln
la **trattativa**	Verhandlung
Nei prossimi giorni **avranno inizio** le trattative tra i due paesi.	In den nächsten Tagen beginnen Verhandlungen zwischen den beiden Ländern.
il **vertice**	Gipfel
Questo sarà un **incontro al vertice**.	Es wird zu einem Gipfeltreffen kommen.
disporre	disponieren; verfügen
la **disposizione**	Anordnung; Verfügung
Bisogna osservare le disposizioni **in vigore**.	Man muss die geltenden Verfügungen beachten.
osservare	beachten; einhalten

l'**ambasciata**	Botschaft
il **consolato**	Konsulat
Per queste pratiche devi **rivolgerti** all'ambasciata e non al consolato.	In diesen Angelegenheiten musst du dich an die Botschaft und nicht ans Konsulat wenden.
la **pratica**	Akte; Angelegenheit

14.5 Frieden, Krieg, Militär

la **pace**	Frieden
Evviva la pace!	Es lebe der Frieden!
i **negoziati per la pace**	Friedensverhandlungen
il **trattato di pace**	Friedensvertrag
l'**ONU**	UNO

militare	militärisch; Militär-

Giuliano è **partito** ieri **per il servizio militare**.	Giuliano hat gestern seinen Militärdienst angetreten.
il **servizio militare**	Militärdienst
la **base militare**	Militärbasis
l'**esercito**	Heer
I carabinieri **fanno parte** dell'esercito.	Die Carabinieri sind Teil des Heeres.
la **marina**	Marine
Lorenzo vuole diventare **ufficiale di marina**.	Lorenzo will Marineoffizier werden.
l'**aviazione militare** *f*	Luftwaffe
l'**ufficiale** *m*	Offizier
il **generale**	General
È un **generale a quattro stelle**.	Er ist ein Vier-Sterne-General.
il **soldato**, la **soldatessa**	Soldat(in)
I soldati **andranno in manovra** per due settimane.	Die Soldaten gehen für zwei Wochen ins Manöver.
il **maresciallo**	Marschall; Unteroffizier der Carabinieri
il **carabiniere**	Carabiniere *(italienischer Gendarm)*

l'**arma**	Waffe
armato, a	bewaffnet
la **bomba**	Bombe
l'**atomo**	Atom
atomico, a	atomar
la **bomba atomica**	Atombombe
esplodere	explodieren
La bomba è esplosa **a pochi metri dalle case**.	Die Bombe explodierte wenige Meter von den Häusern entfernt.
l'**esplosione** *f*	Explosion

la **guerra**	Krieg
Abbasso la guerra!	Nieder mit dem Krieg!
Speriamo che non **scoppi** più **nessuna** guerra.	Wir hoffen, dass es keinen Krieg mehr gibt.
la **violenza**	Gewalt
la **vittima**	Opfer
sfollare	sich verlaufen; räumen; evakuieren
Fortunatamente l'esplosione **non ha fatto vittime** perché gli abitanti erano già sfollati.	Zum Glück hat die Explosion keine Opfer gefordert, da die Bewohner schon evakuiert waren.
distruggere	zerstören
L'esplosione ha distrutto **tutto il paese**.	Die Explosion hat das ganze Dorf zerstört.

resistere a	Widerstand leisten
la **resistenza**	Widerstand; Widerstandsbewegung
Mio zio ha combattuto nella resistenza.	Mein Onkel hat in der Widerstandsbewegung gekämpft.
il **nemico**, la **nemica**	Feind(in)
Il nemico ascolta!	Feind hört mit!
ritirarsi	sich zurückziehen
L'esercito si è ritirato dopo **tre giorni di dure lotte**.	Das Heer hat sich nach drei Tagen heftiger Kämpfe zurückgezogen.
il **riparo**	Schutz; Abhilfe; Deckung
il **partigiano, a**	Partisan(in)
Il partigiani trovarono riparo sui monti vicini.	Die Partisanen fanden Schutz in den nahen Bergen.

la **commissione**	Kommission
il **disarmo**	Abrüstung
La commissione internazionale per il disarmo si è riunita ieri.	Die internationale Abrüstungskommission trat gestern zusammen.
neutrale	neutral
Il nostro paese non può restare neutrale, anche se lo vorrebbe.	Unser Land kann nicht neutral bleiben, auch wenn es das möchte.
il **regolamento**	Reglement; Vorschrift; Ordnung

la **caserma**	Kaserne
l'**uniforme** f	Uniform
la **divisa**	Uniform
La nostra divisa è grigioverde, e la vostra?	Unsere Uniform ist graugrün und eure?
la **marcia**	Marsch
marciare	marschieren
La Lunga Marcia dei cinesi è diventata famosa. – Sì, come **quella dei fascisti** che **marciarono su Roma** nel 1922.	Der lange Marsch der Chinesen ist berühmt geworden. – Ja, genau wie derjenige der Faschisten, die 1922 nach Rom marschierten.
la **manovra**	Manöver

il **conflitto**	Konflikt
Nell'ultimo conflitto **è stato lanciato** un **numero enorme di** missili.	Beim letzten Konflikt wurde eine Unmenge von Raketen abgefeuert.
l'**aggressione** f	Aggression
la **rivolta**	Revolte
C'è stata una rivolta militare contro il dittatore.	Es kam zu einer Militärrevolte gegen den Diktator.

l'**assalto**	Angriff; Überfall

radicale	radikal
occupare	besetzen; einnehmen
l'**occupazione** f	Besatzung
conquistare	erobern
la **conquista**	Eroberung
arrendersi	sich ergeben
I soldati si sono arresi e **sono stati fatti prigionieri**.	Die Soldaten ergaben sich und wurden gefangen genommen.
la **resa**	Kapitulation
il **prigioniero**, la **prigioniera**	Kriegsgefangene(r)
il **trionfo**	Triumph
suscitare l'entusiasmo	Begeisterung auslösen

combattere	kämpfen; bekämpfen
violento, a	heftig
È stato combattuto **in modo violento da entrambe le parti**.	Auf beiden Seiten wurde heftig gekämpft.
il **missile**	Rakete
il **missile intercontinentale**	Interkontinentalrakete
il **cannone**	Kanone
il **carro armato**	Panzer
la **mina**	Mine
lanciare	werfen; abschießen

Falsche Freunde

Italienisches Wort	Thematische Bedeutung(en)	Falscher Freund	Italienische Entsprechung(en)
rubare	stehlen	berauben, ausrauben (*engl. to rob*)	rapinare
la truffa	Betrug	Trüffel	il tartufo

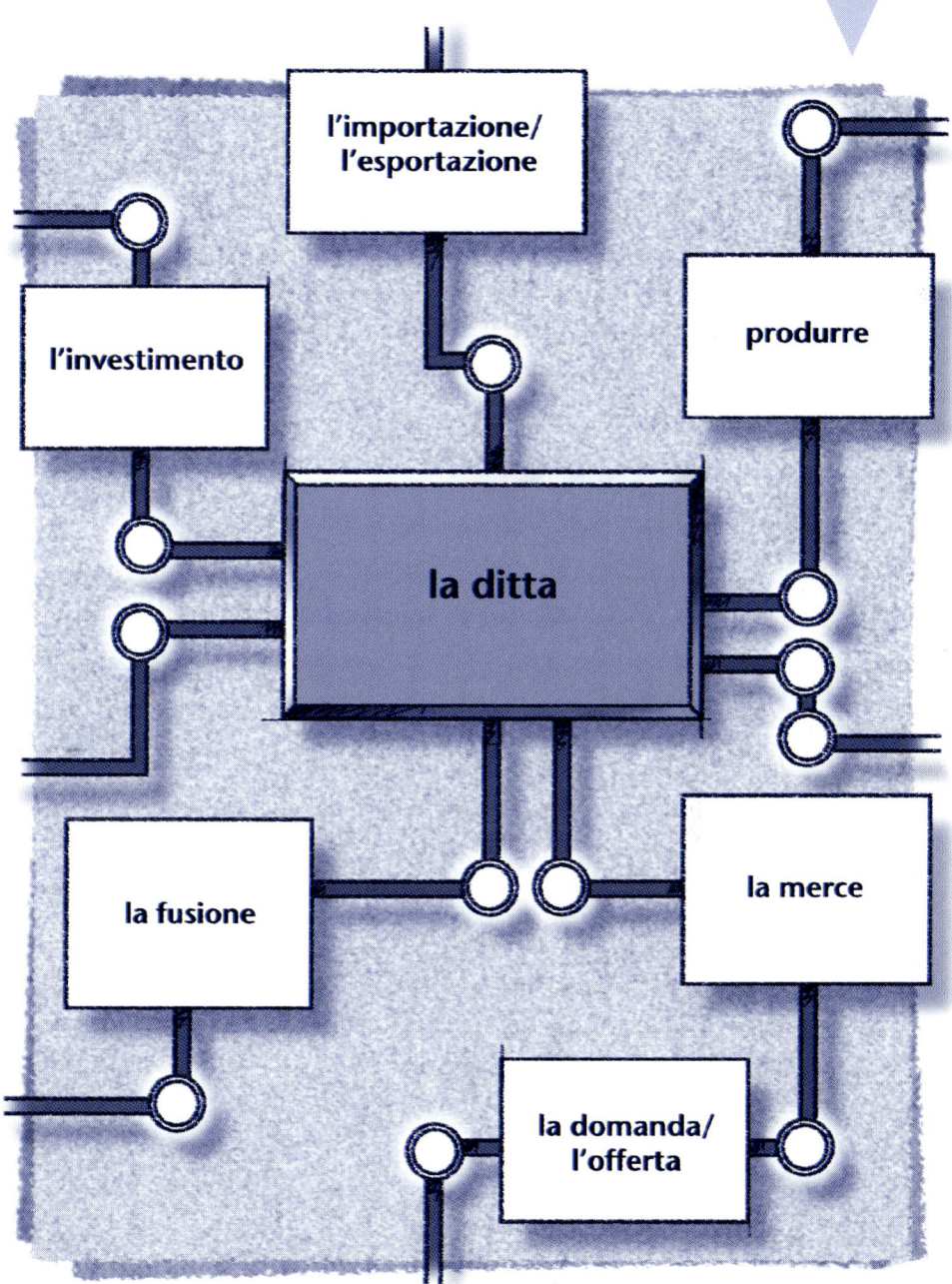

l'importazione/
l'esportazione

produrre

l'investimento

la ditta

la fusione

la merce

la domanda/
l'offerta

15.1 Landwirtschaft und Fischerei

l'**agricoltura**	Landwirtschaft
L'agricoltura è molto importante per molti paesi.	Landwirtschaft ist sehr wichtig für viele Länder.
il **contadino**, la **contadina**	Bauer, Bäuerin
piantare	pflanzen
seminare	säen
coltivare	anbauen
Questo campo **è coltivato a grano**.	Auf diesem Feld wird Korn angebaut.
mietere	mähen
Fra poco **bisogna** mietere il grano.	Bald ist das Korn zu mähen.
l'**orto**	Gemüsegarten
La contadina si alza sempre molto presto e va nell'orto.	Die Bäuerin steht immer sehr früh auf und geht in den Gemüsegarten.
il **campo**	Feld
Questi campi **producono poco** e qui c'è una grande miseria.	Diese Felder bringen nur geringen Ertrag und es herrscht hier großes Elend.
il **trattore**	Traktor
Il contadino lavora nei campi con il trattore.	Der Bauer arbeitet mit dem Traktor auf den Feldern.
la **vigna**	Weinberg
la **vite**	Weinstock
È ora di piantare le viti e di **preparare la vigna**.	Es ist Zeit, die Weinstöcke zu pflanzen und den Weinberg in Ordnung zu bringen.
la **vendemmia**	Weinlese
Quest'anno la vendemmia **è stata** ottima.	Dieses Jahr war die Weinlese hervorragend.
il **raccolto**	Ernte
Quando comincia il raccolto?	Wann beginnt die Ernte?
il **prodotto**	Produkt
naturale	natürlich
Oggi **tutti** vogliono avere prodotti naturali.	Heutzutage wollen alle Leute Naturprodukte haben.
l'**allevamento**	Viehzucht
I Marchetti hanno il più grande allevamento della zona.	Die Marchettis betreiben die ausgedehnteste Viehzucht der ganzen Gegend.
la **stalla**	Stall
la **paglia**	Stroh

Andiamo a comprare **due sacchi di** paglia **dal contadino**.	Wir gehen zum Bauern zwei Sack Stroh kaufen.
il **fieno**	Heu
Avete abbastanza fieno per il bestiame?	Habt ihr genug Heu für das Vieh?
l'**erba**	Gras
il **prato**	Wiese

la **pesca**	Fischfang
la **flotta da pesca**	Fischereiflotte
pescare	fischen
la **rete**	Netz
il **(moto)peschereccio**	Fischkutter
l'**industria del pesce**	Fischindustrie

la **campagna**	Land
fertile	fruchtbar
È una campagna molto fertile, con diversi tipi di coltivazione.	Es ist ein fruchtbares Land mit unterschiedlichen Formen des Ackerbaus.
la **coltivazione**	Anbau; Bestellung
la **coltivazione biologica**	biologischer Anbau
la **coltura**	Anbau; Kultur
Questo terreno non è adatto per la coltura del frumento.	Der Boden ist für den Anbau von Weizen nicht geeignet.
agricolo, a	landwirtschaftlich
il **pascolo**	Weidefläche
pascolare	weiden
il **terreno**	Grund; Boden
la **pianta**	Pflanze
la **vegetazione**	Vegetation
La vegetazione è molto scarsa perché **manca l'acqua**.	Die Vegetation ist hier sehr spärlich, da es an Wasser fehlt.

spianare	(ein)ebnen; planieren
l'**aratro**	Pflug
Bisogna lavorare il terreno con l'aratro prima di seminare.	Vor der Aussaat muss die Erde gepflügt werden.
tagliare	schneiden
Hai già tagliato l'erba?	Hast du schon das Gras gemäht?
la **falce**	Sense; Sichel
Devo lavorare con la falce perché **si è rotta** la falciatrice.	Ich muss mit der Sense arbeiten, da die Mähmaschine kaputtgegangen ist.
la **falciatrice**	Mähmaschine

la **produzione**	Produktion
genuino, a	echt; natürlich; unverfälscht
È una produzione genuina garantita.	Es handelt sich garantiert um ein natürliches Erzeugnis.
ricavare	erzielen; herausholen
la **fattoria**	Bauernhof
la **cooperativa**	Genossenschaft
Portiamo alla cooperativa **tutto quello che ricaviamo dai campi**.	Den Gesamtertrag unserer Felder bringen wir zur Genossenschaft.

il **mulino**	Mühle
notare	bemerken
Hai notato **quel vecchio mulino** in mezzo agli alberi?	Hast du die alte Mühle inmitten der Bäume bemerkt?
cogliere	ernten
Cominceremo a cogliere gli agrumi in autunno.	Im Herbst beginnen wir, die Zitrusfrüchte zu ernten.

15.2 Industrie und Handel

l'**industria**	Industrie
Nella mia città c'è una grande industria di mobili.	In meiner Stadt gibt es eine ausgedehnte Möbelindustrie.
l'**industria pesante**	Schwerindustrie
l'**industria metallurgica**	Metallindustrie
l'**industria automobilistica**	Automobilindustrie
industriale	industriell, Industrie-
produrre	produzieren
la **tecnica**	Technik
attribuire ‹attribuisco›	zuschreiben
Tutto questo progresso viene attribuito alle nuove tecniche.	Der ganze Fortschritt wird der modernen Technik zugeschrieben.
la **marca**	Marke; Warenzeichen
Questa marca è famosa **in tutto** il **mondo**.	Diese Marke ist auf der ganzen Welt bekannt.
il **marchio**	Marke; Warenzeichen
l'**insegna**	Firmenschild

il **commercio**	Handel; Geschäft
rendere	einbringen
Il nostro commercio non rende molto, ma basta per vivere.	Unser Geschäft bringt nicht viel ein, aber es reicht zum Leben.
la **merce**	Ware

il **fabbisogno**	Bedarf
procurare	besorgen
la **domanda**	Nachfrage
l'**offerta**	Angebot
La domanda è superiore all'offerta e **bisogna produrre di più.**	Die Nachfrage übersteigt das Angebot; die Produktion muss erhöht werden.
fornire ‹fornisco›	liefern
La ditta fornisce la merce **in base al listino prezzi.**	Die Firma liefert die Ware gemäß der Preisliste.
l'**ordine** *m*	Bestellung; Auftrag
Avete ricevuto il nostro ordine?	Haben Sie unsere Bestellung erhalten?
il **listino prezzi**	Preisliste

l'**importazione** *f*	Import
aumentare	erhöhen
Negli ultimi anni l'importazione è **aumentata del tre percento.**	In den letzten Jahren hat der Import um drei Prozent zugenommen.
l'**esportazione** *f*	Export
ridurre	herabsetzen; reduzieren

la **ditta**	Firma
spettabile	sehr geehrte(r)
Spettabile ditta Martini – Piazza Diaz 31 – 20122 Milano	An Firma Martini – Piazza Diaz 31 – 20122 Mailand *(Im Italienischen ist* spettabile *eine in Geschäftsbriefen übliche Formel, die im Deutschen keine Entsprechung hat.)*
il **socio**, la **socia**	Gesellschafter(in)
Quanti soci **ci sono in questa società?**	Wie viele Gesellschafter hat diese Gesellschaft?
la **società**	Gesellschaft
la **società a responsabilità limitata (s.r.l.)**	GmbH
la **società per azioni (s.p.a.)**	AG

la **contabilità**	Buchführung
Devo **tenere la contabilità** nell'ufficio di mio fratello.	Ich muss die Buchführung im Büro meines Bruders erledigen.
il **bilancio**	Bilanz; Jahresabschluss
pronto, a	fertig; bereit
La chiusura del bilancio deve essere **pronta per il 31** dicembre.	Der Bilanzabschluss muss bis zum 31. Dezember vorliegen.
il **fallimento**	Misserfolg; Konkurs

La ditta Magli **ha fatto fallimento già un anno fa**.	Die Firma Magli ist schon vor einem Jahr in Konkurs gegangen.
il **percento**	Prozent
la **percentuale**	Prozentsatz

a buon mercato	preiswert
Andiamo nel negozio nuovo che **hanno appena aperto, pare che si compri più a buon mercato**.	Wir gehen in den neuen Laden, der vor kurzem aufgemacht hat; wie es aussieht, kauft man dort günstiger.
costoso, a	kostspielig
gratis	gratis
oltre *inv*	über; weiter
Se compri per oltre 500 euro ti danno un orologio gratis.	Wenn du für über 500 Euro kaufst, bekommst du eine Uhr gratis.

il **consumatore**, la **consumatrice**	Verbraucher(in)
la **richiesta**	Verlangen; Nachfrage
Negli ultimi tempi è aumentata la **richiesta di** oggetti di lusso.	In der letzten Zeit ist die Nachfrage nach Luxusgütern gestiegen.
richiedere	zurückverlangen; erfordern; beantragen

il **rifornimento**	Versorgung; Nachschub
È ora di **pensare al rifornimento di** materiale.	Es ist Zeit, sich um die Materialversorgung zu kümmern.
l'**inventario**	Inventur; Bestandsaufnahme; Inventar
Avete già fatto l'**inventario della merce**?	Habt ihr schon Inventur gemacht?
la **liquidazione**	Ausverkauf; Abwicklung
Questi prodotti **sono in liquidazione**.	Diese Produkte sind im Ausverkauf.
l'**assortimento**	Sortiment; Bestand
il **preventivo**	Kostenvoranschlag
Per decidere **ho bisogno che** mi **facciate** un preventivo.	Damit ich entscheiden kann, müssen Sie mir einen Kostenvoranschlag machen.

il **produttore**, la **produttrice**	Produzent(in)
esportare	exportieren
importare	importieren
L'Italia esporta **molti articoli di moda**. – Sì, ma **deve importare** anche molte materie prime.	Italien exportiert viele Modeartikel. – Ja, aber es müssen auch viele Rohstoffe eingeführt werden.
le **materie prime** *pl*	Rohstoffe

Le materie prime sono diventate scarse in questo paese.	Die Rohstoffe sind knapp geworden in diesem Land.
alimentare	versorgen
Il riscaldamento è **alimentato a nafta**.	Diese Heizung wird mit Öl betrieben.
scarso, a	knapp
la **riduzione**	Abnahme; Senkung
In questo settore **c'è stata una forte riduzione dei prezzi**.	In diesem Sektor gab es große Preissenkungen.

la **fusione**	Fusion
l'**incorporazione**	Übernahme
la **globalizzazione**	Globalisierung

la **fiera**	Messe
La fiera resterà aperta dal 15 al 21 aprile.	Die Messe ist vom 15. bis 21. April geöffnet.
il **campione**	Muster
Hai preparato i campioni per la fiera?	Hast du die Muster für die Messe vorbereitet?
il **campionario**	Musterkollektion

la **tecnologia**	Technologie
il **rendimento**	Leistung
La nuova tecnologia ha portato all'**aumento del rendimento**.	Die neue Technologie hat zu einer Leistungszunahme geführt.
superiore	höher(e, es)
Mi dispiace, ma non sono in grado di offrire prestazioni superiori a queste!	Höhere Leistungen als diese kann ich nicht erbringen, tut mir Leid!
inferiore	niedrige(r, s)

il, la **commerciante**	Händler(in); Kaufmann, Kauffrau
commerciale	Handels-, kommerziell
l'**assortimento**	Sortiment
Quel commerciante ha **il miglior assortimento** della città.	Dieser Kaufmann hat das beste Sortiment der Stadt.
l'**apertura**	Öffnung
L'orario di apertura e chiusura dei negozi in Italia è abbastanza libero.	Die Ladenöffnungszeiten sind in Italien wenig reglementiert.
il **profitto**	Profit; Gewinn
approfittare	profitieren
la **perdita**	Verlust
Il conto dei profitti e delle perdite verrà fatto dal commercialista.	Die Gewinn- und Verlustrechnung wird vom Steuerberater erstellt.
la **chiusura**	Schließung

15.3 Geld, Banken

i **soldi** *pl*	Geld
C'è una banca qui vicino? Devo cambiare i soldi.	Wo gibt es hier in der Nähe eine Bank? Ich muss Geld wechseln.
la **moneta**	Münze; Geldstück
una moneta da 1 euro	eine 1-Euro-Münze
incassare	(ein)kassieren; einziehen
Avete già incassato la somma che avevate prestato?	Habt ihr schon den Betrag kassiert, den ihr ausgeliehen hattet?
la **somma**	Summe; Betrag

la **banca**	Bank

Die Bank

Unterscheide:

la banca	*Bank, Geldinstitut*
Vado alla banca a cambiare soldi.	*Ich gehe zur Bank, um Geld zu wechseln.*
Aber: il Banco di Roma	
la panca	*Sitzbank*
la panchina	*Trainerbank; Parkbank*
il banco di scuola	*Schulbank*

il **bancomat**	Geldautomat
cambiare	wechseln
Scusi, mi può cambiare **un biglietto da** cento euro?	Entschuldigung, können Sie einen Hundert-Euro-Schein wechseln?
il **conto corrente**	Girokonto
Vorrei versare questa somma sul mio conto corrente.	Ich möchte diesen Betrag auf mein Girokonto überweisen.
l'**assegno**	Scheck
Mi dispiace, ma non accettiamo assegni.	Tut mir Leid, aber wir nehmen keine Schecks.
il **risparmio**	Ersparnis
Abbiamo versato tutti i nostri risparmi **nel libretto di risparmio.**	Wir haben all unsere Ersparnisse auf das Sparbuch eingezahlt.
risparmiare	(ein)sparen
versare	überweisen; einzahlen
il **credito**	Kredit; Forderung
Non è pericoloso **fare credito ad un cliente così.**	Es ist unbedenklich, einem solchen Kunden Kredit zu gewähren.
il **debito**	Schuld; Verbindlichkeit
Ora non possiamo fare spese perché abbiamo già troppi debiti.	Wir können uns zur Zeit keine Ausgaben leisten, da wir schon zu viele Schulden haben.

mịnimo, a	minimal; Mindest-
mạssimo, a	maximal; Höchst-
il **compenso**	Entgelt; Entschädigung
Il compenso per il nostro lavoro è minimo.	Das Entgelt für unsere Arbeit ist minimal.

il **pagamento**	Zahlung
effettuare	tätigen; ausführen
Il pagamento deve essere effettuato **entro il 15 del mese**.	Die Zahlung hat bis zum 15. des Monats zu erfolgen.
netto	netto
lordo	brutto
la **tassa**	Gebühr; Steuer; Abgabe
Quale importo devo scrivere, **quello netto** o **quello lordo**?	Welchen Betrag soll ich notieren, den Netto- oder den Bruttobetrag?
– Scrivi quello netto e segna la tassa a parte.	– Schreib den Nettobetrag und vermerke die Steuer getrennt.
le **tasse** *pl*	Steuern

il **prẹstito**	Darlehen
finanziare	finanzieren
Ho bisogno di un prestito per finanziare la casa.	Ich benötige ein Darlehen zur Finanzierung des Hauses.
il **costo**	Kosten; Aufwendung
calcolare	berechnen; kalkulieren
il **cạlcolo**	Berechnung

la **ricevuta**	Quittung
Eccole la ricevuta!	Da haben Sie Ihre Quittung!
riscuọtere	einlösen; beziehen; gutgeschrieben bekommen
l'**interesse** *m*	Zins
Oggi ho riscosso gli **interessi di tre mesi**.	Heute habe ich die Zinsen für drei Monate kassiert.
trasferire ‹trasferisco›	übertragen
Perché non trasferisci l'importo sul conto corrente?	Warum überträgst du nicht den Betrag auf das Girokonto?

l'**azione** *f*	Aktie
il **rẹddito**	Rendite; Einnahme
Il reddito di quelle azioni è molto alto.	Diese Aktien haben eine sehr hohe Rendite.
l'**investimento**	Investition

Se vuoi fare degli investimenti finanziari, **fatti consigliare** dalla tua banca.

Wenn du Geld anlegen willst, lass dich von deiner Bank beraten.

la **borsa**
Börse

Cristoforo è **un esperto di operazioni in borsa**.
Cristoforo ist Fachmann für Börsengeschäfte.

il **crollo della borsa**
Börsenkrach

il **mercato azionario**
Aktienmarkt

l'**emissione di azioni**
Aktienausgabe

l'**opzione**
Option

il **denaro**
Geld

la **valuta**
Währung

Credi che l'euro diventerà mai una valuta forte?
Glaubst du, dass der Euro jemals eine starke Währung werden wird?

il **mercato valutario**
Devisenmarkt

la **valuta pilota**
Leitwährung

la **banca centrale europea**
Europäische Zentralbank

le **divise ẹstere** *pl*
ausländische Währungen

valere
wert sein

Mi può dire quanto valgono queste monete?
Können Sie mir sagen, was diese Münzen wert sind?

il **cambio**
Wechsel(kurs)

il **corso**
Kurs

l'**euro**
Euro

Il corso dell'euro è sceso ancora.
Der Kurs des Euro ist weiter gefallen.

il **centẹsimo**
(Euro-)Cent

Con l'arrivo dell'euro gli italiani dovranno abituarsi ai centesimi; all'inizio **ci sarà** senz'altro **qualche problema**.
Mit Einführung des Euro werden sich die Italiener an die Cents gewöhnen müssen; das bringt am Anfang sicher ein paar Probleme mit sich.

la **lira**
Lira

il **marco**
Mark

il **franco**
Franken

il **dọllaro**
Dollar

la **cassa di risparmio**
Sparkasse

il **libretto di risparmio**
Sparbuch

l'**eurocheque** *m* [euro'ʃɛk]
Euroscheck

la **carta di crẹdito**
Kreditkarte

Questa carta di credito viene accettata quasi dappertutto.
Diese Kreditkarte wird fast überall akzeptiert.

la **cambiale**
Wechsel

Pagherò un acconto in contanti, il resto **con cambiali**.	Ich werde eine Anzahlung in bar leisten und den Rest per Wechsel zahlen.
l'**ordine di bonifico**	Überweisungsauftrag
il **vaglia**	Postanweisung
Ieri è arrivato un vaglia dalla Germania.	Gestern ist eine Geldanweisung aus Deutschland gekommen.
il **contante**	Barbetrag

il **capitale**	Kapital
Hai risparmiato **tutta la vita** e ora hai **un bel capitale**.	Du hast das ganze Leben lang gespart und verfügst jetzt über ein ansehnliches Kapital.
prestare	leihen
Potresti **prestarci** l'importo che **ci serve** per **quell'affare**?	Könntest du uns den Betrag leihen, den wir für das Geschäft benötigen?
l'**usuraio**	Wucherer
l'**affare** *m*	Geschäft
l'**importo**	Betrag
l'**operazione** *f*	Transaktion, Geschäft

finanziario, a	finanziell; Finanz-
il **mercato finanziario**	Kapitalmarkt
il **tasso**	Satz; Rate; Zins
abbassare	senken
rialzare	erhöhen
la **crescita**	Wachstum
l'**attivo**	Haben
il **passivo**	Soll
L'anno scorso **la ditta ha lavorato in passivo**, ma quest'anno **sarà in attivo**.	Vergangenes Jahr war die Firma in den roten Zahlen, aber dieses Jahr wird sie Gewinne erzielen.

il **fisco**	Fiskus; Staatskasse
fiscale	Steuer-, steuerlich
l'**agevolazione fiscale**	Steuererleichterung
Forse **è meglio che chiediate al** commercialista se potete **godere** veramente **di qualche** agevolazione fiscale.	Vielleicht fragt ihr besser euren Steuerberater, ob ihr wirklich in den Genuss irgendwelcher Steuererleichterungen kommen könnt.
la **dichiarazione delle tasse**	Steuererklärung
l'**evasione fiscale** *f*	Steuerhinterziehung
l'**oasi fiscale** *f*	Steueroase
la **riforma tributaria**	Steuerreform

15.4 Versicherungswesen

l'**assicurazione** *f* — Versicherung
Voglio **fare un'assicurazione sulla vita.** — Ich will eine Lebensversicherung abschließen.
l'**assicurazione sulla vita** — Lebensversicherung
l'**assicurazione contro gli infortuni** — Unfallversicherung
l'**assicurazione contro i rischi di responsabilità civile** — Haftpflichtversicherung
l'**assicurazione della tutela legale** — Rechtsschutzversicherung
assicurare — versichern
il **rischio** — Risiko
Siamo già assicurati contro **tutti i rischi.** — Wir sind schon gegen alle Risiken versichert.
la **garanzia** — Haftung; Garantie
l'**infortunio** — Unfall
il **danno** — Schaden
Questo danno verrà **risarcito entro due mesi.** — Dieser Schaden wird innerhalb von zwei Monaten reguliert.

reclamare — reklamieren; fordern
il **risarcimento** — Entschädigung
Se non hai avuto ancora il risarcimento devi reclamare. — Wenn du noch keine Entschädigung erhalten hast, musst du reklamieren.

sistemare — regeln; in Ordnung bringen
Non si preoccupi, la mia **assicurazione sistemerà tutto.** — Seien Sie beruhigt, meine Versicherung wird alles in Ordnung bringen.

risarcire ‹risarcisco› — entschädigen
la **responsabilità** — Verantwortung
Sei sicuro che ti **risarcisca?** – Sì, perché la responsabilità è solo sua. — Bist du sicher, dass er dich entschädigt? – Ja, denn die Verantwortung liegt ganz bei ihm.
regolare — regeln; begleichen; regulieren
l'**indennità** — Entschädigung
Angelo ha ricevuto un' **indennità di dieci milioni.** — Angelo hat eine Entschädigung in Höhe von zehn Millionen erhalten.

la **mutua** — Krankenkasse
iscritto, a — eingeschrieben
Siamo iscritti alla **mutua** degli artigiani. — Wir sind bei der Handwerkerkrankenkasse eingeschrieben.
la **tessera** — Ausweis; (Kenn-)Karte; Versichertenkarte

Sono iscritto solo da poco tempo e non ho ancora la tessera.
Ich bin erst seit kurzem Mitglied und habe noch keinen Ausweis.

il **certificato medico**
ärztliches Attest

l'**obbligo**
Verpflichtung

Hai già presentato il certificato medico? – **Sei sicuro che abbia l'obbligo di farlo?**
Hast du das Attest schon eingereicht? – Bist du sicher, dass ich dazu verpflichtet bin?

obbligare
verpflichten

la **pensione**
Pension

Non ho ancora **diritto alla pensione**, devo aspettare **altri tre anni.**
Ich habe noch keinen Rentenanspruch; ich muss noch drei Jahre warten.

il **pensionato**, la **pensionata**
Rentner(in)

gli **assegni familiari** *pl*
Kindergeld; Familienbeihilfe

i **dati personali** *pl*
Angaben zur Person

il **contratto**
Vertrag

la **firma**
Unterschrift

In questo contratto manca ancora la firma.
Auf diesem Vertrag fehlt noch die Unterschrift.

la **polizza**
Police

coprire
decken

La polizza copre i danni dell'assicurato fino ad un miliardo.
Die Police deckt die Schäden des Versicherten bis zu einer Milliarde.

l'**assicurazione lungodegenza**
Pflegeversicherung

l'**assicurato**, l'**assicurata**
Versicherungsnehmer(in); Versicherte(r)

garantire ‹garantisco›
haften; garantieren

escludere
ausschließen

Ci dispiace, ma la Sua polizza esclude il risarcimento di questo danno.
Tut uns Leid, aber Ihre Police schließt für diesen Fall eine Entschädigung aus.

la **denuncia**
Meldung

il **sinistro**
Schaden; Unfall; Versicherungsfall

provvedere a
sorgen für; vornehmen

Non ha provveduto in tempo alla denuncia del sinistro.
Sie haben die Schadensmeldung nicht rechtzeitig vorgenommen.

rivendicare
fordern; beanspruchen

l'**indennizzo**
Schadensersatz; Entschädigung

Abbiamo già rivendicato un adeguato indennizzo.
Wir haben schon einen angemessenen Schadensersatz gefordert.

rispondere
haften; aufkommen

La mia assicurazione **risponderà di tutto.**	Meine Versicherung wird für alles aufkommen.
il **reclamo**	Reklamation; Beschwerde
Non pensi che sia ora di fare un reclamo per l'indennizzo?	Glaubst du nicht, es sei an der Zeit, wegen des Schadensersatzes zu reklamieren?

la **cassa malattia**	Krankenkasse
Sono in cassa malattia da una settimana.	Seit einer Woche bin ich krankgemeldet.
la **formalità**	Formalität
È solo una formalità, ma Le devo chiedere tutti **i dati personali.**	Es ist nur eine Formalität, aber ich muss Sie um alle Angaben zur Person bitten.
contrattare	vertraglich vereinbaren; aushandeln
Dobbiamo contrattare una soluzione diversa.	Wir müssen eine andere Lösung vereinbaren.
contrattuale	vertraglich

Falsche Freunde

Italienisches Wort	Thematische Bedeutung(en)	Falscher Freund	Italienische Entsprechung(en)
la firma	Unterschrift	Firma	la ditta
l'importo	Betrag	Import (engl. the import)	l'importazione
lordo	brutto	schwer (frz. lourd)	pesante
la moneta	Münze; Geldstück	Geld (engl. the money)	denaro
notare	bemerken	notieren (frz. noter)	annotare
il preventivo	Kostenvoranschlag	vorbeugende Maßnahme (engl. preventive)	l'intervento preventivo
pronto	fertig; bereit	sofort, prompt (engl. prompt)	immediato

16.1 Telekommunikation

la **telecomunicazione**	Fernmeldewesen; Telekommunikation
la **Telecom**	Telekom
la **telefonata**	Telefongespräch
la telefonata urbana	Ortsgespräch
urgente	dringend
Devo fare una telefonata molto urgente.	Ich muss ein sehr dringendes Telefongespräch führen.
l'**elenco telefonico**	Telefonbuch
l'**interurbana**	Ferngespräch
Devo fare una (telefonata) **interurbana**.	Ich muss ein Ferngespräch führen.
la **scheda telefonica**	Telefonkarte
Lo sai che **mi sono messo a** collezionare schede telefoniche?	Weißt du, dass ich angefangen habe, Telefonkarten zu sammeln?

il **telefono**	Telefon
Il mio telefono è rotto, posso usare il tuo?	Mein Telefon ist kaputt, kann ich deines benutzen?
il **telefono a gettoni**	Münztelefon
il **telefono a scheda**	Kartentelefon
il **telefonino**	Handy
Si sta proprio esagerando con questi telefonini, in qualsiasi posto sei, **ce n'è** sempre **qualcuno che** squilla.	Die Handys werden wirklich zur Plage; egal, wo man ist, ständig fängt eines an zu klingeln.
il **cellulare**	Handy
telefonare	telefonieren; anrufen

Am Telefon

– Pronto, chi parla?	*Hallo, wer ist am Apparat?*
~ Sono Gallo. Posso parlare con la signora Filanino?	*Ich heiße Gallo. Kann ich Frau Filanino sprechen?*
– Chi la desidera?	*Wen darf ich durchstellen?*
~ Gallo. Sono Gallo!	*Gallo. Mein Name ist Gallo.*

---

il **numero (di telefono)**	(Telefon-)Nummer
fare il numero	wählen
sbagliare (numero)	sich verwählen
Mi scusi, ho sbagliato numero!	Entschuldigen Sie bitte, ich habe mich verwählt!
la **cabina telefonica**	Telefonzelle
il **gettone**	Jeton

pronto
Pronto, chi parla?
– Qui è casa Bertini, chi desidera?

hallo
Hallo, wer spricht da bitte?
– Hier ist Familie Bertini.
Wen möchten Sie sprechen?

la **comunicazione**
Purtroppo la comunicazione è stata interrotta, **devo rifare il numero.**
interrompere
Siamo stati interrotti, bisogna chiamare di nuovo.

Verbindung
Die Verbindung ist leider unterbrochen. Ich muss neu wählen.
unterbrechen
Wir sind unterbrochen worden und müssen noch einmal telefonieren.

passare
Pronto? **Attenda un attimo, Le passo il signor Martini.**
riattaccare
lo **scatto**
Quanti scatti devo pagare?

verbinden; durchstellen
Hallo? Einen Augenblick, ich verbinde Sie mit Herrn Martini.
auflegen
Gebühreneinheit
Wie viele Einheiten habe ich zu zahlen?

il **segnale acustico**
squillare
Non sentite che il telefono squilla?
Chi **va a rispondere?**
lo **squillo**
la **segreteria telefonica**
Dopo il terzo squillo **risponde la segreteria telefonica.**
la **mail box** ['meilbɔks]

Piepton
läuten
Hört ihr nicht, dass das Telefon läutet? Wer geht ran?
Klingeln
Anrufbeantworter
Nach dem dritten Klingeln schaltet sich der Anrufbeantworter ein.
Mailbox

staccare
Quando ho molto lavoro e non voglio essere disturbato **stacco il telefono.**
il **ricevitore**
la **linea**
occupato, a

abheben; aushängen
Wenn ich viel zu tun habe und nicht gestört werden will, hänge ich das Telefon aus.
Hörer
Leitung
besetzt

il **colloquio telefonico**
il **centralino**
le **pagine gialle** pl
Se cercate il numero di una ditta **fate prima a guardare nelle** pagine gialle.
il **prefisso**

(Telefon-)Gespräch
Zentrale
Gelbe Seiten
Die Nummer einer Firma findet ihr am schnellsten, wenn ihr in den Gelben Seiten nachschlagt.
Vorwahl

Qual è il prefisso per la Germania? – 0049.	Wie ist die Vorwahl von Deutschland? – 0049.
Ricordati che ora in Italia serve sempre il prefisso, anche per le telefonate urbane.	Denk bitte daran, dass in Italien jetzt immer die Vorwahl nötig ist, auch bei Ortsgesprächen.

l'**allacciamento**	Anschluss
Se non funziona vuol dire che l'**allacciamento è sbagliato.**	Wenn es nicht funktioniert, heißt das, dass falsch angeschlossen wurde.
via **cavo**	Kabel…
il **cordless** ['kɔrdles]	schnurloses Telefon
analogico	analog
digitale	digital

multimediale	Multi-Media-tauglich
la **radiomobile**	Mobilfunk
la **licenza**	Lizenz
la **frequenza**	Frequenz
I delinquenti **sono riusciti ad entrare nella frequenza** della radiomobile della polizia.	Die Banditen haben es geschafft, in den Frequenzbereich der Polizei einzudringen.
la **teletrasmissione**	Datenfernübertragung
il **telefax**	Telefax
la **televendita**	Teleshopping

16.2 Post

la **posta**	Post
È già arrivata la posta stamattina?	Ist die Post heute Morgen schon angekommen?
la **lettera**	Brief
C'è una lettera per te.	Es ist ein Brief für dich dabei.
il **francobollo**	Briefmarke
I francobolli li puoi comprare sia alla posta che dal tabaccaio.	Du kannst die Briefmarken sowohl bei der Post als auch beim Tabakhändler kaufen.
l'**espresso**	Eilbrief
la **raccomandata**	Einschreiben
il **destinatario**, la **destinataria**	Empfänger(in)
Si prega di scrivere a stampatello il nome del destinatario.	Den Namen des Empfängers bitte in Blockschrift schreiben.
il, la **mittente**	Absender(in)

Non dimenticare di scrivere il nome del mittente sulla busta.	Vergiss nicht, den Absender auf den Umschlag zu schreiben.
la **firma**	Unterschrift
Se vuoi **ti ci metto** la firma.	Wenn du willst, unterschreibe ich dir das.
firmare	unterschreiben
Non è necessario che firmi niente.	Du brauchst nichts zu unterschreiben.

il **postino**, la **postina**	Briefträger(in)
Il postino suona sempre due volte.	Der Briefträger klingelt immer zweimal.
il **corriere**	Kurier
la **cassetta delle lettere**	(Haus-)Briefkasten
La cassetta delle lettere si trova **vicino alla porta di casa.**	Der Briefkasten befindet sich bei der Haustür.
vuotare	(ent)leeren
Devo pregare Maria di vuotare la mia cassetta delle lettere **mentre sono in viaggio.**	Ich muss Maria bitten, meinen Briefkasten zu leeren, während ich verreist bin.

la **corrispondenza**	Post; Korrespondenz
La mia corrispondenza arriva **fermo posta.**	Meine Korrespondenz kommt postlagernd an.
la **cartolina**	Ansichtskarte
la **cartolina postale**	Postkarte
il **pacco**	Paket
il **pacchetto**	Päckchen
il **telegramma**	Telegramm
lo **sportello**	Schalter
A quale sportello **si fanno i telegrammi?**	An welchem Schalter kann man Telegramme aufgeben?
mandare	schicken
spedire ‹spedisco›	absenden
Spedisci per raccomandata-espresso, è più sicuro.	Schick einen eingeschriebenen Eilbrief. Das ist sicherer.
impostare	einwerfen, aufgeben

Poste e Telecomunicazioni	Post und Fernmeldewesen
Poste e Telegrafi	Post und Telegrafenamt
Il cartello PPTT significa Poste e Telegrafi.	Das Schild PPTT bedeutet „Post und Telegrafenamt"
la **banca postale**	Postbank
fermo posta	postlagernd
il **codice di avviamento postale**	Postleitzahl

Vorrei comprare un elenco dei codici di avviamento postale.	Ich möchte ein Postleitzahlenverzeichnis kaufen.
la **casella postale**	Postfach
Se non conosci l'indirizzo, scrivi il numero della casella postale.	Wenn du die Adresse nicht kennst, schreib die Postfachnummer auf.

affrancare	frankieren
l'**affrancatura**	Frankierung
inviare	schicken
Ho **detto di inviarti** tutto **per contrassegno**.	Ich habe gesagt, dass dir alles per Nachnahme geschickt werden soll.
via aerea	Luftpost
Quanto costa spedire questa lettera per via aerea?	Was kostet es, diesen Brief per Luftpost zu schicken?
consegnare	zustellen
la **posta prioritaria**	Eilbrief
la **postacelere**	Eilzustellung (*Im Inland wird die Zustellung innerhalb von 24 Stunden garantiert.*)
il **contrassegno**	Nachnahme
le **stampe** *pl*	Drucksache

il **fax**	Fax
Non c'è più tempo per mandare una lettera, **faremo un fax**.	Es bleibt keine Zeit, einen Brief zu schreiben. Wir schicken ein Fax.
faxare	faxen
il **modulo**	Formular
Si prega di riempire il modulo in stampatello.	Das Formular bitte in Druckschrift ausfüllen!
a/in stampatello	in Druckschrift; in Blockschrift
decifrare	entziffern

il **bollo**	Stempel
il **timbro**	Stempel
In questi giorni la posta usa un timbro speciale e **voglio averlo** per la mia collezione.	In diesen Tagen verwendet die Post einen Sonderstempel, den ich gerne für meine Sammlung hätte.
timbrare	stempeln

imbucare	einwerfen
la **buca delle lettere**	Briefkasten
Questa busta **non entra nella buca delle lettere**.	Dieser Umschlag passt nicht in den Briefkasten.

egregio, a	sehr geehrte(r)
Egregio Sig. Russo	Sehr geehrter Herr Russo (*Briefanrede*)

| spett**a**bile | In Geschäftsbriefen übliche Formel, die im Deutschen keine Entsprechung hat. |
| Spett. Calzaturificio di Varese | Fa. Calzaturificio di Varese |

16.3 Radio, Fernsehen und andere Tonträger

la **radio**	Radio
la **notizia**	Nachricht; Meldung
le **u**ltime notizie	neueste Meldungen
Secondo le ultime notizie, non si conosce ancora il risultato delle elezioni.	Den neuesten Meldungen zufolge steht das Ergebnis der Wahlen noch nicht fest.
trasme**ttere**	senden; ausstrahlen
la **conferenza stampa**	Pressekonferenz
A che ora **sarà trasmessa** la conferenza stampa?	Um wie viel Uhr wird die Pressekonferenz gesendet?

acce**ndere**	anschalten; anstellen
Accendi la radio, voglio sentire **il giornale radio delle** 13.00.	Stell das Radio an, ich will die 13-Uhr-Nachrichten hören.
rice**vere**	empfangen
l'**onda**	Welle
lungo, a	lang
medio, a	mittel
corto, a	kurz
ultracorto, a	ultrakurz
Il mio apparecchio riceve le onde lunghe, medie, corte e ultracorte.	Mein Gerät empfängt Lang-, Mittel-, Kurz- und Ultrakurzwelle.
ascoltare	(zu)hören
il **volume**	Lautstärke
Abbassa il volume, per favore!	Mach bitte leiser!
spe**gnere**	ausschalten; ausmachen

la **televisione**	Fernsehen
Quando gli italiani parlano di televisione, dicono quasi sempre TV.	Wenn die Italiener vom Fernsehen sprechen, sagen sie fast immer „tivù".
Spegni la radio e accendi la televisione, è l'ora del TG1.	Stell das Radio ab und den Fernseher an; es ist Zeit für die Nachrichten im 1. Programm.
il **televisore**	Fernsehapparat
il **telegiornale**	Fernsehnachrichten
State calmi, per favore, vorrei vedere in pace il telegiornale.	Seid bitte ruhig, ich möchte in Ruhe die Fernsehnachrichten sehen.

la **stazione (televisiva)**	(Fernseh-)Sender
il **canale**	Kanal; Programm
Questi due canali non si differenziano molto tra di loro.	Diese beiden Programme unterscheiden sich nicht sehr voneinander.
il, la **telecronista**	Fernsehreporter(in)
il **conduttore**, la **conduttrice**	Moderator(in)
Chi era il conduttore **di quella trasmissione** culturale?	Wer war der Moderator dieser Kultursendung?

ottenere	bekommen; erzielen; erreichen
l'**intervista**	Interview
lo **scandalo**	Skandal
l'**esclusiva**	Exklusivrechte
Ha concesso quell'intervista in esclusiva.	Er hat die Exklusivrechte für dieses Interview zugesichert.

il **programma**	Programm
il **programma di intrattenimento**	Unterhaltungssendung
l'**interruzione** f	Unterbrechung
lo **spot pubblicitario**	Werbespot
Le molte interruzioni degli spot pubblicitari **danno proprio fastidio.**	Die vielen Unterbrechungen durch Werbung sind sehr lästig.
la **pubblicità**	Werbung
lanciare	lancieren
È stata proprio la televisione a lanciare quel prodotto.	Dieses Produkt wurde tatsächlich durch das Fernsehen lanciert.

il **videoregistratore**	Videorekorder
Ormai **in** quasi **tutte le case c'è** un videoregistratore.	Inzwischen hat fast jeder Haushalt einen Videorekorder.
la **videocassetta**	Videokassette

la **radiotelevisione**	Radio und Fernsehen
RAI-TV è il nome della radiotelevisione italiana.	RAI-TV ist der Name der italienischen Rundfunk- und Fernsehanstalt.
il **giornale radio**	Rundfunknachrichten
il **servizio**	Reportage
il **quiz**	Quiz

collegare	verbinden; (zusammen)schalten
diretto, a	direkt

Signore e Signori, ci colleghiamo ora con la Scala di Milano per la **trasmissione in diretta**.	Meine Damen und Herren, wir schalten nun um zu einer Direkt- übertragung aus der Mailänder Scala.
il **collegamento**	Verbindung; Schaltung
la **cronaca**	Berichterstattung
La cronaca di quell'avvenimento è stata una vera delusione.	Die Berichterstattung über dieses Ereignis war wirklich enttäu- schend.
l'**ascoltatore**, l'**ascoltatrice**	Hörer(in)
Gli ascoltatori erano molto delusi perché **non c'è stato** il collega- mento con lo stadio.	Die Hörer waren sehr enttäuscht, weil es keine Übertragung aus dem Stadion gab.
la **TV** [tiv'vu]	Fernsehen
la **telecamera**	Fernsehkamera
il **telecomando**	Fernbedienung
lo **zapping** ['dzɛppiŋ]	Zappen
fare lo zapping	zappen
registrare	aufnehmen
Se vuoi **registrarlo devi sbrigarti, il film sta per cominicare**.	Wenn du den Film aufnehmen willst, musst du dich beeilen, er fängt gleich an.
la **registrazione**	Aufnahme
Mi dispiace, ma la registrazione non è buona.	Tut mir Leid, aber die Aufnahme ist nicht gut.
l'**antenna**	Antenne
potente	(leistungs)stark
Ho fatto mettere un'antenna nuova e **più potente** sul tetto.	Ich habe eine neue und leistungsfähigere Antenne auf dem Dach anbringen lassen.
la **trasmissione**	Übertragung
La trasmissione ha avuto molto successo perché **è stata condotta molto bene**.	Die Übertragung war ein großer Erfolg, da sie sehr gut moderiert wurde.
via satellite	über Satellit
Ricevete anche voi le trasmissioni via satellite?	Empfangt ihr auch Übertragungen per Satellit?
l'**allacciamento via cavo**	Kabelanschluss
condurre	(durch)führen; leiten; moderieren
Quella trasmissione **è stata condotta** in modo indecente.	Die Sendung wurde miserabel moderiert.
intervistare	interviewen

rilasciare
Sai già se intervisteranno il nuovo direttore?
– No, ma non credo comunque che **rilascerà un'intervista** molto brillante.

gewähren
Weißt du schon, ob der neue Direktor interviewt werden wird?
– Nein, aber ich glaube nicht, dass er ein besonders glänzendes Interview geben wird.

rilevare
L'intervista rilasciata dal segretario del partito **ha fatto rilevare un programma davvero interessante.**

feststellen; erkennen
Das Interview, das der Generalsekretär der Partei gegeben hat, lässt ein wirklich interessantes Programm erkennen.

partecipare a ...
Chi **parteciperà allo** spettacolo **in TV** di stasera?

teilnehmen an; mitwirken bei
Wer wirkt bei der Fernsehshow heute Abend mit?

---

l'**impianto stereo** | Stereoanlage
il **lettore compact disc** | CD-Spieler
il **compact disc (CD)** | CD(-Platte)
il **disco** | Schallplatte
il **giradischi** | Plattenspieler
il **mangianastri** | Tonbandgerät
il **registratore (a cassette)** | Kassettenrekorder

16.4 Presse

la **stampa**
Tutta la stampa ha parlato molto **di quel fatto.**

Presse
Die gesamte Presse hat ausführlich über diese Sache berichtet.

il **giornale** | Zeitung
il **quotidiano** | Tageszeitung
il **settimanale** | Wochenzeitung
la **rivista** | Illustrierte; Zeitschrift
Ho **fatto il confronto** tra molte riviste. Questa è la più interessante.

Ich habe viele Zeitschriften miteinander verglichen. Diese ist die interessanteste.

il, la **giornalista** | Journalist(in)

---

il **giornalaio**, la **giornalaia** | Zeitungshändler(in)
l'**edicola** | Zeitungskiosk
Se quell'edicola è chiusa, puoi andare dal giornalaio di Via Roma.

Wenn der Kiosk geschlossen ist, kannst du auch zu dem Zeitungshändler in der Via Roma gehen.

abbonarsi a ... | abonnieren

Gli italiani non **amano abbonarsi ad un quotidiano**, preferiscono **andare a comprarlo** tutti i giorni all'edicola. **Io invece sono abbonata al giornale della mia città.**	Die Italiener abonnieren nicht gerne eine Tageszeitung; sie kaufen sie lieber täglich am Kiosk. Ich habe allerdings meine Lokalzeitung abonniert.
abbonato, a	abonniert; Abonnent
l'**abbonamento**	Abonnement, Abo
l'**articolo**	Artikel
illustrare	illustrieren; schildern
Quest'articolo illustra molto bene la situazione ed **ha colpito molto** l'opinione pubblica.	Dieser Artikel schildert die Situation sehr gut und hat die Öffentlichkeit sehr beeindruckt.
il **fatto**	Faktum; Tatsache
quale	welche(r, s)
il **particolare**	Detail
il **confronto**	Vergleich
la **situazione**	Lage; Situation
l'**attualità**	Aktualität
Cerco un **buon settimanale d'attualità** italiano, quale mi consiglia?	Ich suche eine gute italienische Wochenzeitschrift, welche empfehlen Sie mir?
attuale	aktuell
recente	neu; aktuell
l'**opinione pubblica**	öffentliche Meinung; Öffentlichkeit
pubblicare	veröffentlichen
Queste sono le notizie più attuali che hanno pubblicato.	Dies sind die neuesten Nachrichten, die man veröffentlicht hat.
i **mass media** *pl* [mas'midja]	Massenmedien
I mass media hanno un grande potere anche in Italia.	Die Massenmedien haben auch in Italien großen Einfluss.
la **casa editrice**	Verlag(shaus)
stampare	drucken
la **libertà di stampa**	Pressefreiheit
l'**agenzia di stampa**	Presseagentur
l'**avvenimento**	Ereignis
la **faccenda**	Angelegenheit
autentico,	authentisch; echt
rivelare	enthüllen; entdecken
Vorrei sapere chi ha rivelato **quella storia** ai giornalisti.	Ich möchte wissen, wer die Angelegenheit den Journalisten enthüllt hat.
riportare	berichten

Il quotidiano che leggo io **ha riportato il fatto in modo piuttosto chiaro**.	Meine Tageszeitung hat ziemlich klar über die Sache berichtet.
uscire	erscheinen
Oggi i quotidiani escono in ritardo a causa dello sciopero.	Wegen des Streiks erscheinen die Tageszeitungen heute mit Verspätung.
tẹndere a	tendieren zu
Ogni giornale **tende ad influenzare** l'opinione pubblica.	Jede Zeitung hat die Tendenz, die öffentliche Meinung zu beeinflussen.
la **tendenza**	Tendenz

lo **scritto**	Schreiben; Schriftstück
Quando verranno stampati **i tuoi** scritti?	Wann werden deine Manuskripte gedruckt?
l'**annuncio**	Annonce
Ho trovato il suo annuncio sul quotidiano **di ieri**.	Ich habe seine Anzeige in der gestrigen Zeitung gefunden.
l'**avviso**	Meldung; Mitteilung
Mi dispiace, ma non ho letto **quell'avviso** sul giornale.	Tut mir Leid, aber ich habe diese Zeitungsmeldung nicht gelesen.
aggiornarsi	sich auf dem Laufenden halten; sich weiterbilden
È ora che ti aggiorni un po', **non segui la stampa e la TV?**	Es wird Zeit, dass du dich ein wenig informierst; liest du denn keine Zeitung und siehst du nicht fern?

l'**inserzione** f	Inserat; Anzeige
Perché non **metti un'inserzione sul giornale?**	Warum setzt du kein Inserat in die Zeitung?
la **rubrica**	Rubrik
Questa rubrica **si occupa** solo **di** teatro.	Diese Rubrik beschäftigt sich ausschließlich mit Theater.
la **colonna**	Kolumne
l'**editoriale** m	Leitartikel
la **lẹttera all'editore**	Leserbrief

la **pubblicazione**	Veröffentlichung; Publikation
lo **scalpore**	Aufsehen
La pubblicazione delle sue foto **ha fatto molto scalpore**.	Die Veröffentlichung Ihrer Fotos hat für großes Aufsehen gesorgt.
pubblicitario, a	Werbe-
la **campagna pubblicitaria**	Werbekampagne
influenzare	beeinflussen
il **tipo**	Art; Typ

l'omaggio	Geschenk
Nelle riviste italiane **si trovano** spesso omaggi **di diverso tipo.**	In italienischen Zeitschriften findet man oft verschiedene kleine Geschenke.

16.5 Multimedia, Computer

il **computer** [kom'pjuter]	Computer
Ho imparato anch'io **ad usare** il computer!	Auch ich habe gelernt, mit dem Computer zu arbeiten.
il **software** ['sɔftwer]	Software
il **dato**	Angabe
Dobbiamo ancora memorizare tutti i dati.	Wir müssen noch alle Daten speichern.
la **memoria**	Speicher
la **capacità**	Kapazität
Che capacità ha la memoria del tuo computer?	Welche Speicherkapazität hat dein Computer?
memorizzare	speichern
l'**elaborazione** f	Verarbeitung
Quale sofware usi per l'**elaborazione dei testi?**	Welches Textverarbeitungs-programm verwendest du?
il **dischetto**	Diskette
Puoi memorizzare tutto sul dischetto.	Du kannst alles auf Diskette speichern.
il **CD-ROM**	CD-ROM

programmare	programmieren
Non posso programmare **niente** se non mi dai i dati.	Ich kann nicht programmieren, wenn du mir nicht die Daten gibst.
la **programmazione**	Programmierung
la **copia**	Kopie; Exemplar
Puoi **farmi** una copia di questo programma?	Kannst du mir eine Kopie dieses Programms machen?
la **copia pirata**	Raubkopie

il **comando**	Steuerung, Befehl; Kommando
cliccare	(an)klicken
Ho già cliccato due volte, ma **non** succede **niente, sei sicuro che** questo comando **sia quello giusto?**	Ich habe schon zweimal angeklickt, aber es passiert nichts. Bist du sicher, dass der Befehl der richtige ist?
il **mouse** [maus]	Maus
digitare	Tastatur betätigen

la **password** ['pasword] Passwort
Ma come fai ad entrare nel Wie kommst du denn in das
programma **se non** conosci la Programm, ohne das Passwort
password! zu kennen?
il **file** [fail] Datei
la **segnalazione di errore** Fehlermeldung
la **stampante** Drucker

l'**informatica** Informatik
l'**informatico, a** Informatiker(in)
l'**Internet** *m* Internet
navigare surfen
Non è difficile **navigare in** Es ist nicht schwer, im Internet zu
Internet, dai vieni, **te lo** insegno io! surfen; komm, ich bringe es dir bei.
E-mail (la casella di posta E-Mail
eletronica) [i'meil]
on-line [ɔn'lain] online
l'**utente** User
scaricare downloaden

il **motore di ricerca** Suchmaschine
l'**homepage** *f* ['houmpeidʒ] Homepage
il **modem** Modem

il **traduttore elettronico** Übersetzungscomputer
l'**autostrada informatica** Datenautobahn
andare in crash [krɛʃ] abstürzen
Chiudi subito il computer, **sta per** Stell sofort den Computer ab,
andare in crash. er ist kurz vorm Abstürzen.

il **laptop** ['læptɔp] Laptop
Visto che viaggi tanto, comprati un Da du so viel reist, kauf dir doch
laptop. einen Laptop.
il **notebook** ['noutbuk] Notebook

lo **scanner** ['skanner] Scanner
scannerizzare (ein)scannen
il **masterizzatore (di CD)** Brenner

il **provider** [prɔ'vaider] Provider
l'**ipertesto** Hypertext
il **ciberspazio** Cyberspace
il **browser** ['brauzer] Browser
incompatibile inkompatibel
il **microprocessore** Mikroprozessor

il **byte** [bait]	Byte

corsivo	kursiv
grassetto	fett
magro	mager
la **barra spaziatrice**	Leertaste, Blank

Falsche Freunde

Italienisches Wort	Thematische Bedeutung(en)	Falscher Freund	Italienische Entsprechung(en)
il bollo	Stempel	(Trink-)Schale (frz. le bol)	la tazza, la scodella
il conduttore	Moderator(in)	Fahrer(in) (frz. le conducteur); Dirigent (engl. the conductor)	il conducente; il direttore d'orchestra
il confronto	Vergleich	Auseinandersetzung (frz. la confrontation)	il contrasto, il diverbio
il lancio	Einführung	Lanze	la lancia
la notizia	Nachricht; Meldung	Notiz	l'appunto
la stampa	Presse	Briefmarke (engl. the stamp)	il francobollo
le stampe	Drucksache	Briefmarke (engl. the stamp)	il francobollo

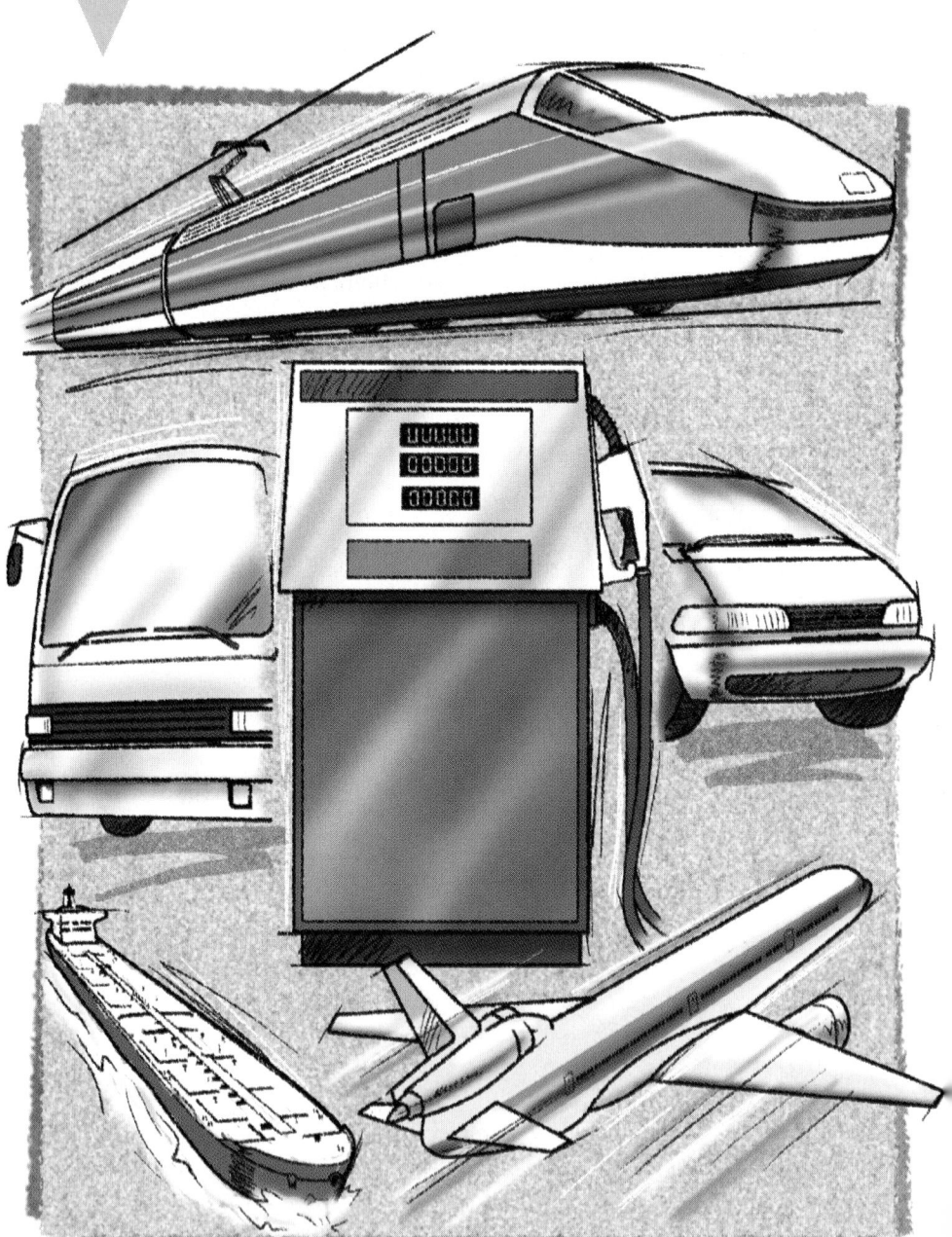

17.1 Individualverkehr

la **macchina**	Auto; Wagen
Ho di nuovo **un guasto alla macchina!**	Ich habe schon wieder eine Autopanne!
la **ruota**	Rad
il **volante**	Lenkrad; Steuer
tenere	(fest)halten
Ti prego di tenere il volante con **tutte e due le mani.**	Halt das Lenkrad bitte mit beiden Händen!
il **sedile**	Sitz
il **seggiolino (per bambini)**	Kindersitz
la **cintura di sicurezza**	Sicherheitsgurt
allacciare	schließen; befestigen, zubinden
Allaccia la cintura di sicurezza, per favore!	Leg bitte den Sicherheitsgurt an!
l'**airbag** [ɛrˈbɛg] m	Airbag
il **poggiatesta**	Kopfstütze; Nackenstütze

il **clacson**	Hupe
Suona il clacson, quella macchina non ha ancora visto che **stai andando a marcia indietro.**	Hup mal, der Fahrer dort hat noch nicht gemerkt, dass du im Rückwärtsgang fährst!
il **freno**	Bremse
il **fanale**	Leuchte; Scheinwerfer, Licht
il **faro**	Scheinwerfer
Perché guidi **con i fari spenti?**	Warum fährst du mit abgeschalteten Scheinwerfern?
gli **abbaglianti** pl	Fernlicht
Attento, **hai ancora gli abbaglianti accesi!**	Achtung, du hast noch das Fernlicht eingeschaltet!
gli **anabbaglianti** pl	Abblendlicht

l'**autofficina**	Autoreparaturwerkstätte
Scusi, **mi saprebbe indicare** una buona autofficina **da queste parti?**	Entschuldigen Sie, könnten Sie mir hier in der Nähe eine gute Werkstätte nennen?
il **motore**	Motor
potente	kraftvoll; stark; leistungsfähig
i **cavalli** pl	PS
Che motore potente! **Quanti cavalli ha?**	Was für ein kraftvoller Motor! Wieviel PS hat er?
il **rumore**	Lärm, Geräusch
Quando **giro il volante verso destra** sento uno strano rumore.	Wenn ich das Lenkrad nach rechts drehe, höre ich ein merkwürdiges Geräusch.

la **marcia**	Gang
La mia macchina ha sei marce.	Mein Auto hat sechs Gänge.
avanti	vorwärts
indietro	rückwärts
la **marcia indietro**	Rückwärtsgang
la **continuazione**	Fortsetzung; Beständigkeit
La galleria **ci impediva di** vedere la continuazione della strada.	Der Tunnel hat uns gehindert, den weiteren Verlauf der Straße zu erkennen.
l'**autonoleggio**	Autovermietung

guidare	lenken; Auto fahren
Non è facile guidare nelle grandi città italiane.	In den großen italienischen Städten Auto zu fahren ist nicht einfach.
la **scuola guida**	Fahrschule
i **documenti** *pl*	Papiere
Speriamo che il vigile non **mi fermi**, ho dimenticato a casa i documenti.	Hoffentlich hält mich der Polizist nicht an, ich habe meine Papiere zu Hause vergessen.
la **patente**	Führerschein

la **moto(cicletta)**	Motorrad
Se avessi i mezzi, mi comprerei anch'io una moto.	Wenn ich das nötige Kleingeld hätte, kaufte ich mir auch ein Motorrad.
il **casco**	Sturzhelm
Anche in Italia **c'è l'obbligo di mettere il casco**.	Auch in Italien besteht Helmpflicht.
la **Vespa**	(Motor-)Roller

il **traffico**	Verkehr
A quest'ora **c'è molto traffico**, è meglio aspettare.	Um diese Zeit herrscht viel Verkehr; es ist besser zu warten.
il **semaforo**	Ampel
Dopo il terzo semaforo dobbiamo **girare a sinistra**.	Nach der dritten Ampel müssen wir links abbiegen.
il **cartello**	Schild
la **direzione**	Richtung
Sei sicuro che **stiamo seguendo** la direzione giusta?	Bist du sicher, dass wir in die richtige Richtung fahren?
il, la **vigile**	Verkehrspolizist(in)

l'**automobilista** *m, f*	Autofahrer(in)
l'**autostrada**	Autobahn

Fai attenzione ai cartelli per l'autostrada. In Italia sono verdi.

Pass auf die Autobahnschilder auf. In Italien sind sie grün.

la **fila** — Reihe; Schlange

frenare — bremsen

accelerare — beschleunigen

il **sorpasso** — Überholvorgang

la **curva** — Kurve

La moto **è uscita di strada** perché ha frenato in curva.

Das Motorrad kam von der Fahrbahn ab, weil es in der Kurve gebremst hat.

la **buca** — Loch; Graben; Grube

Questa strada è piena di buche.

Diese Straße ist voller Schlaglöcher.

---

trascinare — schleppen

spingere — (an)schieben; drücken; stoßen

la **spinta** — Stoß

lo **scontro** — Zusammenstoß

In quelle condizioni lo scontro era inevitabile.

Unter diesen Umständen war der Zusammenstoß unvermeidlich.

l'**incidente** *m* — Unfall

l'**(auto)ambulanza** — Krankenwagen

l'**elicottero** — Hubschrauber

Gli elicotteri della polizia **stanno controllando** la situazione sull'autostrada.

Die Polizeihubschrauber kontrollieren die Verkehrslage auf der Autobahn.

---

la **benzina** — Benzin

fare benzina — tanken

il **distributore (di benzina)** — Tankstelle

Secondo il cartello il prossimo distributore di benzina è **a quaranta chilometri da qui**.

Dem Schild nach ist die nächste Tankstelle vierzig Kilometer von hier entfernt.

il **pieno** — Tankfüllung

fare il pieno — voll tanken

Mi faccia il pieno, per favore! — Voll tanken bitte!

il **serbatoio** — Tank

Il serbatoio è vuoto, dobbiamo fare benzina.

Der Tank ist leer, wir müssen tanken.

---

il **veicolo** — Fahrzeug

Questa strada è **riservata ai** veicoli pubblici.

Diese Straße ist reserviert für öffentliche Verkehrsmittel.

il **gas di scarico** — Abgas

la **marmitta catalitica** — Katalysator

Oggi tutte le macchine nuove **devono avere** la marmitta catalitica.	Heutzutage müssen alle Neuwagen mit einem Katalysator ausgerüstet sein.
equipaggiare	ausrüsten
anteriore	Vorder-
l'**asse anteriore**	Vorderachse
la **trazione anteriore**	Vorderradantrieb
posteriore	Hinter-
l'**asse posteriore**	Hinterachse
la **trazione posteriore**	Hinterradantrieb
urtare	stoßen
il **paraurti**	Stoßstange
Non è successo niente, avete solo toccato il paraurti.	Es ist nichts passiert, ihr habt nur die Stoßstange berührt.
il **parafango**	Kotflügel
il **tergicristallo**	Scheibenwischer
Dobbiamo cambiare subito il tergicristallo perché non funziona più bene.	Wir müssen sofort den Scheibenwischer auswechseln, weil er nicht mehr richtig funktioniert.
il **pneumatico**	Reifen
il **cric**	Wagenheber
Devo cambiare due pneumatici, mi aiuti con il cric?	Ich muss zwei Reifen wechseln, hilfst du mir mit dem Wagenheber?
il **guasto**	Schaden; Defekt
riparare	reparieren
la **riparazione**	Reparatur
Ho la macchina in riparazione e devo partire assolutamente.	Mein Wagen ist in Reparatur und ich muss unbedingt abreisen.
la **ruota di scorta**	Reserverad
Debbo montare la ruota di scorta, **può aiutarmi**, per favore?	Ich muss das Reserverad montieren, können Sie mir bitte helfen?
l'**attesa**	Warten
Durante l'attesa potete telefonare a casa.	Während ihr wartet, könnt ihr zu Hause anrufen.
il **carro attrezzi**	Abschleppwagen; Pannenwagen
Abbiamo chiamato il carro attrezzi perché non era possibile rimorchiare la macchina.	Wir haben den Pannendienst gerufen, da es nicht möglich war, das Auto abzuschleppen.
rimorchiare	abschleppen
la **vettura**	Wagen; Auto
l'**auto(mobile)** *f*	Auto(mobil)
l'**automezzo**	Fahrzeug
l'**autovettura**	PKW

rallentare	abbremsen
attraversare	überqueren
È vietato attraversare la strada.	Es ist verboten, die Straße zu überqueren.

la **targa**	Nummernschild
il **segnale**	Signal; Verkehrsschild
Mi dispiace, non avevo visto il segnale.	Tut mir Leid, ich hatte das Schild nicht gesehen.
Sono stata confusa da tutti questi segnali!	Ich bin ganz durcheinander gewesen von all diesen Verkehrszeichen.
segnalare	anzeigen; melden; signalisieren

il **tettuccio apribile**	Schiebedach
l'**aria condizionata**	Klimaanlage
l'**ABS** *m*	Antiblockiersystem
l'**antifurto**	Wegfahrsperre
la **chiusura centralizzata**	Zentralverriegelung
il **cambio**	Schaltung; Getriebe
Non mi piacciono le macchine con il cambio automatico.	Ich mag keine Autos mit Automatikgetriebe.
cambiare marcia	(um)schalten
Cambia marcia e metti la seconda!	Schalt in den zweiten Gang!
la **frizione**	Kupplung
spegnersi	ausgehen, erlöschen
Se non premi la frizione si spegne il motore.	Wenn du die Kupplung nicht betätigst, geht der Motor aus.

la **salita**	Steigung
ripido, a	steil
Questa salita è molto ripida.	Diese Steigung ist äußerst steil.
la **discesa**	Abfahrt; Gefälle
Attenzione, discesa pericolosa!	Achtung, gefährliches Gefälle!

il **motorino**	Mofa, Moped
usato, a	gebraucht
Perché ti sei comprato una macchina usata?	Warum hast du dir einen Gebrauchtwagen gekauft?
il **fuoristrada**	Geländewagen
Ci siamo comprati un fuoristrada molto ben equipaggiato.	Wir haben uns einen gut ausgestatteten Geländewagen gekauft.
la **station wagon** [ˈstɛʃonˈwɛgon]	Kombi(wagen)
il **portapacchi**	Gepäckträger
Cerco un piccolo portapacchi per il mio motorino.	Ich suche einen kleinen Gepäckträger für mein Moped.

il **libretto di circolazione**	Zulassung; KFZ-Schein
Il libretto di circolazione **è scaduto**.	Die Zulassung ist abgelaufen.

la **circolazione**	Straßenverkehr
A Roma la circolazione stradale è assolutamente caotica.	Der Straßenverkehr in Rom ist völlig chaotisch.
la **precedenza**	Vorfahrt
Attenzione, **quella macchina ha la precedenza!**	Achtung, das Auto dort hat Vorfahrt!
avanzare	weiterfahren; vorwärts kommen
proseguire	weiterfahren; fortfahren
Qui ci sono molte curve, è meglio **proseguire a bassa velocità**.	Die Strecke ist hier sehr kurvenreich, es empfiehlt sich, mit gedrosselter Geschwindigkeit weiterzufahren.
alt!	halt!
sostare	Halt machen; stehen bleiben
la **sosta**	Halt; Aufenthalt
Non puoi sostare qui, **c'è divieto di sosta continuo**.	Du kannst hier nicht stehen bleiben, es besteht Halteverbot.
sorpassare	überholen
Guarda che qui non puoi sorpassare.	Achtung, hier darfst du nicht überholen!

la **velocità**	Geschwindigkeit
il **limite di velocità**	Geschwindigkeitsbeschränkung
il **controllo radar**	Radarkontrolle
Alessandro **è finito ieri in un controllo radar** e, a quanto pare, dovrà pagare **una multa salatissima**.	Alessandro ist gestern in eine Radarfalle geraten und es sieht so aus, als müsse er mit einem saftigen Bußgeld rechnen.
l'**autovelox** *m*	Radargerät zur Geschwindigkeitskontrolle
la **prova del tasso alcolico**	Alkoholtest
la **contravvenzione**	gebührenpflichtige Verwarnung
Il vigile ha fatto la contravvenzione a tutti gli automobilisti che sono **passati col rosso**.	Der Verkehrspolizist hat allen Autofahrern einen Strafzettel verpasst, die bei Rot weitergefahren sind.

rientrare	zurückkommen
Vorranno certo sapere quando rientriamo.	Man will sicher wissen, wann wir zurückkommen.
tornare indietro	umkehren
voltare	umkehren; wenden
svoltare	abbiegen; wenden

Ricordati di svoltare a destra dopo il prossimo semaforo.	Vergiss nicht, hinter der nächsten Ampel rechts abzubiegen!
spostarsi	ausweichen
la **strettoia**	Engpass
la **deviazione**	Umleitung
la **barriera**	Schranke; Sperre
il **senso vietato**	Einfahrverbot
Con tutti questi sensi vietati **non** si sa **più dove passare**.	Bei all diesen Einfahrverboten weiß man gar nicht, wie man fahren soll.
il **senso unico**	Einbahnstraße
Questa strada è a senso unico, non puoi voltare.	Dies ist eine Einbahnstraße, du kannst hier nicht wenden.

smarrire ‹smarrisco›	verlieren
smarrirsi	sich verirren; sich verfahren
Ci siamo smarriti e abbiamo dovuto **chiedere indicazioni** tre volte.	Wir haben uns verfahren und mussten dreimal nach dem Weg fragen.
perdersi	sich (aus den Augen) verlieren; sich verirren
Dove ci diamo appuntamento, nel caso che dovessimo perderci?	Wo sollen wir uns verabreden, für den Fall, dass wir uns aus den Augen verlieren?
l'**indicazione** f	Angabe; Hinweis
distante	entfernt

la **(benzina) super**	Super(benzin)
la **benzina verde**	bleifreies Benzin
senza piombo	bleifrei
Mi faccia il pieno di super senza piombo, per favore!	Bitte mit Super bleifrei volltanken!
con piombo	verbleit
il **gasolio**	Diesel
La mia macchina **va a gasolio** e consuma poco.	Mein Auto läuft mit Diesel und verbraucht wenig.
poco tossico	schadstoffarm
non tossico	schadstofffrei

autostradale	Autobahn-
In Italia abbiamo una buona rete autostradale, **ma si paga**.	In Italien haben wir ein gut ausgebautes Autobahnnetz, aber die Benutzung ist kostenpflichtig.
l'**autogrill** m	Raststätte
Ci fermiamo al prossimo autogrill, d'accordo?	Wir halten an der nächsten Raststätte an, einverstanden?

17.2 Öffentliches Verkehrswesen

la **stazione (centrale)**	(Haupt-)Bahnhof
accompagnare	begleiten; (hin)bringen
Mi puoi accompagnare alla stazione? – Sì, **a che ora parte** il treno?	Kannst du mich zum Bahnhof bringen? – Ja, um wie viel Uhr geht dein Zug?
il **portabagagli**	Gepäckträger
l'**altoparlante**	Lautsprecher
il **ritardo**	Verspätung
in ritardo	verspätet
L'altoparlante **ha appena annunciato** che il treno da Roma **è in ritardo**.	Der Lautsprecher hat eben durchgesagt, dass der Zug aus Rom verspätet ist.
il **marciapiede**	Bahnsteig
il **binario**	Gleis
Il treno **per** Firenze **parte dal** binario 12.	Der Zug nach Florenz fährt auf Gleis 12 ab.
il **treno**	Zug

il **vagone**	Waggon
Alla stazione di Bologna **hanno aggiunto altri quattro vagoni**.	Im Bahnhof von Bologna wurden vier weitere Wagen angekoppelt.
la **carrozza**	(Eisenbahn-)Wagen
la **classe**	Klasse
Le carrozze di prima classe **sono al centro**.	Die Wagen der ersten Klasse befinden sich in der Zugmitte.
il **finestrino**	(Zug-)Fenster
sporgersi	sich hinauslehnen
È **vietato sporgersi dai finestrini**.	Nicht hinauslehnen!

la **dogana**	Zoll
sbarrare	versperren
la **sbarra**	Schranke
Le sbarre della dogana sono quasi sempre alzate.	Die Zollschranken sind fast immer geöffnet.

andare	fahren; reisen
Andiamo in treno o in aereo?	Fahren wir mit dem Zug oder nehmen wir das Flugzeug?
partire	abfahren; abreisen
fermarsi	anhalten; stehen bleiben; sich aufhalten
durare	dauern
Preferisco l'aereo perché il viaggio in treno **dura troppo**.	Ich ziehe das Flugzeug vor, weil die Reise mit dem Zug zu lange dauert.

avviarsi	sich auf den Weg machen; sich anschicken
la **distanza**	Entfernung
Che distanza c'è fra Padova **e** Venezia?	Wie weit ist es von Padua nach Venedig?
il **chilometro**	Kilometer
Dopo due chilometri circa deve **girare a sinistra**, poi **prendere la seconda a destra e proseguire sempre dritto.**	Nach etwa zwei Kilometern müssen Sie links abbiegen, dann nehmen Sie die zweite Straße rechts und fahren immer geradeaus.
lento, a	langsam
rapido, a	schnell
veloce	schnell
dritto, a	geradeaus
a **destra**	rechts
a **sinistra**	links

il **tassì**, il **taxi**	Taxi
A quest'ora è molto difficile trovare un tassì.	Um diese Zeit ist es sehr schwierig, ein Taxi zu finden.
il **tram**	Straßenbahn
Dov'è la fermata del tram più vicina?	Wo ist die nächste Straßenbahnhaltestelle?
la **metropolitana**	U-Bahn
Nella mia città non c'è ancora la metropolitana, purtroppo.	In meiner Heimatstadt gibt es leider noch keine U-Bahn.
la **fermata**	Haltestelle
il **controllore**	Schaffner(in)
il **bus**	Bus
l'**autobus** m	Autobus
Qui non ci sono tram, soltanto autobus.	Hier verkehren keine Straßenbahnen, sondern nur Busse.
il **pullman**	Reisebus
l'**aereo**	Flugzeug
l'**aeroporto**	Flughafen
L'aeroporto di Linate **è chiuso per nebbia.**	Der Flughafen Linate ist wegen Nebels geschlossen.

trasportare	transportieren
il **trasporto**	Transport(wesen); Beförderung
l'**autocarro**	Lastwagen
Penso che il mezzo di trasporto migliore per questa merce **sia** l'autocarro.	Ein Lastwagen wäre meiner Ansicht nach das beste Transportmittel für diese Ware.
la **spedizione**	Versand; Beförderung

l'**autotreno**	Lastzug
il **container** [kon'tɛiner]	Container
rimborsare	(zurück)erstatten; zurückzahlen
Puoi farti rimborsare le spese di spedizione?	Kannst du dir die Versandkosten zurückerstatten lassen?

il **carico**	Ladung
carico, a	voll; beladen
caricare	(be)laden
Potete partire appena **abbiamo finito di** caricare.	Ihr könnt abfahren, sobald wir mit dem Beladen fertig sind.
imbarcare	einschiffen; verladen
imbarcarsi	an Bord gehen
sbarcare	an Land gehen
Ci siamo imbarcati a Genova e **siamo sbarcati** a Napoli.	Wir haben uns in Genua eingeschifft und sind in Neapel von Bord gegangen.
la **nave**	Schiff
il **vaporetto**	Dampfboot; Vaporetto
Il vaporetto **passa per** il Canal Grande e si ferma spesso.	Der Vaporetto fährt durch den Canal Grande und hält häufig.

la **compagnia aerea**	Fluggesellschaft
Con quale compagnia aerea voli **più volentieri?**	Mit welcher Fluggesellschaft fliegst du am liebsten?
il **volo**	Flug
stressante	anstrengend; stressig
Se non fosse così stressante verrei anch'io.	Wenn es nicht so stressig wäre, käme ich auch mit.
lo **scalo**	(Zwischen-)Landung; Landeplatz
Questo volo è diretto, non faremo scalo.	Dies ist ein Direktflug, wir machen keine Zwischenlandung.
la **rotta**	Route
Abbiamo dovuto **cambiare rotta** a causa del cattivo tempo.	Wegen des schlechten Wetters mussten wir eine andere Route nehmen.
atterrare	landen
la **nebbia**	Nebel
l'**atterraggio (di fortuna)**	(Not-)Landung
la **scatola nera**	Black Box; Flugschreiber

il **capitano**	(Flug-)Kapitän
lo **steward** ['stjuard], la **hostess** ['ɔstes]	Steward(ess)
il, la **pilota**	Pilot(in)

Il pilota **è riuscito a fare un atterraggio di fortuna**.	Dem Piloten ist eine Notlandung gelungen.
la **cabina**	Kabine
l'**equipaggio**	Besatzung
il **passeggero**, la **passeggera**	Passagier
il **biglietto**	Flugschein; Fahrkarte

l'**azienda di trasporti**	Transportunternehmen.
Il signor Alberici **ha aperto** un'azienda di trasporti.	Signor Alberici hat eine Transportfirma gegründet.
il **camion**	Lastwagen
Gli operai **stanno scaricando** il camion.	Die Arbeiter entladen gerade den Lastwagen.
scarico, a	unbeladen
scaricare	entladen; abladen

la **ferrovia**	Eisenbahn
il **treno merci**	Güterzug
la **locomotiva**	Lokomotive
il **vapore**	Dampf
Guarda che bella locomotiva a vapore!	Sieh nur, was für eine schöne Dampflokomotive!

le **Ferrovie dello Stato** *pl*	(Italienische) Staatsbahn
FFSS significa Ferrovie dello Stato.	FFSS bedeutet „Bahnen des Staates".
il **pendolino**	Pendolino *(Zug mit Neigetechnik)*
l'**Eurostar**	Eurostar *(Hochgeschwindigkeitszug)*
interregionale	überregional
l'**intercity** *m* [inter'siti]	Intercity
la **coincidenza**	Anschluss
Abbiamo perso la coincidenza e dobbiamo **proseguire in automobile**.	Wir haben den Anschluss verpasst und müssen mit dem Auto weiterfahren.
il **supplemento**	Zuschlag
In questo treno bisogna pagare il supplemento.	Für diesen Zug muss man einen Zuschlag zahlen.
il **treno navetta**	Autoreisezug
il **vagone letto**	Schlafwagen
Bisogna **ricordarsi di** prenotare **in tempo** il vagone letto.	Man muss daran denken, beizeiten den Schlafwagenplatz zu reservieren.
il **vagone ristorante**	Speisewagen
Il vagone ristorante **è in coda**.	Der Speisewagen befindet sich am Zugende.
l'**acqua potabile**	Trinkwasser
Attenzione, non è acqua potabile!	Achtung, das ist kein Trinkwasser!

il **traghetto**	Fähre
la **traversata**	Überfahrt
La traversata con il traghetto dura circa quattro ore.	Die Überfahrt mit der Fähre dauert etwa vier Stunden.

Falsche Freunde

Italienisches Wort	Thematische Bedeutung(en)	Falscher Freund	Italienische Entsprechung(en)
il rumore	Lärm	Gerücht *(engl. the rumour)*	la voce
la targa	Nummernschild	Ziel; Soll *(engl. the target)*	lo scopo; il fine

18.1 Weltall, Erde

la **terra**	Erde
terrestre	irdisch
extraterrestre	außerirdisch
lo **spazio**	(Welt-)Raum
La conquista dello spazio è stato un passo molto importante per il futuro.	Die Eroberung des Weltraums war ein sehr wichtiger Schritt für die Zukunft.
infinito, a	unendlich
È impossibile **farsi un'idea dello spazio infinito**.	Es ist unmöglich, sich die Unendlichkeit des Weltraums vorzustellen.
vuoto, a	leer
Lo spazio non è vuoto come sembra.	Der Weltraum ist nicht so leer, wie es scheint.

scoprire	entdecken
il **sole**	Sonne
il **raggio**	Strahl; Radius
In questa stagione **i raggi** del sole **sono già caldi**.	Die Sonnenstrahlen wärmen in dieser Jahreszeit schon.
tramontare	untergehen
il **tramonto (del sole)**	(Sonnen-)Untergang
il **sorgere (del sole)**	Sonnenaufgang
sorgere	aufgehen
A che ora **tramonta oggi** il sole? – Non lo so, ma so che è sorto alle **6 e 15**.	Um wie viel Uhr ist heute Sonnenuntergang? – Keine Ahnung, aber ich kann dir sagen, dass sie um 6.15 Uhr aufgegangen ist.

il **pianeta**	Planet
lo **scopo**	Zweck; Ziel
l'**esistenza**	Existenz
Lo scopo di molte imprese spaziali **è quello di** scoprire l'esistenza di forme di vita su altri pianeti.	Ziel vieler Weltraumunternehmen ist die Entdeckung von Lebensformen auf anderen Planeten.
esistere	existieren
la **stella**	Stern
la **luna**	Mond
Quando c'è **la luna piena** molte persone non riescono a dormire.	Bei Vollmond können viele Leute nicht schlafen.
l'**astronomia**	Astronomie

l'**universo**	Universum
immenso, a	riesig

La terra è solo un punto piccolis-
simo nell'universo immenso.

Die Erde ist nur ein winziger Punkt
im riesigen Universum.

universale

universell; Universal-; allgemein

vano, a

vergeblich; leer

Tutti i tentativi di riparare la navetta
spaziale sono stati vani.

Alle Versuche, das Raumschiff zu
reparieren, waren vergeblich.

l'**astronauta** *m, f*

Astronaut(in)

Neil Armstrong è il primo astro-
nauta che **ha messo piede** sulla
luna.

Neil Armstrong betrat als erster
Mensch den Mond.

l'**astronave** *f*

Raumschiff

la **stazione spaziale**

Weltraumstation

il **razzo**

Rakete

il **satellite**

Satellit

spaziale

Raum-; Weltraum-; räumlich

L'epoca spaziale **è stata una sfida
continua** fra americani e russi.

Das Raumfahrtzeitalter war ein
ständiger Wettlauf zwischen
Amerikanern und Russen.

l'**adesione**

Beteiligung; Beitritt

Per quest'impresa spaziale occorre
l'adesione di molte nazioni.

Für dieses Raumfahrtunternehmen
ist die Beteiligung vieler Nationen
erforderlich.

la **mancanza di gravità**

Schwerelosigkeit

avviare

starten

la **scoperta**

Entdeckung

Siamo avviati alla grande scoperta
dell'universo, **che comunque
rimane pieno di** misteri.

Wir sind aufgebrochen, große
Entdeckungen im Universum zu
machen, das jedoch immer noch
voller Geheimnisse ist.

la **Via Lattea**

Milchstraße

luminoso, a

leuchtend

solare

Sonnen-; solar-

Il nostro sistema solare è **uno dei
tanti** sistemi della Via Lattea.

Unser Sonnensystem ist eines von
vielen in der Milchstraße.

18.2 Geographie

la **geografia**

Erdkunde, Geographie

A scuola ho sempre **studiato con
piacere** la geografia.

In der Schule habe ich immer
gerne Geographie gehabt.

il **mappamondo**

Weltkarte; Globus

il **polo**

Pol

il **polo nord**	Nordpol
il **polo sud**	Südpol
il **continente**	Erdteil; Kontinent
Le due Americhe vengono chiamate anche continente nuovo.	Amerika heißt auch die „neue Welt".

il **nord**	Norden
Il lago di Garda si trova **nell'Italia del nord**.	Der Gardasee befindet sich im Norden Italiens.
il **sud**	Süden
A sud di Monaco incominciano le Alpi.	Südlich von München beginnen die Alpen.
l'**est** *m*	Osten
Soffia un vento gelido dall'est.	Es bläst ein eiskalter Wind von Osten.
l'**ovest** *m*	Westen
la **bụssola**	Kompass

il **paesaggio**	Landschaft
Stiamo ammirando l'armonia di questo paesaggio.	Wir bewundern die Harmonie dieser Landschaft.
il **panorama**	Panorama
il **luogo**	Ort
Vorrei abitare in un **luogo sul mare**.	Ich möchte irgendwo am Meer wohnen.
la **pianura**	Ebene
la **collina**	Hügel
l'**eco** *f*	Echo
la **montagna**	Gebirge
Preferisci andare in collina o in montagna?	Fährst du lieber in eine Hügellandschaft oder ins Gebirge?
la **foresta**	Wald
il **deserto**	Wüste
vasto, a	weit; ausgedehnt
Al posto delle vaste foreste di un tempo adesso non c'è che deserto.	Wo sich früher ausgedehnte Wälder erstreckten, ist heute nur noch Wüste.
la **solitụdine**	Einsamkeit

il **vulcano**	Vulkan
Il Vesuvio e l'Etna sono i due vulcani più famosi d'Europa.	Der Vesuv und der Ätna sind die beiden bekanntesten Vulkane Europas.
il **terremoto**	Erdbeben

Gli animali sentono prima dell'uomo **l'avvicinarsi di un terremoto**.	Die Tiere spüren eher als die Menschen, wenn ein Erdbeben bevorsteht.
la **scossa**	Erdstoß; Erschütterung
la **valanga**	Lawine
La scossa ha causato una valanga che ha coperto molte case.	Die Erschütterung hat eine Lawine ausgelöst, die viele Häuser verschüttet hat.
la **frana**	Erdrutsch

il **mare**	Meer
il **lago**	See
la **riva**	Ufer; Küste
Com'è bello **stare seduti in riva al mare**!	Wie schön ist es, am Meeresstrand zu sitzen!
mosso, a	bewegt; unruhig
Nelle Bocche di Bonifacio **il mare è** quasi sempre **mosso**.	In den Bocche di Bonifacio ist die See fast immer sehr unruhig.
il **golfo**	Golf
Il Golfo di Napoli è uno dei più belli d'Italia.	Der Golf von Neapel ist einer der schönsten Italiens.
la **costa**	Küste
L'Italia, **isole comprese**, ha circa 7500 km di coste.	Einschließlich der Inseln weist Italien ungefähr 7500 Kilometer Küste auf.
lo **scoglio**	Felsen; Klippe
Hai già sentito la leggenda dello scoglio di Lorelei?	Hast du schon die Legende vom Felsen der Loreley gehört?
la **grotta**	Grotte
Mi hanno detto che **da queste parti** c'è una bellissima grotta **da visitare**. Vieni anche tu?	Man hat mir gesagt, dass hier in der Gegend eine wunderschöne Grotte zu besichtigen ist. Kommst du auch mit?
l'**isola**	Insel
l'**orizzonte** *m*	Horizont
sparire ‹sparisco›	verschwinden
La nave è sparita lentamente all'orizzonte.	Langsam entschwand das Schiff am Horizont.

il **fiume**	Fluss
Il Po è il più lungo fiume italiano.	Der Po ist der längste der italienischen Flüsse.
scorrere	fließen
pescare	fischen
Questo **tratto del fiume** è ideale per pescare.	Diese Stelle am Fluss ist ideal zum Fischen.

attraversare	überqueren; durchqueren
attraverso	(quer) durch
la **cascata**	Wasserfall

il **punto cardinale**	Himmelsrichtung
l'**oriente** _m_	Osten; Orient
orientale	östlich; Ost-
l'**occidente** _m_	Westen; Okzident
Ad occidente dell'Italia **c'è il Mar Tirreno, ad** oriente l'**Adriatico**.	Im Westen Italiens liegt das Tyrrhenische Meer und im Osten die Adria.

occidentale	westlich; West-
il **meridiano**	Meridian, Längengrad
Il meridiano zero passa per Greenwich.	Der Null-Meridian verläuft durch Greenwich.
meridionale	südlich; Süd-
settentrionale	nördlich; Nord-
Nell'Italia meridionale ci sono molti vulcani. **In quella settentrionale** invece le montagne più alte.	In Süditalien gibt es viele Vulkane. Im Norden hingegen liegen die höchsten Gebirge.

la **superficie**	Oberfläche
La penisola italiana ha una superficie di 301.278 kmq (chilometri quadrati).	Die italienische Halbinsel erstreckt sich über eine Gesamtfläche von 301.278 Quadratkilometern.
la **zona**	Gegend
Qui comincia **la zona del deserto**.	Hier beginnt die Wüstenlandschaft.

caratteristico, a	charakteristisch
Quelle colline hanno una forma molto caratteristica.	Diese Hügel haben eine ganz charakteristische Form.
la **valle**	Tal
il **monte**	Berg
circondare	umgeben
La valle **è circondata da** alti monti.	Das Tal ist von hohen Bergen umgeben.

| la **cima** | Gipfel |
| Siamo saliti fino **in cima al monte**. | Wir sind bis zum Gipfel des Berges gestiegen. |

la **roccia**	Felsen
il **ghiacciaio**	Gletscher
estendersi	sich erstrecken
Il ghiacciaio si estende **per** molti chilometri quadrati.	Der Gletscher erstreckt sich über viele Quadratkilometer.

| l'**oceano** | Ozean |

Per andare in America bisogna attraversare l'oceano Atlantico.	Um nach Amerika zu gelangen, muss man den Atlantik überqueren.
marino, a	Meeres-; Meer-
la **marea**	Gezeiten
È bello camminare sulla spiaggia **con la bassa marea** ed **uscire in barca con quella alta**.	Es ist schön, bei Ebbe den Strand entlang zu spazieren und bei Flut mit dem Boot hinauszufahren.
sommergere	überschwemmen; überfluten; versenken
Il fiume in piena ha sommerso tutta la valle.	Das Hochwasser des Flusses hat das gesamte Tal überschwemmt.
la **penisola**	Halbinsel
La penisola italiana ha proprio la forma di uno stivale.	Die italienische Halbinsel hat tatsächlich die Form eines Stiefels.
mediterraneo, a	Mittelmeer-; mediterran
la **fonte**	Quelle
la **sorgente**	Quelle
Nell'isola d'Ischia ci sono molte sorgenti di acque minerali.	Auf der Insel Ischia gibt es viele Mineralquellen.

18.3 Klima, Wetter

il **tempo**	Wetter
Forse veniamo domani, dipende tutto dal tempo però.	Vielleicht kommen wir morgen, aber das hängt alles vom Wetter ab.
Che tempo fa da voi?	Wie ist das Wetter bei euch?
il **clima**	Klima
Com'è il clima da voi?	Was für ein Klima habt ihr?
il **cambiamento**	Änderung
In questa zona sono **assai frequenti** i cambiamenti improvvisi del tempo.	In dieser Gegend sind plötzliche Wetterumschwünge an der Tagesordnung.
il **cielo**	Himmel
coperto, a	bedeckt
Oggi il cielo è tutto coperto.	Der Himmel ist heute ganz bedeckt.
la **nuvola**	Wolke
nuvoloso, a	wolkig, bewölkt
il **temporale**	Gewitter
l'**afa**	Schwüle

afoso, a — schwül
È una giornata molto afosa, potrebbe **scoppiare un temporale**. — Heute ist ein sehr schwüler Tag, es könnte ein Gewitter geben.

la **pioggia** — Regen

l'**arcobaleno** — Regenbogen

bagnato, a — nass
È caduta poca pioggia ed i prati sono appena bagnati. — Es hat nur wenig geregnet, und die Wiesen sind kaum nass geworden.

piovere — regnen
In alcune regioni d'Italia spesso non piove **per diversi mesi**. — In manchen Gegenden Italiens regnet es oft monatelang nicht.

bagnarsi — nass werden
Con questa pioggia **mi sono bagnata tutta**. — Bei diesem Regen bin ich durch und durch nass geworden.

umido, a — feucht
Non camminare a piedi nudi, l'erba è ancora umida. — Lauf nicht barfuß herum, das Gras ist noch feucht!

la **luce** — Licht

il **sole** — Sonne

splendere — scheinen; strahlen
Secondo le previsioni il cielo sarà sereno e splenderà il sole. — Der Vorhersage nach wird der Himmel heiter sein und die Sonne scheinen.

scaldare — wärmen; heizen; erhitzen

il **caldo** — Hitze

il **grado Celsius** [ˈtʃɛlsjus] — Grad Celsius
In Europa siamo abituati a misurare la temperatura **in gradi Celsius**. — In Europa sind wir daran gewöhnt, die Temperatur in Celsius zu messen.

il **freddo** — Kälte
La primavera è cominciata da un pezzo, ma **fa** ancora molto **freddo**. — Es ist schon länger Frühling, aber es ist immer noch sehr kalt.

gelare — gefrieren

il **ghiaccio** — Eis
Bisogna fare attenzione, **per la strada ci può essere ghiaccio**. — Es gilt vorsichtig zu sein, die Straße könnte vereist sein.

nevicare — schneien
Ha/È nevicato tutta la notte. — Es hat die ganze Nacht geschneit.

la **neve** — Schnee
La neve cadeva lenta e silenziosa. — Langsam und leise fielen die Flocken.

l'**aria** — Luft

fresco, a — frisch

In alta montagna l'aria è ancora fresca e pulita.	Im Hochgebirge ist die Luft noch frisch und rein.
il **vento**	Wind
Per fortuna il vento **ha portato via** tutte le nuvole.	Glücklicherweise hat der Wind alle Wolken vertrieben.
il **soffio**	Hauch
soffiare	wehen; blasen
Qui **sulla costa** il vento soffia sempre **fortissimo**.	Hier an der Küste bläst immer ein heftiger Wind.
violento, a	heftig
Quest'estate abbiamo avuto temporali **molto violenti**.	Diesen Sommer hatten wir heftige Gewitter.

---

il **bollettino meteorologico**	Wetterbericht
la **previsione**	Vorhersage
rispecchiare	widerspiegeln
Le previsioni del tempo rispecchiano le temperature normali in questa stagione.	Die Wettervorhersage entspricht den üblichen Temperaturen der Jahreszeit.
il **periodo**	Zeitraum
Il bollettino meteorologico **parlava di** nevicate diffuse. – **In questo periodo** sono frequenti anche da noi.	Der Wetterbericht meldete verbreitete Schneefälle. – Um diese Zeit schneit es auch bei uns häufig.
passeggero, a	vorübergehend
il **miglioramento / peggioramento passegero del tempo**	vorübergehende Wetterbesserung / Wetterverschlechterung

---

la **temperatura**	Temperatur
estremo, a	extrem
l'**alta pressione**	Hochdruck
la **bassa pressione**	Tiefdruck
calare	sinken
mite	mild
La temperatura è calata in modo estremo durante la notte. – È vero, ieri era molto più mite.	In der Nacht gab es einen extremen Temperatursturz. – Stimmt, gestern war es viel milder.
costante	beständig; konstant
diffuso, a	ausgedehnt; verbreitet

---

sereno, a	heiter, wolkenlos
brillare	strahlen
l'**ombra**	Schatten
Al sole fa troppo **caldo, mettiamoci all'ombra**.	In der Sonne ist es zu heiß, setzen wir uns in den Schatten.
il **crepuscolo**	Dämmerung

La luce del crepuscolo **fa sembrare** tutto più morbido.	Das Licht der Dämmerung lässt alles weicher erscheinen.
buio, a	dunkel
In questa stagione **fa buio** molto presto.	In dieser Jahreszeit wird es früh dunkel.

l'**umidità**	Feuchtigkeit
Oggi l'aria è **piena di umidità**.	Die Luftfeuchtigkeit ist heute sehr hoch.
la **grandine**	Hagel
la **nevicata**	Schneefall
il **fiocco**	Flocke
il **gelo**	Frost
Dopo la nevicata di stanotte è arrivato il gelo.	Nach dem Schneefall heute Nacht kam der Frost.
scivolare	rutschen; ausgleiten
C'è pericolo di scivolare.	Es besteht Rutschgefahr.

l'**uragano**	Orkan
Gli uragani hanno distrutto moltissimi alberi.	Die Orkane haben viele Bäume vernichtet.
la **tempesta**	Sturm
il **tuono**	Donner
Si sentiva da lontano **il rumore dei tuoni**.	Von fern vernahm man das Grollen des Donners.
tuonare	donnern
il **fulmine**	Blitz(schlag)
È caduto un fulmine a pochi passi dalla casa.	Wenige Schritte vom Haus entfernt hat ein Blitz eingeschlagen.
il **lampo**	Blitz
illuminare	erleuchten; erhellen
Il cielo era illuminato dalla luce dei lampi.	Der Himmel war vom Licht der Blitze erhellt.

18.4 Materie, Stoffe

la **sostanza**	Substanz; Stoff
composto, a di / da	zusammengesetzt aus
Non toccare queste sostanze, sono velenose! – Di che cosa sono composte?	Berühre diese Substanzen bitte nicht, sie sind giftig! – Woraus bestehen sie?
il **tipo**	Typ; Sorte
tipico, a	typisch
la **roba**	Sachen; Zeug

Dove posso mettere al sicuro la roba d'oro e d'argento?

Wo kann ich die Gold- und Silbersachen in Sicherheit bringen?

la **cosa**

Sache; Ding

Sei sicuro che questa cosa **sia** rotta? Forse **ha** solo **un piccolo difetto**!

Bist du sicher, dass das Ding kaputt ist? Vielleicht ist es nur ein kleiner Defekt!

la **parte**

Teil

il **difetto**

Defekt; Fehler

Una parte del materiale arrivato **ha qualche difetto**.

Ein Teil des angekommenen Materials ist schadhaft.

il **minerale**

Erz; Mineral

L'Italia non è **ricca di** minerali.

Italien ist nicht reich an Erzen.

raro, a

selten

Alcuni minerali **sono rari in tutto il mondo**.

Einige Erze kommen auf der ganzen Welt nur in geringen Mengen vor.

il **metallo**

Metall

Il platino è un metallo molto prezioso.

Platin ist ein sehr edles Metall.

il **ferro**

Eisen

puro, a

rein

Questa spilla antica è in oro puro.

Diese antike Ansteckadel ist aus reinem Gold.

la **purezza**

Reinheit

prezioso, a

wertvoll; Edel-

il **sasso**

Stein; Felsen

la **pietra**

Stein

il **marmo**

Marmor

Il marmo bianco di Carrara si chiama **marmo statuario** ed è il più richiesto.

Der weiße Carrara-Marmor heißt *marmo statuario* und ist der begehrteste.

solido, a

fest; widerstandsfähig

elastico, a

elastisch

Abbiamo bisogno di un materiale molto solido ed elastico.

Wir brauchen sehr widerstandsfähiges, elastisches Material.

la **sabbia**

Sand

il **quarzo**

Quarz

il **legno**

Holz

la **cera**

Wachs

il **carbone**

Kohle

Un po' alla volta stanno chiudendo tutte le miniere di carbone in Germania.

In Deutschland werden die Kohlebergwerke nach und nach stillgelegt.

il petrolio — Erdöl; Petroleum
Il petrolio **viene chiamato** anche oro nero. — Erdöl wird auch „schwarzes Gold" genannt.

il pozzo — Bohrloch; Ölfeld; Brunnen
il fuoco — Feuer
il gas — Gas
Credo che in casa **ci sia una perdita di gas, non senti come puzza?** — Ich glaube, hier im Haus strömt irgendwo Gas aus, riechst du das nicht?

la tensione — Spannung
Aumentando la tensione superficiale **si ottengono ottimi risultati.** — Durch Erhöhung der Oberflächenspannung erhält man sehr gute Ergebnisse.

spaccare — spalten; sprengen
Il calore del fuoco **ha spaccato i** vetri. — Die Hitze des Feuers hat die Fenster zum Platzen gebracht.

la spaccatura — Spaltung; Riss
rompere — kaputtmachen
Attento, rompi tutto! — Pass auf, du machst alles kaputt!

la plastica — Plastik
flessibile — biegsam; flexibel
rigido, a — starr; fest
Ci sono molti tipi **di** plastica **sia rigida che flessibile.** — Es gibt viele Sorten Plastik, sowohl biegsame als auch starre.

sintetico, a — synthetisch
la gomma — Gummi
Le gomme sintetiche sono molto **simili a quelle naturali.** — Synthetische Gummiarten sind dem Naturgummi sehr ähnlich.

l'acciaio — Stahl
l'acciaio inossidabile — rostfreier Stahl
Le mie posate sono **di** acciaio inossidabile. — Mein Besteck ist aus rostfreiem Stahl.

l'alluminio — Aluminium
il bronzo — Bronze
l'ottone *m* — Messing
L'ottone è **una lega di rame e di zinco.** — Messing ist eine Legierung aus Kupfer und Zink.

la ruggine — Rost
La ruggine **ha rovinato tutto.** — Der Rost hat alles zerfressen.

superficiale — Oberflächen-; oberflächlich

il liquido — Flüssigkeit

Fai attenzione, **quel liquido contiene alcol!**	Pass auf, diese Flüssigkeit ist alkoholhaltig!
l'**ossigeno**	Sauerstoff
Usciamo un po' **all'aperto**, qui manca l'ossigeno!	Lass uns ein wenig an die Luft gehen, hier fehlt es an Sauerstoff!
l'**idrogeno**	Wasserstoff
il **miscuglio**	Gemisch
infiammabile	feuergefährlich; entzündbar
Questo miscuglio contiene **delle sostanze** infiammabili.	Dieses Gemisch enthält feuergefährliche Substanzen.
la **bombola del gas**	Gasflasche
La bombola del gas è vuota.	Die Gasflasche ist leer.

la **miniera**	Bergwerk
estrarre	fördern; gewinnen; abbauen
la **risorsa**	Ressource; Bodenschätze
Che cosa estraggono in questa zona? – Solo un po' di minerale di ferro, **le risorse sono poche.**	Was wird in dieser Gegend abgebaut? – Nur ein wenig Eisenerz; es gibt nur wenig Bodenschätze.
il **rame**	Kupfer
il **piombo**	Blei

l'**oggetto**	Gegenstand; Objekt
liscio, a	glatt
il **lusso**	Luxus
Qui si possono comprare bellissimi oggetti di rame. A me piacciono quelli con la superficie liscia. Ci sono **quelli di lusso** e **quelli da usare** in cucina.	Hier kann man wunderschöne Gegenstände aus Kupfer kaufen. Ich mag diejenigen mit glatter Oberfläche. Darunter sind Luxusartikel und Küchengeräte.
genuino, a	unverfälscht; ursprünglich; Natur-
Il consumatore cerca **oggi più che mai** i prodotti genuini.	Der Verbraucher will heute mehr denn je Naturprodukte.

recuperare	zurückgewinnen
È necessario recuperare **più materiale possibile.**	Es ist notwendig, so viel Material wie möglich zurückzugewinnen.
riciclare	wiederverwerten; recyceln
Si può riciclare **la roba in metallo fondendola di nuovo.**	Metallgegenstände können wiederverwertet werden, indem man sie einschmilzt.
trarre	ziehen
Da **quel** trattamento del materiale **non si trae alcun profitto.**	Aus dieser Behandlung des Materials lässt sich kein Nutzen ziehen.

| la **ceramica** | Keramik |

la **porcellana**	Porzellan
fragile	zerbrechlich
Non uso spesso il servizio di porcellana perché è troppo fragile.	Ich benutze das Porzellanservice nicht oft, da es zu zerbrechlich ist.
il **cristallo**	Kristall
trasparente	transparent; durchsichtig

fondere	schmelzen
lo **zinco**	Zink
il **trattamento**	Behandlung
la **lega**	Legierung

la **scintilla**	Funke
la **fiamma**	Flamme
Le fiamme hanno distrutto tutto **l'assortimento che c'era in magazzino.**	Die Flammen haben den gesamten Lagerbestand vernichtet.
l'**incendio**	Brand
scoppiare	ausbrechen; platzen
Una piccola scintilla **ha fatto scoppiare** un grande incendio.	Ein kleiner Funke hat einen großen Brand verursacht.

18.5 Pflanzenwelt

la **pianta**	Pflanze
piantare	pflanzen
la **coltura**	Anbau
il **seme**	Samen
Dove posso comprare i semi per l'orto?	Wo kann ich Samen für meinen Gemüsegarten kaufen?

la **radice**	Wurzel
profondo, a	tief
Questa pianta ha le **radici molto profonde**.	Diese Pflanze hat sehr tief reichende Wurzeln.
la **corteccia**	Rinde; Borke
il **tronco**	Stamm
Nel tronco si può leggere l'età di un albero.	Im Stamm kann man das Alter des Baumes ablesen.
la **foglia**	Blatt
Queste foglie **hanno una forma** molto **strana**.	Diese Blätter sind sehr merkwürdig geformt.
il **ramo**	Ast
cogliere	sammeln; pflücken

Cogliamo **qualche ramo da mettere nel vaso?**

Sammeln wir ein paar Zweige, um sie in die Vase zu stellen?

il **prato**
Wiese

il **bosco**
Wald

In Germania ci sono molti più boschi che in Italia.
In Deutschland gibt es viel mehr Wälder als in Italien.

i **cereali** *pl*
Getreide

In questo campo **coltiviamo** solo cereali.
Auf diesem Feld wird nur Getreide angebaut.

il **grano**
Korn

il **frumento**
Weizen

il **mais**
Mais

Con la farina di mais **si prepara** la polenta, un piatto tipico italiano.
Die *Polenta*, ein typisches italienisches Gericht, wird aus Maismehl zubereitet.

l'**orzo**
Gerste

l'**avena**
Hafer

Vorrei **dei fiocchi d'avena** per colazione.
Zum Frühstück hätte ich gerne Haferflocken.

la **segale**, la **segala**
Roggen

A me piace molto il pane di segale, e **a te?**
Ich liebe Roggenbrot, und du?

il **frutto**
Frucht

la **buccia**
Schale; Haut

l'**uva**
Weintraube

L'uva è il frutto della vite.
Die Weintraube ist die Frucht des Weinstocks.

la **verdura**
Gemüse

Abbiamo piantato molta verdura nel nostro orto.
In unserem Garten haben wir viel Gemüse gepflanzt.

i **legumi** *pl*
Hülsenfrüchte

la **lenticchia**
Linse

il **cece**
Kichererbse

la **fava**
Saubohne; dicke Bohne

il **fungo**
Pilz

Anche nei nostri boschi **ci sono** molti funghi.
Auch in unseren Wäldern gibt es viele Pilze.

commestibile
essbar

confondere
verwechseln

Questa specie non è commestibile, **non confonderla** con le altre.
Diese Art ist nicht essbar; verwechsle sie nicht mit den anderen!

il **fiore**	Blume
Senti che profumo di fiori nell'aria?	Riechst du den Blumenduft in der Luft?
il **garofano**	Nelke
la **rosa**	Rose
Devo prendere **un mazzo di** rose o di garofani?	Soll ich einen Strauß Rosen oder Nelken nehmen?
il **giglio**	Lilie
Il giglio è il simbolo della purezza.	Die Lilie ist das Symbol der Reinheit.
il **lillà**	Flieder
L'odore dei lillà è molto intenso.	Fliederduft ist sehr intensiv.
la **margherita**	Margerite
Il prato **è pieno di** piccole margherite.	Die Wiese ist voller kleiner Margeriten.
il **tulipano**	Tulpe
I tulipani sono **fiori di primavera**.	Tulpen sind Frühlingsblumen.
la **viola**	Veilchen
il **mazzo**	Strauß
seccare	trocknen; dörren
Voglio far seccare quei fiori e farne un bel mazzo.	Ich will die Blumen trocknen und einen schönen Strauß davon machen.
marcire ‹marcisco›	(ver)faulen; modern
Con tutta questa pioggia i fiori sono marciti.	Bei all dem Regen sind die Blumen verfault.
marcio, a	faul; verfault
l'**albero**	Baum
l'**abete** m	Tanne
l'**abete rosso**	Fichte
il **cipresso**	Zypresse
Il cipresso è un albero caratteristico del paesaggio toscano.	Die Zypresse ist ein charakteristischer Baum der toskanischen Landschaft.
il **pino**	Pinie
il **tiglio**	Linde
la **betulla**	Birke
l'**acero**	Ahorn
il **faggio**	Buche
il **platano**	Platane
la **quercia**	Eiche
il **sughero**	Korkeiche; Kork
Il sughero si ricava dalla corteccia di un certo tipo di quercia.	Kork gewinnt man aus der Rinde einer bestimmten Eichenart.

biologico, a — biologisch
Sono molto di moda **le colture chiamate biologiche.** — Der so genannte „biologische Anbau" ist sehr in Mode.

la vegetazione — Vegetation
In questa zona la vegetazione è molto ricca. — Die Vegetation ist in dieser Gegend sehr üppig.

vegetale — pflanzlich
Noi mangiamo molti **cibi vegetali.** — Wir nehmen viel Pflanzenkost zu uns.

seminare — säen
Ormai è ora di seminare. — Es ist Zeit für die Aussaat.

fiorire ‹fiorisco› — blühen

la specie — Art; Spezies
selezionare — auswählen; selektieren
Uso solo semi **che vengono selezionati da** esperti. — Ich verwende nur von Experten ausgewähltes Saatgut.

la selezione — Auswahl; Selektion
la serra — Gewächshaus; Treibhaus
In inverno **bisogna servirsi delle serre** anche in Italia. — Auch in Italien braucht man im Winter Gewächshäuser.

la pineta — Pinienhain
Vicino al mare ci sono molte pinete. — Am Meer gibt es viele Pinienwäldchen.

la macchia — Dickicht; Macchia
La macchia è una **vegetazione tipica delle regioni mediterranee.** — Die Macchia ist eine für die Mittelmeerländer typische Vegetationsform.

la spina — Dorn; Stachel

18.6 Tiere, Tierhaltung

l'**animale** m — Tier
la bestia — Tier; Bestie
Alcune bestie feroci vivono nelle foreste. — Einige wilde Tiere leben in den Wäldern.

il **bestiame** — Vieh
I ragazzi **hanno portato il bestiame a pascolare.** — Die Jungen haben das Vieh auf die Weide gebracht.

la **razza** — Rasse
Di che razza è il tuo cane? — Was ist dein Hund für eine Rasse?

la **femmina** — Weibchen

il **maschio**	Männchen
La femmina non ha le piume così belle come il maschio.	So schöne Federn wie das Männchen hat das Weibchen nicht.
domęstico, a	Haus-
Gli animali domestici sono molto utili e spesso amici dell'uomo.	Haustiere sind sehr nützlich und oft Freunde des Menschen.
la **stalla**	Stall
La stalla si trova **dietro la casa**.	Der Stall befindet sich hinter dem Haus.

le **penne** *pl*	Federn; Gefieder
Guarda che bel colore hanno quelle penne!	Sieh nur, was diese Federn für eine schöne Farbe haben!
l'**ala**	Flügel
Il condor ha **le ali molto grandi**.	Der Kondor hat sehr große Flügel.
volare	fliegen
la **coda**	Schwanz
il **muso**	Schnauze
Il topo **ha il muso piccolo e la coda lunga**.	Die Maus hat eine kleine Schnauze und einen langen Schwanz.
l'**artiglio**	Kralle; Klaue
Attento agli artigli di **quella** bestia!	Hüte dich vor den Klauen dieser Bestie!
la **zampa**	Pfote; Tatze

il **nido**	(Vogel-)Nest
C'è una coppia di gazze che **sta facendo** il nido nell'albero **dietro casa**.	Im Baum hinter dem Haus baut ein Elsternpaar ein Nest.
la **tana**	Höhle; Bau

mọrdere	beißen
il **morso**	Biss
velenoso, a	giftig
Il morso del cobra è velenoso.	Der Biss der Kobra ist giftig.

allevare	züchten; aufziehen; ziehen
il **toro**	Bulle; Stier
la **mucca**	Kuh
la (malattia della) mucca pazza	Rinderwahnsinn
l'**encefalopatịa spongiforme bovina (ESB)**	BSE
il **test rạpido**	Schnelltest
il **vitello**	Kalb
il **bụe**	Ochse

I buoi servivano **una volta** per i **lavori nei campi**.	Ochsen dienten einst zur Feldarbeit.
la **capra**	Ziege
Tu vuoi sempre salvare capra e cavoli! *loc*	Du willst immer alles haben.
il **maiale**	Schwein
la **pecora**	Schaf

Schwein gehabt

Porco wird im Italienischen meistens als Schimpfwort und als Bestandteil von Flüchen gebraucht:

Che porco che sei!	*Was für ein Schwein du bist!*
Porca miseria!	*Elende/Verdammte Schweinerei!*

Für alle anderen Zusammenhänge verwendet man **il maiale**:

la cotoletta di maiale	*Schweinekotelett*
l'allevamento di maiali	*Schweinezucht*

---

il **gallo**	Hahn
la **gallina**	Huhn; Henne
Quante uova hanno fatto le galline?	Wie viele Eier haben die Hennen gelegt?
l'**oca**	Gans
l'**anatra**	Ente
il **piccione**	Taube
Piazza San Marco è sempre **piena di** piccioni.	Der Markusplatz ist immer voller Tauben.

il **cavallo**, la **cavalla**	Pferd, Stute
l'**asino**	Esel
il **somaro**	Esel; Saumtier
il **mulo**	Maulesel, Maultier
Il mulo **è capace di** portare **molto peso**.	Das Maultier vermag schwere Lasten zu tragen.

il **cane**, la **cagna**	Hund, Hündin
il **cane da combattimento**	Kampfhund
la **museruola**	Maulkorb
il **gatto**, la **gatta**	Kater; Katze
Guarda com'è grazioso quel gattino!	Sieh nur, was für ein niedliches Kätzchen!

l'**insetto**	Insekt
Da queste parti non ci sono più molti insetti.	In dieser Gegend gibt es nicht mehr viele Insekten.
la **farfalla**	Schmetterling

Il mio giardino è **pieno di** farfalle.	Mein Garten ist voller Schmetterlinge.
la **mosca**	Fliege
cacciare via	verjagen, wegjagen
Caccia via quelle mosche dal pesce!	Vertreibe die Fliegen vom Fisch!
il **moscerino**	(kleine) Fliege
la **zanzara**	(Stech-)Mücke
la **puntura**	Stich
l'**ape** f	Biene
la **vespa**	Wespe
Le punture delle zanzare **danno un prurito molto fastidioso.** – Sì, ma quelle delle vespe sono peggio!	Mückenstiche jucken sehr unangenehm. – Stimmt, aber Wespenstiche sind schlimmer!
pungere	stechen
Mi ha punto una vespa!	Eine Wespe hat mich gestochen.
la **formica**	Ameise
il **grillo**	Grille
la **cicala**	Zikade
la **cavalletta**	Heuschrecke
il **ragno**	Spinne
I ragni mangiano **gli** insetti e quindi sono utili.	Spinnen fressen Insekten und sind daher nützlich.

l'**uccello**	Vogel
il **cigno**	Schwan
la **cincia(llegra)**	Meise
il **fringuello**	Fink
il **passero**	Sperling; Spatz
il **merlo**	Amsel
lo **storno**	Star
l'**aquila**	Adler
L'aquila è il simbolo della potenza.	Der Adler ist das Symbol der Macht.
solitario, a	solitär; Einzelgänger
L'aquila **viene considerata** anche un animale molto solitario.	Der Adler gilt als Einzelgänger unter den Tieren.
il **condor**	Kondor
la **rondine**	Schwalbe
Una rondine non fa primavera. loc	Eine Schwalbe macht noch keinen Sommer.
la **gazza**	Elster
il **pappagallo**	Papagei
imitare	imitieren, nachahmen
Alcuni pappagalli **sono in grado di** imitare la voce umana.	Einige Papageien können die menschliche Stimme nachahmen.

il **lupo**	Wolf
la **volpe**	Fuchs
il **leone**, la **leonessa**	Löwe, Löwin
la **tigre**	Tiger
il **coccodrillo**	Krokodil
la **scimmia**	Affe

il **coniglio**	Kaninchen
la **lepre**	Hase
il **criceto**	Hamster
il **riccio**	Igel
il **ratto**	Ratte
la **cavia**	Meerschweinchen
il **topo**	Maus

la **rana**	Frosch
il **rospo**	Kröte
sputare	spucken
Conosci la locuzione italiana *sputare il rospo*? – Sì, significa parlare di *qualcosa che crea problemi*.	Kennst du die italienische Redewendung „eine Kröte spucken"? – Ja, das bedeutet über etwas sprechen, das Probleme bereitet, also „es ausspucken".

il **creatore**	Schöpfer
il **creato**	Schöpfung
la **creatura**	Kreatur; Geschöpf
Dobbiamo rispettare tutte le creature della terra.	Wir müssen alle irdischen Geschöpfe achten.

la **fauna**	Fauna, Tierwelt
La fauna dell'Amazzonia **è molto varia**.	Die Fauna Amazoniens ist von großer Vielfalt.
selvatico, a	wild (lebend/wachsend); ungezähmt
Per molti **animali selvatici** è diventato difficile sopravvivere.	Das Überleben ist für viele wilde Tiere schwierig geworden.
selvaggio, a	wild (lebend); ungezähmt
l'**istinto**	Instinkt
l'**olfatto**	Geruchssinn
feroce	wild; wütend
la **rabbia**	Tollwut
La rabbia è una malattia molto pericolosa.	Die Tollwut ist eine äußerst gefährliche Krankheit.
l'**afta epizootica**	Maul- und Klauenseuche
l'**urlo**	Geheul

Nella notte si sentivano **gli urli** dei lupi.	In der Nacht war das Heulen der Wölfe zu hören.

il **mammifero**	Säugetier
Ci sono alcuni mammiferi che vivono nell'acqua.	Es gibt ein paar Säugetiere, die im Wasser leben.
il **gregge**	Herde
lo **scheletro**	Skelett
In quella grotta **hanno trovato degli** scheletri **antichissimi.**	In dieser Höhle wurden uralte Skelette gefunden.
il **becco**	Schnabel
il **pelo**	Haar; Fell
La volpe perde il pelo, ma non il vizio. *loc*	Mit dem Fell wechselt der Fuchs keineswegs den Charakter.
leccare	lecken
Il gatto si lava leccandosi.	Die Katze leckt sich sauber.
masticare	kauen
la **piuma**	Feder
Le piume dell'oca **vengono usate per fare** coperte e giacche.	Gänsefedern verwendet man für Decken und Jacken.
il **piumaggio**	Gefieder
la **pinna**	Flosse

la **trappola**	Falle
Ho dovuto **mettere alcune trappole per topi** in cantina.	Ich musste im Keller ein paar Mausefallen aufstellen.
addomesticato, a	zahm; gezähmt
Il mio topolino addomesticato **viene** sempre **a mangiarmi in mano.**	Mein zahmes Mäuschen kommt immer und frisst mir aus der Hand.
docile	zahm; gelehrig
il **rifugio**	Zuflucht; Schlupfwinkel
restare	bleiben
Molti animali non possono restare più nel loro ambiente naturale e non sanno **dove trovare rifugio.**	Viele Tiere können nicht mehr in ihrer natürlichen Umwelt bleiben und finden keinen Unterschlupf.
sopravvivere	überleben
sopravvissuto, a	überlebend

lo **zoo**	Zoo
allo scoperto	im Freien
Questi animali dormono allo scoperto anche nello zoo.	Diese Tiere schlafen auch im Zoo im Freien.
il **recinto**	Zaun; Gehege
la **gabbia**	Käfig

Non tutti gli animali sono in gabbia, alcuni **hanno dei recinti** piuttosto ampi.	Nicht alle Tiere werden im Käfig gehalten, einige haben ziemlich weitläufige Gehege.
la **caccia a**	Jagd auf
cacciare	jagen

l'**elefante** *m*	Elefant
l'**orso**	Bär
In italiano **si paragona all'orso** non **chi è forte**, ma **chi è di carattere chiuso** e non vuole contatti.	In Italien ist der Bär kein Symbol der Stärke, sondern der Verschlossenheit.
il **cammello**	Kamel
il **rettile**	Reptil
I rettili mi hanno sempre fatto paura.	Reptilien haben mir immer Angst gemacht.
il **serpente**	Schlange
la **vipera**	Viper
Negli Appennini **ci sono le vipere**.	In den Apenninen leben Vipern.
il **cobra**	Kobra
il **verme**	Wurm

la **conchiglia**	Muschel
Su questa spiaggia si trovano conchiglie molto rare.	An diesem Strand findet man sehr seltene Muscheln.
la **cozza**	Pfahl-, Miesmuschel
la **vongola**	Venusmuschel

il **cetaceo**	Meeressäugetier
la **balena**	Wal
La caccia alle balene deve essere proibita.	Der Walfang muss verboten werden.
il **delfino**	Delphin, Tümmler
la **foca**	Robbe

18.7 Ökologie, Umweltschutz und Katastrophen

la **natura**	Natur
salvare	retten
conservare	bewahren
La natura è in pericolo e **dobbiamo fare di tutto per salvarla**. – È vero, non siamo stati **capaci di conservarla**.	Die Natur ist in Gefahr, und wir müssen alles tun, sie zu retten. – Das ist wahr, wir sind nicht fähig gewesen, sie zu schützen.
rovinare	ruinieren

l'**ambiente** *m*	Umwelt
i **reati contro l'ambiente**	Umweltkriminalität
ambientale *m, f*	Umwelt-
la **tutela ambientale**	Umweltschutz
l'**ambientalista**	Umweltschützer
Gli ambientalisti della zona avevano già previsto **quel disastro ecologico**, ma **non sono stati ascoltati.**	Die Umweltschützer vor Ort hatten die ökologische Katastrophe kommen sehen, aber es hat niemand auf sie gehört.
l'**esperienza**	Erfahrung
Speriamo che l'esperienza **ci abbia insegnato quale pericolo corre il nostro ambiente naturale.**	Hoffen wir, dass uns die Erfahrung gelehrt hat, in welcher Gefahr unsere Umwelt schwebt.
il **rapporto**	Bericht
Hai letto l'ultimo rapporto sui danni ecologici?	Hast du den jüngsten Bericht über die Umweltschäden gelesen?

l'**inquinamento**	Umweltverschmutzung
contaminare	verseuchen; kontaminieren
Il terreno è contaminato, **non puoi coltivarci niente.**	Das Gelände ist verseucht, hier kann man nichts mehr anbauen.
la **contaminazione**	Verseuchung; Kontaminierung
la **radiazione**	Strahlung
Queste radiazioni rappresentano un grande **pericolo per la salute.**	Diese Strahlung stellt ein hohes Gesundheitsrisiko dar.
nocivo, a	schädlich
consistere in	bestehen aus
Il lavoro più grande consiste ora nell'eliminare tutte le sostanze nocive.	Die Hauptaufgabe besteht nun in der Entfernung aller Schadstoffe.
l'**ozono**	Ozon
lo **strato di ozono**	Ozonschicht
Lo strato di ozono **diventa sempre più sottile.**	Die Ozonschicht nimmt kontinuierlich ab.
il **buco nell'ozono**	Ozonloch

serio, a	ernst
rischiare	riskieren
pericoloso, a	gefährlich
il **pericolo**	Gefahr
la **conseguenza**	Folge
La sfida dell'uomo alla natura ha portato conseguenze molto serie.	Die Herausforderung der Natur durch den Menschen hat ernste Folgen gehabt.
l'**effetto**	Wirkung

L'effetto di quelle schiume è terribile per le acque.
Diese Schäume haben eine verheerende Auswirkung auf die Gewässer.

l'**impianto d'incenerimento dei rifiuti**
Müllverbrennungsanlage
la **discarica**
Mülldeponie
bruciare
brennen
puzzare
stinken
Questa sostanza puzza, ma non è pericolosa.
Diese Substanz stinkt, ist aber ungefährlich.
intenso, a
intensiv

la **centrale elettrica**
Kraftwerk
la **centrale nucleare**
Atomkraftwerk
l'**energia**
Energie
l'**energia solare**
Sonnenenergie
l'**impianto a energia solare**
Sonnenkraftanlage
l'**energia eolica**
Windenergie
il **biogas**
Biogas

l'**ecologia**
Ökologie
L'ecologia è la scienza che ci può **aiutare a salvare** l'ambiente.
Die Ökologie ist die Wissenschaft, die uns bei der Rettung der Umwelt helfen kann.
ecologico, a
Umwelt-; ökologisch
il **disastro ecologico**
Umweltkatastrophe
l'**atmosfera**
Atmosphäre
l'**inquinamento atmosferico**
Luftverschmutzung
prezioso, a
wertvoll
La nostra atmosfera è troppo preziosa, non possiamo **rischiare di distruggerla.**
Unsere Atmosphäre ist zu wertvoll; wir dürfen nicht riskieren, sie zu zerstören.
inquinare
verschmutzen
Sono in atto intense ricerche per lo sfruttamento di materie che non inquinano.
Es sind intensive Forschungsarbeiten im Gang zur Nutzung von Stoffen, die die Umwelt nicht verschmutzen.
avvelenare
vergiften
Tutti **quei** gas avvelenano l'aria.
Alle diese Gase verseuchen die Luft.

disturbare
stören
l'**equilibrio**
Gleichgewicht
l'**equilibrio ecologico**
ökologisches Gleichgewicht

Non dobbiamo disturbare l'equilibrio ecologico, se non vogliamo **causare la rovina del nostro mondo**.	Wir dürfen das ökologische Gleichgewicht nicht stören, wenn wir nicht unsere Welt ruinieren wollen.
causare	verursachen
la **pioggia acida**	saurer Regen
L'**effetto** della pioggia acida **è stato molto rapido**.	Die Auswirkungen des sauren Regens zeigten sich sehr schnell.
l'**effetto serra**	Treibhauseffekt
L'effetto serra avrà conseguenze gravissime.	Der Treibhauseffekt wird gravierende Folgen haben.
l'**incubo**	Alptraum
la **rovina**	Ruin; Ruine
lo **strato**	Schicht
Lo strato d'aria **vicino alla terra** è già stato troppo inquinato.	Die Luftschicht um die Erde ist schon zu stark verschmutzt.

i **rifiuti** *pl*	Abfälle
Bisogna assolutamente ridurre la quantità di rifiuti che produciamo.	Es ist dringend notwendig, die von uns produzierte Abfallmenge zu reduzieren.
ridurre in compost	kompostieren
il **compostaggio dei rifiuti**	Kompostierung
buttar via	wegwerfen
il **cassonetto**	Müllcontainer
il **container** [kon'tɛiner]	(Müll-)Container
le **immondizie** *pl*	Müll; Abfälle
biodegradabile	biologisch abbaubar
lo **smaltimento**	Entsorgung
Purtroppo ci sono persone che **portano** ancora le immondizie nei boschi.	Leider gibt es immer noch Leute, die ihre Abfälle in den Wäldern wegwerfen.
il **riciclaggio**	Recycling, Wiederverwertung
la **raccolta differenziata dei rifiuti**	Mülltrennung
la **scoria**	Schlacke; Abfälle
le **scorie industriali**	Industriemüll
eliminare	eliminieren; ausschalten
È importante eliminare bene le scorie industriali.	Es ist wichtig, den Industriemüll gut zu entsorgen.
la **canalizzazione**	Kanalisation; Abwasser

la **calotta polare**	Polarkappe
fondere	(ab)schmelzen
sciogliersi	schmelzen; sich auflösen
sfruttare	ausnutzen; ausbeuten

Dobbiamo **smettere di** sfruttare la natura in questo modo.	Wir müssen aufhören, die Natur auf diese Weise auszubeuten.
la **foresta pluviale**	(tropischer) Regenwald
il **disboscamento**	Abholzen
il **rimboschimento**	(Wieder-)Aufforsten

l'**avvertimento**	Warnung
Non abbiamo capito **in tempo** molti avvertimenti.	Viele Warnungen haben wir nicht rechtzeitig verstanden.
lo **sfruttamento**	Ausnutzung; Ausbeutung
l'**esperimento**	Experiment

18.8 Stadt, Land, Gebäude und Infrastruktur

la **città**	Stadt
fondare	gründen
La mia città è stata fondata dagli antichi romani.	Meine Heimatstadt wurde von den alten Römern gegründet.
la **capitale**	Hauptstadt
il **quartiere**	Stadtteil
centrale	zentral
Questo è uno dei quartieri centrali.	Dies ist eines der zentralen Stadtviertel.
il **centro**	Zentrum
Senta, scusi, mi sa dire che strada devo prendere per andare in centro?	Hallo, entschuldigen Sie, können Sie mir sagen, über welche Straße ich ins Zentrum komme?
la **periferia**	Peripherie; Stadtrand
Noi **preferiamo abitare** in periferia.	Wir wohnen lieber am Stadtrand.

il **paese**	Dorf
Gli Appennini sono **pieni di** piccoli paesi medioevali.	Die Apenninen sind voller kleiner, mittelalterlicher Dörfer.
il **villaggio**	Dorf
Fino a qualche anno fa Alba era un **villaggio di pescatori** ed ora è un centro turistico.	Bis vor ein paar Jahren war Alba ein Fischerdorf und nun ist es ein Touristenzentrum.
il **castello**	Burg; Schloss
Questo castello **è di epoca medioevale.**	Diese Burg stammt aus dem Mittelalter.
il **cortile**	Hof
Questa casa ha un'**uscita sulla strada** ed **una sul** cortile.	Dieses Haus verfügt über einen Ausgang zur Straße und einen zum Hof.

il **ponte**	Brücke
interno, a	intern; Innen-
il **cortile interno**	Innenhof
esterno, a	Außen-; äußere(r, s)
la **scala esterna**	Außentreppe

la **villa**	Villa; Landhaus
l'**uscita**	Ausgang
uscire	hinausgehen
Quando esci ricordati di chiudere bene tutto.	Denk daran, alles gut abzuschließen, wenn du das Haus verlässt.

intorno a	um … herum
Intorno alla mia città **c'è molto verde.**	Meine Heimatstadt liegt mitten im Grünen.
accanto a	neben
l'**angolo**	Ecke; Winkel
dappertutto	überall
Quest'angolo della città ha perso **il carattere che aveva una volta.**	Dieser Teil der Stadt hat seinen früheren Charakter verloren.
– **È vero**, purtroppo **hanno costruito** palazzoni dappertutto.	– Stimmt, leider sind überall Hochhäuser gebaut worden.

la **via**	Straße
Via Condotti è una delle strade più eleganti di Roma.	Die *Via Condotti* ist eine der elegantesten Straßen Roms.
il **viale**	Allee
Caratteristici di Torino sono i lunghissimi viali.	Die langen Alleen sind charakteristisch für Turin.
la **strada**	Straße
Tutte le strade portano a Roma. *loc*	Alle Straßen führen nach Rom.

---

i | **Die Straße**

Unterscheide:

sulla strada	*auf dem Weg; auf der Landstraße*
Sulla strada per l'aeroporto c'è sempre molto traffico.	*Auf der Straße zum Flughafen ist immer viel Verkehr.*
nella strada	*in der Straße (im Stadtgebiet)*
Abita nella strada lì di fronte.	*Er wohnt in der Straße da drüben.*
in via Dante Alighieri	*in der Dante-Alighieri-Straße*

---

stradale	Straßen-
il **posto di blocco**	Blockade, Sperrung

La polizia ha organizzato posti di blocco **su tutte le strade di uscita dalla città**.	Die Polizei hat auf allen Ausfall- straßen der Stadt Straßensperren errichtet.
bloccare	blockieren; versperren
il **marciapiede**	Bürgersteig
Cammina sul marciapiede, per favore!	Geh bitte auf dem Bürgersteig!
il **passaggio pedonale**	Zebrastreifen
il, la **passante**	Passant(in)
la **piazza**	Platz
La famosa arena di Verona **si trova in** Piazza Bra.	Die berühmte Arena in Verona liegt an der Piazza Bra.

la **zona**	Zone; Gebiet; Gegend
la **struttura**	Struktur
lo **spazio**	Platz; Raum
il **bisogno**	Bedarf, Not
aumentare	erhöhen; zunehmen
È ora di aumentare **gli spazi verdi** nelle grandi città.	Es ist Zeit, in den Großstädten mehr Grünflächen zu schaffen.
l'**aumento**	Zunahme; Erhöhung
la **riduzione**	Abnahme; Verringerung
ridurre	verringern
diminuire ‹diminuisco›	verringern
il **parcheggio**	Parkplatz
L'offerta di **parcheggi** è insuffi- ciente.	Das Angebot an Parkplätzen ist unzureichend.
parcheggiare	parken
In centro è praticamente impossi- bile parcheggiare.	Es ist fast unmöglich, im Zentrum zu parken.
il **magazzino**	Lager(halle)

il **parco**	Park
la **panchina**	Sitzbank
opportuno, a	angebracht; nützlich
Sarebbe opportuno **che mettes- sero più panchine** in questo parco.	Es wäre angebracht, in diesem Park mehr Sitzbänke aufzustellen.
il **campo da gioco**	Spielplatz

il **settore**	Abschnitt
L'intero settore nord è occupato dall'industria.	Im gesamten Nordabschnitt befin- den sich Industrieansiedlungen.
avvicinarsi a	sich nähern
la **vicinanza**	Nähe
Abito qui nelle vicinanze.	Ich wohne hier in der Nähe.
lontano, a da	entfernt von

Quanto è lontana la tua casa **dal centro?**	Wie weit ist dein Haus von der Stadtmitte entfernt?
il **domicilio**	Wohnsitz; Wohnung
Non abbiamo domicilio in questo paese.	Wir haben keinen Wohnsitz in diesem Land.
il **posto**	Platz; Stelle
Questo posto mi piace molto.	Dieser Platz gefällt mir sehr.
l'**accesso**	Zugang; Zufahrt
Non c'è **nessuna strada d'accesso** qui.	Hier gibt es keine Zufahrtsstraße.
l'**ingresso**	Eingang
l'**apertura**	Öffnung
Vorrei sapere l'**orario di apertura e di chiusura** dei musei.	Ich wüsste gerne die Öffnungszeiten der Museen.
la **chiusura**	Schließung
il **cancello**	Gitter; Gatter
Il cancello **della** Villa Aldobrandini è sempre chiuso.	Das Tor zur Villa Aldobrandini ist immer geschlossen.
l'**edificio**	Gebäude
il **portico**	Säulenhalle; Portikus; Arkade
Dato che piove **andremo a fare** le spese sotto i portici.	Da es regnet, werden wir unsere Einkäufe unter den Arkaden machen.
la **torre**	Turm
vantare	sich rühmen; aufweisen
Come centro commerciale questa città **vanta tradizioni antichissime**.	Diese Stadt hat eine uralte Tradition als Handelszentrum.
la **fiera**	Messe
il **piazzale**	großer Platz
il **corso**	Korso; Hauptstraße
Per arrivare a Piazzale Matteotti **devi passare per il corso**.	Um zum Piazzale Matteotti zu kommen, fährst du durch den Korso.
l'**incrocio**	Kreuzung
il **tratto**	Abschnitt
In quel tratto di strada ci sono spesso **lavori in corso**.	In diesem Teil der Straße sind häufig Arbeiten in Gang.
polveroso, a	staubig
il **vicolo**	Gasse
Nella zona vecchia ci sono vicoli strettissimi.	In der Altstadt gibt es viele sehr enge Gassen.
allargare	verbreitern

Per fortuna **hanno allargato** l'incrocio, era troppo pericoloso.	Zum Glück wurde die Kreuzung verbreitert; sie war zu gefährlich.
il **sottopassaggio pedonale**	Fußgängerunterführung
Non puoi attraversare la strada, devi usare il sottopassaggio pedonale.	Du darfst die Straße nicht überqueren; du musst die Fußgängerunterführung benutzen.

il **porto**	Hafen
il **cantiere navale**	Werft
il **molo**	Mole
la **calata**	(Lade-)Kai
il **faro**	Leuchtturm
Sul molo **hanno costruito** un grande faro.	Auf der Mole ist ein großer Leuchtturm gebaut worden.

Falsche Freunde

Italienisches Wort	Thematische Bedeutung(en)	Falscher Freund	Italienische Entsprechung(en)
l'ape	Biene	Affe (engl. the ape)	la scimmia
l'avvertimento	Warnung	Anzeige; Inserat (engl. the advertisement)	l'annuncio
bagnarsi	nass werden	baden (frz. se baigner)	fare il bagno
il caldo	Hitze	Kälte	il freddo
il lampo	Blitz	Lampe	la lampada
i legumi	Hülsenfrüchte	Gemüse (frz. les légumes)	la verdura
la roba	Sachen; Zeug	(Abend-, Amts-)Robe; Kleid (frz. la robe)	l'abito da sera, la toga; l'abito, il vestito
il topo	Maus	Spitze (engl. the top)	la cima, la vetta
il tuono	Donner	Ton; Klang (frz. le ton)	il tono

19.1 Wochentage und Datumsangaben

(il) **lunedì**
Il lunedì mattina molti negozi sono chiusi in Italia.

Montag; montags
Montag vormittags sind in Italien viele Geschäfte geschlossen.

(il) **martedì**

Dienstag; dienstags

(il) **mercoledì**

Mittwoch; mittwochs

(il) **giovedì**

Donnerstag; donnerstags

(il) **venerdì**

Freitag; freitags

(il) **sạbato**
La spesa la faccio sempre **il sabato.**

Samstag, Sonnabend; samstags
Samstags gehe ich immer einkaufen.

(la) **domẹnica**
Abbiamo pensato di partire venerdì pomeriggio e di tornare domenica sera.

Sonntag; sonntags
Wir dachten, wir könnten am Freitag Nachmittag losfahren und am Sonntag Abend zurückkommen.

il **fine settimana**
Cosa fai il fine settimana?

Wochenende
Was machst du am Wochenende?

la **data**
È già stata fissata la data dell'incontro? – **Sì, è il 9 di agosto.**

Datum
Ist das Datum für das Treffen schon festgelegt? – Ja, es ist am 9. August.

Das Datum

Quanti ne abbiamo oggi?	*Der Wievielte ist heute?*
Oggi è il 10.	*Heute ist der 10.*
Il 1° maggio.	*Der 1. Mai.*
Il 2 maggio.	*Der 2. Mai.*
Il 31 maggio.	*Der 31. Mai.*
Che giorno è oggi?	*Was für ein Tag ist heute?*
Oggi è sabato.	*Heute ist Samstag.*

Merke:
Nur der Monatserste wird mit der Ordnungszahl (übliche Schreibweise: **1°**) bezeichnet, bei allen anderen Tagen steht die Grundzahl.

---

il **giorno**
In che giorno della settimana c'è il mercato qui? – **Tutti i martedì.**

Tag
An welchem Tag ist hier Wochenmarkt? – Jeden Dienstag.

feriale
Il 15 agosto è un giorno festivo anche in Germania? – No, è un giorno feriale, perché? – **Perché da noi in Italia è Ferragosto.**

Wochentags-; Alltags-
Ist der 15. August auch in Deutschland ein Feiertag? – Nein, ein Arbeitstag, warum? – Weil wir in Italien da *Ferragosto (Mariä Himmelfahrt)* feiern.

la **giornata**	Tag (*in seinem ganzen Verlauf*)
Ieri è stata una giornata favolosa.	Gestern war ein großartiger Tag.
la **settimana**	Woche

oggi	heute
Quanti ne abbiamo oggi?	Den Wievielten haben wir heute?
– Oggi è il 23 agosto, il compleanno di Nadine.	– Heute ist der 23. August, Nadines Geburtstag.
ieri	gestern
domani	morgen
Ieri il tempo era brutto e pare che pioverà anche domani.	Gestern war schlechtes Wetter und es scheint, dass es morgen auch regnen wird.

seguire	folgen
Il periodo che segue le vacanze è sempre molto duro.	Die Zeit nach den Ferien ist immer sehr hart.
il **seguito**	Folge
seguente	folgend
Nei giorni seguenti avete dovuto lavorare molto?	Habt ihr an den Tagen danach viel arbeiten müssen?

ieri l'altro, l'altro ieri	vorgestern
l'altro giorno	neulich
dopodomani	übermorgen
Dopodomani andiamo a Bologna.	Übermorgen fahren wir nach Bologna.
scorso, a	letzte(r, s); vergangen
odierno, a	heutig; aktuell
Prima dobbiamo risolvere i problemi odierni, degli altri parleremo in seguito.	Zuerst müssen wir die aktuellen Probleme lösen, über die anderen reden wir später.
prossimo, a	nächste(r, s); kommend
Abbiamo deciso di **fare la festa** domenica prossima.	Wir haben beschlossen, das Fest kommenden Sonntag stattfinden zu lassen.

19.2 Uhr- und Tageszeit

la **mattina**	Morgen
stamattina	heute Morgen
la **sera**	Abend
Preferisco lavorare di sera che di mattina.	Ich arbeite lieber abends als morgens.

stasera	heute Abend
la **notte**	Nacht
Stasera non esci?	Gehst du heute Abend nicht aus?
– No, sono stanco, **la notte scorsa** ho dormito poco.	– Nein, ich bin müde, ich habe vergangene Nacht nur wenig geschlafen.
stanotte	heute Nacht

l'**ora**	Stunde; Uhrzeit
Che ora è? / Che ore sono?	Wie spät ist es? Ist es 1 Uhr oder
– **È l'una o sono già le 2?**	schon 2?

Die Uhrzeit

Che ora è?/Che ore sono?	*Wie spät ist es?*
offizielle Zeitangabe	***umgangssprachliche Zeitangabe***
È l'una e 15 minuti.	È l'una e un quarto.
Sono le 2 e 45 minuti.	Sono le 3 meno un quarto.
Sono le 3 e 55 minuti.	Sono le 4 meno cinque (minuti). / Cinque minuti alle 4.
Sono le 3 e 30 minuti.	Sono le 3 e mezzo/mezza.
Sono le ore 12.	È mezzogiorno.
Sono le ore 24.	È mezzanotte.

il **minuto**	Minute
Allora aspettiamo **altri cinque minuti**.	Dann lass uns noch fünf Minuten warten!
ogni	jede(r, s)
Ogni minuto che passa **mi sembra** un'ora.	Jede Minute, die vergeht, kommt mir vor wie eine Stunde.
il **secondo**	Sekunde
e	nach
Sono già le tre e dieci.	Es ist schon 10 nach 3.
meno	vor
fra	in *(bei Zeiträumen)*
fa	vor *(bei Zeiträumen)*
Avevano detto **che sarebbero stati qui alle nove meno un quarto.**	Sie hatten gesagt, sie seien um Viertel vor neun hier.
– Sì, ma hanno telefonato **qualche minuto fa** e hanno detto **che arriveranno fra tre quarti d'ora circa.**	– Ja, aber sie haben vor ein paar Minuten angerufen und gesagt, sie kämen in ungefähr einer Dreiviertelstunde.
(e/meno) un quarto	Viertel (nach/vor)
(e) mezzo, a	halb
Sono le 6 e mezzo.	Es ist halb 7.

l'**alba**	Morgengrauen

Gastone si alza sempre **all'alba**.	Gastone steht immer beim Morgengrauen auf.
il **sorgere del sole**	Sonnenaufgang
il **mattino**	Morgen
Il buon giorno si vede dal mattino. *prov*	Glücklicher Beginn verheißt ein gutes Ende.
la **mattinata**	Vormittag

diurno	Tages-
notturno, a	nächtlich; Nacht-
Quale farmacia **ha il servizio notturno?**	Welche Apotheke hat Nachtbereitschaft?
la **mezzanotte**	Mitternacht
Restiamo **al massimo** fino a mezzanotte, **va bene?**	Wir bleiben höchstens bis Mitternacht, in Ordnung?
il **mezzogiorno**	Mittag
È già mezzogiorno? **Allora il mio orologio va indietro.**	Schon 12 Uhr? Dann geht meine Uhr nach.
il **pomeriggio**	Nachmittag
il **crepuscolo**	Abenddämmerung
il **tramonto**	Sonnenuntergang

scorrere	verstreichen
trascorrere	verbringen
trattenersi	sich aufhalten
Possiamo **trattenerci solo** mezz'ora, **non di più.**	Wir können uns nur eine halbe Stunde aufhalten, länger nicht.
il **quarto (d'ora)**	Viertelstunde

l'**ora solare**	Normalzeit; Einheitszeit
l'**ora legale**	Sommerzeit
l'**orologio**	Uhr
regolare l'orologio	die Uhr stellen
Quando comincia l'ora legale **bisogna mettere avanti l'orologio di un'ora.**	Bei Beginn der Sommerzeit muss man die Uhr eine Stunde vorstellen.
andare avanti	vorgehen
andare indietro	nachgehen

19.3 Monate und Jahreszeiten

il **mese**	Monat
mensile	monatlich

Questa rivista **è settimanale** o **mensile**?	Erscheint die Zeitschrift wöchentlich oder monatlich?
l'**anno**	Jahr
annuale	jährlich

gennaio — Januar

febbraio — Februar

Noi andiamo a sciare sempre **in gennaio o febbraio** perché in genere **c'è** più neve. — Wir fahren immer im Januar oder Februar zum Skilaufen, weil dann im Allgemeinen mehr Schnee liegt.

marzo — März

In Italia **marzo è chiamato** pazzo perché il tempo cambia spesso. — In Italien spricht man vom „verrückten März", da das Wetter dann sehr wechselhaft ist.

aprile — April

maggio — Mai

giugno — Juni

Le scuole in Italia **cominciano** in settembre e **finiscono** in giugno. — In Italien beginnt das Schuljahr im September und endet im Juni.

luglio — Juli

agosto — August

Quasi **tutti gli italiani vanno in ferie** in agosto. — Die Italiener fahren fast alle im August in Urlaub.

settembre — September

Il mio mese preferito è settembre. — Der September ist mein Lieblingsmonat.

ottobre — Oktober

le **ottobrate romane** — römische Spätsommertage

novembre — November

Novembre **viene considerato** il mese più triste dell'anno. — Der November gilt als der tristeste Monat des Jahres.

dicembre — Dezember

A fine dicembre partiremo per le vacanze invernali. — Ende Dezember fahren wir in die Winterferien.

la **stagione** — Jahreszeit; Saison

In questa stagione non è possibile **fare il bagno in mare, fa troppo freddo**. — Um diese Jahreszeit kann man nicht im Meer baden; es ist zu kalt.

la **primavera** — Frühling

primaverile — frühlingshaft; Frühlings-

L'aria primaverile è **piena di** profumi. — Die Frühlingsluft ist voller Duft.

l'**estate** f — Sommer

In estate si passa molto tempo **all'aperto**. — Im Sommer verbringt man viel Zeit im Freien.

estivo, a — sommerlich; Sommer-

l'autunno — Herbst

Le foglie hanno colori stupendi in autunno. — Im Herbst sind die Blätter wundervoll bunt gefärbt.

autunnale — herbstlich; Herbst-

l'inverno — Winter

Quest'anno abbiamo avuto un inverno molto mite. — Wir hatten dieses Jahr einen sehr milden Winter.

invernale — winterlich; Winter-

È ora di mettere gli abiti invernali. — Es ist Zeit für die Wintersachen.

19.4 Weitere Zeitbegriffe

impiegare — brauchen

Quanto tempo impiegate per fare quel lavoro? — Wie lange braucht ihr für diese Arbeit?

il tempo — Zeit

Dobbiamo **fare in fretta** perché ho poco tempo. — Wir müssen uns beeilen, da ich wenig Zeit habe.

il momento — Augenblick

Non so dov'è andato Giancarlo, era qui **un momento fa**. — Ich weiß nicht, wohin Giancarlo gegangen ist, eben war er noch da.

l'attimo — Augenblick

breve — kurz

la fretta — Eile

aspettare — warten

Ora dobbiamo andare, **ci aspettano già**. — Wir müssen jetzt gehen, man erwartet uns.

cominciare — anfangen

l'inizio — Beginn

A che ora comincia lo spettacolo? – L'inizio dovrebbe essere alle ventuno, ma spesso **ritardano**. — Um wie viel Uhr beginnt die Vorstellung? – Sie sollte um 21 Uhr beginnen, aber es wird oft später.

subito — sofort

presto — schnell; bald

tardi — spät

Si tratta di una cosa breve, non faremo tardi. — Das ist schnell gemacht, wir brauchen nicht lange.

finire ‹finisco› — beenden

Finisco presto il lavoro e sono subito pronta. — Ich erledige schnell die Arbeit und bin gleich fertig.

finalmente — endlich

Finalmente **ce l'hai fatta!** — Endlich hast du es geschafft!

Anfang und Ende

Unterscheide die *Bedeutungsnuancen* von **cominciare** und **finire**:

cominciare a	*anfangen, etw. zu tun*
Ho **cominciato a** lavorare mezz'ora fa.	*Ich habe vor einer halben Stunde angefangen zu arbeiten.*
cominciare con	*etw. zuerst tun*
Ho **cominciato coll**'apparecchiare la tavola.	*Zuerst habe ich den Tisch gedeckt.*
finire di	*beenden, aufhören; fertig werden*
Il signor Rossi **ha finito di** lavorare.	*Herr Rossi ist mit der Arbeit fertig.*
finire con	*etw. zuletzt tun, schließlich etw. tun*
Finirai col farti male!	*Du wirst dir am Ende noch weh tun!*

sempre	immer
spesso	oft
qualche volta	manchmal
ogni tanto	ab und zu
Non ci vediamo spesso, solo ogni tanto.	Wir sehen einander nicht oft, nur ab und zu.
ancora	(immer) noch; schon wieder
già	schon

il **passato**	Vergangenheit
In passato ci vedevamo più spesso.	Früher trafen wir uns öfter.
il **presente**	Gegenwart
il **futuro**	Zukunft
In futuro non faremo più così.	In Zukunft verfahren wir anders.
prima di	vor *(bei Zeitpunkten)*
prima	früher; zuerst
ora	jetzt
dopo	nach; nachher; später
poi	dann
Aspetta, puoi **farlo** dopo. – No, perché **dopo cena** vogliamo uscire, **poi si fa tardi**.	Warte, das kannst du nachher machen. – Nein, denn nach dem Abendessen wollen wir ausgehen; es wird sonst zu spät.

il **decennio**	Jahrzehnt
Nell'ultimo decennio la tecnica ha fatto grandi progressi.	Die Technik hat im letzten Jahrzehnt große Fortschritte gemacht.
il **secolo**	Jahrhundert
il **millennio**	Jahrtausend
Siamo agli inizi di un nuovo millennio.	Wir stehen am Beginn eines neuen Jahrtausends.

l'**avvenire** *m*	Zukunft
Si fanno tanti programmi per l'avvenire!	Es werden viele Zukunftspläne geschmiedet.
eterno, a	ewig
Ci sono delle giornate che sembrano eterne.	Manche Tage scheinen kein Ende zu nehmen.
ultimo, a	letzte(r, s)
penultimo, a	vorletzte(r, s)
la **penultima puntata**	die vorletzte Folge
terzultimo, a	drittletzte(r, s)
ultimamente	neulich
allora	damals; also
il **frattempo**	Zwischenzeit
Allora era molto bella, com'è adesso? – Nel frattempo è invecchiata anche lei, ma è sempre affascinante.	Sie war damals eine Schönheit, und wie sieht sie heute aus? – Inzwischen ist auch sie älter geworden, aber sie ist immer noch faszinierend.
ormai	nunmehr; inzwischen
finora	bislang
intanto	inzwischen
Intanto tu vai pure, noi ti raggiungiamo dopo, **tanto siamo in anticipo.**	Geh du ruhig vor, wir kommen später nach; wir sind sowieso zu früh dran.
infine	schließlich
provvisorio, a	provisorisch
temporaneo, a	vorläufig, zeitweilig
adesso	jetzt
Adesso telefono e chiedo quando vengono.	Ich rufe jetzt an und frage, wann sie kommen.
ritardare	verzögern; sich verspäten; nachgehen
attendere	warten
l'**istante** *m*	Augenblick
Attendiamo ancora qualche istante, forse hanno dovuto **ritardare la partenza.**	Warten wir mal einen Augenblick, vielleicht mussten sie die Abfahrt verschieben.
iniziare	beginnen
Se iniziamo subito, avremo terminato tutto **per le cinque.**	Wenn wir sofort anfangen, sind wir bis 5 Uhr mit allem fertig.
terminare	beenden
la **pausa**	Pause; Rast

Attendiamo la prossima pausa **per fare una telefonata** a casa.	Wir warten bis zur nächsten Rast und telefonieren dann nach Hause.

19.5 Räumliche Beziehungen

trovarsi	sich befinden, liegen; sich treffen
Il quartiere in cui abito si trova **nella parte nord della città**.	Das Viertel, in dem ich wohne, liegt im Norden der Stadt.
Ci troviamo tutti a casa mia verso le nove, **va bene?**	Wir treffen uns alle gegen neun bei mir zu Hause, in Ordnung?
assegnare	zuweisen; zuteilen
il **posto**	Ort; Platz
la **località**	Gegend; Ort; Lage
Il terreno è piccolo, ma la località è molto bella.	Das Grundstück ist klein, aber die Lage ist wunderschön.

dove	wo; wohin
Dove hai messo l'aspirapolvere? – **Dove sta sempre!**	Wo hast du den Staubsauger hingestellt? – Wo er immer ist.
ecco	hier ist, hier sind; genau!
Ecco la foto che **cercavi**.	Hier ist das Foto, das du gesucht hast.
qua	hier; hierher
qui	hier; hierher
Vieni qua anche tu!	Komm doch auch rüber!
– No, preferisco **restare qui**.	– Nein, ich bleibe lieber hier.
là	dort; dorthin; da
lì	dort; dorthin; da
Vedi quella casa rossa là a destra?	Siehst du das rote Haus dort rechts?
Marco e Raffaella abitano lì.	Da wohnen Marco und Raffaella.

giù	unten; hinunter; herunter
laggiù	dort unten; dort hinab
su	oben; hinauf; herauf
Salgo su io o venite giù voi?	Soll ich hochkommen oder kommt ihr runter?
lassù	dort oben; dort hinauf
Ti va bene se ti assegnano quel posto lassù?	Bist du einverstanden, wenn man dir den Platz dort oben zuweist?
sopra	über; auf
sotto	unter

dentro	hinein; drinnen

Ho messo il pacco sopra l'armadio perché **dentro non c'era posto.**	Ich habe das Paket auf den Schrank gelegt, weil drinnen kein Platz war.
fuori	draußen; hinaus
Marcello **lo ha buttato fuori di casa con poche parole.**	Marcello hat ihn kurzerhand vor die Tür gesetzt.
(al di) fuori di	außerhalb
(Al di) fuori del centro città non si trovano molti negozi.	Außerhalb des Zentrums gibt es nur wenige Geschäfte.
in mezzo a	mitten in
in fondo a	ganz hinten; ganz unten

destro, a	rechte(r, s)
sinistro, a	linke(r, s)
accanto a	neben
Ho messo alcuni vasi di fiori fuori, accanto alla porta di casa.	Ich habe ein paar Blumentöpfe draußen neben die Haustür gestellt.
il **lato**	Seite
Quanto è lungo questo lato?	Wie lang ist diese Seite?

davanti a	vor
Allora ci incontriamo davanti al teatro, **d'accordo?**	Dann treffen wir uns also vor dem Theater, in Ordnung?
avanti	vorwärts
Torniamo indietro, è troppo **tardi per continuare ad andare avanti.**	Lass uns umkehren, es ist zu spät, um weiterzufahren.
dietro	hinter
indietro	rückwärts; zurück
tornare	zurückkehren; wiederkommen
di fronte a	gegenüber
dirimpetto a	gegenüber
il **fondo**	(Hinter-)Grund; Boden
Il pozzo è vuoto, **si vede il fondo.**	Der Brunnen ist leer, man kann bis auf den Grund sehen.

l'**origine** f	Ursprung
originario, a	ursprünglich; gebürtig
I suoi parenti sono **originari dell'Umbria.**	Seine Verwandten stammen aus Umbrien.
il **luogo**	Ort; Platz; Stelle
Si prega di conservare in luogo asciutto.	Vor Feuchtigkeit schützen!
Questi luoghi hanno conservato il loro aspetto originario.	Diese Plätze haben ihr ursprüngliches Aussehen bewahrt.
la **parte**	Richtung; Seite

da qualche parte

Dov'è il giornale?
– **Da qualche parte deve essere!**
Ancora non so dove, ma **da qualche parte andremo.**

da nessuna parte

Non ho voglia di andare da nessuna parte.

irgendwo; irgendwohin; irgendwoher

Wo ist die Zeitung?
– Irgendwo muss sie sein.
Irgendwohin werden wir schon gehen, wohin, weiß ich noch nicht.

nirgends; nirgendwohin; nirgendwoher
Ich mag nirgendwohin gehen.

indicare qu/qc
l'indicazione *f*
Per arrivare all'aeroporto **basta che tu segua le indicazioni.**

hinweisen auf
Hinweis
Um zum Flughafen zu gelangen, brauchst du nur den Schildern zu folgen.

la **freccia**
la **direzione**
la **destra**
la **sinistra**
la **meta**
Stiamo andando nella stessa direzione, pare che abbiamo la stessa meta.
allontanarsi da
Mi sono allontanata molto dai miei luoghi d'origine.
spostarsi

Pfeil
Richtung
die Rechte; die rechte Seite
die Linke; die linke Seite
Ziel
Wir gehen in die gleiche Richtung; es scheint, als hätten wir dasselbe Ziel.
sich entfernen von
Ich habe mich weit von meinen Ursprüngen entfernt.
verrutschen, sich verschieben, Platz machen; sich bewegen; ziehen

orizzontale
verticale
il **retro**
il **davanti**
opposto, a
Secondo la freccia bisogna girare a sinistra, io invece pensavo che si dovesse andare **dalla parte opposta.**

horizontal, waagrecht
vertikal, senkrecht
Rückseite
Vorderseite
entgegengesetzt
Dem Pfeil nach muss man links abbiegen, ich aber war der Ansicht, man müsse in die andere Richtung fahren.

Falsche Freunde			
Italienisches Wort	**Thematische Bedeutung(en)**	**Falscher Freund**	**Italienische Entsprechung(en)**
feriale	Wochentags-; Alltags-	Feiertags-; Ruhetags- *(frz. le jour férié = Feiertag)*	festivo
tornare	zurückkehren; wiederkommen	drehen; wenden; abbiegen *(frz. tourner)*	girare
su	oben; hinauf; herauf	unter *(frz. sous)*	sotto

20.1 Farben

il **colore** Ammira la bellezza di questi colori!	Farbe Du musst die Schönheit dieser Farben bewundern!
chiaro, a	hell; klar
scuro, a	dunkel

bianco, a	weiß
nero, a	schwarz
grigio, a	grau
blu *inv*	blau
azzurro, a Rossella ha gli occhi azzurri come il mare.	(himmel)blau Rossella hat Augen so blau wie das Meer.
giallo, a **Il mio colore preferito è il giallo chiaro.**	gelb Hellgelb ist meine Lieblingsfarbe.
rosa fucsia *inv*	pink
rosa *inv* Ti piacciono questi pantaloni rosa?	rosa Gefällt dir diese rosa Hose?
rosso, a	rot
verde La bandiera italiana è rossa, bianca e verde. Veronica indossa una gonna verde scuro.	grün Die italienische Fahne ist rot-weiß-grün. Veronica trägt einen dunkelgrünen Rock.
marrone *inv*	braun

colorato, a	farbig
la **tinta unita** Secondo me, le creazioni più belle di Moschino sono **quelle in tinta unita**.	uni Meiner Ansicht nach sind Moschinos schönste Kreationen die in Uni.
arancione *inv* Questa **sfumatura arancione** è molto bella.	orange Diese orangefarbene Schattierung ist wunderschön.
bruno, a	kastanienbraun
lilla *inv*	lila
viola *inv*	violett
beige *inv* Trovo che quel vestito lilla ti stia molto bene. – Forse hai ragione, ma **quello beige** è più elegante.	beige Ich finde, dieses lila Kleid steht dir sehr gut. – Vielleicht hast du Recht, aber das beige ist eleganter.

lucido, a	glänzend, leuchtend

opaco, a	matt
Preferisci i colori opachi o **quelli lucidi?**	Magst du lieber matte oder glänzende Farben?
la **sfumatura**	Schattierung; Nuance
la **variazione**	Abwechselung; Veränderung; Wechsel
la **differenza**	Unterschied
diverso, a	anders(artig)
Preferiresti un colore diverso?	Möchtest du lieber eine andere Farbe?

20.2 Formen

la **figura**	Form; Gestalt
la **forma**	Form
formare	bilden
piegare	falten
il **modo**	Art; Weise
la **maniera**	Art; Weise
In che modo devo piegare questo foglio di carta? – Come vuoi, ma **in maniera che entri** nella busta.	Wie soll ich dieses Blatt Papier falten? – Wie du willst, jedenfalls so, dass es in den Umschlag passt.
rotondo, a	rund
Pensa un po', Giovanna vuole **comprarsi** un letto rotondo!	Stell dir vor, Giovanna will sich ein rundes Bett kaufen.
ovale	oval
Il ladro aveva un viso ovale, i baffi e la barba castani.	Der Dieb hatte ein ovales Gesicht und einen braunen Vollbart.
il **cerchio**	Kreis
il **diametro**	Durchmesser
Questo cerchio ha un diametro di 40 cm.	Dieser Kreis hat einen Durchmesser von 40 cm.
il **raggio**	Radius
la **circonferenza**	Umfang
il **cubo**	Würfel *(Geometrie)*
il **quadrato**	Quadrat
quadrato, a	viereckig
l'**angolo**	Winkel
angolare	winkelig; eckig
il **triangolo**	Dreieck
triangolare	dreieckig
il **rettangolo**	Rechteck

I ragazzini giocano **nel rettangolo** che hanno disegnato sulla strada.

Die Knaben spielen in einem Rechteck, das sie auf die Straße gezeichnet haben.

rettangolare

rechteckig

la **punta**
Non premere troppo quando disegni, altrimenti rompi la punta della matita.

Spitze
Drücke beim Zeichnen nicht zu fest auf, sonst brichst du die Bleistiftspitze ab.

la **striscia**
Ho bisogno di una **striscia di carta** colorata.

Streifen
Ich brauche einen Streifen Buntpapier.

storcere

krümmen; verdrehen

storto, a
Questo chiodo è storto, **non** puoi **usarlo più.**

krumm
Der Nagel ist krumm, er ist nicht mehr zu gebrauchen.

la **sfera**

Kugel

tondo, a
Non abbiamo ancora deciso se prendere un tavolo tondo o quadrato.

rund
Wir haben noch nicht entschieden, ob wir einen runden oder einen viereckigen Tisch nehmen sollen.

il **cilindro**

Zylinder

uniforme

einförmig; gleichmäßig

simile

ähnlich

variare
Dovremmo variare un po' **sia** le forme **che** i colori.

variieren
Wir sollten sowohl die Formen als auch die Farben ein bisschen variieren.

distinguere

unterscheiden

lo **stampo**
Con questo stampo si ottengono forme bellissime.

(Gips-)Form; Schablone
Mit dieser Schablone erhält man sehr schöne Formen.

Falsche Freunde			
Italienisches Wort	**Thematische Bedeutung(en)**	**Falscher Freund**	**Italienische Entsprechung(en)**
la striscia	Streifen	Strich	il tratto

21.1 Mengenbegriffe

la **quantità**	Menge
grande	groß
Me ne serve una grande quantità.	Ich brauche eine große Menge davon.
la **massa**	Masse
In cantina ho trovato **una massa di** libri vecchi. **Cosa ne facciamo?**	Im Keller habe ich eine Unmenge alter Bücher gefunden. Was sollen wir damit machen?
il **pezzo**	Stück
grosso, a	groß; dick
molto, a	viel(e)
Hai molti amici in questa città?	Hast du viele Freunde in dieser Stadt?
quanto, a	wie viel, wie viel(e)
tanto, a	so viel, so viel(e)
troppo, a	zu viel, zu viel(e)
Qui c'è **troppa gente**, andiamo via!	Hier sind zu viele Leute, lass uns gehen.
troppo avv	zu (sehr)

tutto, a	alles; alle; ganz
Quanto costa questa tovaglia? – Non è cara. **Ne abbiamo vendute tante**, anzi **le abbiamo vendute quasi tutte**. Questa è una delle ultime.	Wie viel kostet diese Tischdecke? – Sie ist nicht teuer. Wir haben viele davon verkauft, besser noch, wir haben fast alle verkauft; diese ist eine der letzten.
intero, a	ganz; vollständig
molto avv	sehr; viel
In questo periodo lavoro molto. Ma è un lavoro che mi soddisfa.	Zur Zeit arbeite ich viel. Aber es ist eine Arbeit, die mich befriedigt.
poco, a	wenig(e)
Abito qui da poco tempo.	Ich wohne erst seit kurzem hier.
poco avv	wenig
Devo mangiare poco perché **sono a dieta**.	Ich darf nur wenig essen, weil ich eine Diät mache.
un po'	etwas, ein wenig

numeroso, a	zahlreich
elevato, a	erhöht; hoch
Ancora non conosco la quota esatta, ma è comunque molto elevata.	Die genaue Quote kenne ich noch nicht; sie ist jedenfalls sehr hoch.
notevole	beträchtlich; bemerkenswert, beachtlich
parecchio, a	ziemlich viel(e)
Ho ancora parecchie cose **da fare**.	Ich habe noch ziemlich viele Dinge zu erledigen.

parecchio *avv*
  Anche oggi abbiamo lavorato parecchio.

ziemlich viel
  Auch heute haben wir ziemlich viel gearbeitet.

limitato, a
begrenzt; beschränkt

differente
verschieden

vario, a
verschieden; vielfältig
  Ci siamo incontrati **varie volte** ma **non** abbiamo **mai** parlato **a lungo**.
  Wir haben uns einige Male getroffen, haben aber nie lange miteinander gesprochen.

alcuno, a
irgendein(e)

alcuni, e
einige
  Vado a trovare alcuni parenti a Genova.
  Ich gehe ein paar Verwandte in Genua besuchen.
  Non vedo alcuno scopo in **quello che fai**.
  In dem, was du tust, sehe ich keinen Sinn und Zweck.

---

contenere
enthalten

pieno, a
voll
  Quanta farina contiene questo sacco? – Se è pieno, **mezzo quintale**.
  Wie viel Mehl enthält dieser Sack? – Einen Zentner, wenn er voll ist.

la **botte**
Fass

vuoto, a
leer
  Ieri la botte era ancora piena ed oggi è già quasi vuota!
  Gestern war das Fass noch voll und heute ist es fast leer.

il **resto**
Rest
  Quanto vi hanno dato di resto?
  Wie viel hat man euch herausgegeben?

la **goccia**
Tropfen
  La goccia scava la pietra. *prov*
  Steter Tropfen höhlt den Stein.
  Vuoi una **goccia di vino** anche tu?
  Möchtest du auch ein Schlückchen Wein?

il **goccio d'acqua**
Schluck Wasser

---

il **mucchio**
Haufen; Stoß
  Sulla mia scrivania c'è sempre un **gran mucchio di carte**.
  Auf meinem Schreibtisch türmt sich immer ein Stapel Papier.

il **sacco**
Sack

bastare
(aus)reichen
  Non mi basta la carta, **dammene ancora**.
  Ich komme mit dem Papier nicht aus; gib mir noch welches!

abbondante
reichlich; üppig
  Il raccolto **non è stato certo scarso, anzi è stato addirittura abbondante**.
  Die Ernte war alles andere als karg; im Gegenteil, sie war geradezu üppig.

la **quota**	Quote; Rate; Betrag
totale	Gesamt-, gesamt; total
parziale	teilweise; Teil-

ụnico, a	einzig
Gli unici modelli che sono rimasti sono **quelli** molto semplici.	Die einzigen Modelle, die noch da sind, sind die ganz einfachen.
entrambi, e	beide
Entrambi i libri sono belli, prendili tutti e due!	Beide Bücher sind schön, nimm sie alle beide!
la **volta**	Mal
Ci sono stato **due volte.**	Ich bin zweimal dort gewesen.
sịngolo, a	Einzel-
In singoli casi è possibile.	In Einzelfällen ist es möglich.
sẹmplice	einfach
eccẹtera (ecc., etc.)	und so weiter (usw.)

circa	ungefähr
la **dozzina**	Dutzend
Mi dia **una dozzina di uova** molto fresche.	Geben Sie mir bitte ein Dutzend ganz frische Eier.
una **decina**	ungefähr zehn
Eravamo **una decina di persone** circa.	Wir waren etwa zehn Personen.
(le) **decine** pl	Dutzende
una **quindicina**	ungefähr fünfzehn
una **ventina**	ungefähr zwanzig
un **centinaio**	ungefähr hundert
(le) **centinaia** pl	Hunderte
Centinaia di studenti hanno dimostrato per le vie della città.	Hunderte von Studenten haben in den Straßen der Stadt demonstriert.
un **migliaio**	ungefähr tausend
Era presente **un migliaio di persone.**	Es waren etwa tausend Leute anwesend.
(le) **migliaia** pl	Tausende

la **serie**	Serie; Reihe
Ho tutta una serie di **faccende da sbrigare e non so da dove cominciare.**	Ich muss eine ganze Reihe von Dingen erledigen und weiß nicht, wo ich anfangen soll.
la **frequenza**	Frequenz; Häufigkeit
limitare	begrenzen
A quanti pezzi limitiamo la serie?	Auf welche Stückzahl begrenzen wir die Serie?

assai	ziemlich (viel)
Hai bevuto assai, vogliamo andare?	Du hast ziemlich viel getrunken, wollen wir gehen?
M'importa assai di lui!	Auf ihn lege ich gerade Wert!
	(ironisch)
l'**eccesso**	Übermaß; Exzess

21.2 Zahlen und Zahlwörter

il **numero**	Nummer; (An-)Zahl
pari	gerade
dispari	ungerade
la **cifra**	Ziffer; Zahl
Mi dice la cifra totale, per piacere?	Sagen Sie mir bitte die Gesamtzahl?

zero	null
Ma **quanti zeri** scrivi? **Ce ne sono due di troppo!**	Aber wie viele Nullen schreibst du? Das sind zwei zu viel!
uno, a	eins
due	zwei
Dico solo due parole a Lucia, poi vengo.	Ich rede nur kurz mit Lucia, dann komme ich.
tre	drei
Non c'è due senza tre. *loc*	Aller guten Dinge sind drei.
quattro	vier
Andiamo a fare quattro passi?	Wollen wir uns ein wenig die Beine vertreten?
cinque	fünf
sei	sechs
Non so se comprare un servizio da sei o da dodici.	Ich bin unschlüssig, ob ich ein sechs- oder zwölfteiliges Service kaufen soll.
sette	sieben
otto	acht
Abbiamo finito tutto **in quattro e quattr'otto.**	Wir waren im Handumdrehen mit allem fertig.
nove	neun
dieci	zehn
Stasera **saremo in dieci a tavola.**	Beim Abendessen werden wir zu zehnt sein.

undici	elf
dodici	zwölf
tredici	dreizehn

Per alcuni il tredici è il numero che porta fortuna, **per altri** il contrario.

Für die einen ist die Dreizehn eine Glückszahl, für die anderen das Gegenteil.

quattordici
vierzehn

quindici
fünfzehn

Il cinque nel quindici ci sta tre volte.

In 15 ist die 5 dreimal enthalten.

sedici
sechzehn

diciassette
siebzehn

diciotto
achtzehn

Anche in Italia si può **prendere la patente di guida a diciott'anni.**

Auch in Italien kann man mit achtzehn Jahren den Führerschein machen.

diciannove
neunzehn

venti
zwanzig

ventuno
einundzwanzig

ventidue
zweiundzwanzig

ventitré
dreiundzwanzig

ventiquattro
vierundzwanzig

Ventiquattro **diviso tre fa** otto.

Vierundzwanzig durch drei gibt acht.

venticinque
fünfundzwanzig

ventisei
sechsundzwanzig

ventisette
siebenundzwanzig

Prendiamo l'appuntamento per il 27 o per il 28?

Legen wir den Termin auf den 27. oder auf den 28.?

ventotto
achtundzwanzig

ventinove
neunundzwanzig

Oggi è il 29 maggio.

Heute ist der 29. Mai.

trenta
dreißig

Io ho tempo solo il 30.

Ich habe nur am 30. Zeit.

trentuno
einunddreißig

quaranta
vierzig

cinquanta
fünfzig

sessanta
sechzig

Clara ha invitato **più di** sessanta persone.

Clara hat über sechzig Personen eingeladen.

settanta
siebzig

ottanta
achtzig

novanta
neunzig

Mio nonno **è morto a novantatré anni.**

Mein Großvater starb im Alter von 93 Jahren.

cento	hundert
duecento	zweihundert
trecento	dreihundert
ottocento	achthundert

mille	tausend
millecento	tausendeinhundert
millenovecentosettanta	eintausendneunhundertsiebzig
Siamo stati a Firenze la prima volta nel 1970.	1970 waren wir zum ersten Mal in Florenz.
duemila	zweitausend
diecimila	zehntausend
il **milione**	Million
il **miliardo**	Milliarde

primo, a	erste(r, s)
È la prima volta che sento questa storia.	Diese Geschichte höre ich zum ersten Mal.
Mi danno lo stipendio sempre **al 1° del mese.**	Ich bekomme mein Gehalt immer am 1. des Monats.
secondo, a	zweite(r, s)
Quest'albergo **è di seconda categoria.**	Dieses ist ein Hotel der zweiten Kategorie.
terzo, a	dritte(r, s)
Sono arrivato terzo nella gara di sci.	Ich war Dritter beim Skirennen.
quarto, a	vierte(r, s)
Se continui così, **dovrai andare a Canossa** come Enrico IV.	Wenn du so weitermachst, wirst du wie Heinrich IV. nach Canossa gehen müssen.
quinto, a	fünfte(r, s)
sesto, a	sechste(r, s)
settimo, a	siebte(r, s)
E il settimo giorno Dio si riposò.	Und am siebten Tage ruhte Gott.
ottavo, a	achte(r, s)
nono, a	neunte(r, s)
decimo, a	zehnte(r, s)

undicesimo, a	elfte(r, s)
Abbiamo preso un appartamento **all'undicesimo piano.**	Wir haben eine Wohnung im 11. Stock bezogen.
dodicesimo, a	zwölfte(r, s)
tredicesimo, a	dreizehnte(r, s)
Tutti evitano di avere a tavola il tredicesimo invitato.	Jedermann vermeidet es, dreizehn Gäste zu Tisch zu laden.

quattordicẹsimo, a
   Luigi XIV di Francia era chiamato *Re Sole*.

vierzehnte(r, s)
   Ludwig XIV. von Frankreich wurde „Sonnenkönig" genannt.

quindicẹsimo, a

fünfzehnte(r, s)

sedicẹsimo, a

sechzehnte(r, s)

diciassettẹsimo, a

siebzehnte(r, s)

diciottẹsimo, a
   Per il tuo diciottesimo compleanno **faremo** una grande festa.

achtzehnte(r, s)
   Zu deinem 18. Geburtstag geben wir ein großes Fest.

diciannovẹsimo, a

neunzehnte(r, s)

ventẹsimo, a
   Qual è stato l'ultimo anno del ventesimo secolo, **il 1999 o il 2000**?

zwanzigste(r, s)
   Welches war das letzte Jahr des 20. Jahrhunderts, das Jahr 1999 oder das Jahr 2000?

ventunẹsimo, a

einundzwanzigste(r, s)

ventiduẹsimo, a
   Elio **ha perso** solo **per un venti-duesimo di secondo**.

zweiundzwanzigste(r, s)
   Elio wurde nur um 22 Hundertstel-sekunden geschlagen.

trentẹsimo, a

dreißigste(r, s)

centẹsimo, a

hundertste(r, s)

millẹsimo, a
   È la millesima volta che lo ripeto!

tausendste(r, s)
   Ich sage es zum tausendsten Mal.

21.3 Maße und Gewichte

pịccolo, a

klein

spesso, a
   Il campo era coperto da uno spesso strato di neve.

dick
   Der Acker war mit einer dicken Schneeschicht bedeckt.

scarso, a

gering(fügig); spärlich; karg

sottile

dünn

misurare

messen

la **misura**
   Sei sicuro che le misure **siano giuste?**

Maß
   Bist du sicher, dass die Maße stimmen?

il **metro**

Meter

il **millịmetro**

Millimeter

il **centịmetro**
   sei centimetri e quattro millimetri

Zentimeter
   6,4 Zentimeter

il **chilọmetro**

Kilometer

l'**altezza**

Höhe

la **lunghezza**	Länge
la **larghezza**	Breite
Hai misurato la stanza?	Hast du das Zimmer ausgemessen?
– Sì, **la larghezza è tre metri,** la lunghezza quattro e l'altezza **due metri e sessanta centimetri.**	– Ja, die Breite beträgt drei, die Länge vier und die Höhe 2,60 Meter.
la **profondità**	Tiefe
a … metri di profondità	in … Metern Tiefe

la **metà**	Hälfte
Questa stoffa è troppa, ne basta la metà.	Das ist zu viel Stoff, die Hälfte reicht.
mezzo, a	halb
mezzo litro	ein halber Liter
il **quarto**	Viertel
un **quarto di litro**	ein Viertel Liter
il **litro**	Liter
Quanti litri di vino ci sono ancora?	Wie viel Liter Wein sind noch da?

il **grammo**	Gramm
l'**etto**	100 Gramm
Vorrei due etti di prosciutto tagliato molto sottile.	Ich hätte gerne 200 g Schinken, sehr dünn geschnitten.
il **chilo**	Kilo
Quanti **chili di frutta** dobbiamo comprare?	Wie viel Kilo Obst sollen wir kaufen?
il **quintale**	Doppelzentner
Abbiamo comprato **un quintale e mezzo** di olive per fare l'olio.	Wir haben drei Zentner Oliven gekauft, um Öl zu pressen.
la **tonnellata**	Tonne

il **massimo**	Höchstmaß; Maximum
il **minimo**	Mindestmaß; Minimum
Il minimo che poteva fare era di accompagnarti a casa.	Er hätte dich wenigstens nach Hause bringen können.
la **media**	Durchschnitt
Anche quest'anno Roberto ha avuto **un'ottima media a scuola.**	Auch dieses Jahr hatte Roberto einen sehr guten Notendurchschnitt.
il **confronto**	Vergleich
Facendo il confronto dei costi abbiamo scoperto che abbiamo pagato troppo.	Bei einem Kostenvergleich haben wir festgestellt, dass wir zu viel gezahlt haben.
confrontare	vergleichen; gegenüberstellen
corrispondere	entsprechen; übereinstimmen

I tuoi calcoli **non corrispondono ai miei**.	Deine Berechnungen stimmen mit meinen nicht überein.
la **dose**	Dosis
Hai fatto il calcolo della dose giusta?	Hast du die Dosis korrekt berechnet?

il **peso**	Gewicht
Questi oggetti **vengono venduti a peso**.	Diese Gegenstände werden nach Gewicht verkauft.
netto	netto
lordo	brutto
Il peso lordo **supera il mezzo chilo, quello netto è di poco inferiore**.	Das Bruttogewicht beträgt mehr als ein Pfund, das Nettogewicht ist etwas niedriger.
il **mezzo chilo**	Pfund

il **contenuto**	Inhalt
l'**ettaro**	Hektar
Quanti ettari è grande questo terreno?	Wie viel Hektar umfasst dieses Grundstück?
uguale	gleich
il **doppio**	Doppelte(s)
Ma io ho già lavorato il doppio di te.	Aber ich habe schon doppelt so viel gearbeitet wie du.
doppio, a	doppelt

Falsche Freunde

Italienisches Wort	Thematische Bedeutung(en)	Falscher Freund	Italienische Entsprechung(en)
assai	ziemlich	Essay; Versuch (frz. l'essai)	il saggio; il tentativo

22.1 Reden, Informieren, Fragen und Antworten

la **domanda**	Frage; Bitte; Forderung
Mi scusi, ma non ho capito la sua domanda.	Entschuldigen Sie, aber ich habe Ihre Frage nicht verstanden.
domandare	fragen; bitten; fordern

> ℹ️ Unterscheide die unterschiedlichen präpositionalen Anschlüsse:
> | | |
> |---|---|
> | **domandare a qu** | *jdn fragen* |
> | Domanda a tuo padre! | *Frag deinen Vater.* |
> | **domandare qc a qu** | *jdn etw. fragen; jdn um etw. bitten* |
> | Domandalo a tuo padre! | *Bitte deinen Vater darum.* |
> | **domandare di qu/qc** | *nach jdm/etw. fragen* |
> | Qualcuno ha domandato di te. | *Jemand hat nach dir gefragt.* |

chiedere qc a qu	fragen; bitten; fordern
Chiedi la strada a quel signore!	Frag diesen Herrn nach dem Weg!
Ti chiedo solo **di ascoltarmi**.	Ich bitte dich nur, mir zuzuhören.
Marco chiede troppo!	Marco verlangt zu viel!
potere	können
Si possono mangiare queste pere?	Kann man diese Birnen essen?

> ℹ️ Zum Unterschied zwischen **potere** *(können)* und **sapere** *(können)* vgl. S. 128.

rispondere a	antworten; beantworten; antworten auf
Rispondimi subito, ti prego!	Antworte mir bitte sofort!

> ℹ️ Beachte die Anschlüsse nach **rispondere**:   *ri posto*
> | | |
> |---|---|
> | **rispondere a qu** | *jdm antworten* |
> | Gli ho risposto. | *Ich habe ihm geantwortet.* |
> | **rispondere a qc** | *etw. beantworten* |
> | Perché non hai risposto alla lettera? | *Warum hast du den Brief nicht beantwortet?* |
> | **rispondere a** | *antworten auf* |
> | Ha risposto a tutte le domande. | *Er/Sie hat auf alle Fragen geantwortet.* |

la **risposta**	Antwort
interrompere	unterbrechen
Non interrompermi quando parlo!	Unterbrich mich nicht, wenn ich rede!

> ℹ️ *Merke:*
> *Angehängte Pronominalformen* verändern den Sprechakzent der Ausgangsform nicht:
> | | |
> |---|---|
> | prendere | prenderlo |
> | domanda | domandaglielo |
> | insegnando | insegnandoglielo |
> | ecco | eccotelo |
> | rivolto | le critiche rivoltegli |

parlare — sprechen
Con chi desidera parlare? — Wen möchten Sie sprechen?
chiacchierare — plaudern; schwatzen
Mi dispiace, ma **per i miei gusti** chiacchieri troppo. — Tut mir Leid, aber für meinen Geschmack redest du zu viel.
le **chiacchiere** pl — Geschwätz
Perché non vieni da me **a fare quattro chiacchiere?** — Warum kommst du nicht auf einen Plausch zu mir?
la **conversazione** — Unterhaltung
Abbiamo avuto una conversazione molto piacevole con i tuoi amici. — Wir haben eine sehr angenehme Unterhaltung mit deinen Freunden geführt.

informare — informieren
Bisogna informare subito **tuo fratello.** — Man muss sofort deinen Bruder informieren.
l'**informazione** f — Information
Scusi, vorrei un'informazione. — Entschuldigen Sie, ich hätte gerne eine Auskunft.

comunicare — mitteilen
Mi hanno **comunicato proprio ora** questa bella notizia! — Gerade eben hat mich diese schöne Nachricht erreicht!
annunciare — ankündigen
Ora annunciano l'arrivo del volo da Francoforte. — Die Ankunft des Fluges aus Frankfurt wird gerade angekündigt.
il **messaggio** — Botschaft; Nachricht
Possiamo **lasciare un messaggio** per Alberto **in portineria.** — Wir können für Alberto eine Nachricht beim Hausmeister hinterlassen.

affermare — behaupten
continuare — weitermachen, fortfahren
L'imputato **continua ad affermare di** essere innocente. — Der Angeklagte behauptet weiterhin, unschuldig zu sein.
discutere — diskutieren
Se non sei d'accordo possiamo discuterne! — Wenn du nicht einverstanden bist, können wir darüber reden!
moderato, a — maßvoll; gemäßigt
trattarsi di — sich handeln um
Di che cosa si tratta? — Worum handelt es sich? / Worum geht es?

raccontare — erzählen
Per favore, mi racconti **tutto con ordine.** — Erzählen Sie mir bitte alles der Reihe nach.
il **racconto** — Erzählung; Geschichte

gridare	schreien
Tutti gridavano come pazzi.	Alle schrien wie die Verrückten.
il **grido**	Schrei

il **consiglio**	Rat
Che consiglio mi dà, **dottore?**	Was raten Sie mir, Herr Doktor?
convinto, a	überzeugt
Sei proprio convinto **di quello che dici?**	Bist du wirklich überzeugt von dem, was du sagst?
l'**opinione** f	Meinung
secondo la mia opinione	meiner Meinung nach

argomentare	argumentieren
l'**argomento**	Argument; Thema
Ci sono argomenti **pro e contro** questa teoria.	Es gibt Argumente für und gegen diese Theorie.
ridịcolo, a	lächerlich
il **discorso**	Rede
riferire ‹riferisco›	berichten
Scusa, ma che discorsi stai facendo? – Io ti riferisco solo **quello che mi è stato detto.**	Entschuldige, was redest du da? – Ich berichte dir nur, was ich erfahren habe.
riferirsi a ‹riferisco›	sich beziehen auf
il **riferimento**	Hinweis; Bezug
il **commento**	Kommentar

proporre	vorschlagen
Alfredo ha proposto di aspettare ancora, io invece propongo di partire subito.	Alfredo hat vorgeschlagen, noch zu warten; ich schlage aber vor, sofort abzufahren.
la **proposta**	Vorschlag
sostenere	behaupten; beteuern
sottoporre a	unterwerfen; unterziehen
Bernardo sostiene che la sua proposta è buona. – Bene, **ora la sottopongo al** vostro giudizio.	Bernardo beharrt darauf, sein Vorschlag sei gut. – Gut, dann wollen wir ihn jetzt eurem Urteil unterwerfen.

avvertire	unterrichten; ermahnen; verständigen
Avvertiamo Carlo che deve venire un'ora prima.	Wir werden Carlo wissen lassen, dass er eine Stunde früher kommen soll.
indicare qc	hinweisen auf
avvisare qu	benachrichtigen; warnen; verständigen

Hai avvisato **tutti i parenti?**	Hast du alle Verwandten verständigt?
consigliarsi	sich beraten
Prima di decidere, vorrei consigliarmi con l'avvocato.	Bevor ich mich entscheide, möchte ich mich mit meinem Anwalt beraten.
convincere	überzeugen
Cerchiamo di **convincere** i ragazzi **a** venire con noi.	Wir versuchen die Jungen dazu zu bewegen, mit uns zu kommen.
la **convinzione**	Überzeugung
convincente	überzeugend
esprimere	ausdrücken
Tutti possiamo esprimere **la nostra** opinione.	Wir können alle unsere Meinung äußern.
esprimersi	sich ausdrücken
Se ti esprimi così male non **riesco a capirti.**	Wenn du dich so schlecht ausdrückst, kann ich dich nicht verstehen.

interrogare	befragen; abhören; prüfen
Il professore di storia mi ha interrogato oggi.	Der Geschichtslehrer hat mich heute geprüft.
l'**interrogatorio**	Vernehmung; Verhör
Andiamo a sentire l'interrogatorio in tribunale.	Gehen wir zum Gericht und hören uns die Vernehmung an.
tacere ‹taccio›	(ver)schweigen
Io taccio, ma non so se taceranno anche gli altri.	Ich schweige, aber ich weiß nicht, ob das auch die anderen tun werden.
tacitamente	stillschweigend

intervistare	interviewen
l'**intervista**	Interview
Quell'intervista non mi è piaciuta affatto.	Das Interview hat mir überhaupt nicht gefallen.
la **questione**	(Streit-)Frage; Angelegenheit
È una questione molto complicata.	Dies ist eine sehr komplizierte Angelegenheit.
la **vertenza**	Streitfrage; -punkt
dichiarare	erklären
Cosa avete **dichiarato alla polizia?**	Was habt ihr bei der Polizei ausgesagt?

strillare	schreien
Quel bambino strilla dalla mattina alla sera.	Dieses Kind schreit von morgens bis abends.

urlare — brüllen
Perché **urlate tanto?** — Warum brüllt ihr so?

22.2 Wünschen und Trösten

augurare — wünschen
Vi auguro di cuore che **siate** felici. — Ich wünsche euch von Herzen, dass ihr glücklich seid.

gli **auguri** *pl* — gute Wünsche
Tanti auguri per il tuo compleanno! — Herzlichen Glückwunsch zum Geburtstag!
fare gli auguri — Glück wünschen; gratulieren
l'**augurio** — Wunsch
Il mio augurio è che tu possa realizzare i tuoi sogni. — Ich wünsche dir, dass du deine Träume verwirklichen kannst.

congratularsi con — beglückwünschen, gratulieren
Ci congratuliamo **con te per** l'ottimo risultato. — Wir gratulieren dir zu dem großartigen Ergebnis.
le **congratulazioni** *pl* — Glückwünsche
Ha ricevuto le congratulazioni di tutti i colleghi per il suo lavoro. — Für seine Arbeit erhielt er die Glückwünsche aller Kollegen.
il **complimento** — Kompliment
Non **lo** dico **per farti** un complimento, **lo penso davvero!** — Ich sage es nicht, um dir ein Kompliment zu machen. Ich meine es wirklich!

fare complimenti — sich zieren
La prego, non faccia complimenti! — Ich bitte Sie, zieren Sie sich nicht!

Che peccato! — Wie schade!
poveretto, a! — du Ärmste(r)!
disperato, a — verzweifelt
Siamo disperati perché non troviamo casa. — Wir sind verzweifelt, weil wir keine Wohnung finden.
disperare — verzweifeln
Non disperare, ti aiuteremo noi. — Nicht verzagen, wir werden dir helfen.

il **dispiacere** — Bedauern; Kummer; Leid
Con mio grande dispiacere non ti posso aiutare. — Zu meinem großen Bedauern kann ich dir nicht helfen.
consolare — trösten
Mi ha consolato con parole **piene di** speranza. — Er hat mich mit Worten voller Hoffnung getröstet.

la **consolazione**	Trost
le **condoglianze** *pl*	Beileid
Bisogna scrivere subito **una lettera di condoglianze** a Luca.	Wir müssen Luca sofort ein Beileidsschreiben schicken.
Sentite condoglianze.	Herzliches Beileid!
il **lutto**	Trauer

22.3 Bitten, Befehlen, Verbieten und Erlauben

desiderare	wünschen
Desidero che tu vada subito a casa!	Ich wünsche, dass du sofort nach Hause gehst!

Akzentlage bei der 3. Person Plural

Da der Großteil der italienschen Wörter auf der zweitletzten Silbe betont wird, bereitet die 3. Person Plural der meisten vier- oder mehrsilbigen Verben Schwierigkeiten, weil dort der Akzent meistens auf der viertletzten Silbe liegt. Beispiele:

abitare	a̱bitano
desiderare	desi̱derano
moltiplicare	molti̱plicano

il **desiderio**	Wunsch
Non è molto facile **soddisfare i vostri desideri.**	Es ist nicht ganz einfach, eure Wünsche zu befriedigen.
volere	wollen
voluto, a	absichtlich, gewollt
assolutamente	unbedingt
Non voglio assolutamente **che tu faccia** questo.	Ich will keinesfalls, dass du das tust.
pretendere	verlangen
Ma cosa pretendete ancora da lui?	Was verlangt ihr denn noch von ihm?

Zusammengesetzte Zeiten mit Modalverben

Die Entscheidung, ob die Modalverben mit **avere** oder **essere** konjugiert werden, richtet sich nach dem begleitenden Infinitiv.

Elena non **ha voluto** mangiare.	*Elena hat nicht essen wollen.*
Non **siamo voluti** partire.	*Wir haben nicht abreisen wollen.*
Non **abbiamo potuto** aiutarlo.	*Wir haben ihm nicht helfen können.*
Elena non **è potuta** venire.	*Elena hat nicht kommen können.*
Ha dovuto lavorare.	*Er/Sie hat arbeiten müssen.*
È dovuta scappare.	*Er/Sie hat eilig aufbrechen müssen.*

dovere	müssen; sollen
dovuto, a	gebührend; geboten
in modo dovuto	ordnungsgemäß
l'ordine *m*	Anweisung, Befehl; Auftrag
Abbiamo ricevuto l'ordine di **presentarci** subito.	Wir haben die Anweisung erhalten, sofort zu erscheinen.
garantire ‹garantisco›	garantieren
Chi mi garantisce che **eseguirete i miei ordini?**	Wer garantiert mir, dass ihr meine Anordnungen ausführt?
la **garanzia**	Garantie
Ti do io la garanzia che **faremo** tutto come vuoi tu.	Ich gebe dir die Garantie, dass wir alles so erledigen, wie du es willst.
eseguire	ausführen
l'esecuzione *f*	Ausführung
obbedire ‹obbedisco›	gehorchen
Fa il bravo e obbedisci alla mamma!	Sei brav und hör auf deine Mama!
obbediente	gehorsam; folgsam
l'obbedienza	Gehorsam

pregare	bitten
raccomandare qc a qu	empfehlen, ans Herz legen
Ci hanno raccomandato di **arrivare puntuali**.	Man hat uns ans Herz gelegt, pünktlich zu kommen.
Lo ha raccomandato un amico per fargli avere quel posto.	Ein Freund hat seine Beziehungen spielen lassen, um ihm diesen Posten zu besorgen.
la **raccomandazione**	Empfehlung
la **lettera di raccomandazione**	Empfehlungsschreiben
per favore	bitte
spiegarsi	sich erklären; sich ausdrücken
Vorresti spiegarti meglio per favore?	Würdest du dich bitte etwas deutlicher ausdrücken?

guardarsi da	sich hüten vor
mantenere	einhalten; instand halten
Guardati bene dal fare promesse che poi non mantieni.	Hüte dich davor, Versprechungen zu machen, die du dann nicht hältst.

proibire ‹proibisco›	verbieten
Perché gli proibisci di giocare con gli altri bambini?	Warum verbietest du ihm, mit den anderen Kindern zu spielen?
proibito, a	verboten
Il frutto proibito è sempre il più desiderato.	Die verbotene Frucht ist immer die begehrteste.

il divieto	Verbot
In questa strada c'è divieto di sosta.	In dieser Straße besteht Halteverbot.

il permesso	Erlaubnis
Avete il permesso di entrare?	Habt ihr die Erlaubnis einzutreten?
permettere	erlauben
Non vi permetto di dire certe cose **davanti a tutti**.	Ich erlaube euch nicht, gewisse Dinge vor allen Leuten zu sagen.
concedere	billigen; gewähren; zugestehen
Mi hanno concesso **di vederla** solo per un paio di minuti.	Man hat mir nur erlaubt, sie für ein paar Minuten zu sehen.
Concedimi un po' di tempo per favore!	Lass mir bitte ein wenig Zeit.
approvare	billigen, gutheißen
ammettere	zugeben; zulassen
Devo ammettere che hai ragione tu.	Ich muss zugeben, dass du Recht hast.

l'aiuto	Hilfe
richiamare qc	erinnern; zurückrufen; lenken
Vorrei richiamare la vostra attenzione su di un argomento speciale.	Ich möchte eure Aufmerksamkeit auf ein besonderes Thema lenken.
ricorrere a	zurückgreifen auf; in Anspruch nehmen
Non potremmo ricorrere all'aiuto di qualche personalità nota?	Könnten wir nicht die Hilfe irgendeiner bekannten Persönlichkeit in Anspruch nehmen?
riferirsi a ‹mi riferisco›	meinen
A chi ti riferisci?	Wen meinst du?

il dovere	Pflicht
Sarebbe tuo dovere aiutarmi.	Es wäre deine Pflicht, mir zu helfen.
l'autorità	Autorität
Altrimenti **devo far valere** la mia autorità di padre.	Andernfalls muss ich von meiner Autorität als Vater Gebrauch machen.
autoritario, a	autoritär
Il padre di Marcello è molto autoritario.	Marcellos Vater ist sehr autoritär.

vietare	verbieten
Il medico mi ha vietato di fumare.	Der Arzt hat mir das Rauchen verboten.
impedire qc a qu ‹impedisco›	hindern

Chi ti impedisce di fare **quello che** **vuoi?**	Wer hindert dich daran zu tun, was du willst?

stabilire ‹stabilisco›
Avete già stabilito il prezzo per la casa?
accordare
autorizzare
consentire qc a qu
Consenti a tua figlia di uscire almeno una volta con **i suoi amici!**

festlegen
Habt ihr den Preis für das Haus schon festgelegt?
billigen, gewähren; abstimmen
ermächtigen
zugestehen; erlauben
Erlaube deiner Tochter, wenigstens einmal mit ihren Freunden auszugehen!

22.4 Angreifen, Entschuldigen, Danken

attaccare
Se tu non mi avessi attaccato **in quel modo**, non avrei reagito **così male.**
minacciare qu di qc
Perché hai paura, ti **hanno minacciato** forse **di qualcosa?**
Queste discussioni **stanno minacciando la nostra amicizia.**
offendere
Scusami se ti ho offeso. Non ne avevo intenzione.

angreifen
Wenn du mich nicht derart angegriffen hättest, hätte ich nicht so böse reagiert.
(be)drohen
Warum hast du Angst? Hat man dir vielleicht mit irgendetwas gedroht?
Diese Diskussionen bedrohen unsere Freundschaft.
beleidigen
Entschuldige, wenn ich dich beleidigt habe. Ich hatte nicht die Absicht.

perdonare
Potete **perdonarci** ancora una volta?
il **perdono**
Ti chiedo perdono per il mio errore.
scusare
Scusate il ritardo, ma **c'era** molto traffico.
Scusi, che ore sono?

la **scusa**
Mi ha presentato le sue scuse già ieri.

verzeihen
Könnt ihr uns noch einmal verzeihen?
Verzeihung
Ich bitte dich wegen meines Irrtums um Verzeihung.
entschuldigen
Entschuldigt die Verspätung, aber es war viel Verkehr.
Entschuldigen Sie, wie spät ist es bitte?
Entschuldigung
Er hat sich schon gestern bei mir entschuldigt.

Penso proprio **che tu debba chiedergli scusa**.	Ich glaube wirklich, dass du dich bei ihm entschuldigen musst.
purtroppo	leider

il **ringraziamento**	Dank
ringraziare	danken
La ringrazio tanto del bellissimo regalo. – **Non mi ringrazi tanto, mi mette in imbarazzo!**	Ich danke Ihnen sehr für das wunderschöne Geschenk. – Danken Sie mir nicht zu sehr, Sie bringen mich in Verlegenheit!
grazie	danke
Grazie mille! – Non c'è di che!	Tausend Dank! – Keine Ursache!
prego	bitte
grato, a	dankbar
Ti sono molto grato. – Non mi ringraziare di niente!	Ich bin dir sehr dankbar. – Du bist mir keinen Dank schuldig!

l'**aggressività** *f*	Aggressivität
aggressivo, a	aggressiv
l'**attacco**	Angriff
la **minaccia**	Drohung; Bedrohung
Non devi prendere troppo sul serio la sua minaccia.	Du darfst seine Drohung nicht zu ernst nehmen.
insultare	beschimpfen, verunglimpfen
Perché lo insulti? **Non** ha fatto **niente di male!**	Warum beschimpfst du ihn? Er hat doch nichts Schlechtes getan!
l'**offesa**	Beleidigung
Le tue parole sono state una grande offesa per lui.	Deine Worte stellten für ihn eine schlimme Beleidigung dar.

il **chiarimento**	Klärung
chiarire ‹chiarisco›	klären
il **rapporto**	Beziehung, Verhältnis
È bene che tu chiarisca il tuo rapporto con lui.	Du solltest deine Beziehung zu ihm klären.
fraintendere	missverstehen
il **malinteso**	Missverständnis
Sono felice di aver chiarito questo malinteso.	Ich bin froh, dieses Missverständnis geklärt zu haben.
la **polemica**	Polemik
polemico, a	polemisch; streitsüchtig
Siete troppo polemici **per i miei gusti!**	Für meinen Geschmack seid ihr zu streitsüchtig!
scusarsi	sich entschuldigen
Non è necessario che tu **ti scusi.**	Du brauchst dich nicht zu entschuldigen.

22.5 Bestätigen, Einschränken und Ablehnen

la **conferma**	Bestätigung
Vi **darò** la conferma domani.	Ich gebe euch morgen die Bestätigung.
confermare	bestätigen
Ci ha confermato che sarebbe venuto anche lui.	Er hat uns bestätigt, dass er auch kommt.
accettare	annehmen; akzeptieren
Accettiamo il vostro invito con piacere.	Wir nehmen eure Einladung mit Vergnügen an.
l'**accettazione** f	Annahme
d'accordo	einverstanden
sì	ja; doch
Penso di partire alle cinque, d'accordo? – **Sì, in ogni caso.**	Ich beabsichtige, um fünf Uhr abzufahren, einverstanden? – Ja, auf alle Fälle.

promettere	versprechen
Ti prometto **che sarò** molto calmo.	Ich verspreche dir, ganz ruhig zu sein.
la **ripetizione**	Wiederholung
ripetere	wiederholen
Vuoi ripetermi le sue parole, per favore?	Würdest du mir bitte seine Worte wiederholen?
giurare	schwören
Giuri di dire la verità, nient'altro che la verità.	Schwören Sie, die Wahrheit zu sagen und nichts als die Wahrheit!
il **giuramento**	Eid; Schwur

infatti	in der Tat; tatsächlich; denn
Forse Ugo **non aveva neanche voglia di** venire, **infatti non c'è.**	Vielleicht wollte Ugo gar nicht kommen; tatsächlich ist er nicht da.
esatto, a	genau
l'**esattezza**	Genauigkeit
per l'esattezza	um genau zu sein

dubitare di	zweifeln
Dubito che sia giusto fare così, **altrimenti lo avrei già fatto.**	Ich bezweifle, dass es richtig ist, so zu handeln; sonst hätte ich es schon getan.
criticare	kritisieren
Tu critichi troppo, sii più tollerante!	Du kritisierst zu viel; sei ein wenig toleranter!
contraddire qu	widersprechen

Mi dispiace contraddirti.	Es tut mir Leid, dir widersprechen
D'altronde **le cose non stanno affatto come dici tu.**	zu müssen. Im Übrigen liegen die Dinge keinesfalls so, wie du sagst.
la **contraddizione**	Widerspruch
Nei loro argomenti **ci sono troppe contraddizioni.**	Ihre Argumente sind zu widersprüchlich.
contraddittorio, a	widersprüchlich

forse	vielleicht
Forse vengo, forse no.	Vielleicht komme ich, vielleicht auch nicht.
no	nein
non	nicht
Andiamo a mangiare qualcosa?	Wollen wir etwas essen gehen?
– **No, non ne ho voglia.**	– Nein, ich habe keine Lust.
mai	jemals
non … mai	nie(mals)
Sei mai stato in quel locale?	Bist du je in dem Lokal gewesen?
– No, **non ci sono mai stato.**	– Nein, ich war noch nie dort.
niente	nichts
Non ho voglia di far niente.	Ich habe zu nichts Lust.
almeno	wenigstens, mindestens

assicurare	versichern
l'**impressione** _f_	Eindruck
Avevo l'impressione che Lei **volesse impormi** le sue condizioni.	Ich hatte den Eindruck, Sie wollten mir Ihre Bedingungen aufzwingen.
imporre	auf(er)legen; aufzwingen
la **condizione**	Bedingung
a condizione che	unter der Bedingung, dass

la **verità**	Wahrheit
la **promessa**	Versprechen
Questa è proprio **una promessa da marinaio!**	Dies ist nichts als ein leeres Versprechen!

paragonare	vergleichen
Perché lo paragoni sempre a suo padre?	Warum vergleichst du ihn immer mit seinem Vater?
il **paragone**	Vergleich
Questo paragone non può essere accettato.	Diesen Vergleich kann man nicht akzeptieren.

il **riconoscimento**	Anerkennung
riconoscere	anerkennen; zugeben
Riconosco che avevi ragione tu.	Ich erkenne an, dass du Recht hattest.

interpretare
Abbiamo interpretato male le sue parole, **almeno così credo**.

interpretieren; auslegen
Wir haben seine Worte falsch ausgelegt; wenigstens glaube ich das.

citare
Antonio cita sempre gli autori che ha letto.
la citazione

zitieren
Antonio zitiert ständig die Autoren, die er gelesen hat.
Zitat

il dubbio
Su questa cosa non ho alcun dubbio.
Viene anche lui? – **Senza dubbio!**

Zweifel
Bezüglich dieser Angelegenheit habe ich keine Zweifel.
Kommt er auch? – Zweifellos!

l'equivoco
Ci dispiace molto, ma è stato proprio un equivoco.

Missverständnis
Es tut uns sehr Leid, aber es war wirklich ein Missverständnis.

altrimenti

sonst; andernfalls

affatto
Mi dispiace, **ma non ci penso affatto**.

überhaupt
Tut mir Leid, aber ich denke überhaupt nicht daran.

d'altronde

übrigens; andererseits

disdire
Per oggi abbiamo disdetto tutti gli appuntamenti.

absagen
Für heute haben wir alle Termine abgesagt.

respingere
La sua offerta è stata respinta senza commenti? – **Esatto!**

zurückweisen
Ihr Angebot ist kommentarlos zurückgewiesen worden? – Genau!

contestare
Gli studenti **hanno contestato il programma**.

anfechten; beanstanden
Die Studenten haben gegen das Programm protestiert.

opporsi a
Ci siamo opposti con **tutte le nostre forze**.

sich widersetzen
Wir haben uns mit allen Kräften widersetzt.

l'eccezione f
Non esageriamo, è solo un'eccezione ed è ingiusto **opporsi**.

Ausnahme
Wir wollen nicht übertreiben; es ist nur eine Ausnahme, und es ist ungerecht, sich zu widersetzen.

esagerare

übertreiben

ingiusto, a

ungerecht

22.6 Stellungnahme und Bewertung

accontentarsi di
Se non hai un buon libro, **mi accontento anche di un giornale**.

sich zufrieden geben mit
Wenn du kein gutes Buch hast, gebe ich mich auch mit einer Zeitung zufrieden.

contento, a
scontentare qu
scontento, a
basta
Grazie, **basta così**!
Adesso basta!
Basta che voi **telefoniate** a Carlo.

zufrieden; froh
unzufrieden machen
unzufrieden
basta; es ist genug, es reicht
Danke, das reicht!
Jetzt reicht's aber!
Ihr braucht nur Carlo anzurufen.

concludere
Ancora non abbiamo concluso nulla.

abschließen; beschließen; erreichen
Wir haben noch nichts erreicht.

riservarsi qc
il **giudizio**
Il giudizio del pubblico è stato molto favorevole.

sich vorbehalten
Meinung; Urteil
Das Urteil des Publikums war sehr günstig.

razionale
irrazionale
la **giustificazione**
giustificare
Come giustifichiamo la nostra assenza?

rational; vernünftig
unvernünftig; irrational
Rechtfertigung
rechtfertigen
Wie rechtfertigen wir unsere Abwesenheit?

consentire

zustimmen; übereinstimmen

considerare
La considero una vera amica.
Quel professore è poco considerato dai suoi alunni.

halten für; schätzen
Ich halte sie für eine echte Freundin.
Dieser Lehrer wird von seinen Schülern nicht sehr geschätzt.

ritenere
Ritengo giusto dire queste cose, ma **mi riservo di decidere quando farle**.

halten für; meinen
Ich halte es für richtig, diese Dinge zu sagen, behalte mir aber vor zu entscheiden, wann sie zu tun sind.

constatare
Ho constatato che **molte cose sono cambiate**.

feststellen
Ich habe festgestellt, dass sich vieles verändert hat.

la **constatazione**
accorgersi di
Ce ne siamo accorti pure noi.

Feststellung
bemerken
Das haben wir auch bemerkt.

l'**accorgimento**
indovinare
Indovina chi viene a cena stasera?

Kunstgriff; Einsicht
erraten
Rate einmal, wer heute zum Abendessen kommt?

una **soluzione indovinata**	eine gelungene Lösung
l'**indovinello**	Rätsel

naturale	natürlich
la **naturalezza**	Natürlichkeit
bene *avv*	gut
buono, a *agg*	gut
meglio *avv*	besser
migliore *agg*	besser
ottimo, a	sehr gut; ausgezeichnet
Hai preparato un'ottima cena.	Du hast ein ausgezeichnetes Abendessen zubereitet.
meraviglioso, a	wunderbar
Abbiamo passato una serata meravigliosa.	Wir haben einen wundervollen Abend verbracht.
splendido, a	glänzend; großartig
magnifico, a	prachtvoll; prächtig
Guarda che magnifici fiori!	Schau nur, was für prachtvolle Blumen!
eccezionale	außergewöhnlich
Cristina è una donna eccezionale.	Cristina ist eine außergewöhnliche Frau.

abbastanza	genug; ziemlich
Credo di essere stata **abbastanza corretta**.	Ich glaube, ziemlich korrekt gewesen zu sein.
adattarsi a	sich anpassen
adatto, a	geeignet
Sara è proprio la persona adatta per questo lavoro.	Sara ist genau die Richtige für diese Arbeit.
corretto, a	korrekt; richtig
la **correttezza**	Korrektheit
positivo, a	positiv
Andrea ha dato una risposta positiva.	Andrea hat eine positive Antwort gegeben.
preciso, a	präzis, genau
giusto, a	richtig; gerecht
Penso che sia giusto dire queste cose.	Ich glaube, es ist richtig, diese Dinge auszusprechen.
interessante	interessant
ideale	ideal
Questo vino è **ideale per** il dolce.	Dieser Wein hier passt ideal zum Nachtisch.
chiaro, a	klar; deutlich
Giacomo ha fatto un discorso molto chiaro.	Giacomo hat eine sehr klare Rede gehalten.

bravo, a	bravo
Brava, Maria!	Bravo, Maria!
l'**entusiasmo**	Begeisterung
Erano tutti **pieni di** entusiasmo **per quel** programma.	Alle waren voller Begeisterung über das Programm.
entusiasmare	begeistern
entusiasmante	begeisternd
soddisfatto, a	befriedigt; zufrieden
Siamo molto **soddisfatti del** nostro lavoro.	Wir sind mit unserer Arbeit sehr zufrieden.
la **soddisfazione**	Befriedigung; Genugtuung
Ho avuto la soddisfazione di dirgli **quello che** pensavo.	Es war mir eine Genugtuung, ihm meine Meinung zu sagen.

il **vantaggio**	Vorteil
Ora Le spiegherò i vantaggi di quest'affare.	Ich erkläre Ihnen jetzt die Vorteile dieses Geschäftes.
preferire ‹preferisco›	vorziehen; bevorzugen
Cosa preferisci fare stasera?	Was möchtest du heute Abend machen?
la **preferenza**	Vorzug
preferibile	vorzuziehen; besser
Credo che sia preferibile partire subito.	Ich glaube, es ist besser, sofort abzureisen.
preferibilmente	vorzugsweise

cattivo, a	schlecht; böse
A me non sembra una cattiva idea.	Mir scheint es keine schlechte Idee zu sein.
Oggi sei stato **cattivo con me**.	Heute bist du böse zu mir gewesen.
la **cattiveria**	Schlechtigkeit; Bösartigkeit
male *avv*	schlecht
peggio *avv*	schlechter
peggiore *agg*	schlechter
pessimo, a	sehr schlecht
Il pranzo **era proprio pessimo**.	Das Mittagessen war wirklich hundsmiserabel.

negativo, a	negativ
La nostra impressione **è stata negativa**.	Unser Eindruck war negativ.
contrario, a	gegenteilig; abgeneigt
Perché siete **contrari a** questo viaggio?	Warum seid ihr gegen diese Reise?
impossibile	unmöglich

Ci dispiace, ma per noi è impossibile venire.

Es tut uns Leid, aber es ist uns unmöglich zu kommen.

inutile

È inutile provare ancora; non c'è nessuno.

unnütz; zwecklos

Es ist zwecklos, es weiter zu versuchen; es ist niemand da.

necessario, a

Per questa stanza è **necessaria** un'illuminazione più forte.

nötig, notwendig

Für dieses Zimmer braucht man eine stärkere Beleuchtung.

la **necessità**

Che necessità hai di accendere tutte le luci?

Notwendigkeit

Warum musst du überall Licht machen?

strano, a

È **strano che** Umberto **non sia ancora arrivato**.

merkwürdig

Merkwürdig, dass Umberto noch nicht da ist!

incredibile

Gabriella ha raccontato una storia incredibile.

unglaublich

Gabriella hat eine unglaubliche Geschichte erzählt.

tragico, a

Non siate così tragici con le vostre previsioni!

tragisch

Gebt nicht solch pessimistische Prognosen ab!

assurdo, a

Quest'idea è davvero assurda.

absurd

Dieser Gedanke ist wirklich absurd.

rinunciare a

Rinuncio all'incontro per mancanza di tempo.

verzichten auf

Ich verzichte aus Zeitmangel auf die Begegnung.

la **rinuncia**

Verzicht

lamentarsi di

Perché ti lamenti? **Non** sei **mai** contento!

sich beklagen über

Warum beklagst du dich? Du bist ja nie zufrieden!

la **protesta**

Protest

protestare

Se protestiamo tutti, ci ascolteranno.

protestieren

Wenn wir alle protestieren, wird man uns anhören.

spaventarsi

Mi sono spaventata **vedendo** improvvisamente **quell'uomo**.

erschrecken

Ich erschrak, als ich plötzlich diesen Mann sah.

Che schifo!

Wie ekelhaft!

il **consenso**

Senza il consenso **della mia famiglia** non posso partire.

Zustimmung; Konsens

Ohne die Zustimmung meiner Familie kann ich nicht abreisen.

generale

allgemein

acceso, a

brennend; hitzig

animato, a

lebhaft

Siamo arrivati ad un consenso generale solo dopo una discussione molto animata ed accesa.

Wir haben erst nach einer sehr lebhaften, hitzigen Diskussion allgemeine Übereinstimmung erzielt.

prevalente
prevalere ‹prevalgo›
Le tue opinioni prevalgono quasi sempre.

überwiegend; vorwiegend
überwiegen; überlegen sein
Deine Ansichten setzen sich fast immer durch.

riassumere
Riassuma solo i punti più importanti.

zusammenfassen
Fassen Sie nur die wichtigsten Punkte zusammen.

il **riassunto**
Sono arrivata solo adesso; potrebbe farmi **il riassunto di quanto detto finora**?

Zusammenfassung; Nacherzählung
Ich bin erst jetzt angekommen; könnten Sie mir eine Zusammenfassung des bisher Gesagten machen?

la **conclusione**
Non ho capito la conclusione del suo discorso.

Schlussfolgerung; Abschluss
Ich habe den Schluss seiner Rede nicht verstanden.

sembrare
il **parere**
Vogliamo sentire anche il parere di un esperto?

scheinen
Meinung
Sollten wir nicht auch die Meinung eines Sachverständigen hören?

giudicare
Lo giudico una persona molto razionale.

(be)urteilen; betrachten als
Ich halte ihn für einen sehr rationalen Menschen.

eventuale
l'**ipotesi** f
La vostra è un'ipotesi molto interessante.

eventuell; etwaig
Hypothese
Eure Hypothese ist sehr interessant.

possibile
la **proposta**
gradevole
Trovo la vostra proposta molto gradevole.

möglich
Vorschlag
angenehm
Ich finde euren Vorschlag sehr angenehm.

piacevole
utile
Non credo che queste cose **siano poi** tanto utili.

angenehm
nützlich; hilfreich
Ich glaube nicht, dass diese Dinge letztlich sehr hilfreich sind.

volentieri
spiacevole
sgradevole
riguardare

gern(e)
unangenehm
unangenehm
betreffen; angehen

Non voglio sentire nessuno, queste cose **riguardano** solo **me.**	Ich will von niemandem etwas hören; diese Dinge gehen nur mich etwas an.

giustificarsi
Non **hai bisogno di giustificarti**, ti capisco benissimo.
il **punto**
In questo punto Le do ragione.

sich rechtfertigen
Du brauchst dich nicht zu rechtfertigen. Ich verstehe dich sehr gut.
Punkt
In diesem Punkt gebe ich Ihnen Recht.

adeguato, a
Non mi è sembrata una reazione adeguata.
conveniente
Non è conveniente fare acquisti in questo momento.
vantaggioso, a
Questa è una soluzione molto vantaggiosa per tutti.

angemessen
Die Reaktion schien mir nicht angemessen zu sein.
passend; angemessen
Es empfiehlt sich nicht, momentan Käufe zu tätigen.
vorteilhaft
Dies ist eine für alle sehr vorteilhafte Lösung.

affascinante
Riesce ad essere sempre affascinante.
eccellente
È un consiglio eccellente.
impressionante
È stato uno spettacolo molto impressionante.
straordinario, a

faszinierend
Es gelingt ihm immer wieder, einen zu faszinieren.
ausgezeichnet
Das ist ein ausgezeichneter Rat.
eindrucksvoll
Es war ein sehr eindrucksvolles Schauspiel.
außerordentlich

l'**ammirazione** f
meritare
Meriti tutta la nostra simpatia.

Bewunderung
verdienen
Du verdienst unsere ganze Sympathie.

il **merito**
Il merito di questo successo è tuo.
la **precisione**
Ha lavorato con una precisione straordinaria.
il **pregio**
soddisfare qc/qu

Soddisfo veramente il tuo desiderio?

Verdienst
Dieser Erfolg ist dein Verdienst.
Präzision; Genauigkeit
Er hat mit außergewöhnlicher Präzision gearbeitet.
Vorzug
befriedigen; zufrieden stellen; erfüllen
Erfülle ich wirklich deinen Wunsch?

rimproverare qc a qu — vorwerfen
Io non ti rimprovero nulla. — Ich mache dir keine Vorwürfe.

respingere — zurückweisen; ablehnen
Ho respinto la sua offerta perché ormai è superflua. — Ich habe ihr Angebot abgelehnt, weil es nun überflüssig ist.

spaventare — erschrecken; abschrecken
Lo ha spaventato **con le sue parole**. — Sie hat ihn durch ihre Worte abgeschreckt.

lo **spavento** — Schrecken; Entsetzen
Smettila! Non vedi che la bambina **muore dallo spavento**? — Hör auf damit! Siehst du nicht, dass das Kind zu Tode erschrickt?

disprezzare — verachten; gering schätzen
Stefano **non disprezza** certo un buon vino. — Stefano hat gegen einen guten Wein gewiss nichts einzuwenden.

spaventoso, a — schrecklich
In questa casa **c'è** una confusione spaventosa. — In diesem Haus herrscht ein schreckliches Durcheinander.

---

brontolare — murren
Daniela brontola dalla mattina alla sera. — Daniela murrt von morgens bis abends.

il **lamento** — Klage; Gejammer
Sono stanca dei suoi lamenti continui. — Ich habe sein ewiges Gejammer satt.

la **pena** — Sorge; (Mit-)Leid
Puoi immaginare la pena del padre **nel vedere suo figlio così**. — Du kannst dir das Leid des Vaters vorstellen, als er seinen Sohn in diesem Zustand sah! – Mir tut er auch Leid.
– Fa pena anche a me.

la **pietà** — Mitleid
sfortunato, a — unglücklich; Pechvogel
Proviamo tutti pietà per lui. È perché si considera molto sfortunato. — Wir empfinden alle Mitleid mit ihm. Er hält sich nämlich für einen ausgemachten Pechvogel.

la **sfortuna** — Pech
Non credo che **tu abbia avuto** più sfortuna di noi. — Ich glaube nicht, dass du mehr Pech gehabt hast als wir.

illudersi — sich einbilden; sich täuschen; sich Illusionen machen
Secondo me **hai fatto l'errore di illuderti troppo**. — Meiner Meinung nach hast du den Fehler begangen, dir zu viele Illusionen zu machen.

l'**illusione** f — Illusion

---

caotico, a — chaotisch

Oggi il traffico è **più caotico che mai**.	Der Verkehr ist heute chaotischer denn je.
ordinario, a	gewöhnlich
È roba ordinaria, è meglio che non la compri.	Das ist ganz gewöhnliches Zeug, kauf es besser nicht!
superfluo, a	überflüssig
impaziente	ungeduldig
Non sia così impaziente, non è sempre possibile trovare una soluzione immediata.	Seien Sie doch nicht so ungeduldig, es ist nicht immer möglich, sofort eine Lösung zu finden.
insopportabile	unerträglich
Quella persona è insopportabile.	Diese Person ist unerträglich.

impostare	etw. angehen, in Angriff nehmen
l'**imbecille** *m, f*	Dummkopf
Dovevi impostare il problema in modo diverso. – È vero, **a volte mi comporto come un imbecille!**	Du hättest das Problem anders angehen müssen. – Stimmt, manchmal benehme ich mich wie ein Dummkopf.

22.7 Interjektionen

ah!	ah
Ah! **Come sono felice!**	Ah! Wie glücklich bin ich!
certo	gewiss
eccome!	und wie!
Forse vengo anch'io ad abitare in questa zona, chissà! Saresti contento? – **Eccome!**	Wer weiß, vielleicht ziehe ich auch in diese Gegend. Würde dich das freuen? – Und wie!
forte! *fam*	stark!
figo! *fam*	geil!

ah no!	oh nein!
Ah no! **Così non va!**	Oh nein, so geht es nicht!
ahi!	au!
Ahi! **Che male!**	Au, tut das weh!
basta!	basta!, es reicht!
caspita	Donnerwetter
Caspita che bella casa hai! L'hai comprata adesso? – Certo!	Donnerwetter, hast du ein schönes Haus! Hast du es jetzt erst gekauft? – Sicher!
guai!	wehe!
Se non stai zitto, guai!	Wehe, wenn du nicht den Mund hältst!
maledizione!	verdammt noch mal!

Maledizione! Si è fatto di nuovo tardi!	Verdammt noch mal! Es ist schon wieder spät geworden!

oh!	ach!
Oh! Insomma! Adesso basta!	Also, nun reicht's aber!
ah sì?	ach ja?
Ah sì? Sei sicuro?	Ach ja, bist du sicher?
chissà?	wer weiß?
come no!	klar doch!
Sei d'accordo? – Come no!	Bist du einverstanden? – Klar doch!
ehi!	he!
Ehi! Senti un po'!	He, hör mal!
insomma	letzten Endes; nun ja
magari!	schön wär's
Hai vinto al lotto?	Hast du im Lotto gewonnen?
– Magari!	– Schön wär's!
beh?	nun?, und?
Beh! Cosa ha detto Mauro?	Nun, was hat Mauro gemeint?
mah!	tja!
Mah, cosa vuoi che ti dica!	Tja, was soll ich dazu sagen!

22.8 Idiomatische Ausdrücke

acqua in bocca	kein Wort darüber
Ora ti racconto un segreto, **ma acqua in bocca!**	Ich erzähle dir jetzt ein Geheimnis, aber kein Wort darüber!
alzare il gomito	einen trinken
Non ti pare di aver alzato il gomito un po' troppo?	Meinst du nicht, dass du ein bisschen zu viel getrunken hast?
ammazzare il tempo	die Zeit totschlagen
Cosa si potrebbe fare **per ammazzare il tempo?**	Was könnten wir tun, um die Zeit totzuschlagen?
avere l'acqua alla gola	das Wasser bis zum Hals stehen haben
Credo che **le cose gli vadano male e che abbia l'acqua alla gola.**	Ich glaube, dass er schlecht dran ist und ihm das Wasser bis zum Hals steht.
bisogna	es ist nötig; man muss
Domandiamo se bisogna prenotare i posti?	Fragen wir lieber, ob man die Plätze vorbestellen muss.
chiaro e tondo	klar und deutlich; klipp und klar
Te l'ho detto chiaro e tondo diverse volte!	Ich habe es dir schon mehrfach klar und deutlich gesagt!

ci vuole — man braucht *(Singular)*
ci vogliono — man braucht *(Plural)*
Quanto tempo ci vuole per andare in Sardegna? – **Ci vogliono otto ore** circa. — Wie lange dauert die Reise nach Sardinien? – Man braucht etwa acht Stunden.
combinare qc — anstellen; erreichen
Ma che diavolo stai combinando? Ne combini proprio di cotte e di crude. — Was treibst du da, zum Teufel? Du stellst wirklich die tollsten Sachen an!
Luigi **non ha mai combinato niente** nella vita. — Luigi hat in seinem Leben nie etwas erreicht.
conviene — es empfiehlt sich
Ormai **non conviene più aspettare**. — Es hat jetzt keinen Sinn mehr zu warten.
il **cornuto** — Gehörnter; Hornochse
Guarda che cornuto, non si è fermato col rosso! — Schau dir diesen Hornochsen an, nicht einmal bei Rot hält er an!

dare nell'occhio — ins Auge fallen, auffällig sein
Non mi piace quel vestito, **dà troppo nell'occhio**. — Dieses Kleid gefällt mir nicht, es ist ein bisschen arg auffällig.
dare importanza a — Bedeutung beimessen
Perché dai tanta importanza a queste cose? — Warum misst du diesen Dingen so viel Bedeutung bei?
dipende — (das) kommt drauf an

essere in gamba — auf Draht sein; tüchtig sein
Bravo, sei proprio in gamba! — Bravo, du bist wirklich auf Draht!
fare le corna — das Beste hoffen
Facciamo le corna! — toi, toi, toi; Hoffen wir das Beste!
fare bella figura — einen guten Eindruck machen, eine gute Figur abgeben
fare brutta figura — eine schlechte Figur abgeben
far(e) finta di — so tun als ob
Non fare finta di non capire! — Tu nicht so, als ob du nicht verstündest.

importa — es ist wichtig
Non importa, telefoniamo dopo. — Macht nichts, wir rufen später an.
in bocca al lupo! — toi, toi, toi!; Hals- und Beinbruch!
Domani hai gli esami? **In bocca al lupo!** — Morgen ist deine Prüfung? Toi, toi, toi!
lasciar perdere — es (gut) sein lassen
Non discutiamo più, **lasciamo perdere**. — Komm, lass gut sein, wir diskutieren nicht weiter!

mandare all'aria	platzen lassen
Se non riescono proprio a mettersi d'accordo **finisce che mandano all'aria tutto**.	Wenn es wirklich zu keiner Einigung kommt, wird die Sache noch platzen.
mandare a quel paese	zum Teufel schicken
mettere le corna a	jdm Hörner aufsetzen
mẹttere il naso	seine Nase hineinstecken
Ma è possibile che tu debba mettere il naso dappertutto?	Musst du denn deine Nase überall hineinstecken?

Non si disturbi!	Machen Sie sich keine Umstände!
non vedere l'ora di	es nicht abwarten können
Non vedo l'ora di andare in ferie.	Ich kann es kaum erwarten, in Urlaub zu fahren.

prẹndere in giro	auf den Arm nehmen
Ma tu ci prendi in giro!	Du nimmst uns wohl auf den Arm!
promẹttere mari e monti	das Blaue vom Himmel versprechen
Prometti sempre mari e monti, e poi **non** fai **mai niente**.	Du versprichst immer das Blaue vom Himmel und dann tust du nichts.
il **proverbio**	Sprichwort

restare a bocca asciutta	in die Röhre schauen; leer ausgehen
Giulio **sperava tanto di avere quel posto ed è restato a bocca asciutta.**	Giulio hat so sehr auf diesen Posten gehofft, und jetzt schaut er in die Röhre.
servire	nötig sein
Cosa ti serve? – Mi servono due matite ed un quaderno.	Was brauchst du? – Ich brauche zwei Stifte und ein Heft.
si capisce!	das vesteht sich von selbst!, klar!

tirare avanti	sich so durchschlagen
Come va? – **Si tira avanti.**	Wie geht es? – Man schlägt sich so durch.
toccare a	dran sein
A chi tocca? – Tocca a voi.	Wer ist an der Reihe? – Ihr seid dran.

la **vịa d'uscita**	Ausweg
Mi dispiace, ma **non vedo altra via d'uscita.**	Tut mir Leid, aber ich sehe keinen anderen Ausweg.
la **vịa di scampo**	Ausweg
Bisogna lavorare, **non c'è via di scampo!**	Uns bleibt kein Ausweg, jetzt heißt es arbeiten!

aver le carte in regola — alle Voraussetzungen erfüllen; gute Karten haben

Lucio ha tutte le carte in regola per ottenere quel posto. — Lucio erfüllt alle Voraussetzungen, um diesen Posten zu bekommen.

avere le mani bucate — mit Geld nicht umgehen können

Ma tua figlia **è sempre senza soldi, ha proprio le mani bucate!** — Deine Tochter ist ja immer blank, ihr rinnt das Geld buchstäblich durch die Finger.

avere un diavolo per capello — fuchsteufelswild sein

Oggi **è meglio** non **parlargli, ha un diavolo per capello.** — Heute spricht man besser nicht mit ihm, er ist fuchsteufelswild.

cogliere al volo — aufschnappen

Senti questa, l'ho colta al volo mentre aspettavo il tram. — Hör dir das an, ich habe es aufgeschnappt, als ich auf die Straßenbahn wartete.

cogliere la palla al balzo — die Gelegenheit beim Schopf packen

Giorgio è stato furbo, ha colto subito la palla al balzo. — Giorgio war schlau genug, die Gelegenheit beim Schopf zu packen.

dai! — los!

Dai, **muovetevi!** — Los, bewegt euch!

essere al verde — abgebrannt sein; kein Geld mehr haben

Stasera non si esce, **siamo tutti al verde!** — Heute Abend wird es nichts mit dem Ausgehen, wir sind alle abgebrannt.

fare un quarantotto — einen Mordskrach machen; ein Durcheinander anstellen

molto fumo e poco arrosto — viel Lärm um nichts

Questa è la classica storia con molto fumo e poco arrosto. — Dies ist ein klassisches Beispiel für viel Lärm um nichts.

non c'è due senza tre — aller guten Dinge sind drei

piangere lacrime di coccodrillo — Krokodilstränen weinen

È inutile che piangi / tu pianga, le **tue sono** lacrime di coccodrillo. — Du brauchst gar nicht zu weinen; das sind doch nur Krokodilstränen.

rimanere a bocca aperta — ganz verdutzt sein

Quando l'ho sentito **sono rimasto a bocca aperta.** — Als ich das hörte, war ich völlig verdutzt.

senza mezzi termini — mit aller Deutlichkeit; ohne ein Blatt vor den Mund zu nehmen

Adesso glielo spiego io senza mezzi termini!	Jetzt sage ich es ihm in aller Deutlichkeit!

tagliare la corda sich aus dem Staub machen
    Non vorrai mica tagliare la corda proprio ora!   Du willst dich doch nicht gerade jetzt aus dem Staub machen!
tocca ferro! unberufen; toi, toi, toi
togliere il disturbo nicht mehr länger stören wollen und gehen
    Tolgo subito il disturbo, signora, vorrei dire solo due parole.   Ich gehe gleich wieder, meine Dame, ich bitte nur für einen Moment um Ihre Aufmerksamkeit.

venire al sodo zur Sache kommen
    Basta con le chiacchiere, veniamo al sodo!   Schluss mit dem Geschwätz, kommen wir zur Sache!
la **via di mezzo** Mittelweg; Ausweg
    Bisognerebbe trovare una via di mezzo più sicura.   Man müsste einen weniger riskanten Ausweg finden.
vivere alla giornata in den Tag hineinleben
    Non è nel mio carattere vivere alla giornata.   Es entspricht nicht meinem Charakter, in den Tag hineinzuleben.
vivere di pane e acqua äußerst genügsam leben

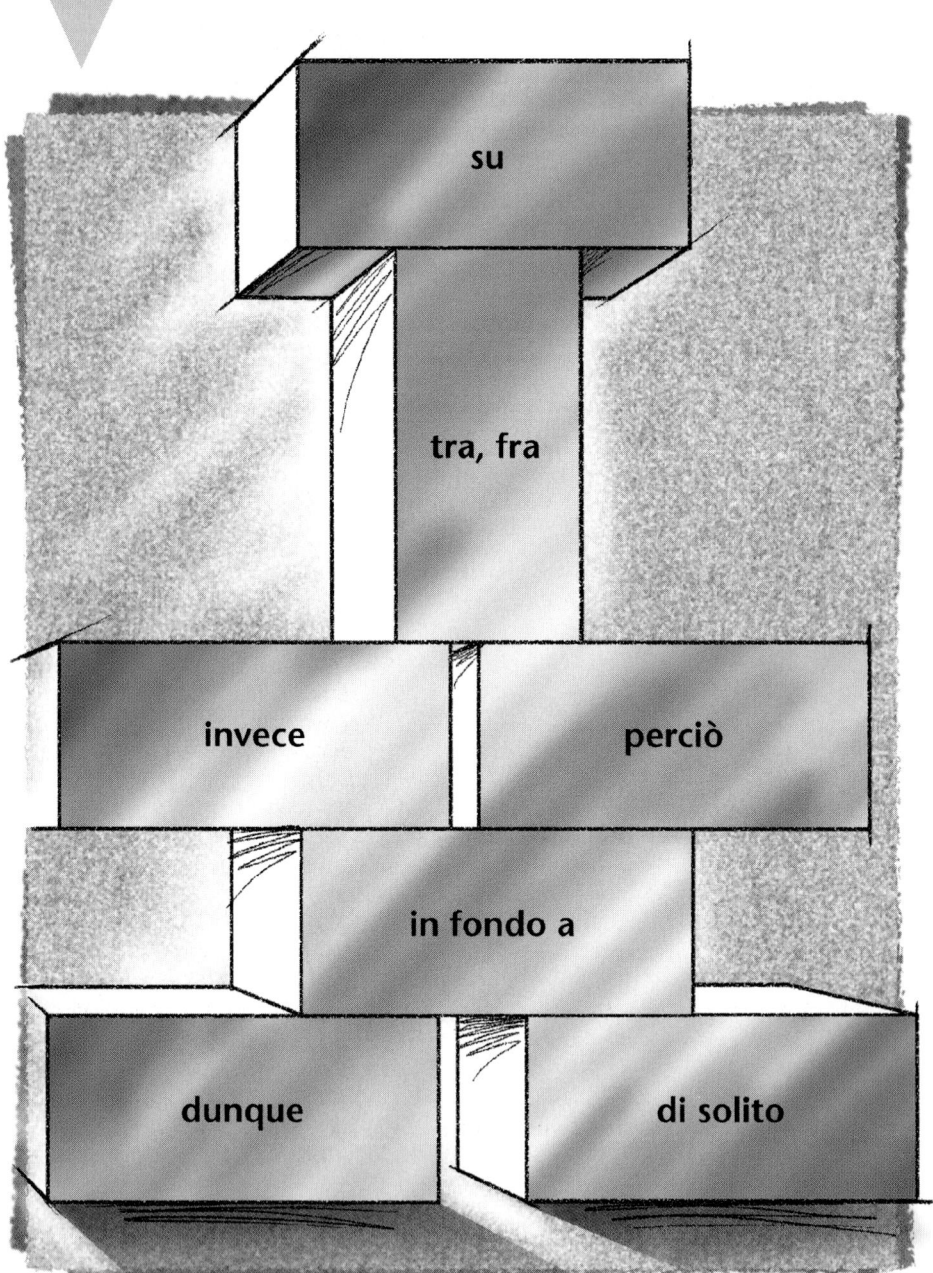

su

tra, fra

invece

perciò

in fondo a

dunque

di solito

23.1 Demonstrativ- und Relativpronomen

questo, a
Questa finestra **non chiude bene**.

L'ho visto con **questi occhi**.

diese(r, s)
Dieses Fenster schließt nicht richtig.

Ich habe es mit meinen eigenen Augen gesehen.

quello, a, quel, quell'; quei, quelle, quegli
Conosci **quell'uomo**?
A quei tempi la vita in campagna era durissima.
Potresti mettere **quelle posate** in lavastoviglie?

jene(r, s); diese(r, s)

Kennst du den Mann dort?
Zu jener Zeit war das Leben auf dem Lande äußerst hart.
Könntest du das Besteck dort in die Geschirrspülmaschine tun?

Dieser – jener

Im Italienischen bezeichnet **questo** *(dieser)* das Nähere, **quello** *(jener)* das Entferntere von Zweien. Ist nur von einer Person oder Sache die Rede, wird häufig **quello** der Vorzug gegeben:
Chi era **quel** signore?   *Wer war dieser Herr?*

---

ciò
Non voglio sapere **niente di tutto ciò**.

das; dieses
Ich will von alledem nichts wissen.

stesso, a
È stato Luigi stesso a raccontarmi questa storia. – Ma è **la stessa storia** che mi ha raccontato Alfredo.

der-, die-, dasselbe; selbst
Luigi selbst hat mir diese Geschichte erzählt. – Aber das ist doch dieselbe Geschichte, die mir Alfredo erzählt hat.

---

che

Il vestito **che hai comprato** ti sta proprio bene. – Sì, **gli altri che avevo provato** non erano così belli.
Il giorno che questo lavoro sarà **finito** ringrazierò il cielo.

der, die, das; welche(r, s) *(Relativpronomen im Nominativ und Akkusativ)*
Das Kleid, das du gekauft hast, steht dir wirklich gut. – Ja, die anderen, die ich anprobiert hatte, waren nicht so schön.
An dem Tag, an dem diese Arbeit erledigt sein wird, werde ich dem Himmel danken.

Caterina mi ha promesso di **uscire con me** domani, **il che mi fa molto piacere**.

Caterina hat mir versprochen, morgen mit mir auszugehen, was mich sehr freut.

il, la quale
Ho incontrato Edoardo **che/il quale mi ha detto che verrà di sicuro**.

welche(r, s)
Ich habe Edoardo getroffen, der mir gesagt hat, dass er sicher kommt.

cui

Ricordi quelle amiche con cui/con le quali siamo stati a Saarbrücken l'anno scorso?
– **Dici quelle di cui mi parlavi l'altro ieri?**
– Sì, le ragazze (a) cui volevo fare vedere le foto.

Relativpronomen nach Präpositionen (in der gesprochenen Sprache bevorzugte Alternative zu il/la quale)
Erinnerst du dich an die Freundinnen, mit denen wir vergangenes Jahr in Saarbrücken waren?
– Meinst du diejenigen, von denen wir vorgestern gesprochen haben?
– Ja, die Mädchen, denen ich die Fotos zeigen wollte.

23.2 Interrogativ- und Indefinitpronomen

chi
Puoi **parlarne con chi vuoi**.

wer, wen
Du kannst darüber reden, mit wem du willst.

Chi mi dice che posso **esserne** sicuro?

Wer sagt mir, dass ich sicher sein kann?

(che) cosa
(Che) cosa hai detto?

was
Was hast du gesagt?

che
Ma che fai, sei matto?

was, was für…
Was machst du denn da? Bist du verrückt?

Che macchina ti vuoi comprare?

Was für ein Auto willst du dir kaufen?

quale
In cantina ho diversi vini, quali preferisci, i rossi o i bianchi?

welche(r, s)
Ich habe verschiedene Weine im Keller, welche magst du lieber, die Rotweine oder die Weißweine?

Con quale insegnante potrei parlare **del** mio problema?

Mit welchem Lehrer könnte ich über mein Problem sprechen?

qualcosa
Ti serve qualcosa?

etwas
Brauchst du etwas?

qualcuno, a
Manda **qualcun altro**, io non posso andare.

jemand
Schick jemand anderen, ich kann nicht gehen.

ognuno, a
Ognuno decida come vuole.

jede(r) *(substantivisch)*; je
Ein jeder entscheide sich, wie er will.

ciascuno, a
Abbiamo bevuto **una birra ciascuno**.

jede(r) *(substantivisch)*
Wir haben je ein Bier getrunken.

qualche
Qualche giorno va bene e
qualche giorno va male.

ein paar
An manchen Tagen geht es gut,
an anderen schlecht.

qualsiasi
Quale pullover vuoi?
– Uno qualsiasi!

irgendeine(r, s); jede(r, s) beliebige
Welchen Pullover willst du?
– Irgendeinen.

chiunque

wer auch immer; jeder(mann)

qualunque
Qualunque cosa io dica mi critichi
sempre.

was auch immer
Egal, was ich sage, ständig kriti-
sierst du mich.

certo, a
Certi sono d'accordo, certi no.

gewisse(r, s)
Gewisse Leute sind einverstanden,
andere wieder nicht.

tale
Mi ha detto delle cose tali che non
sapevo più cosa rispondere.

solche(r, s)
Er hat mir solche Sachen an den
Kopf geworfen, dass ich überhaupt
nicht mehr wusste, was ich ant-
worten sollte.

altro, a
Se non ci pensi tu, ci penserà un
altro.
Aiutatevi l'un altro!
Gli uni sono d'accordo, gli altri no.

andere(r, s); weitere(r, s)
Wenn du dich nicht darum küm-
merst, wird es ein anderer tun.
Helft einander!
Die einen sind einverstanden,
die anderen nicht.

23.3 Konjunktionen

affinché
Ti aiuto affinché questa faccenda
sia chiarita al più presto.

damit
Ich helfe dir, damit diese Angele-
genheit möglichst schnell geklärt
wird.

a meno che
Non credo che verrò, a meno che
Romolo non mi venga a pren-
dere.

es sei denn, dass; sofern nicht
Ich glaube nicht, dass ich komme;
es sei denn, dass Romolo mich
abholt.

appena
Maria è corsa subito da me appena
mi ha vista.

kaum; sobald
Kaum hatte sie mich erblickt, kam
Maria sofort auf mich zugelaufen.

benché
Siamo usciti a passeggio benché
piovesse.

obwohl
Obwohl es regnete, haben wir
einen Spaziergang gemacht.

che
Elena mi ha già detto che **porterà** la bambina all'asilo.

dass
Elena hat mir schon gesagt, dass sie die Kleine zum Kindergarten bringt.

considerato che
dato che
Dato che sei qui, perché non resti a cena?

angesichts der Tatsache, dass
da; weil
Da du schon mal hier bist, warum bleibst du nicht zum Abendessen?

dopo che
Dopo che ci siamo lasciati sono andata subito a letto.

nachdem
Nachdem wir uns verabschiedet hatten, ging ich sofort zu Bett.

nonché
e, ed
Da quanti anni siamo già amici **tu ed io**?

sowie
und
Seit wie vielen Jahren sind wir beide schon befreundet?

finché
Finché c'è vita, c'è speranza. loc

bis; so lange als
Man darf im Leben die Hoffnung nicht aufgeben.

in modo che
Parlo piano **in modo che tu mi possa capire.**

so dass
Ich spreche langsam, so dass du mich verstehen kannst.

ma
Ma guarda là, non vedi quel cartello?

aber; jedoch; sondern
Sieh doch hin, siehst du denn nicht das Schild?

mentre
Mentre voi guardate la TV io preparo la cena.

während
Während ihr fernseht, mache ich das Abendessen.

o
oppure
I casi sono due: o tu non ti spieghi chiaramente **oppure sono io che non capisco.**

oder
oder aber
Es gibt zwei Möglichkeiten; entweder drückst du dich unklar aus, oder ich bin begriffsstutzig.

perché
Perché non avete aspettato?
– Perché era già tardi.

weil; warum
Warum habt ihr nicht gewartet?
– Weil es schon spät war.

però
Quello che dici tu è giusto, **però penso di aver ragione anch'io.**

aber; sondern
Was du sagst, ist richtig, aber ich meine, selber auch Recht zu haben.

poiché
prima che
Voglio essere a casa **prima che faccia notte.**

da; weil
bevor
Ich will zu Hause sein, bevor es dunkel wird.

quando
se

wenn; wann; als
wenn; falls

Quando vai in città, **passa in farmacia**, se è possibile.	Wenn du in die Stadt gehst, geh bitte in der Apotheke vorbei, falls möglich.
sia ... che	sowohl … als auch
Ne abbiamo parlato **sia** con lui **che** con lei.	Wir haben sowohl mit ihm als auch mit ihr darüber gesprochen.
a patto che	unter der Bedingung, dass
Ora ti aiuto, ma solo **a patto che tu dopo ti riposi**.	Ich helfe dir jetzt, aber nur unter der Bedingung, dass du dich danach ausruhst.
perché	damit
Perché io possa finire il lavoro dovete portarmi altro materiale.	Damit ich die Arbeit beenden kann, müsst ihr mir weiteres Material liefern.
purché	wenn nur
Ti accompagno, **purché si faccia presto**.	Ich komme mit dir, wenn es nur schnell geht.
sebbene	obwohl
Giovanna **si dà delle arie sebbene non ne abbia alcuna ragione**.	Giovanna bildet sich sehr viel ein, obwohl sie dazu keinen Grund hat.
senza che	ohne dass
Non potremmo andare noi, **senza che debba venire anche lui?**	Könnten wir nicht gehen, ohne dass auch er mitkommt?
siccome	da; weil
Siccome eravamo **in sei** abbiamo preso due macchine.	Da wir zu sechst waren, nahmen wir zwei Autos.
visto che	da; weil
Visto che è già tardi, direi **che è meglio** partire domani.	Da es schon spät ist, würde ich sagen, dass wir besser morgen abreisen.

23.4 Verneinungen

non	nicht
non... più	nicht mehr
Perché non vai più **a lezione?** – Perché non ho tempo.	Warum gehst du nicht mehr zum Unterricht? – Weil ich keine Zeit habe.
non... mai	niemals
non... mai più	nie mehr
Non voglio vederti mai più.	Ich will dich nie mehr sehen.
non... niente	nichts
non... più niente	nichts mehr

Non dire più niente, **basta così**. | Sag nichts mehr, es reicht.

non... mai niente — nie etwas
Ma tu non capisci proprio mai niente, vero? | Du verstehst aber auch nie etwas!

non... nulla — nichts
A me **non** hai detto ancora **nulla**, come mai? | Wieso hast du mir noch nichts erzählt?

non... né... né — weder... noch
Non conosco **né** lui **né** lei. | Ich kenne weder ihn noch sie.

non... neanche, non... nemmeno, non... neppure — auch nicht; nicht einmal
Non è venuto **nessuno, non** c'era **neanche (nemmeno, neppure)** suo padre. | Es ist niemand gekommen; nicht einmal sein Vater war da.

non... nessuno, a — niemand; keine(r, s)
Cristina **non** ha visto **nessuno** e **se n'è andata** via. | Cristina hat niemanden gesehen und ist weggegangen.

non... mica — nicht etwa; gar nicht
Non ho **mica** detto che è colpa tua! | Ich habe doch gar nicht gesagt, es sei deine Schuld!

23.5 Adverbien

addirittura — geradezu

appena — kaum; gerade
Siamo **appena** arrivati da Bari. | Wir sind gerade aus Bari angekommen.

appunto — genau; eben
Appunto, le cose non sono cambiate. | Eben, die Lage hat sich nicht geändert.

cioè — das heißt; nämlich

comunque — jedenfalls
Va bene, domani **proviamo di nuovo comunque**. | In Ordnung, morgen machen wir jedenfalls einen neuen Versuch!

così — so
Sei proprio **così** stanco? | Bist du tatsächlich so müde?

davvero — wirklich
Cosa c'è in programma stasera? – **Si va tutti in discoteca**. – Davvero? Fantastico! Vengo anch'io. | Was ist heute Abend angesagt? – Wir gehen alle zusammen in die Disko. – Wirklich? Super! Ich komme mit.

di nuovo — erneut

di solito	üblicherweise
dunque	also

in genere	im Allgemeinen
in ogni caso	auf jeden Fall
Ti telefonerò in ogni caso, va bene?	Ich werde dich auf jeden Fall anrufen, in Ordnung?
invano	umsonst
Ma allora abbiamo fatto tutta questa strada invano!	Dann haben wir also den ganzen Weg umsonst gemacht!
invece	jedoch; hingegen
Credevo di essere pratico, invece ho sbagliato strada e ora **non riesco più a capire** dove sono.	Ich glaubte, mich auszukennen, aber ich habe mich verfahren, und nun weiß ich nicht mehr, wo ich bin.

meno male	zum Glück
perciò	deshalb
Non ho tempo, perciò non vengo.	Ich habe keine Zeit, deshalb komme ich nicht.
più	mehr
Devi lavorare **con più concentrazione!**	Du musst konzentrierter arbeiten!
piuttosto	eher; vielmehr
proprio	tatsächlich; wirklich
Sei proprio stupida!	Du bist wirklich dumm!
quasi	fast; beinahe
quindi	also; dann

solo	nur; erst
soltanto	nur; erst
Vorrei soltanto assaggiare la carne, me ne tagli una fetta sottile.	Ich möchte nur von dem Fleisch probieren, schneiden Sie mir eine dünne Scheibe ab.
soprattutto	vor allem; besonders

tanto	sowieso
tuttavia	jedenfalls
veramente	wirklich

ad un tratto	plötzlich
anzi	mehr noch; im Gegenteil; sogar
Non è tardi, **anzi è ancora presto!**	Es ist nicht spät, im Gegenteil, es ist noch früh!
a proposito	a propos; übrigens
anche	auch

caso mai	gegebenenfalls
di nascosto	heimlich
Perché fai le cose di nascosto?	Warum tust du die Dinge heimlich?
eppure	und dennoch
„Eppur si muove", ha detto Galileo, ed aveva ragione!	„Und sie bewegt sich doch", sagte Galilei zu Recht.
in ogni modo, ad ogni modo	auf jeden Fall; wie dem auch sei
Ad ogni modo io **glielo** dico di nuovo, **poi vedremo**.	Ich sage es ihm auf jeden Fall noch einmal, dann sehen wir weiter.
lo stesso	trotzdem
Vedrai che non capirà lo stesso.	Du wirst sehen, dass er es trotzdem nicht versteht.
per forza	unbedingt; natürlich
persino	sogar
pure	auch
Sara vuole che andiamo a casa **ed io pure**.	Sara will, dass wir nach Hause gehen, und ich auch!
senza complimenti	frei heraus; ohne Umstände
tanto	sowieso
Non fa niente, **tanto non ho voglia** di venire.	Macht nichts, ich habe sowieso keine Lust mitzukommen.

23.6 Präpositionen

a	nach; in; an; zu *(örtlich)*; um *(Uhrzeit)*
A che ora ci vediamo?	Um wie viel Uhr sehen wir uns?
– Quando vuoi, **fino alle nove mi trovi ancora a casa**.	– Wann du willst; ich bin bis neun Uhr noch zu Hause.
a causa di	wegen
Non siamo più usciti a causa del cattivo tempo.	Wegen des schlechten Wetters sind wir nicht mehr ausgegangen.
con	mit; bei
Con questo tempo è meglio se non usciamo.	Bei diesem Wetter ist es besser, wenn wir nicht ausgehen.
contro	gegen
Il bambino **ha battuto la testa contro il muro e si è fatto male**.	Das Kind ist mit dem Kopf gegen die Mauer gestoßen und hat sich weh getan.
da	von; bei
Sono appena arrivata da Perugia e devo andare subito a Siena.	Ich bin gerade aus Perugia angekommen und muss sofort nach Siena.

Perché non vieni da me?

di
Di chi è questo libro? – È di Luigi, **mi ha detto di darlo a te**.

durante

Warum kommst du nicht zu mir?
von; aus
Wem gehört dieses Buch?
– Es gehört Luigi; er hat mir gesagt, ich solle es dir geben.
während

---

in
Quando andate in Italia?
– **Ci siamo stati** due settimane fa.
in fondo a
La piazza si trova **in fondo a questa strada**.
invece di
Perché non lavori invece **di star senza far niente**!

in; nach
Wann fahrt ihr nach Italien?
– Wir waren vor zwei Wochen dort!
ganz unten; ganz hinten
Die Piazza liegt ganz am Ende dieser Straße.
statt
Warum arbeitest du nicht, statt zu faulenzen!

---

malgrado
Perché lo difendi **malgrado tutto quello che ha fatto**?
nonostante
Nonostante il tuo ritardo **abbiamo fatto in tempo lo stesso**.
oltre a
Chi c'era, **oltre alle solite persone**?

trotz
Warum verteidigst du ihn trotz allem, was er getan hat?
trotz
Trotz deiner Verspätung sind wir noch rechtzeitig angekommen.
außer; jenseits
Wer war noch da außer den üblichen Leuten?

---

per
Giovanni **parte per Roma domani**.
Deve **andarci** per un processo e **spero che vada tutto bene per lui**.

presso
Trascorro le ferie presso la famiglia Covi.

nach; wegen; für; quer durch
Giovanni reist morgen nach Rom ab. Er muss wegen eines Prozesses dorthin und ich hoffe, dass alles gut für ihn läuft.
bei
Ich verbringe den Urlaub bei Familie Covi.

---

salvo
È aperto tutti i giorni, **salvo il lunedì**.
secondo
Secondo me dovresti lavorare meno.
senza
Questo palazzo è senza dubbio il più antico della città.
sino a, **fino a**

außer
Es ist jeden Tag geöffnet, außer Montag.
gemäß; nach
Meiner Ansicht nach solltest du weniger arbeiten!
ohne
Zweifellos ist das der älteste Palazzo der Stadt.
bis

Resteremo in Italia **fino (sino) ad ottobre**.	Wir bleiben bis Oktober in Italien.
Fin (sin) dove vuoi arrivare?	Wie weit willst du kommen?
su	auf; über
Puoi mettere la borsa sul tavolo.	Du kannst die Tasche auf den Tisch legen.
Ho letto **un bellissimo libro sulla Calabria**.	Ich habe ein wunderschönes Buch über Kalabrien gelesen.

tra, fra	zwischen; in
Fra (Tra) due ore circa saremo a casa.	In zwei Stunden etwa werden wir zu Hause sein.
Tra (Fra) me e te c'è una differenza d'età di otto anni.	Zwischen uns beiden besteht ein Altersunterschied von acht Jahren.

---

i **Zeitangaben**

fra/tra	in/entro
Fra/Tra geben einen genauen *Zeitpunkt* an,	**in/entro** bezeichnen den *Zeitraum*:
Fra/Tra dieci minuti sarà mezzanotte.	*In 10 Minuten ist es Mitternacht.*
Non si può fare tutto questo lavoro **in/ entro** 10 giorni.	*Man kann die ganze Arbeit nicht in (innerhalb von) 10 Tagen machen.*

---

tramite	mittels; durch
tranne	außer

23.7 Pronominale Verbindungen

andarsene	weggehen
Noi ce ne andiamo, voi cosa fate?	Wir gehen jetzt und was macht ihr?
capirci	etwas davon verstehen
Io non ci capisco più niente, ci capisci tu qualcosa?	Verstehst du etwas davon? Ich bin mit meinem Latein am Ende.
cavarsela	sich aus der Affäre ziehen; gut zurechtkommen
Come va il lavoro?	Was macht die Arbeit?
– **Me la cavo bene, grazie.**	– Danke, ich komme gut zurecht.

darsi da fare	sich anstrengen; aktiv werden; sich etwas einfallen lassen
Datti un po' da fare se vuoi otte- nere qualcosa!	Streng dich mal ein bisschen an, wenn du etwas erreichen willst!
darsi delle arie	sich etwas einbilden; Allüren haben

Perché Claudia si dà tutte quelle arie? **Ma chi si crede di essere?**

Wieso ist Claudia derart eingebildet? Für wen hält sie sich eigentlich?

entrarci

zu tun haben mit; eine Rolle spielen

Non prendertela con Isabella, lei non c'entra niente!
– E allora chi c'entra, scusa?

Ärgere dich nicht über Isabella, die hat nichts damit zu tun. – Ja wer denn sonst, entschuldige mal!

farcela

es schaffen

Se proviamo ancora, **ce la facciamo.**

Wenn wir es noch mal probieren, schaffen wir es.

farne

Sachen anstellen

Ne ha fatte di tutti i colori, ma ha sempre avuto fortuna.

Er hat die unglaublichsten Sachen angestellt und dabei immer Glück gehabt.

farsi vivo, a / farsi sentire

sich melden; von sich hören lassen

Ci faremo vivi/sentire appena avremo un po' di tempo.

Wir melden uns, sobald wir ein wenig Zeit haben.

finirla

damit aufhören

Pensavamo proprio **che tu non la finissi più di dormire.**

Wir glaubten schon, du würdest überhaupt nicht mehr wach!

mettercela tutta

alles daransetzen

Nicola dice **che ce l'ha messa tutta, ma non ce l'ha fatta lo stesso.**

Nicola sagt, er habe alles darangesetzt, aber er hat es trotzdem nicht geschafft.

mettercisi

sich darum kümmern; sich daranmachen

Ti ci metti anche tu adesso, non bastavano gli altri?

Jetzt kümmerst du dich auch noch darum! Waren die anderen nicht genug?

Se mi ci metto io, faccio tutto in cinque minuti.

Wenn ich mich daranmache, erledige ich alles in fünf Minuten.

prendersela con

sich ärgern; beleidigt sein

Non prendertela, sono sicuro che lui non voleva **offenderti.**

Sei nicht eingeschnappt, ich bin sicher, er wollte dich nicht beleidigen!

tenerci

Wert darauf legen

Se voi ci tenete tanto, allora vi accompagneremo.

Wenn ihr so großen Wert darauf legt, werden wir mit euch kommen.

sentirsela di

sich danach fühlen

Mi dispiace, ma **non me la sento di andare a ballare stasera.**

Tut mir Leid, aber ich habe keine Lust, heute Abend tanzen zu gehen.

smetterla di	aufhören
Smettila di fumare, per favore!	Hör bitte auf zu rauchen!
darla a bere a qu	jdm einen Bären aufbinden
A chi vuoi darla a bere?	Wem willst du denn diesen Bären aufbinden?
darsela a gambe	Fersengeld geben; Hals über Kopf davonrennen
Appena è arrivata la polizia, **il ladro se l'è data a gambe.**	Kaum war die Polizei da, gab der Dieb Fersengeld.
mi sa che	mir kommt es so vor
Mi sa che oggi la Lazio vince.	Ich habe das Gefühl, dass Lazio heute gewinnt.
passarla liscia	mit heiler Haut davonkommen
Puoi essere contento, **l'hai passata liscia anche questa volta.**	Du kannst dich freuen, du bist auch dieses Mal gut davongekommen.
raccomandarsi	sich etwas ausbitten
Mi raccomando, state attenti!	Seht bitte zu, dass ihr vorsichtig seid!
ripensarci	es sich noch mal überlegen; es sich anders überlegen
saperla lunga	mit allen Wassern gewaschen sein; es faustdick hinter den Ohren haben
Eh, tu la sai lunga, lo so!	Ja, ja, ich weiß, du bist mit allen Wassern gewaschen!

23.8 Sprachliche Terminologie

la **lingua**	Sprache
La lingua italiana è molto musicale.	Italienisch ist eine sehr musikalische Sprache.
la **parola**	Wort
significare	bedeuten
Che cosa significa questa parola?	Was bedeutet dieses Wort?
il **significato**	Bedeutung
la **pronuncia**	Aussprache
pronunciare	betonen; aussprechen
l'**accento**	Akzent
la **grammatica**	Grammatik
Se non impari anche la grammatica **non saprai mai** la lingua.	Wenn du nicht auch die Grammatik lernst, wirst du die Sprache nie können.

il **sostantivo**	Substantiv, Hauptwort
I sostantivi italiani possono avere solo il genere maschile o quello femminile.	Im Italienischen gibt es nur männliche und weibliche Substantive.
l'**articolo**	Artikel
l'**articolo determinativo**	bestimmter Artikel
l'**articolo indeterminativo**	unbestimmter Artikel
l'**aggettivo**	Adjektiv, Eigenschaftswort
il **pronome**	Pronomen, Fürwort
In italiano alcuni pronomi possono **formare una parola sola** con il verbo.	Bestimmte Pronomina können im Italienischen mit dem Verb zu einer einzigen Form verschmelzen.
maschile	maskulin, männlich
femminile	feminin, weiblich
neutro	sächlich
In italiano il neutro non esiste.	Ein Neutrum kommt im Italienischen nicht vor.
il **singolare**	Singular, Einzahl
il **plurale**	Plural, Mehrzahl

il **verbo**	Verb, Tätigkeitswort
regolare	regelmäßig
irregolare	unregelmäßig
Questo verbo è regolare o no?	Ist dieses Verb regelmäßig oder nicht?
il **presente**	Präsens, Gegenwart
l'**imperfetto**	Imperfekt
L'imperfetto dei verbi italiani è sempre regolare, salvo il verbo *essere*.	Das Imperfekt der italienischen Verben ist immer regelmäßig, abgesehen von *essere*.
il **futuro**	Futur
il **passato prossimo**	Perfekt
il **passato remoto**	historisches Perfekt
il **trapassato prossimo**	Plusquamperfekt
il **trapassato remoto**	Plusquamperfekt
l'**indicativo**	Indikativ
il **condizionale**	Konditional
il **congiuntivo**	Konjunktiv
l'**imperativo**	Imperativ
il **discorso diretto**	direkte Rede
il **discorso indiretto**	indirekte Rede

il **termine**	Begriff
il **sinonimo**	Synonym
l'**ortografia**	Rechtschreibung

In questo tema ci sono molti errori di ortografia.	In diesem Aufsatz sind viele Rechtschreibfehler.
la **sillaba**	Silbe
fare lo spelling	buchstabieren
la **maiuscola**	Großbuchstabe
la **minuscola**	Kleinbuchstabe
il **punto**	Punkt
Dopo il punto devi scrivere con la maiuscola.	Nach dem Punkt musst du groß weiterschreiben.
la **virgola**	Komma
il **trattino**	Bindestrich
il **punto e virgola**	Strichpunkt
Qui scriverei punto e virgola al posto dei due punti.	Hier würde ich statt des Doppelpunktes einen Strichpunkt setzen.
il **punto interrogativo**	Fragezeichen
il **punto esclamativo**	Ausrufezeichen
l'**interiezione** f	Interjektion
i **due punti** pl	Doppelpunkt
le **virgolette** pl	Anführungszeichen
la **parentesi**	Klammer
Devo scrivere questa frase **fra parentesi**?	Muss ich diesen Satz in Klammern setzen?
il **soggetto**	Subjekt, Satzgegenstand
Qual è il soggetto di questa frase?	Wie lautet das Subjekt dieses Satzes?
il **complemento**	Objekt, Ergänzung
il **genere**	Genus, Geschlecht
il **caso**	Kasus, Fall
il **predicato**	Prädikat, Satzaussage
il **participio**	Partizip, Mittelwort
Vedere ha due participi passati: *visto* e *veduto*.	*Vedere* hat zwei unterschiedliche Formen des Partizip Perfekts: *visto* und *veduto*.
coniugare	konjugieren; beugen
Sto imparando a coniugare i verbi irregolari.	Ich lerne gerade die Konjugation der unregelmäßigen Verben.
l'**attivo**	Aktiv
il **passivo**	Passiv
l'**avverbio**	Adverb, Umstandswort
Attenzione: *bene* è avverbio, *buono* è aggettivo.	Achtung! *Bene* ist Adverb, *buono* Adjektiv.
la **preposizione**	Präposition, Verhältniswort
la **congiunzione**	Konjunktion, Bindewort

Falsche Freunde			
Italienisches Wort	**Thematische Bedeutung(en)**	**Falscher Freund**	**Italienische Entsprechung(en)**
per	für; quer durch	per, mittels; durch *(frz. par)*	mediante, per mezzo di; con

andare — gehen; laufen; fahren; funktionieren

Oggi **vado a piedi** in ufficio.
Heute gehe ich zu Fuß ins Büro.

E tu, **vai in macchina?**
Und du, fährst du mit dem Auto?

La macchina è rotta, **non va più.**
Das Auto ist kaputt, es funktioniert nicht mehr.

No, no, **va scritto oggi!**
Nein, nein, es muss heute noch geschrieben werden.

---

avere — haben; besitzen

Ho molta pazienza.
Ich habe viel Geduld.

Avete una casa in campagna?
Besitzt ihr ein Haus auf dem Lande?

Ne abbiamo fin sopra i capelli di voi.
Wir haben die Nase voll von euch.

Se ne hai ancora per tre ore, ti aspetto a casa.
Wenn du noch drei Stunden zu tun hast, warte ich zu Hause auf dich.

Marianna ha molto del padre, non trovi?
Marianna hat viel von ihrem Vater, findest du nicht?

Devono avere ancora un milione dal comune.
Sie haben noch eine Million von der Gemeinde gut.

Non possono venire, **hanno da finire un lavoro per stasera.**
Sie können nicht kommen, sie müssen bis heute Abend noch eine Arbeit fertig machen.

Penso che **abbia più o meno trent'anni.**
Ich denke, dass er so um die dreißig ist.

---

continuare — fortsetzen; fortfahren; fortdauern

Continui pure il suo lavoro, **non c'è fretta.**
Arbeiten Sie nur weiter, wir haben es nicht eilig.

Continua a ripetermi sempre la solita storia.
Er wiederholt mir ständig die gleiche Geschichte.

Prima girate a sinistra, poi continuate fino al prossimo semaforo.
Zuerst biegt ihr links ab, dann fahrt ihr weiter bis zur nächsten Ampel.

Il loro amore continua da anni.
Ihre Liebe währt schon seit Jahren.

---

dovere — müssen; sollen; schulden; verdanken

Devi assolutamente venire.
Du musst unbedingt kommen!

Vorrei pagare, **quanto Le devo?**
Ich möchte bezahlen, wie viel schulde ich Ihnen?

Non si devono fare queste cose **senza prima pensarci bene.**
Diese Dinge sollte man nicht tun, ohne sie vorher gut zu überdenken.

Ormai il bambino dovrebbe essere stanco, non pensi?
Das Kind müsste inzwischen müde sein, meinst du nicht auch?

Gli devo molto, ho sempre potuto contare su di lui. — Ich verdanke ihm viel; ich konnte immer auf ihn zählen.

ẹssere — sein; sich befinden

Dove siete?	Wo seid ihr?
Siamo stati in città.	Wir waren in der Stadt.
Sarà quel che sarà.	Man wird schon sehen.
Sarai anche tu dei nostri domani?	Bist du morgen auch mit dabei?
C'era una volta una bambina che si chiamava Cappuccetto Rosso.	Es war einmal ein kleines Mädchen mit Namen Rotkäppchen.
Vorrei pagare, **quant'è?**	Ich möchte bitte zahlen, wie viel macht es?
Magda non è più in buone condizioni.	Magda ist nicht mehr gut dran.
È già stato scritto l'ultimo capitolo?	Ist das letzte Kapitel schon geschrieben worden?

Im Italienischen werden die meisten *intransitiven Verben* – anders als in anderen Sprachen – mit **essere** konjugiert:

riuscire	**Sono** riuscito.	*Ich habe Erfolg gehabt./ Es ist mir gelungen.*
piacere	La città ci **è** piaciuta.	*Die Stadt hat uns gefallen.*
costare	Quanto **è** costata la borsa?	*Wie viel hat die Tasche gekostet?*
durare	Il film **è** durato due ore.	*Der Film hat 2 Stunden gedauert.*
cominciare*	Il film **è** cominciato 10 minuti fa.	*Der Film hat vor 10 Minuten angefangen.*
finire*	Il film **è** finito 10 minuti fa.	*Der Film ist seit 10 Minuten zu Ende.*

* Bei **transitivem Gebrauch** werden diese Verben mit **avere** konjugiert; Beispiel:

Quando **hai** cominciato a studiare l'italiano? — *Wann hast du angefangen, Italienisch zu lernen?*

---

fare — tun; machen; veranlassen

Cosa fate oggi?	Was macht ihr heute?
Abbiamo da fare.	Wir haben zu tun. / Wir sind beschäftigt.
Non vogliamo **aver a che fare** con lui.	Wir wollen nichts mit ihm zu tun haben.
Sono disperati, **non sanno più cosa fare.**	Sie sind verzweifelt, sie wissen nicht mehr, wie es weitergehen soll.
Chi farà da testimone alle vostre nozze?	Wer sind eure Trauzeugen?
Sia fatta la tua volontà!	Dein Wille geschehe!
Voglio farmi fare un vestito nuovo.	Ich will mir ein neues Kleid machen lassen.
Fatemi vedere cosa avete comprato.	Zeigt mir, was ihr gekauft habt.

Dieci per tre fa trenta.	Zehn mal drei ist dreißig.
Quanti abitanti fa Roma?	Wie viele Einwohner hat Rom?
Dobbiamo **fare in modo di arrivare puntuali**.	Wir müssen dafür sorgen, dass wir pünktlich ankommen.
Vedo che anche **Isabella si è fatta furba**.	Wie ich sehe, ist auch Isabella schlau geworden.
Queste storie **mi fanno ridere/piangere**.	Diese Geschichten bringen mich zum Lachen/Weinen.
Hanno fatto la fame per lungo tempo.	Sie litten lange Zeit Hunger.
È ora di farla finita.	Es ist Zeit, Schluss zu machen.
Partiremo **sul far del giorno**.	Wir reisen bei Tagesanbruch ab.
Ieri **hai fatto proprio schifo**.	Was du dir gestern geleistet hast, war miserabel.
fare lo spelling	buchstabieren

Das Buchstabieren wird im Italienischen durch Städtenamen verdeutlicht:
A come **Ancona**, **B** [bi] come **Bari** … **D** [di] come **Domodossola** … **Z** [zeta] come **Zara**.

A [a]	come **Ancona**	**J***	i lunga	**S** ['ɛsse]	come **Salerno**
B [bi]	come **Bologna**	**K***	kappa	**T** [ti]	come **Torino**
C [tʃi]	come **Como**	**L** ['ɛlle]	come **Livorno**	**U** [u]	come **Udine**
D [di]	come **Domodossola**	**M** ['ɛmme]	come **Milano**	**V** [vu]	come **Venezia**
E [e]	come **Empoli**	**N** ['ɛnne]	come **Napoli**	**W***	vu doppio
F ['ɛffe]	come **Firenze**	**O** [ɔ]	come **Olbia**	**X***	ics
G [dʒi]	come **Genova**	**P** [pi]	come **Palermo**	**Y***	ipsilon
H ['akka]	acca	**Q** [ku]	come **Quarto**	**Z** ['dzeta]	come **Zara**
I [i]	come **Imola**	**R** ['ɛrre]	come **Roma**		

* Diese Buchstaben gehören nicht zum italienischen Alphabet.

---

finire ‹finisco›	(be)enden; aufhören
Hai già finito di fare i compiti?	Bist du schon fertig mit den Hausaufgaben?
Finisco il lavoro e vengo.	Ich mache die Arbeit zu Ende und komme dann.
Se continuate così, **finirete male**.	Wenn ihr so weitermacht, wird es ein böses Ende mit euch nehmen.
Scendi da lì, **finisci col cadere**.	Geh dort runter, sonst fällst du am Ende noch hin!
Abbiamo finito il pane, chi va a **comprarlo**?	Unser Brot ist alle; wer geht welches kaufen?
Ma **finiscila**!	Hör doch auf damit!
Dove è andata a finire la mia borsa?	Wo ist nur meine Tasche hingekommen?

guardare — ansehen; (hin)sehen; betrachten; behüten; Acht geben

Guardiamo il film in TV stasera o usciamo? — Sehen wir uns heute Abend den Film im Fernsehen an, oder gehen wir aus?

Guarda che bello! — Oh wie schön!

Guardi tu i bambini mentre io sono fuori? — Passt du auf die Kinder auf, während ich draußen bin?

Guarda, guarda! — Sieh nur, sieh nur!

Quando è in servizio **non guarda in faccia nessuno.** — Wenn er im Dienst ist, versteht er keinen Spaß.

Guardate di imparare bene la lezione! — Seht zu, dass ihr eure Lektion gut lernt!

importare — wichtig sein; eine Rolle spielen

Se facciamo tardi, non importa. — Es spielt keine Rolle, wenn wir uns verspäten.

A me questo lavoro importa molto, e a te? — Mir ist diese Arbeit sehr wichtig und dir?

A voi cosa importa? Ci penseranno loro. — Was kümmert es euch? Sie werden sich darum kümmern.

incominciare — beginnen, anfangen

Incominci tu, o incomincio io? — Fängst du an, oder soll ich anfangen?

Abbiamo incominciato il lavoro già ieri. — Wir haben schon gestern mit der Arbeit angefangen.

interessare — interessieren; betreffen; angehen; beteiligen

Questo discorso mi interessa molto. — Diese Rede interessiert mich sehr.

Scusa, a te cosa interessano queste cose? — Entschuldige mal, was gehen denn dich diese Dinge an?

Fate come volete, a me non interessa. — Macht, was ihr wollt, mich interessiert es nicht.

Dobbiamo cercare di interessare anche gli altri. — Wir müssen versuchen, auch die anderen zu beteiligen.

lasciare — (zu)lassen; loslassen; zurücklassen; hinterlassen; verlassen; weglassen

Dove hai lasciato la tua borsa? — Wo hast du deine Tasche gelassen?

Ada lo ha lasciato dopo tre anni che erano insieme. — Ada hat ihn verlassen, nachdem sie drei Jahre lang zusammen waren.

Lascia fare a me! — Überlass mir das!

Ho lasciato la casa ai miei figli e sono andata ad abitare in campagna.	Ich habe meinen Söhnen das Haus überlassen und bin aufs Land gezogen.
Stiamo zitti, **lasciamolo parlare**.	Ruhig! Lassen wir ihn reden!
È meglio che lasciamo un biglietto.	Wir sollten besser eine Nachricht hinterlassen.

Lassen

Beachte die Bedeutungsvielfalt:

lasciare	*zulassen, gestatten*
	zurücklassen
	verlassen
	hinterlassen
	auslassen
	weglassen
fare	*veranlassen*
	(ungewollt) Anlass sein
Mi hai fatto aspettare a lungo.	*Du hast mich lange warten lassen.*

Vgl. auch **abbandonare**, S. 118.

---

mettere — setzen; stellen; legen; anziehen; voraussetzen; annehmen

Mettete i fiori sul tavolo.	Stellt die Blumen auf den Tisch!
Che vestito metto?	Was für ein Kleid soll ich anziehen?
È ora che tu ti metta a lavorare.	Es ist Zeit, dass du dich an die Arbeit machst!
Mettiamo che alle cinque non **sia** ancora arrivato, cosa facciamo allora?	Nehmen wir einmal an, er ist um fünf noch nicht da; was machen wir dann?
Metto il cappello ed esco.	Ich setze den Hut auf und gehe.
Mettila come vuoi, la sostanza non cambia.	Du kannst es drehen und wenden, wie du willst, im Grunde ändert sich nichts.

---

porre — setzen; stellen; legen

Hanno posto le fondamenta del nuovo municipio.	Der Grundstein für das neue Rathaus ist gelegt worden.
Come poniamo il problema?	Wie sollen wir das Problem darstellen?
In questo momento **non pongono in atto nessun** progetto.	Zur Zeit wird kein Projekt verwirklicht.
Pose i piedi sullo scalino senza fare attenzione e cadde.	Er hat nicht aufgepasst, als er die Stufe betrat, und ist hingefallen.

Queste sono domande che non si pongono.

Diese Fragen stellt man nicht.

potere

können; dürfen

Non posso venire.

Ich kann nicht kommen.

Possiamo entrare?

Dürfen wir eintreten?

Che tu possa avere tutta la felicità che meriti!

Möge dir das Glück zuteil werden, das du verdienst!

Non **ne** potevano più e sono andati via.

Sie konnten nicht mehr und sind weggegangen.

rendere

zurückgeben; zurückerstatten; wiedergeben; machen; sich rentieren

Devo renderti i dischi che mi hai prestato.

Ich muss dir die Schallplatten zurückgeben, die du mir geliehen hast.

Con il vostro regalo **lo avete reso molto felice.**

Mit eurem Geschenk habt ihr ihn sehr glücklich gemacht.

Rendiamo grazie a chi ci ha aiutati.

Wir danken denen, die uns geholfen haben.

Non devi rendere conto di niente a nessuno.

Du bist niemandem Rechenschaft schuldig.

Non riesco a rendermi conto di questo problema.

Ich werde mir nicht klar über dieses Problem.

Rende bene il vostro lavoro?

Ist eure Arbeit einträglich?

sentire

fühlen; hören; empfinden; riechen; ahnen

Sentite freddo?

Ist euch kalt?

Abbiamo sentito musica fino a mezzanotte.

Wir haben bis Mitternacht Musik gehört.

Fammi sentire quel profumo.

Lass mich an diesem Parfüm riechen.

Come ti senti?

Wie fühlst du dich?

Senta come è morbida la seta!

Fühlen Sie nur, wie weich die Seide ist!

Hai sentito se manca il sale?

Hast du probiert, ob Salz fehlt?

Sentiamo tutti un grande affetto per voi.

Wir empfinden alle große Zuneigung für euch.

stare

sein; sich befinden; stehen; wohnen

Ciao, **come stai?**

Hallo, wie geht es dir?

Stiamo ancora a Roma ma ci **trasferiremo presto.**

Wir wohnen noch in Rom, aber wir ziehen bald um.

Perché state in piedi, non è meglio **stare seduti?**

Warum bleibt ihr stehen, wäre es nicht bequemer zu sitzen?

Dove sta il vino in questa cucina?

Wo befindet sich in dieser Küche der Wein?

Il suo problema **sta nel fatto che** non trova lavoro.

Sein Problem besteht darin, dass er keine Arbeit findet.

Quanto tempo starai da tuo cugino?

Wie lange wirst du dich bei deinem Vetter aufhalten?

Spiegatemi **come stanno le cose.**

Erklärt mir, wie die Dinge liegen.

Sta due a zero per la nostra squadra.

Es steht 2:0 für unsere Mannschaft.

Cosa stavi facendo quando ti ho telefonato?

Womit warst du gerade beschäftigt, als ich dich anrief?

Stavamo per uscire, ma abbiamo preferito **aspettarvi.**

Wir waren im Begriff wegzugehen, haben dann aber lieber auf euch gewartet.

Unterscheide:
Sto per scrivere una lettera.   *Ich schreibe gleich einen Brief. (unmittelbare Zukunft)*
Sto scrivendo una lettera.   *Ich schreibe gerade einen Brief. (Verlaufsform)*

---

venire
(an)kommen; werden *(Passiv)*

A che ora viene di solito il postino?

Um wie viel Uhr kommt normalerweise der Briefträger?

Verrà scritto domani.

Es wird morgen geschrieben.

Ieri ho mangiato troppe ciliegie e **mi è venuto mal di pancia.**

Gestern habe ich zu viele Kirschen gegessen und habe davon Bauchschmerzen bekommen.

---

volere
wollen; mögen; verlangen

Vuoi un caffè?

Willst du einen Kaffee?

Vorremmo partire adesso, **se non vi dispiace.**

Wir möchten jetzt aufbrechen, wenn ihr nichts dagegen habt.

Voglia Dio che questa tempesta **finisca.**

Gebe Gott, dass dieser Sturm zu Ende geht!

Queste piante vogliono molta acqua.

Diese Pflanzen brauchen viel Wasser.

Sembra che voglia piovere.

Es sieht nach Regen aus.

Francesco, **ti vuole tua madre.**

Francesco, deine Mutter verlangt nach dir.

Vuoi vedere che quelli non vengono più!

Du wirst sehen, die kommen nicht mehr!

Secondo noi queste parole **non vogliono dire niente.**

Unserer Ansicht nach besagen diese Worte gar nichts.

E allora? **Che vuol dire?**

Na und? Was heißt das?

Ci vogliamo molto bene e deside-
riamo stare insieme.

Wir haben uns sehr gern und
wollen zusammenbleiben.

capitare
Se capitate dalle mie parti, venite
a trovarmi.
Non ti arrabbiare, sono cose che
capitano.
Mi è capitato per caso di
incontrarlo in città.

hingeraten; vorkommen; passieren
Wenn es euch in meine Gegend
verschlägt, kommt mich besuchen!
Ärgere dich nicht, solche Dinge
kommen vor!
Ich habe ihn zufällig in der Stadt
getroffen.

comportare
L'impegno che abbiamo preso
comporta una grande responsa-
bilità.

mit sich bringen; einschließen
Die Verpflichtung, die wir über-
nommen haben, bringt eine große
Verantwortung mit sich.

effettuare

Abbiamo effettuato uno scambio
tra studenti di diverse scuole.

ausführen; durchführen;
verwirklichen
Wir haben einen Schüleraustausch
zwischen mehreren Schulen orga-
nisiert.

levare

Lei mi leva la parola di bocca.

Leva le mani dalle tasche!
Levatevi di mezzo, per favore!

wegnehmen; entfernen; einziehen,
ausheben
Sie nehmen mir das Wort aus dem
Mund.
Nimm die Hände aus den Taschen!
Verschwindet bitte von hier!

smettere di
Smetti di piangere, il male è
passato.
Smettetela, adesso basta!

aufhören
Hör auf zu weinen, es tut doch
nicht mehr weh!
Hört jetzt auf, es reicht!

tendere

Tendiamo di più la corda.
Verso chi tendi tu?
Vorremmo un colore che tendesse
di più al verde.
Tutti tendono al successo.

(aus)spannen; reichen; tendieren;
(an)streben
Ziehen wir das Seil strammer!
Zu wem tendierst du?
Wir möchten eine Farbe, die eher
ins Grün schattiert.
Alle streben den Erfolg an.

Grammatikanhang

Gebrauch des Artikels

	Bestimmter Artikel		Unbestimmter Artikel
Singular maskulin	il treno (vor Konsonant allgemein) lo zio (vor *z*) lo studente (vor gedecktem *s*) lo psicologo (vor *ps*) lo yogurt (vor *y*) lo iodo (vor *i* + Vokal) lo gnomo (vor *gn*) lo xeno (vor *x*)		un treno uno zio etc.
	l'amico (vor Vokal)		un amico
feminin	la stanza (vor Konsonant)		una stanza
	l'amica (vor Vokal)		un'amica
Plural	il → i lo → gli l' → gli la → le l' → le	i treni gli studenti gli amici le stanze le amiche	

Präposition und Artikel

	a	da	di	in	su	con
il	al	dal	del	nel	sul	col
lo	allo	dallo	dello	nello	sullo	collo
la	alla	dalla	della	nella	sulla	colla
l'	all'	dall'	dell'	nell'	sull'	coll'
i	ai	dai	dei	nei	sui	coi
gli	agli	dagli	degli	negli	sugli	cogli
le	alle	dalle	delle	nelle	sulle	colle

Eine Reihe von Präpositionen wachsen mit dem bestimmten Artikel zu festen Formen zusammen. Analog verhalten sich **quello** und **bello** in Artikelposition.
Bei **con** hat sich in der modernen Alltagssprache die getrennte Form durchgesetzt.

Personal- und Reflexivpronomen

a) Unbetonte Dativ- und Akkusativformen

Nominativ	Reflexivpronomen	Reflexiv und Personalpronomen	Personalpronomen	
	Dativ + Akkusativ	Dativ + Akkusativ	Dativ (wem)	Akkusativ (wen/was)
io		mi		
tu		ti		
lui	si		gli	lo
lei	si		le	la
noi		ci		
voi		vi	vi	
loro	si		loro / gli	li / le

Die unbetonten Formen im Dativ und Akkusativ stehen normalerweise vor dem konjugierten Verb. Sie werden jedoch an den Infinitiv, das Gerundium, an **ecco** sowie an alle Imperativformen (außer der Höflichkeitsform) angehängt. Der Dativ **loro** steht immer hinter dem Prädikat, wird aber umgangssprachlich oft durch **gli** ersetzt.
Im Nominativ der 3. Person Singular und Plural existieren zusätzlich **egli** (= lui), **ella** (= lei) sowie **esso, essa, essi** und **esse**, wobei Letztere vorwiegend auf Sachbezug beschränkt sind.

b) Kombinierte Formen von Dativ und Akkusativ
Die Akkusativformen **lo, la, li, le, ne** stehen immer hinter den Dativformen (linke Spalte), die kombiniert Veränderungen erfahren (rechte Spalte).

Die Dativform **loro** ist nicht kombinationsfähig.

Betonte Formen

Dativ	Akkusativ
a me	me
a te	te
a lui	lui
a lei ———> a sé*	lei ———> sé*
a Lei	Lei
a noi	noi
a voi	voi
a loro ———> a sé*	loro ———> sé*
a Loro	Loro

* rückbezüglicher Gebrauch

Analog zum Dativ werden die „betonten Formen" des Personalpronomens auch in Verbindung mit Präpositionen gebraucht, z. B. *a me = con me, per me* etc.

Stellung: Die betonten Dativ- und Akkusativformen stehen immer in Objektposition, d. h. hinter dem Prädikat.

Possessivpronomen

Das italienische Possessivpronomen verhält sich grammatikalisch wie ein Adjektiv:
a) Es steht normalerweise vor, bei besonderer Betonung hinter dem Bezugswort;
b) es steht normalerweise mit Artikel;
c) es richtet sich in Geschlecht und Zahl nach seinem Bezugswort.

	Mask. Sing.	Mask. Plural	Fem. Sing.	Fem. Plural
mein(e)	mio	miei	mia	mie
dein(e)	tuo	tuoi	tua	tue
sein(e) / ihr/e)	suo	suoi	sua	sue
Ihr(e)	Suo	Suoi	Sua	Sue
unser(e)	nostro	nostri	nostra	nostre
euer(e)	vostro	vostri	vostra	vostre
ihr(e)	loro	loro	loro	loro
Ihr(e)	Loro	Loro	Loro	Loro

ci/ne

Die Partikel *ci* und *ne* folgen den gleichen Stellungsregeln wie die unbetonten Dativ- und Akkusativformen des Personalpronomens, mit denen sie auch kombiniert werden können.

Beispiele zu den wichtigsten Anwendungspunkten:

ne	**Il vino** è buono.	**Ne** vuoi un bicchiere?
	Compro un chilo **di pane**.	**Ne** compro un chilo.
	Non sei capace **di capire**.	Non **ne** sei capace.
	Senza parlare prima **delle conseguenze** non possiamo accettare.	Senza prima parla**rne** non possiamo accettare.

Ne steht für Ergänzungen mit *da* (von ... her) und *di*.

ci	Sei già stato **a Roma**?	Sì, **ci** sono già stato.
	Pensa **alla birra**!	Pensa**ci**!
	Vogliamo andare **in Italia** la settimana prossima.	Vogliamo anda**rci** la settimana prossima. (auch: **Ci** vogliamo andare ...)

Ci steht für Ergänzungen mit *a, in, su* und *a* (bei, zu).

Nicht verwechseln:
Formal ähnlich – inhaltlich verschieden

il **capell**o	*Haar*	il **cappell**o	*Hut*
il **cassett**o	*Schublade*	la **cassett**a	*Kassette, Kiste*
il **can**e	*Hund*	la **carn**e	*Fleisch*
il **consum**o	*Verbrauch*	la **consumazion**e	*Verzehr*
il **copert**o	*Gedeck*	la **copert**a	*Decke*
il **camin**o	*Kamin, Schornstein*	il **cammin**o	*Weg(-Strecke); Reise*
il **cors**o	*Kurs*	la **cors**a	*Lauf*
il **coll**o	*Hals*	il **coll**e	*Hügel*
il **caric**o	*Ladung*	la **caric**a	*Amt; Stellung*
il **dat**o	*Ausgabe (Daten)*	la **dat**a	*Datum*
il **fogli**o	*Blatt (Papier)*	la **fogli**a	*Blatt (Pflanze)*
il **fisic**o	*Physiker*	la **fisic**a	*Physik*
il **frutt**o	*Frucht*	la **frutt**a	*Obst*
il **ganci**o	*Haken*	la **guanci**a	*Wange*
la **ment**a	*Minze*	la **ment**e	*Geist*
il **mod**o	*Art; Weise*	la **mod**a	*Mode*
il **mort**o	*der Tote*	la **mort**e	*Tod*
la **met**a	*Ziel*	la **met**à	*Hälfte*

notare	bemerken	nuotare	schwimmen
il pasto	Mahlzeit	la pasta	Teig(waren)
la partita	Match, Partie	il partito	Partei
il raccolto	Ernte	la raccolta	Sammlung
il razzo	Rakete	la razza	Rasse
il sonno	Schlaf	il sogno	Traum
il succo	Saft	il sugo	Soße
lo stato	Zustand	lo Stato	Staat
il saluto	Gruß	la salute	Gesundheit
il testo	Text	il teste	Zeuge
l'umore	Stimmung	l'umorismo	Humor
votare	wählen, abstimmen	vuotare	(ent-, aus)leeren, leer machen
la vite	Weinstock; Schraube	la vita	Leben

Gebrauch der italienischen Endsilben

Der Gebrauch der italienischen Endsilben bei Substantiven und (seltener) Adjektiven ist weitgehend idiomatischer Natur und nicht für alle Einzelfälle grammatikalisch zu definieren. Die wichtigsten Suffixe sind:

Verniedlichung, Verkleinerung	-ino, -etto, -ello
il cucchiaino	(← il cucchiaio)
la casetta	(← la casa)
il carrello	(← il carro)
Vergrößerung, Vergröberung	-one
il librone	(← il libro)
il portone	(← la porta)
il donnone	(← la donna)
riccone, ona	(← ricco)
Schlechtigkeit, Häßlichkeit	-accio
la giornataccia	(← la giornata)
la parolaccia	(← la parola)
Geringfügigkeit	-uccio
il regaluccio	(← il regalo)
la spesuccia	(← la spesa)
Inhalt, Verlauf, Dauer	-ata
la giornata	(← il giorno)
la serata	(← la sera)
la manata	(← la mano)
la cucchiaiata	(← il cucchiaio)
la spaghettata	(← gli spaghetti)

Konjugationsschema der regelmäßigen Verben

Verben auf -*are*

Portare

Indikativ		Konjunktiv	
Präsens	Perfekt	Präsens	Perfekt
porto	ho portato	porti	abbia portato
porti	hai portato	porti	abbia portato
porta	ha portato	porti	abbia portato
portiamo	abbiamo portato	portiamo	abbiamo portato
portate	avete portato	portiate	abbiate portato
portano	hanno portato	portino	abbiano portato
Imperfekt	Plusquamperfekt	Imperfekt	Plusquamperfekt
portavo	avevo portato	portassi	avessi portato
portavi	avevi portato	portassi	avessi portato
portava	aveva portato	portasse	avesse portato
portavamo	avevamo portato	portassimo	avessimo portato
portavate	avevate portato	portaste	aveste portato
portavano	avevano portato	portassero	avessero portato

Futur I	Konditional I	Passato remoto
porterò	porterei	portai
porterai	porteresti	portasti
porterà	porterebbe	portò
porteremo	porteremmo	portammo
porterete	portereste	portaste
porteranno	porterebbero	portarono

Verben auf -ere

Vendere

Indikativ		Konjunktiv	
Präsens	**Perfekt**	**Präsens**	**Perfekt**
vendo	ho venduto	venda	abbia venduto
vendi	hai venduto	venda	abbia venduto
vende	ha venduto	venda	abbia venduto
vendiamo	abbiamo venduto	vendiamo	abbiamo venduto
vendete	avete venduto	vendiate	abbiate venduto
vendono	hanno venduto	vendano	abbiano venduto
Imperfekt	**Plusquamperfekt**	**Imperfekt**	**Plusquamperfekt**
vendevo	avevo venduto	vendessi	avessi venduto
vendevi	avevi venduto	vendessi	avessi venduto
vendeva	aveva venduto	vendesse	avesse venduto
vendevamo	avevamo venduto	vendessimo	avessimo venduto
vendevate	avevate venduto	vendeste	aveste venduto
vendevano	avevano venduto	vendessero	avessero venduto

Futur I	Konditional I	Passato remoto
venderò	venderei	vendei/vendetti
venderai	venderesti	vendesti
venderà	venderebbe	vendé/vendette
venderemo	venderemmo	vendemmo
venderete	vendereste	vendeste
venderanno	venderebbero	venderono/vendettero

Verben auf -*ire*

Dormire

Indikativ		Konjunktiv	
Präsens	**Perfekt**	**Präsens**	**Perfekt**
dormo	ho dormito	dorma	abbia dormito
dormi	hai dormito	dorma	abbia dormito
dorme	ha dormito	dorma	abbia dormito
dormiamo	abbiamo dormito	dormiamo	abbiamo dormito
dormite	avete dormito	dormiate	abbiate dormito
dormono	hanno dormito	dormano	abbiano dormito
Imperfekt	**Plusquamperfekt**	**Imperfekt**	**Plusquamperfekt**
dormivo	avevo dormito	dormissi	avessi dormito
dormivi	avevi dormito	dormissi	avessi dormito
dormiva	aveva dormito	dormisse	avesse dormito
dormivamo	avevamo dormito	dormissimo	avessimo dormito
dormivate	avevate dormito	dormiste	aveste dormito
dormivano	avevano dormito	dormissero	avessero dormito

Futur I	**Konditional I**	**Passato remoto**
dormirò	dormirei	dormii
dormirai	dormiresti	dormisti
dormirà	dormirebbe	dormì
dormiremo	dormiremmo	dormimmo
dormirete	dormireste	dormiste
dormiranno	dormirebbero	dormirono

Verben auf -*ire* mit der Stammerweiterung -*isc*-

finire

Indikativ
Präsens
finisco
finisci
finisce
finiamo
finite
finiscono

Besonderheiten bei der Zeitenbildung

1. Präsens Indikativ

Siehe Liste!

2. Präsens Konjunktiv

Unregelmäßige Verben bilden ihren Konjunktiv meist vom Stamm der 1. Person Singular Präsens Indikativ, z. B. venire → vengo → venga. Ausnahmen siehe Liste!

3. Imperfekt

Unregelmäßig ist die Imperfektbildung des Hilfsverbs **essere**.

Indikativ	Konjunktiv
ero	fossi
eri	fossi
era	fosse
eravamo	fossimo
eravate	foste
erano	fossero

Merke:
Verben mit verkürztem Infinitiv rekonstruieren den ursprünglichen lateinischen Stamm:

fare	→ facere	– facevo …
dire	→ dicere	– dicevo …
porre	→ ponere	– ponevo …

4. Zusammengesetzte Zeiten

Mit **avere** werden konjugiert: die transitiven Verben, z. B. *mangiare, portare*
Mit **essere** werden konjugiert: a) die meisten Verben der Bewegung und des Zustands, z. B.
andare, restare, piacere
b) die reflexiven oder rückbezüglich gebrauchten Verben, z. B.
sbagliarsi, lavarsi
Das Partizip Perfekt der mit **avere** konjugierten Verben richtet sich nach Geschlecht und Zahl nach einem vorausgehenden Akkusativobjekt.
Bei *li, la* und *le* ist die Veränderlichkeit zwingend, ansonsten fakultativ:
li abbiamo vist**i**,
ci hanno vist**o**/vist**i**
Das Partizip Perfekt der mit **essere** konjugierten Verben richtet sich nach dem Subjekt:
Maria è arrivat**a** ieri.

5. Passato remoto

Das **Passato remoto** ist die im Italienischen erhaltene Form des lateinischen Perfekts und hat im Deutschen keine Entsprechung. Die regelmäßigen Verben aller drei Kategorien bilden ihr **Passato remoto** gleich (siehe Konjugationsliste), wobei die Verben auf -ere eine Sekundärform aufweisen.

vendere
vend**ei**   [vend**etti**]
vend**esti**
vend**é**   [vend**ette**]
vend**emmo**
vend**este**
vend**erono**   [vend**ettero**]

Während die Verben auf **-are** und **-ire** durchweg regelmäßig sind, bilden die meisten Verben auf **-ere** die 1. und 3. Person Singular sowie die 3. Person Plural mit einem eigenen Perfektstamm. Die übrigen Formen sind regelmäßig, die Endungen der unregelmäßigen Formen sind bei allen Verben gleich.

– regelmäßig	– unregelmäßig
vendere	**avere**
vend**ei**	eb**bi**
vend**esti**	av**esti**
vend**é**	eb**be**
vend**emmo**	av**emmo**
vend**este**	av**este**
vend**erono**	eb**bero**

– durchgehend unregelmäßig sind:

essere	**stare**	**dare**
fui	stetti	detti [diedi]
fosti	stesti	desti
fu	stette	dette [diede]
fummo	stemmo	demmo
foste	steste	deste
furono	stettero	dettero [diedero]

6. Futurbildung

a) Das Endungs-**a** der Verben auf **-are** wird in ein **e** umgewandelt.
   arrivare   –   arriverò

b) Das lange **e** entfällt, während das kurze **e** sowie das Endungs-**i** erhalten bleiben:

av**e**re   –   avrò
prend**e**re   –   prenderò
finire   –   finirò

Unregelmäßige Verben siehe Liste!

7. Partizipialbildung

Infinitivendung	Partizipialendung
-are	-ato
mangiare	mangiato
-ire	-ito
finire	finito
-ere (langes e) wird meistens zu	-uto
avere	avuto

Die Endungen vieler Verben auf -**ere** sind unregelmäßig.

8. Imperativformen

	tu	lei	noi	voi	loro
avere	abbi	abbia	abbiamo	abbiate	abbiano
essere	sii	sia	siamo	siate	siano
portare	porta	porti	portiamo	portate	portino
vendere	vendi	venda	vendiamo	vendete	vendano
dormire	dormi	dorma	dormiamo	dormite	dormano
finire	finisci	finisca	finiamo	finite	finiscano

Die Verneinung des Imperativs der 2. Person Singular erfolgt mit Hilfe des Infinitivs:
Dormi bene! – **Non dormire** adesso!

9. Besonderheiten der Schreibweise

Alle Verben der Endung -**are**, deren Stamm auf **c** oder **g** endet, fügen vor *hellen Vokalen* (**i**,**e**) zur Erhaltung der Aussprache ein **h** ein:

pagare   –   pag**h**iamo, pag**h**i, pag**h**erò
mancare   –   manc**h**iamo, manc**h**i, manc**h**erò

Bei Verben auf -**ciare** und -**giare** hat das **i** keinen eigenen Lautwert; es entfällt vor **i** und **e** der Endung.

cominciare   –   cominci, cominciamo, comincerò
mangiare   –   mangi, mangiamo, mangerò

Bei einigen Verben, z. B. *inviare* und *sciare* ist das **i** im Singular Präsens und in der 3. Person Plural Präsens betont. Das betonte **i** bleibt vor **i** der Endung erhalten.

sciare   –   scii, sciamo, sciino

Schema zur unregelmäßigen Konjugation

Infinitiv	Präsens		P.remoto	Part.Perf.	Futur I
	Indik.	Konj.			
accadere			accadde		
accendere			accesi	acceso	
accorgersi			mi accorsi	accorto	
aggiungere			aggiunsi	aggiunto	
ammettere			ammisi	ammesso	
andare	vado	vada			andrò
	vai	vada			
	va	vada			
	andiamo	andiamo			
	andate	andiate			
	vanno	vadano			
apparire	appaio		apparvi	apparso	
	appari				
	appare				
	appariamo				
	apparite				
	appaiono				
appartenere	→ tenere				
appendere			appesi	appeso	
apprendere	→ prendere				
aprire				aperto	
arrendersi			mi arresi	arreso	
assistere				assistito	
assolvere			assolsi	assolto	
assumere			assunsi	assunto	
attendere			attesi	atteso	
avere	ho	abbia	ebbi	avuto	avrò
	hai	abbia			
	ha	abbia			
	abbiamo	abbiamo			
	avete	abbiate			
	hanno	abbiano			
bere	bevo		bevvi		berrò
cadere			caddi		cadrò
chiedere			chiesi	chiesto	
chiudere			chiusi	chiuso	

Infinitiv	Präsens		P.remoto	Part.Perf.	Futur I
	Indik.	Konj.			
cogliere	colgo	colga	colsi	colto	
	cogli	colga			
	coglie	colga			
	cogliamo	cogliamo			
	cogliete	cogliate			
	colgono	colgano			
commuovere			commossi	commosso	
comprendere	→ prendere				
concedere			concessi	concesso	
concludere			conclusi	concluso	
condurre	conduco	conduca	condussi	condotto	condurrò
	conduci	conduca			
	conduce	conduca			
	condu-ciamo	condu-ciamo			
	conducete	conduciate			
	conducono	conducano			
confondere			confusi	confuso	
conoscere			conobbi	conosciuto	
consistere	→ assistere				
contenere	→ tenere				
contraddire	→ dire				
convincere			convinsi	convinto	
coprire				coperto	
correggere			corressi	corretto	
correre			corsi	corso	
corrispondere	→ rispon-dere				
costringere	→ stringere				
cuocere			cossi	cotto	
dare	do	dia	detti		darò
	dai	dia			
	dà	dia			
	diamo	diamo			
	date	diate			
	danno	diano			
decidere			decisi	deciso	
descrivere	→ scrivere				

| Infinitiv | Präsens | | P.remoto | Part.Perf. | Futur I |
	Indik.	Konj.			
difendere			difesi	difeso	
dipingere			dipinsi	dipinto	
dire	dico	dica	dissi	detto	
	dici	dica			
	dice	dica			
	diciamo	diciamo			
	dite	diciate			
	dicono	dicano			
dirigere			diressi	diretto	
discutere			discussi	discusso	
disdire	→ dire				
dispiacere	→ piacere				
disporre	→ porre				
distinguere			distinsi	distinto	
distruggere			distrussi	distrutto	
dividere			divisi	diviso	
dovere	debbo	debba			dovrò
	(devo)	(deva)			
	devi	debba			
		(deva)			
	deve	debba			
		(deva)			
	dobbiamo	dobbiamo			
	dovete	dobbiate			
	debbono	debbano			
	(devono)	(devano)			
eleggere			elessi	eletto	
escludere			esclusi	escluso	
esistere	→ assistere				
esplodere			esplosi	esploso	
esporre	→ porre				
esprimere			espressi	espresso	
essere	sono	sia	fui	stato	sarò
	sei	sia	fosti		
	è	sia	fu		
	siamo	siamo	fummo		
	siete	siate	foste		
	sono	siano	furono		

Infinitiv	Präsens		P.remoto	Part.Perf.	Futur I
	Indik.	Konj.			
estendersi			mi estesi	esteso	
estrarre	→ trarre				
evadere			evasi	evaso	
fare	faccio	faccia	feci	fatto	
	fai	faccia			
	fa	faccia			
	facciamo	facciamo			
	fate	facciate			
	fanno	facciano			
fondere			fusi	fuso	
giungere			giunsi	giunto	
illudersi			mi illusi	illuso	
imporre	→ porre				
insistere	→ assistere				
intendere			intesi	inteso	
interrompere	→ rompere				
introdurre			introdussi	introdotto	introdurrò
invadere	→ evadere				
iscriversi			mi iscrissi	iscritto	
leggere			lessi	letto	
mettere			misi	messo	
mordere			morsi	morso	
morire	muoio	muoia		morto	morirò
	muori	muoia			(morrò)
	muore	muoia			
	moriamo	moriamo			
	morite	moriate			
	muoiono	muoiano			
muovere			mossi	mosso	
nascere			nacqui	nato	
nascondere			nascosi	nascosto	
nuocere	nuoccio	nuoccia	nocqui	nociuto	
	nuoci	nuoccia			
	nuoce	nuoccia			
	nociamo	nociamo			
	nocete	nociate			
	nuocciono	nuocciano			

Infinitiv	Präsens		P.remoto	Part.Perf.	Futur I
	Indik.	Konj.			
occorrere	→ correre				
offendere	→ difen-				
	dere				
offrire				offerto	
opporre	→ porre				
ottenere	→ tenere				
parere	paio	paia	parvi	parso	parrò
	pari	paia			
	pare	paia			
	paiamo	paiamo			
	parete	paiate			
	paiono	paiano			
pendere				penduto	
perdere			persi	perso	
permettere	→ mettere				
piacere	piaccio	piaccia	piacqui	piaciuto	piacerò
	piaci	piaccia			
	piace	piaccia			
	piacciamo	piacciamo			
	piacete	piacciate			
	piacciono	piacciano			
piangere			piansi	pianto	
porgere			porsi	porto	
porre	pongo	ponga	posi	posto	porrò
	poni	ponga			
	pone	ponga			
	poniamo	poniamo			
	ponete	poniate			
	pongono	pongano			
possedere	→ sedere				
potere	posso	possa			potrò
	puoi	possa			
	può	possa			
	possiamo	possiamo			
	potete	possiate			
	possono	possano			
prendere			presi	preso	

Infinitiv	Präsens		P.remoto	Part.Perf.	Futur I
	Indik.	Konj.			
prescrivere	→ scrivere				
pretendere	→ tendere				
prevalere	→ valere				
prevedere	→ vedere				
produrre	→ condurre				
promettere	→ mettere				
promuovere	→ muovere				
proporre	→ porre				
proteggere			protessi	protetto	
provvedere	→ vedere				
pungere			punsi	punto	
raccogliere	→ cogliere				
rendere			resi	reso	
resistere	→ assistere				
respingere	→ spingere				
richiedere	→ chiedere				
ridere			risi	riso	
ridurre	→ condurre				
rimanere			rimasi	rimasto	rimarrò
rimettere	→ mettere				
riscuotere	→ scuotere				
risolvere	→ assolvere				
risorgere	→ sorgere				
rispondere			risposi	risposto	
ritenere	→ tenere				
riuscire	→ uscire				
rivolgere			rivolsi	rivolto	
rompere			ruppi	rotto	
salire	salgo	salga			
	sali	salga			
	sale	salga			
	saliamo	saliamo			
	salite	saliate			
	salgono	salgano			

Infinitiv	Präsens		P.remoto	Part.Perf.	Futur I
	Indik.	Konj.			
sapere	so	sappia	seppi		saprò
	sai	sappia			
	sa	sappia			
	sappiamo	sappiamo			
	sapete	sappiate			
	sanno	sappiano			
scegliere	scelgo	scelga	scelsi	scelto	
	scegli	scelga			
	sceglie	scelga			
	scegliamo	scegliamo			
	scegliete	scegliate			
	scelgono	scelgano			
scendere			scesi	sceso	
sciogliere	→ cogliere				
scommettere	→ mettere				
sconfiggere			sconfissi	sconfitto	
sconvolgere	→ volgere				
scoprire				scoperto	
scorrere	→ correre				
scrivere			scrissi	scritto	
scuotere			scossi	scosso	
sedersi	mi siedo	mi sieda			
	ti siedi	ti sieda			
	si siede	si sieda			
	ci sediamo	ci sediamo			
	vi sedete	vi sediate			
	si siedono	si siedano			
smettere	→ mettere				
soddisfare	soddisfo (soddisfac-io)	soddisfi	soddisfeci	soddisfatto	soddisferò
	soddisfi (soddisfai)	soddisfi			
	soddisfa	soddisfi			
	soddisfia-mo	soddisfia-mo			
	soddisfate	soddisfiate			
	soddisfano	soddisfino			

| Infinitiv | Präsens | | P.remoto | Part.Perf. | Futur I |
	Indik.	Konj.			
soffrire				sofferto	
sommergere			sommersi	sommerso	
sorgere			sorsi	sorto	
sorprendere	→ prendere				
sorridere	→ ridere				
sospendere	→ pendere				
sostenere	→ tenere				
sottoporre	→ porre				
sottrarre	→ trarre				
spegnere			spensi	spento	
spendere			spesi	speso	
spingere			spinsi	spinto	
sporgersi			mi sporsi	sporto	
stare	sto	stia	stetti		starò
	stai	stia			
	sta	stia			
	stiamo	stiamo			
	state	stiate			
	stanno	stiano			
stendere	→ tendere				
storcere			storsi	storto	
stringere			strinsi	stretto	
supporre	→ porre				
svenire	→ venire				
svolgere	→ volgere				
tacere	taccio	taccia	tacqui	taciuto	tacerò
	taci	taccia			
	tace	taccia			
	tacciamo	tacciamo			
	tacete	tacciate			
	tacciono	tacciano			
tendere			tesi	teso	
tenere	tengo	tenga	tenni		terrò
	tieni	tenga			
	tiene	tenga			
	teniamo	teniamo			
	tenete	teniate			
tingere	tengono	tengano	tinsi	tinto	

Infinitiv	Präsens		P.remoto	Part.Perf.	Futur I
	Indik.	Konj.			
togliere	→ cogliere				
tradurre	→ condurre				
trarre	traggo	tragga	trassi	tratto	trarrò
	trai	tragga			
	trae	tragga			
	traiamo	traiamo			
	traete	traiate			
	traggono	traggano			
trascorrere	→ correre				
trasmettere	→ mettere				
trattenere	→ tenere				
uscire	esco	esca			
	esci	esca			
	esce	esca			
	usciamo	usciamo			
	uscite	usciate			
	escono	escano			
valere	valgo	valga	valsi	valso	varrò
	vali	valga			
	vale	valga			
	valiamo	valiamo			
	valete	valiate			
	valgono	valgano			
vedere			vidi	visto	vedrò
venire	vengo	venga	venni	venuto	
	vieni	venga			
	viene	venga			
	veniamo	veniamo			
	venite	veniate			
	vengono	vengano			
vincere			vinsi	vinto	
vivere			vissi	vissuto	vivrò
volere	voglio	voglia	volli		vorrò
	vuoi	voglia			
	vuole	voglia			
	vogliamo	vogliamo			
	volete	vogliate			
	vogliono	vogliano			
volgere			rivolsi	rivolto	

Register aller italienischen Stichwörter

Alle im Grundwortschatz enthaltenen Einträge erscheinen als **halbfette Stichwörter**, alle Aufbauwortschatzeinträge in normaler Schrift.

B

T

Übersicht über die i-Kästen